Urs Ruf, Stefan Keller, Felix Winter (Hg.)

Besser lernen im Dialog
Dialogisches Lernen in der Unterrichtspraxis

Klett | Kallmeyer

Bibliografische Information der Deutschen Nationalbibliothek
Die Deutsche Nationalbibliothek verzeichnet diese Publikation in der Deutschen Nationalbibliografie;
detaillierte bibliografische Daten sind im Internet über http://dnb.d-nb.de abrufbar.

Impressum

Urs Ruf, Stefan Keller, Felix Winter (Hg.)
Urs Ruf, Anita Pfau, Christine Weber, Stefan Keller, Ralph Fehlmann, Peter Gallin, Regula Ruf-Bräker,
Christof Weber, Felix Winter
Besser lernen im Dialog
Dialogisches Lernen in der Unterrichtspraxis

1. Auflage 2008

Das Werk und seine Teile sind urheberrechtlich geschützt. Jede Nutzung in anderen
als den gesetzlich zugelassenen Fällen bedarf der vorherigen schriftlichen Einwilligung des Verlages.
Hinweis zu § 52 a UrhG: Weder das Werk noch seine Teile dürfen ohne eine solche Einwilligung ein-
gescannt und in ein Netzwerk eingestellt werden. Dies gilt auch für Intranets von Schulen und sonsti-
gen Bildungseinrichtungen.
Fotomechanische oder andere Wiedergabeverfahren nur mit Genehmigung des Verlages.

© 2008. Kallmeyer in Verbindung mit Klett
Erhard Friedrich Verlag GmbH
D-30926 Seelze-Velber
Alle Rechte vorbehalten.
www.friedrichonline.de

Realisation: Friedrich Medien-Gestaltung
Druck: Print Design Druck GmbH, Minden.
Printed in Germany

ISBN: 978-3-7800-4913-1

Nicht in allen Fällen war es uns möglich, den Rechteinhaber ausfindig zu machen. Berechtigte
Ansprüche werden selbstverständlich im Rahmen der üblichen Vereinbarungen abgegolten.

Urs Ruf · Stefan Keller · Felix Winter (Hg.)

Besser lernen im Dialog

Dialogisches Lernen in der Unterrichtspraxis

Klett | Kallmeyer

Einleitung der Herausgeber 7

Teil 1: Einführung in das Dialogische Lernen

Urs Ruf
Das Dialogische Lernmodell 13

Teil 2: Annäherung an die Praxis des Dialogischen Lernens auf drei verschiedenen Wegen

Einführung zum Teil 2 27

Erster Weg: Mit Prototypen das Dialogische Lernen erproben
Einleitung 29

Anita Pfau
„Poche parole – grande effetto/Pocas palabras – gran efecto/Peu de mots – grand effet."
Eine Unterrichtseinheit zum Thema Lyrik im Fremdsprachenunterricht 31

Christine Weber
„Das erzählte Ich" – eine Dialogische Unterrichtseinheit zum Thema Autobiografien 56

Stefan Keller
„I Have A Dream!" – mit Dialogischem Lernen in Englisch eine gute Rede schreiben 70

Ralph Fehlmann
„Lingua" – am Computer eine persönliche Grammatik basteln 83

Zweiter Weg: Den eigenen Unterricht nach den Prinzipien des Dialogischen Lernkonzepts gestalten
Einleitung 94

Peter Gallin
Den Unterricht dialogisch gestalten – neun Arbeitsweisen und einige Tipps 96

Urs Ruf und Regula Ruf-Bräker
Der Prüfungsaufsatz – Vorbereitung auf den Auftritt vor einer kritischen Expertenrunde ... 109

Christof Weber
„Umfallen und Wegrutschen ist gleich" – mit mathematischen Vorstellungsübungen in den Dialog gehen 142

Peter Gallin
„Zwei Welten" – der Dreisatz im Dialogischen Mathematikunterricht 162

Dritter Weg: Erfahrungen mit Instrumenten des Dialogischen Lernkonzepts sammeln
Einleitung 213

Anita Pfau und Felix Winter
Von offenen Aufträgen und anderem mehr 214

Teil 3: Wissenschaftliche Verankerung des Dialogischen Lernens

Urs Ruf
Das Dialogische Lernmodell vor dem Hintergrund wissenschaftlicher Theorien und Befunde 233

Literaturverzeichnis 272
Verzeichnis der Autorinnen und Autoren 275

Einleitung der Herausgeber

Die Idee zu diesem Buch entstand auf einer Tagung im Sommer 2005. Expertinnen und Experten aus Wissenschaft, Lehrerbildung und Schulpraxis trafen sich im sonnigen Tessin, um ihre Sichtweisen zum Dialogischen Lernkonzept auszutauschen, über Erfahrungen zu berichten, die sie damit gemacht hatten, und auch, um Möglichkeiten für dessen weitere Entwicklung und Erforschung zu diskutieren. Dabei entstand der Wunsch nach einem schlanken Büchlein, das die theoretischen Grundlagen und die Instrumente des Dialogischen Lernens praxisnah darstellen und anhand von konkreten Unterrichtseinheiten illustrieren sollte. Das vorliegende Buch ist nicht so schlank geworden wie geplant, doch seine Ziele und Absichten sind dieselben geblieben. Beispielgebende Unterrichtseinheiten sollen Lehrpersonen dazu anregen, Dialogische Unterrichtsformen auszuprobieren, und praxisbezogene Schilderungen der Instrumente des Dialogischen Lernens sollen ihren Einsatz im Unterricht erleichtern. Zudem werden die wissenschaftlichen Grundlagen des Dialogischen Lernkonzepts kompakt und verständlich dargestellt.

Die Bedeutung des Dialogischen Lernkonzepts für die Verbesserung des Unterrichts liegt aus unserer Sicht vor allem darin, dass es auf drei wesentliche Herausforderungen Antworten gibt, vor die sich die Schule heute gestellt sieht.

Die erste Herausforderung betrifft die Schule als Institution. Sie soll jungen Menschen ein hohes Maß an fachlichen Kenntnissen und Fähigkeiten vermitteln. Es geht dabei darum, Fachwissen zu erwerben, das über die nächste Prüfung hinaus handlungsrelevant bleibt und das sie in unterschiedlichen Situationen flexibel und sicher anwenden können. Und es geht um Kompetenzen, die sie befähigen, erfolgreich weiterzulernen. Das Dialogische Lernkonzept ist darauf konzentriert, solche Kompetenzen exemplarisch auszubilden, die zentrale Bedeutung für das Fach und das Lernen besitzen. Die fachlichen Konzepte und entsprechende Handlungsmittel werden in variierenden Kontexten gründlich erarbeitet. Durch den Dialog über die unterschiedlichen Lösungsansätze aller Beteiligten wird ein gemeinsam geteiltes Verständnis hergestellt, welches zu einer differenzierten Fach- und Handlungskompetenz führt. Dabei werden alle Schülerinnen und Schüler einbezogen und in ihrem Selbstvertrauen als Lernende gestärkt. Das Dialogische Lernen grenzt sich ab von einem Unterricht, bei dem bloß versucht wird, in kurzer Zeit viel Wissen zu vermitteln.

Die zweite Herausforderung betrifft die Lehrpersonen und besteht darin, dass sie mit hoher diagnostischer Kompetenz die Bildungsbemühungen und Entwicklungen ihrer Schülerinnen und Schüler gezielt fördern sollen. Sie sollen in die Lage versetzt werden, sich diagnostisch relevante Einblicke in unterschiedliche Verläufe von Lernprozessen zu verschaffen und den Lernenden zu helfen, ihr Vorwissen in fachliche angemessene Konzepte und Strategien zu überführen. Das Dialogische Lernkonzept stellt ein Unterrichtsarrangement her, bei dem das Vorwissen und die Konzepte der beteiligten Schülerinnen und Schüler immer aufgerufen und explizit gemacht werden müssen. Dies geschieht unter anderem dadurch, dass die Schülerinnen und Schüler jeweils zuerst ihre singulären Vorstellungen formulieren, bevor sie in den

Dialog mit anderen treten, aber auch dadurch, dass Aufträge meist schriftlich bearbeitet werden. Dadurch werden Bedingungen hergestellt, unter denen sich die Lehrperson den Vorstellungen und dem Lernen der Schülerinnen und Schüler besser zuwenden und versuchen kann, sie zu verstehen. Auf diesem Weg kann sich die diagnostische Kompetenz der Lehrpersonen entwickeln.

Die dritte Herausforderung betrifft die Schülerinnen und Schüler selbst. Gegenüber traditionellen Unterrichtskonzepten sind sie heute gefordert, selbstständiger zu lernen und mehr Verantwortung für ihr eigenes Lernen zu übernehmen. Die Forderung allein reicht keinesfalls, diese Ziele zu erreichen; der Unterricht muss so angelegt sein, dass es Sinn macht, die eigene Selbstständigkeit zu entwickeln. Das beinhaltet, dass es lohnend ist, sich sowohl für das eigene Lernen als auch für das der anderen und deren Beiträge zu interessieren. Das Dialogische Lernkonzept organisiert gezielt das Interesse der Beteiligten für ihre unterschiedlichen Sichtweisen und Lösungen und fördert deren Austausch. In diesen Prozessen lernen die Schülerinnen und Schüler, sich aktiv gegenüber dem eigenen Denken und Lernen zu verhalten und auch Verantwortung für den Unterricht insgesamt zu übernehmen. Ein Lerndialog wird dann erfolgreich verlaufen, wenn sich alle Beteiligten bemühen, gehaltvolle Beiträge zu leisten, den Beiträgen der anderen mit Respekt und Interesse zu begegnen und auf der Höhe der Diskussion zu bleiben. Solch hochrangige Lernstrategien bedeuten zwar mehr Aufwand, lassen die Schülerinnen und Schüler aber auch erfahren, dass ihre Beiträge einen wesentlichen Qualitätsfaktor des Unterrichts darstellen.

Aus den genannten Gründen sind wir zuversichtlich, dass der vorliegende Band viele Anregungen für all diejenigen Leserinnen und Leser bereitstellt, die in ihrem Unterricht auf die genannten Herausforderungen antworten möchten.

Dieses Buch kann man auf unterschiedliche Weise lesen. Wer vorn beginnt, wird zunächst das Dialogische Lernmodell in seinen grundlegenden Gedanken kennenlernen. Im Teil 1 stellt Urs Ruf diese sowie die Entstehungsgeschichte und die wichtigsten Instrumente des Dialogischen Lernens dar. Im Teil 2 des Buches werden drei unterschiedliche Wege aufgezeigt, wie Lehrerinnen und Lehrer sich in der praktischen Anwendung mit den Instrumenten des Dialogischen Lernens vertraut machen und den Umgang mit ihnen erlernen können. Das Angebot für einen *ersten Weg* der Annäherung besteht darin, dass vier „Prototypen" des Dialogischen Lernens dargestellt und zur Nachahmung empfohlen werden. Es handelt sich um bewährte Unterrichtsarrangements, für die konkrete Aufträge und Beispiele mitgeteilt werden. Die Unterrichtseinheiten nehmen etwa zwölf bis dreißig Lektionen in Anspruch. Für einen *zweiten Weg* der Annäherung finden sich (nach einer methodischen Einführung von Peter Gallin) drei Beschreibungen von Unterricht, der über längere Zeit dialogisch gestaltet wurde. Diese Beispiele enthalten viele Anregungen dafür, wie der eigene Unterricht längerfristig auf das Dialogische Lernkonzept umgestellt werden kann. Wer nicht unmittelbar in einen Versuch mit Dialogischer Unterrichtsgestaltung eintreten möchte, findet als *dritten Weg* verschiedene Formen des Einstiegs in das Dialogische Lernkonzept, bei denen zunächst Erfahrungen mit seinen Instrumenten gesammelt werden.

Im Teil 3 des Buches wird von Urs Ruf dargelegt, welche wissenschaftlichen Theorien und Befunde das Dialogische Lernen stützen und beeinflusst haben. Er geht dabei unter anderem auf die Motivation, das Problem der Heterogenität und die Anverwandlung von Fachwissen ein. Man kann die Lektüre des Buches auch mit diesem Teil beginnen und es so lesen, wie viele Menschen die Zeitung – also von hinten nach vorn. Die handlungsanleitenden Beiträge weiter vorn können dann auch als praktische Realisierungen dieser theoretischen Überlegungen und Konzepte angeschaut werden.

Wer noch mehr Material zum Dialogischen Lernen sucht, findet unter www.lerndialog.uzh.ch eine Webseite mit weiteren Prototypen und Schülerdokumenten zum Herunterladen. Dort besteht auch die Möglichkeit, mit den Autorinnen und Autoren in Kontakt zu treten und evtl. eigene Erfahrungen und Unterrichtsbeispiele der „Community" des Dialogischen Lernens zugänglich zu machen. Das vorliegende Buch soll also auch einen Anstoß geben, den Austausch zwischen all jenen herzustellen und zu verstärken, welche bereits mit dem Dialogischen Lernen arbeiten oder damit beginnen wollen.

Zürich, im Mai 2008

Urs Ruf
Stefan Keller
Felix Winter

Teil 1:
Einführung in das Dialogische Lernen

Das Dialogische Lernmodell
Urs Ruf

Das Dialogische Lernmodell ist aus der Praxis des gymnasialen Deutsch- und Mathematikunterrichts heraus entstanden und hat sich auch im fächerübergreifenden Unterricht der Primarschule bewährt.[1] Es ist das Ergebnis meiner bald dreißigjährigen fachlichen und fachdidaktischen Kooperation mit dem Mathematiker Peter Gallin (Ruf & Gallin 2005a/b). In diesem Konzept wird Unterricht aufgefasst als dynamisches System von Angebot und Nutzung, das umso effektiver ist, je besser es allen am Unterricht beteiligten Personen gelingt, die personalen, sozialen, fachlichen und metakognitiven Ressourcen ihrer Handlungskompetenz in Wechselwirkung mit der Handlungskompetenz ihrer Lernpartner und im Sinne der intendierten Bildungsziele einzusetzen und zu erweitern (Weinert 2001). Darum leitet das Dialogische Lernmodell Lehrende und Lernende an, die Effektivität ihrer Angebote systematisch an der Nutzung durch die Adressaten zu überprüfen und ihre Qualität kontinuierlich zu steigern. Dadurch werden die Leistungen von Lehrenden und Lernenden zu Versuchshandlungen, die so lange aufeinander abgestimmt werden, bis sie (im Sinne der intendierten Ziele) optimal zusammenwirken. Ziel ist es, im Sinne der intendierten Bildungsziele optimale Angebote zu machen, die maximal genutzt werden.

Der folgende Beitrag beleuchtet das Dialogische Lernmodell aus zwei Perspektiven: aus der Vorschauperspektive der Praxis und aus der Rückschauperspektive der Theorie. Im ersten Teil wird erzählt, wie das Modell aus der Praxis des Unterrichts heraus entstanden ist. Im zweiten Teil werden, in der Rückschau auf das ausgearbeitete Modell, wichtige methodische Instrumente vorgestellt und ihr Einsatz und ihre Funktion beim Aufbau von Expertise im Rahmen eines Dialogischen Unterrichts skizziert.

Das Angebot als Antwort auf die Nutzung des vorangehenden Angebots, oder: Was die Lehrkräfte von ihren Schülerinnen und Schülern lernen können

Als junger Deutschlehrer an einem Schweizer Gymnasium hatte ich, wie die meisten Anfänger, den Ehrgeiz, ein sehr gutes Angebot zu machen. Darum wendete ich auch sehr viel Zeit für die Vorbereitung auf. Mit dem Ertrag jedoch war ich nicht zufrieden. Also steigerte ich meine Anstrengungen, um das Angebot zu verbessern. Der Effekt war erschreckend und bedrohlich zugleich. Je mehr ich mich anstrengte, so schien es mir, desto geringer war der Ertrag. Das wurde mir besonders in zwei wichtigen Bereichen sehr schmerzhaft bewusst: bei der Wissensvermittlung und bei der Korrektur von Aufsätzen. Ich erwartete, meine Erklärungen würden

---

[1] Einblick in die Grundlagen des Dialogischen Lernens geben Urs Ruf und Peter Gallin in verschiedenen Publikationen. Die erste befasst sich hauptsächlich mit der fachdidaktischen Kooperation und dem daraus entstehenden Dialog zwischen einem Sprach- und einem Mathematikdidaktiker sowie der daraus abgeleiteten unterrichtsrelevanten didaktischen Modellentwicklung (Gallin & Ruf 1990; Gallin & Ruf 1998). Hervorgehoben werden die einzelnen Instrumente des Dialogischen Lernens, die im Rahmen ihrer konkreten Anwendung vorgestellt werden. Die Grundzüge des didaktischen Modells werden in den beiden Bänden *Dialogisches Lernen in Sprache und Mathematik* diversifiziert (Ruf & Gallin 2005a/b). Für die ersten sechs Schuljahre der Volksschule haben die beiden Autoren ein dreiteiliges Lehrmittel verfasst, das den Unterrichtsstoff der beiden Fächer Sprache und Mathematik ganzheitlich und fächerübergreifend anbietet (Gallin & Ruf 1995; Gallin & Ruf 1999a/b).

ein Erkenntnisinteresse wecken, aber das Gegenteil war der Fall. Je mehr Zeit ich mir zum Beispiel für die Vorbereitung des Literaturunterrichts nahm und je mehr ich zu einer Sache zu sagen hatte, desto mehr erlahmte das Interesse meiner Schülerinnen und Schüler. Sie empfanden meine zunehmend elaborierteren Erklärungen nur als zusätzlichen Ballast. Je mehr Wissen ich vermittelte, desto umfangreicher und schwieriger wurde der Prüfungsstoff. Und das wirkte lähmend auf sie.

Ähnlich war es bei der Aufsatzkorrektur. Ich wendete normalerweise 40 bis 60 Minuten auf, um einen Aufsatz minutiös zu korrigieren und zu kommentieren. Die Schülerinnen und Schüler aber nutzten mein Angebot, für das ich so viel Zeit aufgewendet hatte, meist maximal 2 Sekunden. Sie wollten wissen, ob sie eine gute Note hatten oder nicht. War die Note gut, interessierte sie mein Kommentar dazu nicht. War sie schlecht, ebenfalls nicht. Dann fühlten sie sich ungerecht behandelt und machten mir Vorwürfe: „Ihre Bemerkungen und Empfehlungen werden meinem Text überhaupt nicht gerecht." Oder: „Hätten Sie mir das, was im Kommentar steht, vorher gesagt, hätte ich einen besseren Aufsatz geschrieben."

Leider habe ich damals die erhellende Formel von Helmut Fend (1995, S. 187) noch nicht gekannt. Sie lautet:

> *In einer einfachen Formel könnte man die Wirksamkeit (W) eines Bildungssystems insgesamt als eine Funktion von Angebotsqualität (AQ) und Nutzungsqualität (NQ) betrachten. W = f(AQ, NQ).*

Das Gleiche gilt im engeren Sinn auch für die Unterrichtsqualität. Wie bedeutsam dieser Zusammenhang ist, wird offensichtlich, wenn man sich das Zusammenspiel von Angebot und Nutzung konkret vorstellt. Geht man von den beiden Extremfällen aus – einem maximalen Angebot steht überhaupt keine Nutzung gegenüber oder ein absolut minderwertiges Angebot wird maximal genutzt –, wird sofort klar, wie man die Unterrichtsqualität zunichte machen oder steigern kann. Es scheint, dass die Unterrichtsqualität umso höher wird, je besser sich Angebot und Nutzung die Waage halten. Geht man davon aus, dass im Rahmen eines Unterrichtsarrangements nicht unbegrenzte Ressourcen zur Verfügung stehen, wird die kluge Verteilung der verfügbaren Zeit und Energie auf Angebot und Nutzung zu einem vordringlichen Element der Unterrichtsgestaltung.[2]

Intuitiv habe ich damals als junger Deutschlehrer in einer ähnlichen Richtung nach Lösungen zur Verbesserung des unbefriedigenden Zustandes gesucht. Allerdings war meine Suche damals weniger wissenschaftlich motiviert, sondern hatte mehr praktische und kräfteökonomische Gründe. Ich sagte mir, wieso soll ich unzählige Stunden aufwenden, wenn ich damit offen-

---

[2] Ein einfaches numerisches Modell kann diesen Zusammenhang noch deutlicher veranschaulichen. Angenommen, das bestmögliche Angebot (a) habe den Wert 100 und das schlechteste Angebot den Wert 0. Ebenso variiere die Nutzung (n) zwischen 0 und 100. Dann kann man, im Sinne der Formel von Fend (1995, S. 187), die Unterrichtsqualität q als Produkt der beiden Variablen a und n auffassen, welche zu null wird, wenn einer der beiden Faktoren null ist. Nimmt man nun zusätzlich zu $q = a*n$ weiter an, im Rahmen des Unterrichtsarrangements stünden Ressourcen von maximal 100 Punkten zur Verfügung, die man investieren könne, um entweder ein sehr gutes Angebot zu machen oder die Nutzung sehr gut zu unterstützen, tritt die Nebenbedingung $a + n = 100$ dazu. Jetzt ist sofort ersichtlich, dass bei einer einseitig auf das Angebot fixierten Unterrichtsgestaltung (a = 100 und n = 0) bereits durch eine geringe Verschiebung der Kräfte hin zur Unterstützung der Nutzung (a = 95 und n = 5) die Unterrichtsqualität markant verbessert wird (von 0 auf 475). Das Maximum der Unterrichtsqualität, nämlich q = 2500, ist dann erreicht, wenn a und n den Wert 50 annehmen.

sichtlich kaum etwas erreiche. Ich reduzierte also die Zeit für die langfristige Unterrichtsvorbereitung und für die Aufsatzkorrektur drastisch und organisierte den Wechsel von Angebot und Erfolgskontrolle kurzfristiger. So forderte ich die Lernenden zum Beispiel unmittelbar nach einem Lehrerreferat auf, das Gehörte in eigenen Worten zusammenzufassen (ein Schreibauftrag von ca. 15 Minuten). Und anstatt vier große Aufsätze pro Semester schreiben zu lassen, gab ich mindestens alle 14 Tage einen kleinen Schreibauftrag, bei dem bloß ein kleiner Bestandteil eines Textes, zum Beispiel eine spannende Einleitung, ein dramatischer Höhepunkt oder ein überraschender Schluss zu schreiben war und bei dem für die Bewertung mehr die Ideen als die korrekte Schreibweise oder die stilistische Perfektion ausschlaggebend waren. Viele kleine Übungen dieser Art wurden dann als Material genutzt, um pro Semester noch einen oder zwei größere Texte zu verfassen, für die dann nicht nur zwei, sondern vier oder sechs Stunden zur Verfügung standen. Der Effekt war unerwartet. Obwohl ich für die Korrektur dieser kleinen Prüfungen viel weniger Zeit aufwendete, nur noch die gröbsten Fehler markierte und auch die Kommentare drastisch reduzierte, gab es kaum mehr Reklamationen wegen ungenügender Bewertungen. Weil es viel mehr Prüfungen gab, fiel die einzelne Note weniger ins Gewicht, und weil oft nur Elemente von Texten geübt oder fachliche Inhalte zusammengefasst wurden, wurde Schreiben zu etwas Geläufigem. Mit zunehmender Routine wurde das Verhältnis zu den eigenen Texten sachlicher. Das wirkte sich auch auf die großen Texte aus, wo weniger Herzblut vergossen als vielmehr Schreibweisen erprobt und Experimente durchgespielt wurden. Der Sinn für die Funktion und die Qualität von Texten wuchs, und Noten mussten kaum mehr begründet werden. Man kannte die Werkzeuge, freute sich, wenn sich eine Idee einstellte, wusste, dass sich das nicht erzwingen lässt, und hatte Routine genug, um auch ohne spezielle Idee zu einer passablen Lösung eines Auftrags zu gelangen.

Diese kleine Änderung meiner Unterrichtskonzeption – der schnellere Wechsel zwischen Angebot und Verarbeitung dieses Angebots – führte bei mir und bei meinen Schülerinnen und Schülern zu mehr Zufriedenheit und zu größeren Erfolgserlebnissen: Mein geringerer Aufwand für die jeweilige Unterrichtsvorbereitung wurde besser genutzt, was schnell zu besseren Leistungen führte. In der Sprache des Angebots-Nutzungs-Modells wurde die Wirksamkeit des Unterrichts erhöht, weil Angebotsqualität und Nutzungsqualität in ein besseres Verhältnis – in ein gewisses Gleichgewicht – zueinander gebracht worden waren. Das war aber nicht alles. Viel wichtiger für meine persönliche Entwicklung als Lehrer und für die Entwicklung des Dialogischen Lernmodells, das hier vorgestellt werden soll, war die Entdeckung, dass meine Schülerinnen und Schüler nicht nur meine Angebote verarbeiteten, sondern dass sie dabei auch mir Angebote machten. Selbst so simple Aufträge wie „Fass diesen Lehrervortrag zusammen" führten oft zu Texten, die höchst inspirierend für mich waren. Es wurde mir nach und nach bewusst und immer klarer, dass Schüler nicht nur das vermittelte Wissen verarbeiten, sondern dass sie eigenes Wissen und eigene Wertungen einbringen, welche die verhandelte Sache oft auf überraschende Weise beleuchteten. Ich erfuhr nicht nur eine ganze Menge darüber, wie Schülerinnen und Schüler denken und wie sie Fachprobleme anpacken, es wurde mir auch bewusst, dass sie dabei Aspekte ins Spiel brachten, an die ich selber nicht gedacht oder die im Lehrplan für spätere Schulstufen vorgesehen sind. Kurz: Je länger ich mich mit Schülerarbeiten befasste, in denen meine Angebote verarbeitet wurden, desto deutlicher verwandelten sich meine Schülerinnen und Schüler von Objekten meiner Lehrbemühungen zu Partnern in einem Dialog über fachliche Inhalte. Das war die Geburt des Dialogischen Lernmodells. Ich begann, meine Aufträge nach und nach abzuändern, behielt dabei die Idee des individuellen Verarbeitens meiner Angebote – sozusagen die Rohform des Dialogischen Lernmodells – bei, erweiterte sie aber so, dass die Schülerinnen und Schüler auch eingeladen waren, aktiv und konstruktiv etwas beizutragen, das direkt im Auftrag nicht vorgesehen war. Sie sollten sich zwar nach wie vor mit den fachlichen Inhalten befassen, mit denen ich sie konfrontierte, sie waren aber auch eingeladen, mehr und mehr eine Subjektrolle zu übernehmen und dabei Angebote für ihre Lernpartner und für mich zu gestalten. Sie sollten – ähnlich wie das in einem Gespräch der Fall ist – nicht nur in der Hörerrolle verharren und das Gehörte möglichst gut wiedergeben, sie sollten vielmehr auch die Möglichkeit bekommen, von der Hörer- in die Sprecherrolle zu wechseln und aktiv am Fortgang des Gesprächs mitzuwirken.

Mit der Schülerrolle änderte sich natürlich auch meine Lehrerrolle. Während die Schülerinnen und Schüler Möglichkeiten der Sprecherrolle erprobten, entdeckte ich die Potenziale der Hörerrolle und lernte sie in den Dienst meiner Lehrtätigkeit zu stellen. Das hatte auf der Ebene der Unterrichtsvorbereitung eine vorerst kaum merkliche Verlagerung meiner Aufmerksamkeit und meiner Energie vom Angebot – das ich bisher weitgehend aus der Fachsystematik heraus entwickelt hatte – auf die Nutzung dieses Angebots durch meine Schülerinnen und Schüler, durch die ich Hinweise auf ihre Lernvoraussetzungen erhielt, zur Folge. Die Analyse der Texte, in denen die Schüler mein Angebot verarbeiteten und in denen sie auch mir Angebote machten, wurde mehr und mehr zu meiner zentralen pädagogischen Tätigkeit, bei der ich den Erfolg meines Unterrichts ermittelte und mich inspirieren ließ, eine neues, noch besser auf die Lernvoraussetzungen meiner Schüler abgestimmtes Angebot zu entwickeln. Es war mir nach und nach klar geworden: Eine Verbesserung des Lernangebots führt nicht automatisch zu einer Steigerung des Lernertrags. Wirksame Instruktion entspringt und mündet im Zuhören.

Vor diesem Hintergrund begann ich nun auch zu verstehen, warum meine Schülerinnen und Schüler früher nicht motiviert waren, meine sachbezogenen Rückmeldungen zu ihren Aufsätzen zur Verbesserung ihrer Schreibkompetenz zu nutzen. Die Note war ja schon gesetzt, das Verdikt „gelungen" oder „nicht gelungen" schon gefällt. Meine Rückmeldung kam zu spät. Obwohl sie darauf zielte, nicht nur Defizite offenzulegen, sondern auch Vorschläge zu machen, wie diese Defizite überwunden werden könnten, fassten die Schülerinnen und Schüler dies nicht als Lernhilfe auf, sondern als Begründung dafür, warum sie nicht die Maximalnote bekommen hatten. Kam es nach der Rückgabe von Aufsätzen zu Gesprächen, drehten sich diese auch kaum je um die Fragen, wie meine fördernden Empfehlungen in die Praxis umgesetzt werden könnten, sondern fast ausschließlich um die Frage, wie meine Einschätzung widerlegt und die Note noch etwas verbessert werden könnte. Eine bilanzierende Feststellung des Leistungsstandes, die von einer Idealnorm ausgeht und die Defizite sichtbar macht, so wurde mir im Nachhinein klar, verträgt sich schlecht mit einer fördernden Rückmeldung, die das zukünftige Lernverhalten steuern soll (vgl. Winter 2004, S. 45).

Warum aber entkrampfte sich diese für beide Seiten frustrierende und lernhindernde Konfliktsituation schnell und dauerhaft, sobald ich die Bewertung vom Ende einer Lernphase in den Lernprozess selbst verlegte und ihr dadurch sogar noch mehr Bedeutung zumaß als zuvor? (Waren Bewertungsfragen bisher ein punktuelles Ereignis am Ende einer Lernphase, wurden sie nun zu einem ständigen Begleiter des Lernens selbst.) Warum entwickelte sich zwischen Bewertung und Förderung, die vorher als scheinbar unvereinbares Gegensatzpaar in Erscheinung getreten waren, nun plötzlich in ein produktives Wechselspiel? Warum beteiligten sich die Schülerinnen und Schüler plötzlich gern und kompetent an Fragen der Textqualität, für die sie sich zuvor nicht im Geringsten zu interessieren schienen, und nutzten sie kreativ und konstruktiv für die Überarbeitung ihrer Entwürfe? Entscheidend war der Perspektivenwechsel: der Wechsel von der Rückschau- in die Vorschauperspektive. Vorher war ich von der Idealnorm ausgegangen, die den Zielzustand meines Aufsatzunterrichts definiert. Von hier aus schaute ich zurück auf den aktuellen Leistungsstand meiner Schüler und maß ihre Aufsätze an einem umfassenden Kriterienkatalog. Dabei gerieten natürlich vor allem die Defizite ins Blickfeld. Und auch meine Rückmeldungen verfasste ich unter einer Defizitperspektive. Ich erklärte den Schülern, was sie alles hätten tun sollen, um den idealen Normen am Zielzustand zu genügen. Und obwohl ich mich bemühte, das Positive zu betonen und meine Kritik aufbauend und wertschätzend zu formulieren, machte sie doch vor allem den Abstand sichtbar zwischen dem, was erreicht worden war, und dem, was hätte erreicht werden können oder sollen. Das Anfängerwissen vermochte dem Wissen und Können der Experten nie wirklich zu genügen: Das rücken die ermittelten Fehler und Defizite überdeutlich ins Licht.

Das ist so!	**Das hast du falsch gemacht.**	**Das sind deine Defizite.**
Der fachliche Impuls der Lehrperson wird als Norm sofort absolut gesetzt und gilt als Rahmen, an dem alles, was die Schüler denken und tun, vermessen und als richtig oder falsch taxiert wird.	Was nicht mit der vorgegebenen Norm übereinstimmt, ist falsch.	Alles, was den vorgegebenen Rahmen noch nicht ausfüllt, fällt als Defizit ins Gewicht.

Monologischer Unterricht: Nur das fachlich Richtige zählt

Ganz anders fiel mein Nachdenken über Bewertung und Förderung aus, nachdem ich die Perspektive gewechselt und mich in die Vorschauperspektive der Schülerinnen und Schüler versetzt hatte. Jetzt ging ich von ihrem tatsächlichen Lernstand aus und schaute mir ihre Entwürfe unter dem Aspekt ihrer Entwicklungsfähigkeit an. Dabei rückten naturgemäß zuerst einmal die Qualitäten ins Blickfeld. „Was ist denn schon vorhanden? Worauf kann man aufbauen?

Teil 1: Einführung in das Dialogische Lernen

Worauf will der Text denn hinaus? Was lohnt sich, weiter zu verfolgen?" – das waren die wegleitenden Fragen, an denen sich die Verfasser selbst, aber auch ihre Lernpartner beteiligten. Und obwohl ich auch diese Entwürfe mit einem vierwertigen Häkleinsystem[3] grob qualifizierte, blieben Konflikte zwischen Bewertung und Förderung aus. Das lag nicht nur daran, dass ich alle Zwischenresultate im Lernprozess qualifizierte und dass die einzelne Qualifikation nur wenig Gewicht hatte. Es lag auch daran, dass sich die Qualifikation vor allem auf das Gelungene und auf die Lernfortschritte in einer kurzen Lernphase stützten und der Zusammenhang zwischen ihrem Einsatz oder ihren Einfällen einerseits und der Bewertung andererseits für die Schüler direkt und inhaltlich erkennbar war.

Die Schüler fühlten sich als Partner in einem gemeinsamen Lernprozess ernst genommen. War für mich früher, als sich noch alles um mein Angebot drehte, die Frage wegleitend: „Haben meine Schülerinnen und Schüler mich richtig verstanden?", trat jetzt eine zweite zentrale Frage hinzu, die meinen Unterricht um ein zweites Zentrum erweiterte: „Habe ich meine Schülerinnen und Schüler richtig verstanden?" Je konsequenter und systematischer ich diese zweite Frage stellte, desto deutlicher veränderten sich auch die Akzente bei der Beantwortung der ersten Frage. Hatte ich früher, als alles an den fachlichen Normen des Angebots vermessen wurde, vor allem die Defizite im Blick, traten jetzt, wo ich die Sache auch aus der Sicht der Schüler ins Auge fasste, die Qualitäten und Erfolg versprechenden Versuche in den Vordergrund. Weil Angebot und Nutzung gleichzeitig auf den Prüfstand gestellt wurden, rückte ganz von selbst das Interesse an den Überschneidungen ins Zentrum. Wie groß ist die Schnittmenge der Übereinstimmung? Wo gibt es Differenzen? Welche sind interessant? Wie lassen sie sich erklären? Wie überwinden?

Das ist mein Angebot!	**Wie nutzt du es?**	**Da stimmen wir überein.**
Der fachliche Impuls der Lehrperson hat den Charakter einer Kernidee: Es ist ein Verstehensangebot, das von jedem Lernenden nach Maßgabe seiner Möglichkeiten genutzt werden kann.	Die Nutzung des Angebots durch den Schüler wird als insgesamt mögliche und sinnvolle Antwort auf den fachlichen Impuls der Lehrperson behandelt, die vor dem Hintergrund des Vorwissens des Schülers verstanden werden kann.	Die Schnittmenge bildet den vorläufigen Ertrag des Austausches: das, worüber sich beide Seiten einig sind. Darauf kann sich das nächste Lernangebot abstützen.

Dialogischer Unterricht zielt auf Verstehen und Verständigung

---

[3] Anmerkung der Redaktion: In diesem Buch finden sich verschiedene Begriffe in schweizerdeutsch, wie u. a. „Häklein" (Häckchen). Deren Bedeutung wird – soweit notwendig – jeweils erläutert.

Mit der Erweiterung der Perspektiven veränderte sich auch die Einstellung gegenüber den schriftlichen Arbeiten meiner Schülerinnen und Schüler. Waren sie früher Indikator individueller Fähigkeiten, die ausschließlich die Schüler zu verantworten hatten, wurden sie jetzt zum Gradmesser des Erfolgs beim Zusammenwirken von Angebot und Nutzung. Schülerleistungen wurden nun als Antworten auf eine Lehrerleistung verstanden. Sie lieferten nicht nur Hinweise auf den Erfolg des Angebots, sondern zeigten auch auf, wie Schüler die Sache sehen und anpacken. Es ging nicht mehr primär um Korrektur, sondern um Verstehen und Verständigung. Wegleitend waren nicht mehr die Fragen: „Was ist richtig? Was ist falsch?", sondern die Fragen: „Wo haben wir uns verstanden? Was ist gelungen? Was bringt uns weiter?"

Diese neue Funktion der Schülerarbeiten hatte natürlich tief greifende Veränderungen der Inhalte zur Folge. Hatten meine Schülerinnen und Schüler früher neben Texten, die ich ihnen diktierte oder die sie von der Wandtafel abschrieben, kaum etwas anderes produziert als gleichförmige und monotone Übungen und Prüfungen, entstanden jetzt zunehmend interessantere und aussagekräftigere Dokumentationen und Reflexionen persönlicher Lern- und Erkenntnisprozesse, die mir als unersetzliche Grundlage für die Konzeption meines nachfolgenden Angebots dienten. Die Schriftlichkeit war zu einem bedeutenden Instrument des Lernens in der Hand der Schülerinnen und Schüler geworden, mit dem sie kontinuierlich Rechenschaft ablegten über die durchlaufenen Prozesse und die dabei erbrachten Leistungen. Die langweiligen und unpersönlichen Übungs-, Prüfungshefte verschwanden aus meinem Unterricht und wurden ersetzt durch Lernjournale, die individuelle Entwicklungen dokumentierten, und durch vielfältige Produkte, in denen fachliches Wissen und Können vor einem mehr oder weniger breiten Publikum unter Beweis gestellt wurde. Ich lernte von meinen Schülerinnen und Schülern, und sie lernten von mir. Mehr noch lernten sie vermutlich aber vom Austausch untereinander.

Unterricht als dialogisches Versuchshandeln – Überblick über die methodischen Instrumente

Das Dialogische Lernmodell ist eine Antwort auf die Tatsache, dass es keine allgemein anerkannte Lerntheorie gibt, aus der man ableiten könnte, wie man Lernende durch schulische Instruktion sicher vom Punkt A zum Punkt B bringt. Vor diesem Hintergrund müssen alle Maßnahmen, die Lehrkräfte treffen, um Lernprozesse bei ihren Schülerinnen und Schülern auszulösen, zu begleiten und zu beurteilen, als pädagogische Versuchshandlungen aufgefasst werden, die zum Ziel führen können, aber nicht müssen. Das Dialogische Lernmodell offeriert eine Reihe von methodischen Instrumenten, die geeignet sind, solche Versuchshandlungen auszulösen und systematisch auf ihren Erfolg hin zu überprüfen: Kernidee, offener Auftrag, Lernjournal, Rückmeldung, Häklein, Autographensammlung. Sie funktionieren in der Praxis des schulischen Unterrichts allerdings nur, wenn die Lernenden nicht als Objekte dieser Versuchshandlungen behandelt werden, sondern als Partner, die unverzichtbare Beiträge zur Ermittlung des Erfolgs dieser Versuchshandlungen und zu einer systematischen Korrektur und Verbesserung leisten. Darum orientiert sich der Dialogische Unterricht konsequent am Grundmuster eines auf Verstehen und Verständigung zielenden Gesprächs. Konstituierend ist der regelmäßige Wechsel der *Gesprächsrollen* – der Rolle des Sprechers, des Zuhörers und des außenstehenden Beobachters – und der damit verbundene Wechsel der *Perspektiven* – der Perspektive des *Ich*, die man einnimmt, um eigene Intentionen, Erkenntnisse und Erfahrungen anderen verständlich zu machen, der Perspektive des *Du*, die man einnimmt, um andere zu verstehen und sich mit ihnen zu verständigen, und die Perspektive des *Wir*, die man einnimmt, um Bilanz zu ziehen, den Bestand der im Gespräch erarbeiteten Übereinstimmung zu sichern und über den reibungslosen Fortgang des Gesprächs zu wachen.

Der Dialog ist in diesem Lernkonzept also keine Methode, die dazu dient, ein vorher schon festgeschriebenes Fachwissen leichter zu vermitteln und in die Köpfe der Schülerinnen und Schüler zu transportieren. Der Dialog ist vielmehr das konstituierende Tun, aus dem Fachwissen selbst hervorgeht und in dem sprachlich gefasstes Fachwissen sich immer wieder bewähren muss. Entscheidend ist die Reversibilität aller Rollen und Handlungen, die für eine dialogische Lehr-Lern-Umgebung charakteristisch sind. Um Sprechen zu lernen, muss man zuhören können, und um Zuhören zu lernen, muss man sprechen können. Der systematische Wechsel der Sprecher- und der Zuhörerrolle, der charakteristisch ist für menschliche Gespräche, wird im Dialogischen Lernkonzept konsequent auf alle schulischen Tätigkeiten übertragen: Alle Rollen, die im traditionellen Unterricht der Lehrperson zugedacht sind, werden auch von den Lernenden übernommen werden, und umgekehrt. Das heißt konkret:

- Die Lehrkräfte wenden ebenso viel Zeit und Energie auf, um ihre Schülerinnen und Schüler zu verstehen, wie diese Zeit und Energie aufwenden, um ihre Lehrkräfte zu verstehen.
- Die Schülerinnen und Schüler nehmen ebenso oft die Sprecherrolle ein, um sich ihren Lehrkräften und Lernpartnern verständlich zu machen, wie sie die Hörerrolle einnehmen, um ihre Lehrer oder Lernpartner zu verstehen.
- Die Schülerinnen und Schüler befassen sich ebenso gründlich und ernsthaft mit den Konzepten und Verfahren, die Experten für erfolgreich halten und nutzen, wie die Lehrpersonen und Lernpartner sich mit Konzepten und Verfahren befassen, welche die Schülerinnen und Schüler für erfolgreich halten und nutzen.
- Motivation, Interesse und Wertungen der Schülerinnen und Schüler werden ebenso ernsthaft untersucht und kritisch hinterfragt wie Motivation, Interesse und Wertungen der Lehrkräfte und Experten.
- Die Schülerinnen und Schüler erbringen nicht nur Leistungen, um fachlichen Standards zu genügen, sie lernen fachliche Standards auch anzuwenden, um Leistungen von Experten und Lernpartnern zu bewerten.
- Die Lernenden lösen nicht nur Prüfungsaufgaben, sie stellen auch Prüfungsaufgaben her.

Der zentrale Gedanke des Dialogischen Lernmodells ist die konsequente Rückkopplung des Angebots an die Nutzung, die dadurch entsteht, dass Lehrende und Lernende abwechselnd die Rolle des Sprechers und des Zuhörers übernehmen. Jedes neue Angebot der Lehrperson ist die Antwort auf die Nutzung des vorangehenden Angebots durch die Schülerinnen und Schüler. Die damit verbundene regelmäßige Einschätzung und die systematische Steigerung der Nutzungsqualität schulischer Angebote hat eine doppelte Funktion: Einerseits erfahren die Schülerinnen und Schüler nach jeder Nutzung eines Angebots, wie die Lehrperson die Qualität ihrer Arbeit einschätzt und wo sie Entwicklungsmöglichkeiten sieht. Andererseits erfährt die Lehrperson, wie ihr Angebot angekommen ist und wo sie mit ihrem neuen Angebot anknüpfen könnte. Dabei gewinnt sie eine immer klarere Vorstellung über die unterschiedlichen Nutzungsmöglichkeiten innerhalb ihrer Klasse und kann die Schülerinnen und Schüler auch auf dieser Ebene gezielt fördern. Zu diesem Zweck stellt das Dialogische Lernmodell eine Reihe von methodischen Instrumenten zur Verfügung. Diese Instrumente ermöglichen es auch, wichtige Erkenntnisse der Motivationspsychologie, der Kognitionspsychologie, der Expertiseforschung und der schulischen Diagnostik beim pädagogischen Handeln in der Praxis systematisch zu nutzen.

Das Konzept der Kernidee

Auf der Seite des fachlichen Angebots steht nicht das Lehrbuch – die reguläre Darstellung des Fachwissens in der Rückschauperspektive – im Zentrum des Unterrichts, sondern die Lehrperson, die mit ihren Kernideen ihr Fach interpretiert und Einblick gibt in die Beschaffenheit und Arbeitsweise ihrer Handlungskompetenz. Die Lehrperson stellt explizit dar, wie sie die Sache sieht (Fachliches), was sie daran interessiert (Personales), wie sie Probleme anpackt und löst (Metakognitives), wie sie selber Zugang zum Fach gefunden hat (Biografisches) und welche Rolle Lehrer und Lernpartner dabei gespielt haben (Soziales). Mit dem Konzept der Kernidee stellt die Lehrperson eine Beziehung zwischen den Bildungszielen und dem Entwicklungsstand der Schülerinnen und Schüler her. Die Kernidee ist ein mentales Modell, das den Lernenden einen Zugang zu einem größeren Fachgebiet erschließt, sie zum vollen Einsatz der personalen, sozialen, fachlichen und metakognitiven Aspekte ihrer Handlungskompetenz herausfordert und während längerer Zeit als Wegweiser zu zentralen Fragen und fachlichen Pointen genutzt werden kann.

Das Konzept des offenen Auftrags

Durch den offenen Auftrag sind die Lernenden eingeladen, bei der Auseinandersetzung mit fachlichen Herausforderungen in ihrem Lernjournal die personalen, sozialen, fachlichen und metakognitiven Aspekte ihrer sich entwickelnden Handlungskompetenz ins Spiel zu bringen und anderen Einblick zu geben in die Position, die sie der Sache gegenüber einnehmen (singuläre Standortbestimmung). Sie sollen auch dokumentieren, wie sie beim Problemlösen oder beim Verarbeiten von Informationen vorgehen und welche emotionalen und volitionalen Prozesse sich dabei abspielen. Das Konzept des offenen Auftrags ist die didaktische Antwort auf die Tatsache, dass die Lernvoraussetzungen der Schülerinnen und Schüler sehr unterschiedlich sind und auch von der Qualität vielfältiger Stützsysteme abhängen, in die sie eingebettet sind. Der offene Auftrag gibt jedem Lernenden Gelegenheit, aus seinen Lernvoraussetzungen das Beste zu machen, Defizite auszugleichen, seine Stärken auszuspielen und gute oder sehr gute Leistungen auf unterschiedlichem fachlichem Niveau zu erbringen. Weil Leistungen unter allen Aspekten der Handlungskompetenz erbracht werden können, können auch Lernende Erfolg haben, die langsamer sind, eine weniger ausgeprägte Begabung mitbringen, fachliche Defizite haben oder noch viel Zeit benötigen, um sich selber zu motivieren, die Aufmerksamkeit auf die Sache zu lenken und Sinn im eigenen Tun zu erkennen.

Teil 1: Einführung in das Dialogische Lernen

Das Konzept des Lernjournals

Mit dem Konzept des Lernjournals wird sichergestellt, dass die der Metakognition zugänglichen kognitiven und emotionalen Prozesse beim Wissenserwerb und beim Problemlösen (Gedanken, Gefühle, Vermutungen, Wertungen, Wünsche, Befürchtungen, Entscheidungen usw.) durch die Lernenden dokumentiert und damit der rationalen Bearbeitung im Austausch mit Lehrkräften und Lernpartnern zugänglich werden (vgl. Pellegrino 2001, S. 78 f.). Das Lernjournal ist eine wichtige Datenbasis, die es erlaubt, das Konstrukt der implizit wirksamen Handlungskompetenz der Beobachtung ein Stück weit zugänglich zu machen und die *Zone der proximalen Entwicklung* (Vygotsky 1978) herauszuarbeiten, wo durch die Unterstützung von Lehrkräften oder Lernpartnern eine Entwicklung möglich ist und eingeleitet werden kann. Beim Schreiben im Lernjournal nehmen die Lernenden eine reflexive Haltung gegenüber sich selbst ein und geben sich Rechenschaft über ihren Umgang mit fachlichen Herausforderungen. Die Einsicht in die implizit wirksamen Konzepte beim Handeln – in die Regelhaftigkeit des eigenen Tuns – schafft die Voraussetzung für Korrektur und Entwicklung (Habermas 1999). Die Metakognition und die Rezeption der Texte von Lernpartnern spielen dabei eine Schlüsselrolle.

Das Konzept der Rückmeldung

Jeder durch einen schriftlichen Auftrag ausgelöste Eintrag im Lernjournal wird durch Lernpartner auf Qualitäten hin untersucht. Die erbrachte Leistung wird in einer schriftlichen Rückmeldung gewürdigt. Dabei steht die Suche nach Gelungenem und nach Erfolg versprechenden Aktionen der Handlungskompetenz im Vordergrund. So entsteht eine immer klarere und differenziertere Vorstellung der eigenen Handlungskompetenz und der Handlungskompetenz von Lernpartnern und Experten. Das Konzept der Rückmeldung ist die didaktische Antwort auf Erkenntnisse der neueren Kognitionspsychologie, dass die Handlungskompetenz von Novizen nicht einfach defizitär ist gegenüber derjenigen von Experten, sondern anders strukturiert. Dass jemand etwas scheinbar falsch einschätzt oder ein Problem nicht so löst, wie es die Experten von ihm erwarten, lässt noch keinen Rückschluss auf Defizite oder *[...] grundsätzliche Beschränkungen der kognitiven Fähigkeiten zu [...]* (Wilkening & Lamsfuss 1993, S. 271), sondern kann eine Folge davon sein, dass man die Art der Aufgabe nicht versteht, mit dem Kontext oder der Repräsentationsform unvertraut ist, sich an anderen Konzepten orientiert oder ganz einfach andere Präferenzen setzt (Wilkening & Krist 1998). Mit dem Konzept der Rückmeldung stellt die Dialogische Didaktik das aktive und konstruktive Zuhören – die Rezeption von Texten aus dem Lernjournal von Lernpartnern oder die Verarbeitung von vermitteltem Fachwissen – als gleichwertige und gleichberechtigte Leistung neben die Produktion – das Darstellen und Erklären eigener Prozesse und Ergebnisse des Verstehens und des Problemlösens. Dabei steht vor allem der soziale Aspekt der Handlungskompetenz im Vordergrund: die Fähigkeit, die Perspektive zu wechseln und zu verstehen wie andere, Probleme anpacken und zu Erkenntnissen gelangen (Ruf & Ruf-Bräker 2002).

Konzept der Autographensammlung

Haben die Schülerinnen und Schüler den Auftrag gelöst und im Rahmen ihrer Möglichkeiten ihr Bestes gegeben, geht es darum, interessante Ideen und Vorgehensweisen weiter zu entfalten, besser zu verstehen und diejenigen herauszuarbeiten, die viel zur Lösung der Aufgabe und zu ihrer fachlichen Verankerung beitragen können. Das geschieht in der Form einer sogenannten Autographensammlung. Mit einem fachlich geschulten und pädagogisch wohlwollenden Blick wählt die Lehrperson interessante Passagen aus Schülerarbeiten aus, gruppiert sie, setzt markante Titel oder Kommentare und schafft so eine Brücke zwischen dem Vorwissen der Lernenden und dem zu erwerbenden Fachwissen. Singuläres Tasten und Suchen explizit machen und aufzeigen, welche Handlungsweisen Erfolg versprechend sind und leicht mit regulären Begriffen und Verfahren des Fachs in Verbindung gebracht werden können: Diese Leistung der Lehrperson findet in der Autographensammlung ihren Niederschlag. Die Autographensammlung fasst das Gelungene der vorangehenden Arbeitsphase zusammen, strukturiert und interpretiert es vor dem Hintergrund fachlicher Begriffe und Verfahren und stellt damit die auf den Leistungsstand der Lernenden abgestimmten Instrumente zur Verfügung, mit deren Hilfe das vorhandene Wissen systematisch genutzt, in Richtung Fachwissen erweitert und gefestigt werden kann. Es ist gemeinsam erarbeitetes Wissen, das förderlich für jeden Einzelnen wirkt.

Konzept der zweidimensionalen Leistungsbewertung

Leistungen von Schülerinnen und Schülern dürfen nicht nur unter der Defizitperspektive an fachlichen Normen gemessen werden, sondern müssen immer auch unter der Entwicklungsperspektive in Relation zur Praxis beurteilt werden, aus der heraus sie entstanden sind. Darum lautet die Leitfrage bei der Beurteilung von Schülerleistungen nicht nur: „Ist das vor dem Hintergrund der fachlichen Praxis richtig und erfolgreich?", sie lautet immer auch: „Im Horizont welcher Praxis könnte dieses Verhalten oder diese Aussage Erfolg versprechend sein?", denn *[...] jeder Verhaltensablauf verkörpert viele Regularitäten, und jede in Frage kommende Performanz, die gemäß einer von diesen regelmäßig ist, ist unregelmäßig gemäß anderer* (Brandom 2000, S. 116 f.). Es werden grundsätzlich zwei Sorten von Leistungen eingefordert: Leistungen auf der Basis von offenen Aufträgen, wo die Lernenden zeigen, was sie können (*Bringschuld* der Lernenden); und Leistungen auf der Basis von geschlossenen Aufgaben, wo ein ganz bestimmtes Resultat erwartet wird (*Holschuld* der Lehrperson). Durch das Konzept der zweidimensionalen Leistungsbewertung wird sichergestellt, dass sich alle Lernenden regelmäßig und intensiv mit der Sache befassen (Nachweis der Prozessqualität) und dass ihnen gleichzeitig größere Zeiträume (ein Quartal, ein Semester) zur Verfügung stehen, bis sie unter Beweis stellen müssen, dass sie die Lernziele erreicht haben (Nachweis der Produktqualität). Weil Leistungen in der Dimension Prozess so lange genügend sind, wie ein Lernender aus seinen Möglichkeiten das Beste macht (Bringschuld des Lernenden), sind alle jederzeit optimal gefordert und haben es trotz unterschiedlicher Lernvoraussetzungen in der Hand, Erfolg zu haben. Und weil für das Erreichen der fachlichen Minimalanforderungen eine genügend lange Zeit (ein Quartal, ein Semester) zur Verfügung steht, kann jeder Schüler die erwarteten Leistungen (Holschuld der Lehrperson) zu einem ihm günstigen Zeitpunkt erbringen. Mit dem Einbezug der Dimension Prozess schafft die Dialogische Didaktik auch günstige Bedingungen für den Aufbau einer stabilen Sach-, Lern- und Leistungsmotivation, weil alle Schülerinnen und Schüler erfahren können, wie sie Fortschritte machen, wenn sie ihr Lernen selber in die Hand nehmen und ihr Potenzial im Austausch mit Lernpartnern und Experten nutzen.

Teil 2:
Annäherung an die Praxis des Dialogischen Lernens auf drei verschiedenen Wegen

Teil 2:

Einführung zum Teil 2

Lehrerinnen und Lehrer haben bezüglich der Art, wie sie unterrichten (wie sie z. B. ihre Klasse versuchen zu motivieren), bestimmte Vorlieben, die biografisch entstanden sind. Das ist gut so. Viele Lehrerinnen und Lehrer sind aber auch damit beschäftigt, Neues zu erproben, ihre Unterrichtsarbeit zu verbessern, ihr Repertoire an Methoden zu erweitern und die Passung zwischen ihrem Angebot einerseits sowie dessen Nutzung durch die Schülerinnen und Schüler andererseits effektiver zu gestalten. Das ist auch gut so. Nimmt man beide Feststellungen zusammen, so ergibt sich, dass es immer ein persönlicher Prozess ist, pädagogische Anregungen und neue Unterrichtskonzepte aufzunehmen. Jede Lehrperson muss dabei ihre eigenen Wege finden. Die vollständige Übernahme eines umfassenden Unterrichtskonzept (wie des Dialogischen Lernens) auf Anhieb erscheint unter diesem Gesichtspunkt eher schwierig. Hingegen können sich Lehrpersonen dem Konzept sehr einfach schrittweise annähern, indem sie Teile daraus erproben und dabei ihre eigenen Erfahrungen machen. Vielleicht erhält die Eigenart ihres Unterrichtens dadurch eine etwas andere Richtung, und es entstehen neue pädagogische Überzeugungen.

In den folgenden drei Kapiteln des Buches zeigen wir anhand einer ganzen Reihe praktischer Beispiele, wie mit dem Dialogischen Lernkonzept im Unterricht gearbeitet werden kann. Jedes Kapitel zeichnet einen anderen Weg vor, auf dem Sie sich der Praxis des Dialogischen Lernens annähern und einfach beginnen können.

Da sind erstens einige beispielgebende Dialogische Unterrichtseinheiten – von uns „Prototypen" genannt. Sie können in ähnlicher Weise relativ leicht von Lehrpersonen in ihrem Unterricht durchgeführt werden, um praktische Erfahrungen mit den Methoden und den leitenden Gedanken des Dialogischen Lernens zu sammeln. Sie sind so angelegt, dass für einen begrenzten Zeitraum der Unterricht auf das Dialogische Lernmodell umgestellt wird. Freilich konnten wir nur für einige wenige Fächer und Unterrichtsstoffe ein solches Beispiel erstellen und erproben. Aber die Arbeitsweisen der Prototypen lassen sich auf andere Fächer und Stoffe übertragen.

Die zweite Annäherung kann darüber erfolgen, dass Sie einen eigenen Unterricht nach den Prinzipien des Dialogischen Lernkonzepts umgestalten. Die grundlegenden Gedanken dazu sind in dem einführenden Beitrag von Urs Ruf dargestellt, und die Mittel und Arbeitsweisen werden in dem Beitrag „Den Unterricht dialogisch gestalten" von Peter Gallin erläutert. Dort werden zudem Erfahrungen und Tipps für die Unterrichtsgestaltung mitgeteilt. Außerdem wird dieser zweite, sehr selbstständige Weg dadurch unterstützt, dass wir Ihnen drei ausführlich dargestellte Beispiele eines längerfristig angelegten Dialogischen Unterrichts geben. Sie zeigen unter anderem, wie die Arbeiten der Schülerinnen und Schüler immer wieder aufgegriffen werden können, um den Lernprozess voranzutreiben.

Als dritte Möglichkeit der Annäherung schlagen wir Ihnen vor, dass Sie zunächst Erfahrungen mit den Instrumenten des Dialogischen Lernkonzepts sammeln. Sie können z. B. in Ihrem Unterricht mit Autographensammlungen arbeiten oder gemeinsam mit Kolleginnen und Kollegen üben, Qualitäten in Schülerarbeiten zu entdecken. Im diesem Kapitel ist daher für einige Instrumente des Dialogischen Lernkonzepts beschrieben, wie Sie damit versuchsweise arbeiten können.

Teil 2: Annäherung an die Praxis des Dialogischen Lernens auf drei verschiedenen Wegen

Alle drei Vorgehensweisen erlauben eine rasche und praxisorientierte Annäherung an das Dialogische Konzept. Wenn Sie durch unsere Beispiele angeregt werden und bei Ihren Versuchen den Eindruck gewinnen: „Das Dialogische Lernkonzept passt zu meinem persönlichen Unterrichtsstil und meinen pädagogischen Überzeugungen", bekommen Sie vielleicht Lust auf mehr und entwickeln selbst den nächsten Prototyp. Die folgenden drei Unterkapitel werden jeweils durch einen kurzen einleitenden Text eröffnet, in dem die einzelnen Beiträge vorgestellt werden.

Erster Weg: Mit Prototypen das Dialogische Lernen erproben

Einleitung

Im folgenden Unterkapitel sind drei Beispiele für eine dialogisch geführte Unterrichtssequenz dargestellt. Für eine bestimmte Zeit, zwischen 12 und 30 Unterrichtsstunden, folgt das Lernen dem Dialogischen Konzept. Allen drei Beispielen ist gemein, dass eine bestimmte Textsorte ganz im Mittelpunkt der Arbeit steht – ein Gedicht, eine Rede, eine autobiografische Skizze. Die Schülerinnen und Schüler sollen Kompetenzen erwerben, die sie benötigen, um einen entsprechenden guten Text zu schreiben. Dazu müssen sie sich Bauformen, Stilmittel und Produktionsweisen bewusst machen und handhaben lernen. Aber sie lernen noch weitaus mehr, z. B. die Arbeiten ihrer Mitschülerinnen und Mitschüler zu beurteilen, Rückmeldungen zu geben und ihre eigene Arbeit zu reflektieren und zu verbessern. Es geht also um fachliche wie auch um überfachliche Kompetenzen.

Bei diesen mehrfach erprobten prototypischen Unterrichtsbeispielen sind die Kernideen, die Arbeitsaufträge und auch Beispiele dessen gegeben, was an schönen Schülertexten entstehen kann. Eigentlich könnten Sie also die Unterrichtseinheiten genauso wie beschrieben in einer entsprechenden Klasse durchführen – wenn, ja wenn es nicht um Dialogisches Lernen ginge. (Nebenbei gesagt, lassen sich Unterrichtseinheiten nie in eine 1:1-Umsetzung bringen.) Denn es soll ja gerade darum gehen, mit den eigenen Schülerinnen und Schülern und aus ihren Beiträgen die wesentlichen Merkmale der jeweiligen Textsorte herauszuarbeiten. Und zwar ganz praktisch, sodass die Lernenden nachher z. B. wirklich eine hervorragende englische Rede schreiben und halten können. Trotzdem: In den Beispielen sind so viele Anregungen, Materialangebote und Erfahrungsberichte enthalten, dass es Ihnen leichtfallen dürfte, ein ähnliches Unterrichtsprojekt auf die Beine zu stellen.

Anita Pfau beschreibt in „Poche parole – grande effetto" (ab 9. Schuljahr) ein dialogisches Arrangement zum Thema „Gedichte schreiben und analysieren lernen", das im Unterricht verschiedener romanischer Fremdsprachen erfolgreich durchgeführt wurde. Sie zeigt dabei auf, wie es Lehrpersonen gelingt, aus den Texten der Lernenden neue Kernideen und Aufträge abzuleiten, die für das weitere Lernen der ganzen Klasse wegleitend werden. Man kann gut nachvollziehen, wie das „Qualitäten suchen" zwar aufwendig, aber für alle Beteiligten höchst wertvoll und befriedigend verläuft.

Bei der Unterrichtseinheit „Das erzählte Ich" von Christine Weber (Deutsch, 9.–11. Schuljahr) ist es das Ziel, dass die Schülerinnen und Schüler lernen, eine autobiografische Skizze auf hohem sprachlichem und inhaltlichem Niveau zu schreiben. Der methodische Schwerpunkt liegt auf dem Schreiben als kontinuierlichem Prozess, wobei sich Phasen der Produktion und Phasen der Rezeption immer wieder abwechseln. Dabei entwickeln die Lernenden zusammen mit der Lehrkraft auch sprachliche „Werkzeuge" zur Lösung der Aufgabe und sammeln diese in einer „Werkzeugkiste", die sie laufend verändern und erweitern.

Teil 2: Annäherung an die Praxis des Dialogischen Lernens auf drei verschiedenen Wegen

Stefan Keller (8.–10. Schuljahr) zeigt in seinem Beitrag, wie Schülerinnen und Schüler in der Fremdsprache Englisch lernen, eine gute Rede zu schreiben und öffentlich vorzutragen. Er legt ein konkretes Beispiel der Arbeit mit einer Autographensammlung vor und gibt Hinweise darauf, wie aus dialogischen „Lernjournalen" am Ende kleine Portfolios werden können, in welchen die Schülerinnen und Schüler ihre Leistungen bezüglich der Prozess- wie auch der Produktseite dokumentieren.

Das Projekt „,Lingua' – Am Computer eine persönliche Grammatik basteln" von Ralph Fehlmann geht bezüglich der methodischen Umsetzung des Dialogischen Lernens gänzlich neue Wege, indem ein speziell entwickeltes Computerprogramm („Lingua") zur Anwendung kommt (ab 7. Schuljahr). Dieses basiert auf der Kernidee, „dass man über das Funktionieren von Sprache(n) am meisten herausfindet, wenn man selber ihre Regeln nachzubauen versucht" (siehe S. 84). Und das machen die Schülerinnen und Schüler, indem sie dem Programm grammatische Regeln eingeben und dann sehen, welche Sätze mit ebenfalls eingetippten Wörtern entstehen. Die Aufgabe ist gelöst, wenn nur noch „richtige" Sätze auf dem Bildschirm erscheinen. Der Beitrag erläutert die Funktionsweise des Programms und zeigt an Journaleinträgen auf, welche Erfahrungen die Lernenden im Umgang damit machen.[1]

Lehrkräfte, die einen dieser „Prototypen" in ihre Praxis umsetzen oder selbst einen ähnlichen entwickeln möchten, sollten jeweils zwei Dinge nicht außer Acht lassen. Erstens lohnt es sich, sorgfältig zu prüfen, ob die nötigen Ressourcen an Zeit und Energie zur Verfügung stehen. Denn der vorgezeichnete Unterricht erfordert von allen Beteiligten Einsatz. Allerdings werden durch diese Art des Unterrichts regelmäßig auch Kräfte freigesetzt, die ihm zugutekommen. Bei einem günstigen Verlauf kommt es also gewissermaßen zu einem sich selbst tragenden Projekt. Zweitens sollte die Lehrperson bereit sein bzw. sich bereit machen, auf die Ideen und Einfälle der Lernenden einzugehen und ihnen dabei zu helfen, ihre singulären Konzepte in fachliche Begriffe und Lösungsstrategien zu überführen. Diese Arbeit kann (vor allem am Anfang) zeitaufwendig sein, ermöglicht allen Beteiligten aber ermutigende und befriedigende Erlebnisse: Wenn ein Schüler plötzlich etwas leistet, was ihm vorher niemand zugetraut hätte; wenn eine Schülerin bei einer fachlichen „Knacknuss" viel mehr Energie investiert als im normalen Unterricht oder wenn sich hinter einer abstrus wirkenden Idee eines Lernenden ein origineller Lösungsweg verbirgt, auf den die Lehrperson selber gar nicht gekommen wäre. Davon berichten Lehrende, die mit den Prototypen gearbeitet haben, immer wieder, und das soll den Leserinnen und Lesern dieses Buches Mut machen, ihren eigenen Unterricht für solche Erfahrungen zu öffnen.

---

[1] Das Programm kann über http://www.rezan.ch/lingua/ oder direkt bei ralph.fehlmann@swissonline.ch bezogen werden. Weitere Angaben dazu finden sich auf S. 93.

„Poche parole – grande effetto/Pocas palabras – gran efecto/ Peu de mots – grand effet."

Eine Unterrichtseinheit zum Thema Lyrik im Fremdsprachenunterricht
Anita Pfau

Thema: Gedichte schreiben, lesen, analysieren, vortragen
Altersstufe: ab 9. Schuljahr (oder ab dem 3. Lernjahr)
Zeitbedarf: 12 – 20 Lektionen

Kurzer Überblick

In der vorliegenden Unterrichtseinheit befassen sich die Schülerinnen und Schüler intensiv mit der Textsorte des Gedichts. Das Lernarrangement verbindet die Produktion eigener Gedichte mit der Analyse lyrischer Texte. Die Unterrichtseinheit besteht aus drei Phasen, wobei die erste und die letzte Phase gesetzt sind: Man beginnt mit einem sehr offenen Auftrag und endet mit einem Produkt. Die mittlere Phase kann unterschiedlich gestaltet werden.

Zum Auftakt werden die Schülerinnen und Schüler gebeten, ein Gedicht in der Fremdsprache zu schreiben. Der Auftrag schafft die Grundlage für die Fragestellung nach dem Wesen von Gedichten. Die darauf folgende Analyse der Schülertexte liefert erste Antworten. Die spezifischen Merkmale der Gattung werden in einer Tabelle festgehalten, welche während der ganzen Unterrichtseinheit fortlaufend erweitert wird. Es kristallisiert sich die grundlegende Erkenntnis heraus, dass die Form des Gedichts einen wesentlichen Teil der Aussage transportiert.

In der zweiten Phase erhalten die Schülerinnen und Schüler abermals Gelegenheit, Gedichte zu verfassen. Die Aufträge fordern sie dazu heraus, mit verschiedenen Instrumenten zu experimentieren und zwischen den Polen „Form und Inhalt" auf vielfältige Weise eine Spannung aufzubauen. Parallel dazu erforschen die Lernenden gelungene dichterische Experimente ihrer Klassenkameraden und analysieren Gedichte aus der Literatur. Beides vertieft ihre Fachkenntnisse und wirkt inspirierend auf den persönlichen Schreibprozess.

Abschließend wählt jede Schülerin und jeder Schüler eines seiner Gedichte aus und gibt ihm den letzten Schliff. Nach einer Phase der gegenseitigen Beratung werden die Texte überarbeitet. Die Endprodukte werden in einer kleinen Gedichtsammlung dokumentiert und mündlich vorgetragen.

Das Potenzial des Gedichts, oder: Weshalb lohnt sich die Auseinandersetzung mit der Gedichtform?
Die mehrfache Erprobung der Unterrichtseinheit in der Praxis[1] hat gezeigt, dass die Beschäftigung mit Gedichten ein Übungsfeld für anspruchsvolles schöpferisches, analytisches und linguistisches Arbeiten ist. Das vorliegende Lernarrangement bewährt sich aus folgenden Gründen:

---

[1] Die Unterrichtseinheit wurde im Italienischunterricht von Anita Pfau an der Kantonsschule Limmattal, Schweiz, entwickelt und an vier weiteren Gymnasien bei Letizia Könz (Italienisch), Claudia Fried (Französisch), Rita Gloor (Französisch) und Anahí Pérez Izquierdo (Spanisch) erprobt, variiert und ergänzt.

> Das Schreiben von Gedichten gibt den Schülerinnen und Schülern Raum, ihren Stimmungen, Beobachtungen, Gedanken und Gefühlen einen wirkungsvollen Ausdruck zu verleihen. Der Auftrag, sich kreativ mit individuell relevanten Themen zu befassen, wirkt motivierend.
> Der Austausch der Schülergedichte in der Klasse wirkt sich positiv auf das Klassenklima aus, weil sich alle von einer neuen Seite kennenlernen.
> In der Poesie muss jedes Wort präzis ausgewählt und richtig gesetzt werden. Deshalb führt der Umgang mit Lyrik unweigerlich zu einer vertieften Auseinandersetzung mit der Fremdsprache. Das betrifft in erster Linie den Wortschatz. Das Wörterbuch wird zum zentralen Arbeitsinstrument und muss immer zur Hand sein. Das Lernarrangement bietet eine ideale Gelegenheit, dessen kompetente Handhabung zu trainieren.
> In der forschenden Auseinandersetzung mit Gedichten erfahren die Schülerinnen und Schüler, wie die Aussage eines poetischen Textes von der Beziehung zwischen Form und Inhalt lebt. Sie lernen, Gedichte unter Verwendung der Fachbegriffe zu analysieren und die Erkenntnisse daraus für das Verfassen eigener Texte fruchtbar zu machen.
> Die eigene Schreiberfahrung steigert die Neugier bezüglich der Textsorte und erleichtert den Zugang zu lyrischen Texten aus der Literatur.
> Das Rezitieren von Gedichten fördert die Sensibilität der Lernenden für Aussprache und Intonation. Die Lyrik eignet sich in besonderem Maße, um das Bewusstsein für die Prosodie zu schärfen.
> Die schriftlichen Aufträge fordern gleichermaßen sehr begabte wie leistungsschwächere Schülerinnen und Schüler heraus (siehe dazu Beitrag Urs Ruf, S. 21). Die Lehrpersonen konnten mehrfach beobachten, wie Letztere beim Schreiben von Gedichten richtig aufblühten und sich fachlich entwickelten, während sich Erstere zu Hochleistungen animieren ließen.

Basierend auf den Erfahrungen in der Praxis zeigen die folgenden Abschnitte anhand konkreter Beispiele mögliche Wege auf, wie die Unterrichtseinheit aufgebaut werden kann.
Der allgemeinen Verständlichkeit halber werden alle Auftragsbeispiele in deutscher Übersetzung vorgestellt.

Erste Phase: Entdecken, was Gedichte sind

In der ersten Phase soll der Blick uneingeschränkt auf das ganze Spektrum des Stoffgebietes „Dichtung" geöffnet werden, wobei das eigene Schreiben als Ausgangspunkt dient. Ein Gedicht schreibend erfahren die Lernenden selber, welche Fragen sich zur Textsorte Lyrik stellen. Ihre Texte liefern erste, singuläre Lösungsangebote. Diese bilden die Basis für die Erarbeitung der Theorie, den beginnenden Aufbau des gemeinsamen Wissens und Könnens im Gebiet der Lyrik. Der erste Auftrag, ein Gedicht in der Fremdsprache zu schreiben, wurde den Schülerinnen und Schülern ohne jede Vorbereitung gegeben:

Eine Unterrichtseinheit zum Thema Lyrik im Fremdsprachenunterricht

> **Kernidee:** Wenig Worte – große Wirkung
>
> **A** **Auftrag:** Schreiben Sie ein Gedicht.

Kernidee und Einstiegsauftrag zum Thema Lyrik

Das Thema wurde bewusst völlig offengelassen. Einziger Anhaltspunkt war die Kernidee: „Wenig Worte – große Wirkung". Diese lenkte die Aufmerksamkeit auf ein zentrales Merkmal der Lyrik, nämlich die Tatsache, dass in der Poesie jedes Wort Gewicht hat und sorgfältig auf seine Wirkung hin überprüft werden muss. Und sie stellte die Schülerinnen und Schüler vor die anspruchsvolle Frage, wie ein lyrischer Text gebaut sein muss, damit die „wenigen Worte" ihre Kraft entfalten können.

Erwartungsgemäß verunsicherte die Offenheit des Auftrages zu Beginn viele Lernende (siehe Cornelias Kommentar, S. 36). Dennoch ist es wichtig, dass keinerlei Hinweise gegeben werden, welche Kriterien ein lyrischer Text zu erfüllen habe. Die Merkmale von Gedichten sollen nicht vorab in den Raum gestellt werden, sondern aus dem Schreibexperiment hervorgehen. Der Auftrag animierte die Schülerinnen und Schüler dazu, ihr individuelles Vorwissen zu aktivieren und die Frage „Was ist ein Gedicht?" im Versuchshandeln selber zu ergründen. Auf ihre Fragen wie zum Beispiel, ob das Gedicht Reime enthalten müsse, gaben die Lehrerinnen zu verstehen, dass sie keine konkreten Erwartungen hätten und ermunterten die Schülerinnen und Schüler, ihrem impliziten Wissen zu vertrauen.

Die Schülerin Nouria verzichtet in ihrem ersten Schreibversuch kühn auf Strophen, Versmaß, Reime und Interpunktion. Sie konzentriert sich ganz auf den Rhythmus und die Anordnung der Wortgruppen. Ihr Text belegt, dass man auch mit formal einfachen Mitteln ein gelungenes Gedicht schreiben kann:[2]

---

[2] Bei den getippten Schülergedichten in diesem Beitrag handelt es sich immer um Originalfassungen. Es wurden lediglich kleinere sprachliche Unkorrektheiten und Flüchtigkeitsfehler verbessert sowie lexikalische Fehler, die das Verständnis erschwert hätten.

Teil 2: Annäherung an die Praxis des Dialogischen Lernens auf drei verschiedenen Wegen

> (Sin título)
>
> No tengo razones para buscarte
> Dónde estás
> No tengo razones para soñar contigo
> Me pongo a dormir
> No tengo razones para escribirte
> Las cartas esperan
> No tengo razones para llamarte
> Mi voz resuena por el espacio
> No tengo razones para esperarte
> El polvo en mi pelo
> Qué
> Hacer
> Sigo buscando
> Sigo soñando
> Sigo escribiendo
> Sigo llamando
> Sigo esperando
> Y
> Las razones se van

Einstiegsgedicht von Nouria

In Nourias Gedicht werden bereits erste Strategien sichtbar, wie die gezielte Arbeit an der Form die Wirkung der Aussage steigern kann. Das Gedicht ist in drei Teile gegliedert, die sich formal stark unterscheiden. Verbunden sind die Teile durch Kurzverse, bestehend aus nur einem Wort. Der erste Teil besteht aus fünf parallelen Doppelversen, welche fünf Variationen des inneren Konfliktes zwischen Verstand und Gefühl darstellen. Dieser Konflikt gipfelt in der Frage „qué hacer" (was tun). Die beiden Wörter nehmen jeweils den Raum eines ganzen Verses ein und erhalten dadurch großes Gewicht. Die Frage „qué hacer" steht zudem prominent im Zentrum des Gedichtes und betont die Ratlosigkeit des Ich. Die fünf parallelen Verse des zweiten Teiles beinhalten eine einfache Antwort auf die zentrale Frage des Gedichtes. Formal und inhaltlich nehmen die Verse Bezug auf den ersten Teil, bilden aber mit ihrer Einfachheit auch einen Kontrast. Das verbindende Wort „y" (und) zwischen dem zweiten und dem dritten Teil, das wiederum den gewichtigen Raum eines ganzen Verses ausfüllt, deutet darauf hin, dass die Auflösung des inneren Konflikts im kurzen dritten Teil in Sicht ist: der Verstand („las razones") – einer der Kontrahenten im ersten Teil – räumt das Feld und überlässt es dem Gefühl.

Diese kleine Exegese zu Nourias Gedicht führt schon vor, worauf die Lehrperson bei der Lektüre der Schülertexte achtet: Sie versucht, ihre Qualitäten in den Blick zu nehmen und die Konstruktionsideen zu verstehen.

Eine Unterrichtseinheit zum Thema Lyrik im Fremdsprachenunterricht

Seine Erfahrungen mit dem Schreibprozess dokumentieren

Parallel zum Auftrag, ein Gedicht zu schreiben, wurden die Schülerinnen und Schüler gebeten, einen persönlichen Kommentar zu verfassen. Darin dokumentierten sie ihre Erfahrungen mit dem Schreibprozess, ihre spontanen Gedanken und Gefühle, die das Dichten begleiteten. Die Aufforderung zum Schreiben des Kommentars lautete so:

(A) Persönlicher Kommentar zum ersten Auftrag

Auftrag: Beschreiben Sie Ihre Gedanken und Gefühle, die Sie bei der Ausführung des Auftrags begleitet haben. Damit Sie sich spontan äußern können, bitte ich Sie, Ihren Kommentar auf Deutsch abzufassen.

Als Einstiegshilfe finden Sie hier ein paar Beispiele von Fragestellungen, die in Ihrem Kommentar thematisiert sein könnten:

- Welche Gefühle löste der Auftrag bei mir aus? Warum ist das so?
- Fiel es mir leicht, ein Gedicht zu schreiben, oder empfand ich es als große Herausforderung? Warum?
- Wie ging ich vor beim „Dichten"? Wo klappte es gut? Wo kam ich nicht weiter?

Auftrag zur Reflexion des Schreibprozesses

Es ist zu empfehlen, diese Berichte – mindestens zu Beginn – in der Muttersprache schreiben zu lassen, damit die Spontanität gewährleistet ist und auch komplexere Gedankengänge authentisch dargelegt werden können. Die Kommentare wurden höchstens im Zusammenhang mit den Gedichten bewertet, niemals gesondert, und stets mit einer kurzen Rückmeldung versehen, im Sinne eines persönlichen Gedankenaustausches mit den Schülerinnen und Schülern.

Diese schriftlichen Reflexionen der Lernenden dienen in erster Linie dem individuellen Prozess der Bewusstwerdung. Interessante Beiträge zu den Vorgehensweisen beim Dichten fließen in Form der Autographensammlung (siehe dazu S. 22–23 und 99–100) und als neue Kernideen wieder in den Unterricht ein und bringen die ganze Klasse weiter. Die persönlichen Kommentare sind aber auch in anderer Hinsicht unverzichtbare Dokumente: Sie geben der Lehrperson wertvolle Hinweise bezüglich der Passung von Angebot und Nutzung (siehe dazu Beitrag Urs Ruf, S. 13–19). Zum ersten Gedicht, das im Italienischkurs geschrieben wurde, entstand der nachfolgend wiedergegebene Kommentar Cornelias. Er dokumentiert ihre prozessbegleitenden Gedanken zum Text „La mia libertà" (siehe S. 46) und zeigt beispielhaft, wie sie die Anfangsschwierigkeiten überwunden hat.

Teil 2: Annäherung an die Praxis des Dialogischen Lernens auf drei verschiedenen Wegen

> Der Auftrag ein Gedicht zu schreiben stimmt mich anfangs etwas skeptisch [...] wahrscheinlich weil man auf Befehl innerhalb dieser kurzen Zeit kreativ sein muss. Ich bin gerne kreativ, aber oftmals kommt dies spontan, und für eine gute Idee brauche ich auch etwas Zeit.
>
> Doch im Allgemeinen, wenn man völlig frei ist und man bedenkt, dass es weitaus langweiligere Aufträge geben könnte, stehe ich diesem Auftrag dann doch eher positiv gegenüber. [...]
>
> Als dies allerdings im Italienisch der Fall war, war ich zuerst etwas geschockt, denn ich dachte mir, wenn ich schon Mühe habe, mich mündlich oder schriftlich in einem gewöhnlichen Text auszudrücken, wird dies ja beinahe unmöglich, da es ja poetisch sein soll und sich noch reimen sollte [...] doch nein, das ist zwar der erste Eindruck den man immer hat von einem Gedicht; Reime, aber eigentlich ist ein Gedicht ja auch ein Gedicht, wenn es sich nicht reimt.
>
> Also doch nicht so schlimm. Eigentlich kann ich ja einfach das schreiben, was ich will & das gefällt mir. Anschließend stellte ich mir allerdings die Frage: über was schreibe ich überhaupt? Das hingegen ist dann wieder die Schwierigkeit, wenn man absolut keine Vorgaben hat [...] wo soll man überhaupt anfangen?
>
> In Gedichten geht es vielfach um Gefühle und zwar sind diese meistens persönlich, man muss ja schließlich wissen über was man schreibt!
> Ein Gefühl also, das bei mir stark ist, und schon habe ich mein Thema gefunden. Ich überlege mir nun, wie ich es aufbauen soll und mit was ich es verbinde und assoziiere. Bis jetzt ist es bloss so eine Ahnung und ein vages Gefühl. Und so beginne ich zu schreiben. Ich versuche, nur mit wenigen Worten zu schreiben und darauf etwas aufzubauen. Aber schliesslich „läuft es" eigentlich einfach, wenn ich mal begonnen hab' zu schreiben. Ich schreibe bis ich „am Ziel" bin und es auf den Punkt gebracht habe, wovon ich in den bisherigen Versen nur davon erzählt und es veranschaulicht habe. Das macht mir Spass und dann merke ich selbst, ob ich nun am Ende angelangt bin. Dort, wo man endgültig erfährt, was der Hintergrund des Gedichtes ist.

Cornelias Reflexion zu ihrem ersten Gedicht[3]

Der Kommentar endet mit einem interessanten Hinweis im letzten Abschnitt, welcher eine Kernidee enthält und somit als Basis für einen neuen Auftrag genutzt werden könnte, zum Beispiel so:

---

[3] Anmerkung der Redaktion: Die Arbeiten sind Originalabschriften Schweizer Schülerinnen und Schüler. In der Schweiz gilt die ß-Regelung nicht.

Eine Unterrichtseinheit zum Thema Lyrik im Fremdsprachenunterricht

> **Kernidee:** Dort, wo man endgültig erfährt, was der Hintergrund des Gedichtes ist.
>
> „Ich schreibe bis ich ‚am Ziel' bin und es auf den Punkt gebracht habe,
> wovon ich in den bisherigen Versen nur davon erzählt und es veranschaulicht habe.
> Das macht mir Spass und dann merke ich selbst, ob ich nun am Ende angelangt bin.
> Dort, wo man endgültig erfährt, was der Hintergrund des Gedichtes ist."
>
> **(A) Auftrag:** Überprüfen Sie an einem Beispiel aus der Literatur[4],
> ob sich Cornelias Strategie auch andernorts beobachten lässt.
> Gibt es eine Stelle, wo sich die Quintessenz der Textaussage konzentriert?
> Erläutern Sie Ihre Einsicht in einem kurzen Text.

Kernidee und Folgeauftrag, abgeleitet aus den Reflexionen von Cornelia

Die Schülerbeiträge bewerten

In der vorliegenden Unterrichtseinheit lassen sich grundsätzlich drei Typen von schriftlichen Aufgabenstellungen finden, manchmal auch in Kombination:

- Gedichte verfassen
- Gedichte analysieren, interpretieren, vergleichen
- Fördernde Rückmeldungen zu Gedichten schreiben

Jeder Auftragstyp ist zumindest teilweise auf andere Kompetenzen fokussiert, sodass sie sich gegenseitig ergänzen und den unterschiedlichen Neigungen und Stärken der Schülerinnen und Schüler Rechenschaft tragen. Dementsprechend rücken bei der Bewertung jeweils andere oder zusätzliche Qualitäten ins Blickfeld. Als Erstes wollen wir hier die Bewertung der Schülergedichte betrachten. Die anderen beiden Auftragstypen kommen weiter hinten zur Sprache. Der Durchschnitt aller Bewertungen wird am Ende der Unterrichtseinheit in eine Note umgerechnet. Diese fließt mit gebührender Gewichtung in die Semesternote ein.

Die Gedichte wurden mit Häklein (vgl. S. 256 f.) bewertet und die Qualitäten der Texte mittels kurzer schriftlicher Rückmeldungen an die einzelnen Schülerinnen und Schüler explizit gemacht. Das Dialogische Lernmodell sieht von einem geschlossenen Kriterienkatalog für die Bewertung ab. Die Lehrperson versucht vielmehr, ganz offen auf die singulären Angebote der Schülerinnen und Schüler zu reagieren. Nur so gelingt es, das Unerwartete nicht einfach auszublenden: Der Blick soll nicht wie mit Scheuklappen auf die Kriterien eines Beurteilungsrasters eingeschränkt werden. Für die Bewertung und die Rückmeldung achtet die Lehrperson beim Lesen auf ihre spontanen Reaktionen und stellt sich zum Beispiel folgende

---

[4] Die Lehrperson stellt einige geeignete Gedichte aus der Literatur zur Auswahl bereit. Im Fach Italienisch eignen sich zum Beispiel die beiden Gedichte von Giuseppe Ungaretti: „San Martino del Carso" und „Veglia" aus dem Gedichtband *L'allegria*. Im Fach Französisch zum Beispiel „L'albatros" von Charles Baudelaire (in *Les Fleurs du Mal*) oder „Le Cancre" von Jacques Prévert (in *Paroles*).

Fragen: „Wo bin ich berührt, überrascht, erheitert? Wo ist es der Schülerin gelungen, implizites Wissen fruchtbar zu machen? Wo beeindrucken mich die Originalität, die Sensibilität, der Ideenreichtum, das mutige Experiment oder der beachtliche Einsatz eines Schülers? Wo wird deutlich, dass sich die Schülerin intensiv mit dem Wortschatz auseinandergesetzt, mit der Sprache experimentiert hat? Wo überzeugt mich der gelungene Rhythmus, der harmonische Klang des Gedichtes?"

Auf sprachliche Unkorrektheiten wie Grammatik- und Vokabularfehler wird zwar hingewiesen, sie haben aber während der ganzen Unterrichtseinheit keinen Einfluss auf die Bewertung (siehe dazu S. 222 f.). Gerade in der Fremdsprache fühlen sich viele Schülerinnen und Schüler in ihrer Kreativität gehemmt, wenn sprachliche Defizite die Beurteilung eines Textes negativ beeinflussen. Sie gehen dann lieber auf „Nummer sicher", verwenden möglichst simple Satzstrukturen und wagen es nicht, mit der Sprache zu experimentieren. Genau dieses Wagnis – im Sinne des Versuchshandelns – ist aber unabdingbar, um Fortschritte in der Sprachkompetenz zu erzielen. In der Rückschau auf das Lyrikprojekt schreibt Leo:

> Das häufige Schreiben hatte zumindest bei mir auf jeden Fall einen hohen Lerneffekt, da ich mich wegen der Bewertung dieser Aufträge „gezwungen" sah, mich mit der italienischen Sprache wirklich auseinander zu setzen, was zum Teil in anderen Sprachfächern nicht der Fall war. Die Idee, nur die Qualitäten zu bewerten, erscheint mir sehr innovativ und auch durchaus nützlich, denn so wird auch schwächeren Schülern ermöglicht, wirklich zu schreiben, was sie wollen, ohne auf grammatikalische Korrektheit zu achten. So wagt man auch eher mal etwas, da es sich nicht negativ auswirkt […].

Leos Kommentar zur Bewertung der Gedichte

Gelungene Schülertexte im Unterricht nutzen

Einzelne Beispiele gelungener Texte wurden der ganzen Klasse vorgestellt, damit alle davon lernen konnten. Die meisten Schülerinnen und Schüler begegneten den erfolgreichen Schreibstrategien ihrer Klassenkolleginnen und -kollegen mit großem Interesse. Da Gedichte eher kurz sind, machte es in den wenigsten Fällen Sinn, Textausschnitte aus verschiedenen Schülerarbeiten zusammenzustellen. Die Autographensammlung bestand fast immer aus einem oder zwei gelungenen Schülergedichten. Die Nutzung dieser Autographen kann auf verschiedene Weise angegangen werden. Es folgen ein paar Vorschläge aus der Praxis:

▸ Die Lehrperson fasst die augenfälligste Qualität des Gedichtes in einer Kernidee zusammen und gibt den Schülerinnen und Schülern einen schriftlichen Auftrag: Sie werden gebeten, dem Autor des Textes eine persönliche Rückmeldung zu geben. Darin reflektieren sie, wie das Gedicht auf sie wirkt und was sie besonders überzeugt hat. Der Auftrag wird nach dialogischer Art mit Häklein bewertet. Der Autor erhält die Kopien aller Rückmeldungen. Interessante Analysen kommen wiederum in Form von Autographen in die Klasse, als Diskussionsgrundlage. Das gemeinsame Instrumentarium (siehe Beispiel, S. 40) wird um die neuen Erkenntnisse erweitert.

▸ Die Lernenden erhalten gruppenweise einen Autographen zur Analyse im oben beschriebenen Verfahren. Die Resultate werden im Plenum vorgestellt und diskutiert.

Eine Unterrichtseinheit zum Thema Lyrik im Fremdsprachenunterricht

▸ Die Lehrperson analysiert ein interessantes Schülergedicht „live" vor der Klasse und macht so explizit, welche Qualitäten sie darin sieht. Die Vorführung soll exemplarisch illustrieren, wie man Qualitäten sucht und Gedichte analysiert. Erfahrungsgemäß folgt die Klasse den Ausführungen mit besonderem Interesse, weil es sich um den Text einer Mitschülerin oder eines Mitschülers handelt. Sie wissen es zu schätzen, wenn ihren eigenen Produkten gebührende Aufmerksamkeit geschenkt wird. Und dass die Lehrperson sich die Mühe gemacht hat, sein Gedicht so detailliert unter die Lupe zu nehmen, gibt dem Selbstwertgefühl des Autors Schub, besonders wenn er zu den sonst eher leistungsschwächeren Schülern zählt. Es kann so gelingen, einzelne Lernende neu für das Fach zu motivieren.

Die Textsorte „Gedicht" erforschen

Nach dem Verfassen des ersten Gedichtes wurden die Schülerinnen und Schüler gebeten, im Text einer Mitschülerin oder eines Mitschülers und im eigenen Gedicht nach typischen Merkmalen der Textsorte Lyrik zu suchen:

Was ist ein Gedicht?

A   **Auftrag:**   Versuchen Sie herauszufinden, auf welcher Basis Sie einen Text als Gedicht erkennen. Welches sind die formalen und inhaltlichen Merkmale, die einen poetischen Text charakterisieren?

▸ Charakteristische Merkmale, die ich im Gedicht von
.... gefunden habe:

▸ Charakteristische Merkmale in meinem Gedicht:

Auftrag zur Erforschung der Textsorte „Gedicht"

Die von den Schülerinnen und Schülern gefundenen Merkmale samt Textbeispielen wurden anschließend im Plenum gesammelt und mit den entsprechenden Fachbegriffen versehen. Die Beschreibung der Phänomene war Sache der Lernenden. Die passenden Fachbegriffe hingegen kannten sie meist nur auf Deutsch oder gar nicht. Sie wurden von der Lehrerperson eingeführt. Die Schülerinnen und Schüler hielten die Ergebnisse in einem persönlichen Inventar fest. Das so geschaffene Instrumentarium wurde im Verlauf der Unterrichtseinheit ständig erweitert mit dem Ziel, das für alle verbindliche Wissen bezüglich Metrik, Rhetorik und Textanalyse darin zu speichern. Es bot den Schülerinnen und Schülern Anregungen für die Arbeit an ihren eigenen Gedichten und diente als Nachschlagewerk beim Analysieren fremder Gedichte. Das wachsende Inventar spiegelte den Unterrichtsprozess und erhob nie den Anspruch auf Vollständigkeit, denn es wurden nur die Phänomene darin aufgenommen, denen die Lernenden auch tatsächlich begegneten. Die Erfahrung hat gezeigt, dass die wichtigsten Instrumente zur Analyse von Gedichten notwendig gefunden werden, sobald man sich

Teil 2: Annäherung an die Praxis des Dialogischen Lernens auf drei verschiedenen Wegen

intensiv mit Lyrik befasst. Hier ein Ausschnitt aus dem Instrumentarium von Martina im Fach Italienisch:

Esempi	Definizione	Termine tecnico
Poesia di Ungaretti: *San Martino del Carso*	Ripetizione di strutture o di parole (sul piano dell'espressione)	il parallelismo
Parallelismo fra l'inizio e la fine (poesia di Leo)	A .... A	la cornice (= Rahmen)
Poesia di Sabrina	Il testo ha due parti	la bipartizione (= Zweiteilung)
„poi" (Sabrina) „però" (Katja) „ma" (Ungaretti)	Un segno, una parola che marca la rottura	l'indicatore
„_____ interminati spazi___" (poesia di Leopardi)	Non c'è pausa alla fine del verso, la frase continua	l'enjambement
Poesia di Ungaretti, *San Martino del Carso:* 1ª e 4ª strofa	→ simmetria	la struttura simmetrica
Poesia di Ungaretti, *San Martino del Carso:* 2ª e 3ª strofa	→ specchio	la struttura speculare
l**e**pr**e** – s**e**mpr**e** (poesia di Stefanie)	Vocali uguali	l'assonanza
nie**nte** – pesa**nte** (poesia di Roman)	Consonanti uguali	la consonanza
viv**enti** – par**enti** (poesia di Stefanie)	La perfetta identità di suono a partire dall'ultima vocale tonica	la rima
_____ animali _____ banali _____ gatto _____ fatto (poesia di Stefanie)	A A B B	la rima baciata
„la mia matita resta **silenziosa**" (poesia di Roman)	≠ in senso letterale	in senso metaforico (im übertragenen Sinn)

Ein Ausschnitt aus Martinas Instrumentarium zur Analyse von Gedichten

Zur Vertiefung der Kernidee „Wenig Worte – große Wirkung" kann es sinnvoll sein, die erste Phase mit der Rezeption eines Gedichtes aus der Literatur abzurunden, das exemplarisch zeigt, wie ein Experte mit dem Sinn erschaffenden Spiel zwischen Form und Inhalt umgeht. Im Fach Italienisch bieten sich an dieser Stelle zum Beispiel die Gedichte Giuseppe Ungarettis an. Sie machen deutlich, dass ein lyrischer Text nicht erklärenden, sondern bildhaften Charakter hat und der Fantasie des Lesers Raum lässt. Dies war nicht allen Schülerinnen und Schülern von Anfang an bewusst.

Zweite Phase: Die Spannung zwischen Form und Inhalt ausloten

„Ein Teil der Aussage eines Gedichtes steckt in seiner Form." Diese Erkenntnis war das Resultat des praktischen und reflektierenden Handelns in der ersten Phase. In der zweiten Phase soll diese Kernidee auf verschiedene Weise vertieft und für die Produktion und die Analyse weiterer Gedichte genutzt werden. Im Schreibprozess entdecken die Schülerinnen und Schüler neue Möglichkeiten, wie man mit der Spannung zwischen Form und Inhalt spielen kann. Die Erforschung der eigenen Experimente sowie ergänzender Beispiele aus der Literatur erweitern die fachliche Kompetenz im Umgang mit Gedichten.

Ausgestaltung und Länge der zweiten Phase kann den individuellen Möglichkeiten und Wünschen angepasst werden. Es empfiehlt sich, den Übergang in die dritte Phase rechtzeitig zu planen.

Im Abschnitt über die erste Phase der Unterrichtseinheit habe ich bereits ausgeführt, wie die Lernenden den Schreibprozess dokumentieren und das Instrumentarium der Fachbegriffe erweitern, wie die Lehrperson Schülerbeiträge bewertet, Autographen im Unterricht nutzt und die Rezeption literarischer Texte in den Prozess integriert. Das alles wird in der zweiten Phase weiterhin gepflegt. Im Folgenden beschränke ich mich deshalb auf die Erläuterung derjenigen Prozesse, die erst ab der zweiten Phase an Bedeutung gewinnen.

Neue Kernideen für das Verfassen weiterer Gedichte entwickeln

Die Kernideen für die neuen Schreibaufträge ergaben sich immer aus den Angeboten in den Schülerarbeiten und waren auf die Umsetzung bestimmter Strategien oder Instrumente fokussiert (siehe dazu S. 21 und S. 102). Erfahrungsgemäß liefern die ersten Schülertexte bereits so viele Ansatzpunkte, dass die Lehrperson die „Qual der Wahl" hat. Es erwies sich als günstig, zunächst ein Gedicht ohne Reim in Auftrag zu geben. Damit soll ein Bewusstsein geschaffen werden, dass sich die Textsorte des Gedichts nicht bloß durch Reime definieren lässt und diese allein noch keine Garanten für Qualität sind.

In meiner Klasse hieß der Auftrag für das Verfassen des zweiten Gedichtes zum Beispiel so:

A

Kernidee: Die Aussage eines Gedichtes entsteht in der Beziehung zwischen Form und Inhalt.

Auftrag: Verfassen Sie ein Gedicht ohne Reime, aber mit einer interessanten und sinnträchtigen Struktur. Setzen Sie Laute, Wörter, Verse, Strophen usw. in Beziehung zueinander. Schauen Sie sich zuerst noch einmal die Gedichte von Jennifer, Leo, Katja und Sabrina sowie den Text „San Martino del Carso" von Giuseppe Ungaretti an.

Kernidee und Auftrag zum Verfassen des zweiten Gedichtes

Teil 2: Annäherung an die Praxis des Dialogischen Lernens auf drei verschiedenen Wegen

Eine Schülerin (Katja) experimentierte in ihrem Beitrag mit der grafischen Gestaltung des Textes, insbesondere mit der Bewegung der Schrift, und verstärkte so die Aussagekraft ihres Gedichtes. Aus ihrer Strategie entstand die Kernidee für den nächsten Schreibauftrag:

> **Kernidee:** Das Kalligramm ist eine Zeichnung aus Wörtern.
>
> **Auftrag:** Erfinden Sie ein Kalligramm. Bringen Sie Inhalt und grafische Darstellung in Einklang. Der Beitrag von Katja und die Kalligramme des französischen Dichters Guillaume Apollinaire dienen Ihnen als Beispiele.

Kernidee und Folgeauftrag, abgeleitet aus dem Beitrag von Katja

Auch in zwei anderen Klassen ergab sich die Möglichkeit, ein Kalligramm in Auftrag zu geben. Diese Aufgabe stieß bei den meisten Schülerinnen und Schülern auf ein positives Echo und es entstanden viele schöne Resultate.

Loretta ließ sich für ihre Arbeit im Fach Französisch von der Umgebung inspirieren. Die mittlere Zeile des (unkorrigierten) Kalligramms beschreibt sehr poetisch eine interessante Beobachtung: *Die Berge bewegen sich, sie erheben sich zwischen den roten Wolken.* Die Lehrerin hat die Arbeit mit zwei Häklein bewertet. In ihrer Rückmeldung weist sie Loretta darauf hin, dass es ihr gelungen ist, die Faszination der Berge zu evozieren.

Kalligramm von Loretta

Daniel gelang mit seinem Kalligramm auf Spanisch so etwas wie ein raffiniertes Sprachzauberstück. Inhalt und Form sind in perfektem Einklang. Inhaltlich kreist sein Beitrag um die Tatsache, dass weder Ring noch Kreis ein Ende haben. Die Pointe ist nun aber, dass auch der Text aus einem einzigen, endlosen Satz besteht. Zwar gibt es einen Anfang – gekennzeichnet durch das große „U" – doch folgt man dem Satz im Kreis, so geht er am vermeintlichen Ende nahtlos in den Satzanfang über und dreht sich endlos weiter! Dies ist nur deshalb möglich, weil Daniel das Subjekt des Satzes, „un círculo en forma de un anillo", zum Akkusativobjekt mutieren lässt. Für mich ein klarer Fall für eine Bewertung mit drei Häklein:

Kalligramm von Daniel

Einige Schülerinnen und Schüler hatten bereits in ihrem ersten Text Reime verwendet. Auf diese Gedichte griff ich zurück, um die Beschäftigung mit dem Reim einzuleiten:

A

Kernidee: Die perfekte klangliche Übereinstimmung ab der letzten betonten Silbe im Vers nennt man Reim.

Auftrag: Lesen Sie die Gedichte von Stefanie und Roman. Welchen Effekt ruft die Verwendung der Reime in ihren Texten hervor?
Vergleichen Sie die Reimschemen der beiden zitierten Gedichte mit der Definition des Reims (Kernidee zum Auftrag). Was fällt Ihnen auf?

Kernidee und Auftrag zur Analyse von Reimen in Gedichten

Das Studium der beiden Autographen ermöglichte unter anderen die Einsicht, dass auf eine identische Betonung der Reimwörter geachtet werden muss, um die „perfekte klangliche Übereinstimmung" zu gewährleisten. Nebst vielen perfekten Reimen weisen die Autographen ein paar lehrreiche Abweichungen von dieser Regel auf: Die beiden italienischen Wörter „asino" (Esel) und „bambino" (Kind) zum Beispiel erfüllen die Bedingungen des Reimes nicht, weil

„asino" auf der drittletzten Silbe betont wird und nicht wie „bambino" auf der zweitletzten.

Aufgrund der Beschäftigung mit dem Reim wurde einmal mehr deutlich, wie wichtig das laute Sprechen der Gedichte ist. Nur so offenbart sich, welche Stellen gut „klingen" und wo allenfalls noch Stolpersteine sind.

Im Anschluss an die Erforschung des Phänomens Reim forderte ich alle Schülerinnen und Schüler auf, ein Gedicht mit Reimen zu verfassen:

(A)

Kernidee: Der Reim als musikalisches Instrument.

Auftrag: Schreiben Sie ein Gedicht, das sich reimt.

Um passende Reime zu finden, können Sie folgende Nachschlagewerke konsultieren:

- G. Mongelli, *Rimario letterario della lingua italiana,* Hoepli: Milano 2002
- Rimario italiano online: http://www.goldnet.it/~image/index.htm
- http://culturitalia.uibk.ac.at/wb/MORF_s_schnell.asp[5]

Kernidee und Auftrag zum Verfassen eines Gedichts mit Reimen

Das Finden passender Reime in der Fremdsprache ist eine recht anspruchsvolle Aufgabe. Die dazu erforderliche intensive Beschäftigung mit dem Wortschatz, dem Klang und dem Rhythmus der Sprache ist aber durchaus von Nutzen. Roman schreibt in seinem persönlichen Kommentar:

Es war schwer, die eigentlichen Gedanken in das Gedicht einzubringen, wenn man immer auf die Reime achten muss. Manchmal blieb einem gar nichts anderes übrig, als den Inhalt zu verändern, damit es am Schluss schön aufgeht. [...] Mehr als einmal musste ich ganze Strophen umformen, damit es aufging. Andererseits befasst man sich so sehr intensiv mit dem Gedicht, und dem Wortschatz schadet es sicher auch nicht.

Romans Reflexion über die Rolle von Reimen beim Schreiben von Gedichten

Die Bewertung der Gedichte wurde in der zweiten Phase gleich wie in der ersten gehandhabt. Hinzu kamen lediglich ein paar neue Fragen, welche die Suche nach Qualitäten leiteten. Zum Beispiel: Wo spüre ich Fortschritte, das bewusste Experimentieren mit neuen Instrumenten und Strategien, die Bemühung um einen interessanten Bau des Textes, die Auseinandersetzung mit Modellen aus der Literatur?

---

[5] Auf die Webseiten wurde zuletzt am 17.4.2008 zugegriffen.

Eine Unterrichtseinheit zum Thema Lyrik im Fremdsprachenunterricht

Die Themenwahl bei der Produktion lyrischer Texte frei lassen

Ich empfehle dringend, die Themen der Schülergedichte in keiner Phase der Unterrichtseinheit vorzugeben, denn viele Schülerinnen und Schüler lassen sich gern von ihren Einfällen und Stimmungen inspirieren, was sich positiv auf die Schreibmotivation auswirkt. In der Regel wenden sie sich persönlich bedeutsamen Themen zu. In diesem Zusammenhang ist es wichtig zu erwähnen, dass die meisten Lernenden es vorziehen, zumindest die erste Fassung der Gedichte außerhalb des Unterrichts schreiben zu dürfen. In ihren schriftlichen Kommentaren betonen sie, dass Umgebung und Zeitpunkt gut gewählt sein wollen, damit die richtige Stimmung aufkommt und die Inspiration fließen kann.

Die Auseinandersetzung mit persönlich bedeutsamen Themen fördert nicht nur die personalen, sondern indirekt auch die sozialen Kompetenzen der Lernenden. Mehrere Lehrerinnen berichteten von einer merklich positiven Veränderung des Klassenklimas. Der Austausch der Gedichte unter den Schülerinnen und Schülern trug dazu bei, dass sie neue Seiten aneinander entdeckten, wie auch der folgende Ausschnitt aus der Rückmeldung Martinas an ihrem Mitschüler Roman zeigt:

Ciao Roman	Hallo Roman
Trovo interessante leggere la tua poesia. Hai scelto un tema con immersione (Tiefgang) su cui si può riflettere molto. È anche un po' triste ma così c'è ancora di più per riflettere o forse anche per discutere. Leggendo questa poesia mi meraviglio che hai questi pensieri, perché non ti conosco così … (ma non è negativo!!) […] È una buona poesia, Roman!	Ich finde es interessant, dein Gedicht zu lesen. Du hast ein Thema mit Tiefgang gewählt, über das man lange nachdenken kann. Es ist auch ein wenig traurig, aber so animiert es mehr zum Reflektieren oder vielleicht auch zum Diskutieren. Beim Lesen dieses Gedichtes wundere ich mich, dass du solche Gedanken hast, weil ich dich nicht so kenne … (aber das ist nicht negativ!!) […] Es ist ein gutes Gedicht, Roman!

Rückmeldung Martinas zu Romans Gedicht

Gedichte aus der Literatur untersuchen

Die Beispiele aus der Literatur werden so ausgewählt, dass sie Bezüge zu Schülergedichten aufweisen. Die Parallelen können inhaltlicher oder formaler Natur sein. Die Bezugspunkte bauen eine Brücke zwischen Novizen- und Expertentext und motivieren die Lernenden, sich auch mit weniger leicht zugänglichen Gedichten aus der Literatur zu beschäftigen. Den eigenen Text neben dem eines großen Meisters zu sehen, stärkt das Selbstwertgefühl und baut innere Distanz ab. Das Augenmerk der Schülerinnen und Schüler wird auf die Ähnlichkeiten und Unterschiede gelenkt, mit denen die beiden Autoren gleiche Instrumente eingesetzt oder eine ähnliche Thematik bearbeitet haben. Es versteht sich aber, dass ein solcher Vergleich darauf verzichten muss, Defizite des Novizentextes hervorzuheben.

Teil 2: Annäherung an die Praxis des Dialogischen Lernens auf drei verschiedenen Wegen

Als Beispiel sei der folgende Auftrag aus dem Italienischunterricht zitiert, der das erste Gedicht einer Schülerin mit einem Text von Giacomo Leopardi in Berührung bringt. Im Hinblick auf diese Aufgabe lernte die Klasse sein berühmtes Gedicht „L'Infinito" kennen, das der Dichter im Alter von 21 Jahren verfasst hatte. Obwohl der Text sprachlich und inhaltlich recht anspruchsvoll ist, zeigten sich die Lernenden interessiert und versuchten, ihn zu verstehen. Sie waren gespannt zu erfahren, wie jener junge Mann vor fast zweihundert Jahren dieselbe Thematik behandelt hatte, welche auch Cornelia beschäftigte.

Kernidee: Gedichte sprechen von menschlichen Erfahrungen, die über Jahrhunderte aktuell bleiben.

Im Jahr 1819 schrieb Giacomo Leopardi mit 21 Jahren das Gedicht „L'Infinito". In Cornelias erstem Gedicht finden wir überraschend ähnliche Gedanken.

(A) **Auftrag:** Interpretieren Sie das unten abgedruckte Gedicht von Cornelia.
Kommentieren Sie Unterschiede und Ähnlichkeiten zum „Infinito" von Leopardi.

La mia libertà

Bianco, nero,
celeste, blu,
nuvoloso, splendido,
chiaro, scuro.
Così lontano e forse ciononostante vicino?
Non si vede niente, però si vede tutto.
Vorrei respirare, vorrei andarmene
ma non voglio lasciare il presente,
voglio stare qui.
Cerco il nuovo e voglio appoggiarmi al vecchio
vorrei essere libera e vorrei stare in sicurezza
vado via e ritorno
guardo il cielo e lo trovo.

Kernidee und Auftrag zum Vergleich des Gedichts von Cornelia mit dem von G. Leopardi

Analytische Beiträge der Schülerinnen und Schüler bewerten

In Ergänzung zu den bereits erwähnten Fragen, die sich die Lehrperson bei der Suche nach den Qualitäten in Schülerbeiträgen stellt, kommen bei Aufträgen mit analytischem Charakter zum Beispiel folgende in Betracht: „Wo gelingt es dem Schüler, das bereits Gelernte zum Thema Lyrik adäquat einzubringen? Wo verwendet er Fachbegriffe? Wo beeindruckt mich seine sorgfältige Analyse, die genaue Beobachtung lyrischer Phänomene? Wo erschließt die Schülerin Sinnzusammenhänge, indem sie Form und Inhalt in Beziehung bringt? Wo gelingt ihr eine kleine Entdeckung? Wo überrascht sie mich durch ungewohnte Sichtweisen?" Die Liste der Fragen ließe sich fast endlos fortsetzen. Wichtig ist auch hier wieder die uneingeschränkte Neugier der Lehrperson gegenüber unerwarteten Schülerangeboten. Wer Schülerarbeiten mit offenem Sinn liest, wird großzügig belohnt mit spannenden Ansätzen, die mittels Autographensammlung den Unterricht bereichern werden. Lehrpersonen, die so gearbeitet haben, bestätigten mir, dass das Unterrichten viel interessanter geworden sei, weil man nicht nur gibt, sondern auch viel bekommt.

Im Austausch voneinander lernen und seine Fachkenntnisse erweitern

Nebst der Analyse von Beispielen aus der Literatur und dem Studium der Autographen spielt auch die kollegiale Beratung unter den Schülerinnen und Schülern eine wichtige Rolle für den Lernprozess. Der Austausch kann zum Beispiel in Form des Sesseltanzes (siehe Beitrag Peter Gallin, Seite 102–103) oder im Rahmen eines schriftlichen Auftrags stattfinden. Durch den Perspektivenwechsel lernen alle von den Schreibstrategien ihrer Klassenkameradinnen und -kameraden und üben gleichzeitig, wie man andere fördernd berät.

Die schriftlichen Rückmeldungen der Schülerinnen und Schüler wurden mit Blick auf die Frage bewertet, inwiefern es gelungen ist, eine persönliche, präzise und fördernde Stellungnahme zu verfassen. Lernende, deren Gedicht der ganzen Klasse zur Stellungnahme vorgelegt worden war, erhielten jeweils eine Kopie aller Beiträge. Manche nutzten die Kommentare der Mitschüler für die Überarbeitung ihres Gedichtes in der dritten Phase der Unterrichtseinheit, welche im nächsten Abschnitt beschrieben wird.

Die folgenden Aufträge aus dem Italienisch- und dem Französischunterricht illustrieren, wie Lernende zum schriftlichen Austausch angeleitet werden können. Isabel beschreibt in ihrem Gedicht mit dem Titel „La danza" (der Tanz) mittels bildhafter Vergleiche und Metaphern die innere Wandlung, die das poetische Ich beim Tanzen erlebt. Auf der formalen Ebene spiegelt sich das Motiv des Tanzes in Wiederholungen, Reimen und im Rhythmus. Ihr Text war es wert, von den Mitschülerinnen und Mitschülern genauer untersucht zu werden:

Teil 2: Annäherung an die Praxis des Dialogischen Lernens auf drei verschiedenen Wegen

(A)

Kernidee: Ein Gedicht schreiben ist ein wenig wie mit Wörtern tanzen.

Auftrag: Analysieren Sie das Gedicht von Isabel. Unterstreichen und benennen Sie interessante Phänomene in Isabels Text. Verwenden Sie wenn immer möglich die Fachbegriffe.

Schreiben Sie eine präzise Rückmeldung an Isabel und kommentieren Sie Ihre Beobachtungen.

La danza

Mille parole in un movimento
Un'espressione del mio sentimento.

Entro in un mondo strano
E penso a tutto ciò che è magnifico
Con temperamento come un vulcano
O silenzioso come il Pacifico.

Mi muovo nel ritmo della musica continentale
Non penso a niente – sento
Mi muovo in modo fluente come l'acqua, così naturale
E sono la persona che voglio essere in questo momento.

La danza è come una relazione
La danza mi fa sentire la felicità
La danza fa vivere la passione
La danza è un simbolo della libertà.

Quando sei arrabbiato non devi gridare
Prova a sentire quest' emozione nel danzare!

Gedicht von Isabel, mit Kernidee und Analyseauftrag

Die Kernidee des nun folgenden Auftragsbeispiels ist ein Zitat aus dem persönlichen Kommentar eines Schülers:

Kernidee: Ein Gedicht schreiben erfordert Sensibilität.

A

Auftrag: Welches ist deine spontane Reaktion auf das Gedicht von Martin?
Analysiere die Qualitäten von Martins Gedicht.
Schreibe ihm eine persönliche Rückmeldung.

Le voyage

Au ciel, les nuages sont noirs
La pluie attend, peut-être un orage.

La locomotive rouge ronronne
Elle connaît son chemin
La destination s'appelle « Sourbonne »
Une dame appelle son chien.

Le signal passe au vert
La gare disparaît derrière un virage
Le train gagne de vitesse
On se trouve dans une gare de triage.

Le jour, il faisait chaud
Maintenant, tout le monde est fatigué.

Les arbres vont à toute vitesse
Les bâtiments perdent leur couleur
Le train passe la station « Moutresse »
Il y a des jeunes discutant avec un contrôleur.

Cinq minutes de campagne
Tout à coup, la dame annonce le prochain arrêt
On entend les freins
On arrive dans un petit village.

Teil 2: Annäherung an die Praxis des Dialogischen Lernens auf drei verschiedenen Wegen

> La pluie commence
> Le vent gagne sa force.
>
> On attend le train de l'autre direction
> Les fumeurs occupent le perron
> Les rails chantent et la barrière se met en fonction
> L'autre train arrive, la locomotive est marron.
>
> La pluie tombe devant la fenêtre
> Les choses disparaissent dans l'eau
> Le voyage continue.

Gedicht von Martin mit Kernidee und Analyseauftrag

Christian: Martin, tu es un génie. Ton voyage est une histoire très belle.
Anna: J'aime bien la façon comme tu mélanges la thématique des trains avec les descriptions de la nature et les observations par la fenêtre. On voit bien que tu aimes les trains et peut-être aussi voyager en train. […] Il m'intéresse comme tu lis ta poésie. Peut-être tu changes le rythme ou la vitesse pendant la lecture?
Ana: Quand j'ai lu ta poésie „le voyage", tu m'as surpis parce que je pense qu'il n'est pas facile d'écrire une poésie comme tu l'as écrite. […] Je pense que tu serais un bon poète.
Caroline: Je trouve que tu as très bien resorti l'agréable qu'on éprouve en faisant un voyage en train. Cela m'a aussi très impressionné que tu as écrit une si longue poésie et en plus qu'elle se rime! Chapeau!
Lea: C'est une très belle poésie. On voit comment cette thématique touche Martin. […] Toute la poésie est comme une métaphore de la vie.
Stefan: C'est une bonne poésie. Quand on lit ta poésie, on est dans le monde de la poésie et je peux imaginer la situation. Mais parfois, je quitte ce monde. Par exemple dans la sixième strophe, il manque les rimes. Avant, tu as toujours fait des rimes et donc, c'est gênant.
Sebastian: L'ambiance d'un voyage en train est très bien décrite. On peut bien imaginer la situation. […] Ce qui me dérange, c'est que la poésie est trop ornée de mots vides commme „le jour, il faisait chaud" et „maintenant, tout le monde est fatigué". Ces phrases interrompent le fil rouge dans la poésie.

Rückmeldungen zum Gedicht von Martin

Die auf Seite 50 abgedruckten Auszüge aus den schriftlichen Rückmeldungen der Schülerinnen und Schüler an Martin machen deutlich, wie sie dem Text ihres Kameraden mit Wertschätzung begegnen, ohne da und dort auf konstruktive Kritik zu verzichten. Im Dialogischen Unterricht, der im Hinblick auf die Entwicklungsperspektive stets die Qualitäten hervorhebt, erfahren und lernen die Schülerinnen und Schüler ganz praktisch, was es heißt, respektvoll mit den Schreibversuchen anderer Personen umzugehen.

Dritte Phase: Ein eigenes Gedicht in Hochform bringen

Die ersten beiden Phasen des Lernarrangements waren von Prozessen des Experimentierens und Erforschens geprägt und dienten dem Kompetenzaufbau. Die dritte Phase hat zum Ziel, ein selbst verfasstes Gedicht „publikumsreif" zu machen.

Lara trägt ihr Gedicht vor

Ein ausgewähltes Gedicht überarbeiten

Für einige Lernende brauchte es etwas Überwindung, sich im letzten Auftrag nochmals intensiv mit einem „fertigen" Gedicht zu beschäftigen, denn nun ging es um den Feinschliff. Der Perspektivenwechsel half, die Aufgabe besser zu meistern: Mitschülerinnen und Mitschüler übernahmen die beratende Rolle eines „critical friend". Im Austausch erfuhren sie, welche Teile des Gedichtes die anderen überzeugten und welche Stellen zur Verbesserung empfohlen wurden. In meiner Klasse lautete der Auftrag so:

Teil 2: Annäherung an die Praxis des Dialogischen Lernens auf drei verschiedenen Wegen

---

(A)

Kernidee: Form und Inhalt schleifen, bis sich das Große im Kleinen verdichtet und das Kleine Großes reflektiert.

Auftrag: In diesem Auftrag werden Sie eines Ihrer Gedichte überarbeiten und für die Publikation im geplanten Gedichtband aufbereiten.

Regeln:
Wählen Sie eines Ihrer Gedichte aus. Es kann Ihr Lieblingsgedicht oder ein besonders gelungenes sein.

Bitten Sie einen oder zwei Mitschülerinnen oder Mitschüler, Ihr Gedicht aufmerksam zu lesen und schriftlich zu folgenden Fragen Stellung zu nehmen:
– Welche Teile des Gedichts sind gelungen und sollten so belassen werden?
– Welche Strophen, Verse, Ausdrücke, Klänge, … überzeugen noch nicht ganz?
– Gibt es sprachliche Unkorrektheiten zu verbessern?

Studieren Sie die Ratschläge Ihrer Kolleginnen und Kollegen und suchen Sie, allenfalls gemeinsam, nach neuen Lösungen. Entscheiden Sie, welche Vorschläge Sie weiterverfolgen möchten.

Überarbeiten Sie nun Ihren Text. Vergessen Sie nicht, alle sprachlichen Mängel zu beheben.

Kernidee und Auftrag zur publikumsreifen Überarbeitung des eigenen Gedichtes

Zur provisorischen Endfassung erhielten die Schülerinnen und Schüler eine Rückmeldung der Lehrperson, worauf sie unter Umständen nochmals kleine Anpassungen vornahmen. Manchmal war aber bereits die erste Fassung so gelungen, dass es gar nicht mehr viel zu ändern gab. Bewertet wurde schließlich die endgültige Fassung, mit Blick auf die Qualität des Produktes, die erzielten Fortschritte und die Intensität des Überarbeitungsprozesses.

Sein Produkt präsentieren

Die Präsentation der Endprodukte darf in diesem Lernarrangement auf keinen Fall fehlen. Sie rundet die intensive Beschäftigung mit Lyrik ab und ist Anlass zur Freude. Jeder Schüler und jede Schülerin darf stolz sein auf ein kleines, aber feines Werk. Das ermutigt und motiviert. Das ausgefeilte Produkt wird Bestandteil einer kleinen Gedichtsammlung und, wenn immer möglich, mündlich präsentiert. Es folgen einige Anregungen zu den beiden Darbietungsformen.

Einen kleinen Gedichtband gestalten

Die Sammlung der Produkte in einem kleinen „Gedichtband" mit mindestens einem Gedicht pro Schülerin und Schüler ist unbedingt empfehlenswert, weil alle Beteiligten ein Exemplar in die Hand bekommen, das sie immer wieder anschauen und vorzeigen können. Die Gestaltung eines solchen Heftes kann unter Umständen bildnerische Arbeiten zu den Gedichten mit einbeziehen. Ein schönes Beispiel dazu liefert das Doppelprodukt von Carina. Ihre Bleistiftskizze illustriert die Metapher des goldenen Bandes, welchem im Gedicht eine zentrale Bedeutung zukommt:

Un Fil d'Or

Être en route, à travers la vie,
jamais seule, toujours à deux

Savoir que quelqu'un est là,
sans le voir

Être relevée,
quand on tombe

Le temps ensemble,
douloureux ou merveilleux

Écouter,
sans commenter

Une guerre
qui se termine en paix

Des plaies
qui ne laissent pas de cicatrices

Un amour
que personne ne peut détruire

Ma soeur et moi, liées par un fil d'or
qui ne cassera jamais

Gedicht und Bleistiftzeichnung von Carina

Teil 2: Annäherung an die Praxis des Dialogischen Lernens auf drei verschiedenen Wegen

Sein Gedicht mündlich vortragen

Die mündliche Präsentation der Gedichte hat den positiven Nebeneffekt, dass sich die Schülerinnen und Schüler während der Vorbereitungsarbeit nochmals intensiv mit der gekonnten Rezitation von Gedichten auseinandersetzen. Die Form der mündlichen Darbietung kann variieren:

- Die ausgewählten Texte werden im Rahmen einer Lesung vor geladenem Publikum präsentiert. Falls genügend Vorbereitungszeit zur Verfügung steht, kann es reizvoll sein, die Schülerauftritte mit bildnerischen Mitteln oder szenischen Elementen zu gestalten.
- Die Gedichtrezitationen werden auf Tonträger aufgenommen. Der Vorteil dieser (wie auch der nächsten) Variante ist die Wiederholbarkeit. Die Rezitation kann mehrmals registriert werden, bis das Produkt vollumfänglich überzeugt.
- Die mündlichen Präsentationen werden mit der Videokamera dokumentiert. Eine unserer Französisch-Klassen hat sich mit großem Einsatz und viel Begeisterung auf die Videoaufnahmen vorbereitet. Gruppenweise studierten die Lernenden selbstständig die szenische Umsetzung ihrer Texte ein, gestalteten Zeichnungen, Fotos und Kurzfilme dazu. Entstanden ist ein wunderbares Klassenprodukt, auf das alle stolz sind.[6] Das folgende Foto zeigt die Schülerinnen Lara und Marie-Laure während der Rezitation eines ihrer Gedichte:

Lara und Marie-Laure während der Rezitation eines ihrer Gedichte

Fazit: Die Rückmeldungen zur Unterrichtseinheit

Alle Lehrpersonen, die das vorliegende Lernarrangement bis dahin im Unterricht genutzt haben, äußerten sich positiv dazu und möchten es in Zukunft in weiteren Klassen einsetzen. Um die Reaktionen der Schülerinnen und Schüler zu erfahren, machten wir jeweils am Schluss der Unterrichtseinheit eine schriftliche Umfrage. Was sich bereits während des Arbeitsprozesses erahnen ließ, bestätigte sich schwarz auf weiß: Die Schülerinnen und Schüler interessieren sich mehr für Lyrik, als die Lehrpersonen (und auch sie selber) glaubten, und: Die meisten schreiben gern Gedichte. Etwa vier Fünftel der Lernenden äußerte sich positiv zum Projekt. In einer Französisch-Klasse ist sogar ein regelrechter „Gedichtevirus" ausgebrochen: Die Klasse bestand darauf, nach Abschluss der Unterrichtseinheit weiterhin regelmäßig Gedichte schreiben zu dürfen. Seither landen nach jedem Wochenende Dutzende von Schülertexten auf dem Pult der Lehrerin.

Die hohe Motivation hängt laut Umfrageresultaten einerseits mit der Themenfreiheit beim Schreiben zusammen und andererseits damit, dass Gedichte eine spielerische Komponente haben und die Kreativität fördern. Dabei fällt auf, dass viele Schülerinnen und Schüler von

---

[6] Ausschnitte aus der erwähnten Videodokumentation sind auf unserer Homepage www.lerndialog.uzh.ch zu sehen.

einem Wandel in ihrer Einstellung zu den Gedichten berichten, so auch Adrian: *Am Thema Gedicht hat mir gefallen, dass es eine Abwechslung zum „normalen" Unterricht war. Ich konnte meiner Fantasie und Kreativität freien Lauf lassen, da die Themen frei gewählt werden konnten. Im Verlauf der Arbeit an Gedichten hat sich auch meine Einstellung geändert [...]. Zuerst gefiel mir das ganze Thema nämlich nicht.* Laurence begründet den Wandel so: *Das Thema Gedichte liegt mir nicht so, weder im Deutschen noch im Spanischen. Doch meine Einstellung gegenüber Gedichten hat sich positiv verändert: Es ist schön, Gefühle und Gedanken in Worte zu fassen und in einem verschlüsselten Weg aufzuschreiben. Ich habe gelernt, Metaphern zu brauchen und auch Gedichte ohne Reim schön zu finden.*

Und Jennifer ergänzt: *Mit der Zeit fand ich es immer interessanter, Gedichte zu verfassen und mit den verschiedenen Instrumenten zu spielen. Es ist erstaunlich, wie stark man in kurzer Zeit Fortschritte beobachten konnte.* Die Wahrnehmung der eigenen Fortschritte stärkt wiederum das Selbstvertrauen in die eigenen Fähigkeiten, wie der Kommentar von Leo belegt: *Ich fand und finde das Thema interessant, obwohl ich anfangs nicht wirklich glaubte, dass es mir möglich sein würde, einigermaßen zufriedenstellende Gedichte in einer Fremdsprache zu erstellen. Doch mit der Zeit habe ich gelernt, dass dies durchaus möglich ist, auch wenn ich hierfür des Öfteren ein Wörterbuch zurate ziehen musste. [...] Auch fand ich es jeweils interessant, meine Arbeiten mit denen meiner Klassenkollegen zu vergleichen, da so stets neue Einblicke und Ideen zu gewinnen sind.*

Dass die intensive Beschäftigung mit Lyrik dazu geführt hat, Gedichte besser verstehen und analysieren zu können, war eigentlich unumstritten. Was aber den Lernzuwachs bei der Sprachkompetenz angeht, waren sich nicht alle Lernenden einig. Viele waren der Meinung, sie hätten ihren Wortschatz erweitert und mehr Sorgfalt in der Wortwahl entwickelt. Einige wiederum bemängelten, die Grammatik sei zu kurz gekommen und überhaupt lerne man beim Aufsatzschreiben mehr. Demgegenüber kontert Linda: *Ich finde ein Gedicht zu schreiben spannender als Aufsätze, da man auch etwas Spezielles hineinbringen kann. Ich glaube, dass die Übung mit den Gedichten uns auch später behilflich sein kann, zum Beispiel bei Aufsätzen oder Vorträgen.* Mit ihrem Beitrag zum Gedichtband der Spanisch-Klasse möchte ich schließen. Ihr Text mit dem Titel „Ich bin" ist der poetische Versuch, die unsichtbare und unvergängliche Seite des zweifachen Selbst zu ergründen.

Soy

Soy éste
que va a mi lado sin yo verlo
que, a veces, voy a ver,
y que, a veces, olvido.
El que calla, sereno, cuando hablo,
el que perdona, dulce, cuando odio,
el que pasea por donde no estoy,
el que quedará en pie cuando yo
muera.

Lindas Beitrag zum Gedichtband am Ende des Projekts

Teil 2: Annäherung an die Praxis des Dialogischen Lernens auf drei verschiedenen Wegen

„Das erzählte Ich" –
eine Dialogische Unterrichtseinheit zum Thema Autobiografien
Christine Weber

Thema: Autobiografien lesen, analysieren und schreiben lernen
Altersstufe: 9. bis 11. Schuljahr (15 – 18 Jahre)
Zeitbedarf: ca. 30 Lektionen zu je 45 Minuten

Überblick: Der Text als Baustelle

Die Lehrpersonen, welche die Unterrichtseinheit „Das erzählte Ich" ausprobierten, konnten ihre Schülerinnen und Schüler davon überzeugen, dass die Arbeit an einem Text ein fortlaufender Arbeitsprozess ist. Die Lernenden arbeiteten über acht Wochen intensiv an einem einzigen Text und waren schließlich mit ihrem Produkt zufrieden, wie der Eintrag im Lernjournal von Damaris, einer Schülerin aus dem 9. Schuljahr, zeigt:

> Ich glaube, dass man noch ziemlich lange an dem Text arbeiten könnte, weil man [...] immer noch passendere Ausdrücke wählen könnte und über immer weitere Jahre erzählen, doch ich glaube für die gestellte Aufgabe und den zeitlichen Rahmen kann ich zufrieden sein mit meinem Ergebnis und habe Freude was ich erreicht habe.

Rückblick von Damaris

Aber wie können Lehrpersonen ihre Schülerinnen und Schüler motivieren, über längere Zeit an der gleichen Sache zu sitzen? Wie lernen sie, dass ein Text eine permanente Baustelle ist? Um Lernende auf einer Baustelle arbeiten zu lassen, muss man ihnen Zeit und die nötigen Werkzeuge zur Verfügung stellen. Sie müssen außerdem lernen, mit den Werkzeugen umzugehen und ihren Bau immer wieder aus Distanz zu betrachten. Wie sie dies in einer Dialogischen Unterrichtseinheit lernen, soll im Folgenden gezeigt werden. Beispiele von Arbeitsaufträgen der Lehrpersonen und Einblicke in die Baustellen der Schülerinnen und Schüler werden diese Einheit illustrieren.

Als Produkt der Unterrichtseinheit „Das erzählte Ich" soll am Ende eine autobiografische Skizze stehen, welche aus der Kindheit des Lernenden berichtet. Daher beginnen sich die Schülerinnen und Schüler in einer ersten Unterrichtsphase an ihre Kindheit zu erinnern und ihre Erinnerungen festzuhalten. Aufgrund eines Austauschs entwickeln sie erste Schreibstrategien. In einer zweiten Phase werden diese Schreibstrategien durch die Rezeption von publizierten Autobiografien erweitert und vertieft. In einer dritten Phase wenden sich die Lernenden wieder ihren Textbaustellen zu: Sie überarbeiten ihre selbst verfassten autobiografischen Skizzen unter Berücksichtigung der neu erworbenen Kenntnisse. Dabei ist es besonders wichtig, immer wieder innezuhalten und vom eigenen Text Distanz zu nehmen. Die Schülerinnen und Schüler sollen sich überlegen, an welchem Punkt des Arbeitsprozesses sie sich befinden und in welcher Ecke ihrer Baustelle Arbeit nötig ist. Einen Überblick über die Tätigkeiten in der jeweiligen Arbeitsphase gibt die folgende Darstellung:

Arbeitsphase	Dauer	Tätigkeit
1. Phase: Grundmauern bauen und verstärken	Lektion 1–2	Erinnerungsreise Austausch und Fixierung von Erinnerungen
	Lektion 3–4	Erster Entwurf der autobiografischen Skizze
	Lektion 5–6	Austausch und Sammlung von Werkzeugen Bau der eigenen Werkzeugkiste
	Lektion 7–8	Überarbeitung der autobiografischen Skizze Anwendung neuer Werkzeuge
	Lektion 9–10	Austausch und Lernreflexion
2. Phase: Neue Werkzeuge kennenlernen und anwenden	Lektion 11–12	Rezeption von publizierten Autobiografien
	Lektion 13–14	Sammlung neuer Werkzeuge Diskussion fachwissenschaftlicher Fragen
	Lektion 15–16	Anwendung von Werkzeugen in der Tätigkeit als Ghostwriter
	Lektion 17–18	Sammlung neuer Werkzeuge
	Lektion 19–20	Revision der Werkzeugkiste Lernreflexion
3. Phase: Einen Umbau planen und durchführen	Lektion 21–22	Entwicklung eines Überarbeitungskonzepts
	Lektion 23–24	Umbau der autobiografischen Skizze
	Lektion 25–26	„Korrekturfabrik"
	Lektion 27–28	Lernreflexion und Rückblick
	Lektion 29–30	Planung und Durchführung einer Lesung

Arbeitsphasen des Projekts „Das erzählte Ich"

Die Schülerinnen und Schüler erhalten im Verlauf der Unterrichtsphasen eine konkrete Vorstellung von der Textsorte „Autobiografie", lernen deren Textmerkmale kennen und entwickeln eigene Schreibstrategien, mit welchen sie selbst aus dem eigenen Leben erzählen können. Indem sich die Jugendlichen mit der eigenen Vergangenheit auseinandersetzen, gewinnen sie in der erinnernden Rückschau Gewissheiten über das eigene Leben und mehr Bewertungskompetenz über eigenes Denken und Handeln. Sie haben die Möglichkeit, von der eigenen Person Distanz zu nehmen, die eigene Subjektivität zu erkennen sowie konkrete Werkzeuge der Selbstdarstellung zu erwerben.

Um Werkzeuge kennenzulernen und mit ihnen umgehen zu lernen, muss die Produktion und die Rezeption von Autobiografien Hand in Hand gehen: Während der Rezeption wird nach Lösungen für Probleme gesucht, welche bei der Produktion auftauchen. Bei der Produktion werden Schreibstrategien angewendet, welche während der Rezeption als Textmerkmale bewusst gemacht werden. Die autobiografische Skizze stellt die Baustelle dar, an welcher beharrlich gearbeitet wird.

Erste Phase: Grundmauern bauen und verstärken

Damit die Freude der Schülerinnen und Schüler am spontanen Verfassen von Texten nicht gleich zu Beginn vom Ballast schwerer Werkzeuge niedergedrückt wird, steht die eigene Textproduktion am Anfang der Unterrichtseinheit. Bevor die Kindheit auf dem Papier jedoch eine bestimmte Form erhalten kann, muss genügend Zeit in den Erinnerungsvorgang investiert werden. Für die Aktivierung von Erinnerungen an Situationen und Handlungen eignen sich Imaginationsübungen besonders gut, da viele Erinnerungen nicht zwingend an konkrete Abbilder wie Fotos gebunden sind. In Form einer „Erinnerungsreise" kann die Lehrperson mit entsprechenden Fragen den Ausflug ins Gedächtnis ihrer Schülerinnen und Schüler in eine positive Richtung lenken. Diese Fragen könnten folgendermaßen aussehen:

> Machen Sie es sich auf Ihrem Stuhl bequem. Wenn Sie möchten, können Sie Ihre Augen schließen. Ich lade Sie ein, sich einen Ort in Ihrer Kindheit vorzustellen, an welchem Sie sich geborgen fühlten. Vielleicht gehen Sie zehn Jahre oder nur fünf Jahre in Ihrer Erinnerung zurück. Es soll ein richtiges Paradies sein, das Sie sich vorstellen. Lassen Sie Gedanken, Vorstellungen oder Bilder aufsteigen von einem Ort, an dem Sie sich ganz wohl fühlten. Wo war dieser Ort? War er draußen in der Natur oder in einem Haus? Existierte der Raum nur in Ihrer Fantasie, sodass nur Sie in diesem Raum sein konnten? Wie alt waren Sie etwa, als Sie in diesem Raum waren? Grenzen noch andere schöne Räume oder Orte an „Ihren" Raum? Welcher Geruch herrscht in diesem Raum? Was hören Sie? Welche Farben sehen Sie? Ist das Licht angenehm? Können Sie sich in diesem Raum frei bewegen? Gibt es noch andere Menschen in diesem Raum? Oder haben nur Sie Zugang zu diesem Raum? Haben Sie noch sonstige Begleiter dabei? Das könnte ein geheimer Schatz sein. War das während mehrerer Jahre Ihr Lieblingsort? Hatten Sie einige Jahre später einen anderen Raum, wo Sie sich geborgen fühlten? Wie sah dieser andere Raum aus? Veränderte sich Ihr liebster Raum im Verlaufe der Jahre? Wie? [...]

Fragen zum Auslösen einer „Erinnerungsreise"

Da sich die Lernenden an Räume erinnern, in welchen sie sich besonders geborgen fühlten, lautet das Thema der autobiografischen Skizze „Paradiese in der Kindheit". Es sind auch andere Themenschwerpunkte wie „Freundschaft" oder „Träume" denkbar (Gudjons, Pieper u. a. 1986). Die Erinnerungen können mithilfe von Tagebüchern oder Gegenständen konkretisiert werden. Es besteht auch die Möglichkeit, gewisse Räume und Plätze der Kindheit wieder aufzusuchen. Hier sind den Ideen keine Grenzen gesetzt. Nach einer individuellen Auseinandersetzung mit der eigenen Kindheit ist es auch wichtig, dass sich die Schülerinnen und Schüler über ihre Erinnerungen austauschen und einander Fragen stellen können. Auf diese Weise können nochmals weitere Erinnerungen wachgerufen werden.

Nach dem intensiven Erinnerungsvorgang lohnt es sich, darauf zu achten, dass die Gedanken, Vorstellungen und Bilder der Schülerinnen und Schüler nicht verloren gehen. Nun beginnt die Schriftlichkeit einen wichtigen Platz in dieser Unterrichtseinheit einzunehmen. Alle Notizen und Unterlagen, die im Verlauf der Zeit entstehen, werden in einem Lernjournal gesammelt, in welchem die Lernenden ihren Lernprozess dokumentieren. Das erste Dokument, das Eingang ins Lernjournal findet, enthält die schriftlich festgehaltenen Erinnerungen der Schülerinnen und Schüler. Diese entscheiden selbst, wie sie ihre Erinnerungen – beispielsweise in Form einer Mind Map oder in Stichworten – dokumentieren möchten.

In einem nächsten Schritt ordnen die Schülerinnen und Schüler ihre Gedanken so, dass ein Fließtext entstehen kann. Beim darauf folgenden ersten Entwurf der autobiografischen Skizze müssen sie sich zum ersten Mal einen Adressaten denken, damit sich die Leserschaft ein Bild über die beschriebene Kindheit machen kann. Wie der folgende erste Entwurf von Andrea, einer Schülerin aus dem 10. Schuljahr, zeigt, kann man sich als Leser zu diesem Zeitpunkt „die kleine Andrea" bereits gut vor Augen führen:

> Seit ich denken beziehungsweise mich erinnern kann, war unser Garten für mich mein kleines Paradies. Er war gross, nein, er war riesig! Wenn ich heute ab und zu vorbeikomme, erscheint er mir überhaupt nicht mehr riesig. Das liegt wohl daran, dass ich grösser geworden bin. Seine Grenzen lagen an der Hauptstrasse und am Haag des Nachbargarten. Eigentlich umzingelte er das Haus, auch wenn nicht alles davon Wiese war. Betrat man ihn beim Eingang, kam man rechts schnell zur Wiese und geradeaus zu meiner Hauptstrass, die ich mit Kreide gemalt hatte und an die 50-mal täglich rauf und runter fuhr. [...]

Entwurf von Andreas autobiografischer Skizze[1]

Nachdem die Erinnerungen in einem ersten Entwurf niedergeschrieben sind, ist es wichtig, dass die Schülerinnen und Schüler miteinander in einen Dialog kommen, indem sie wechselseitig einige Entwürfe lesen und danach füreinander Rückmeldungen in ihre Lernjournale schreiben. Die Lehrperson liest alle Entwürfe und kennzeichnet überzeugende Textstellen. Gelungene Ausschnitte aus den ersten Entwürfen stellt sie für die ganze Klasse in einer Autographensammlung zusammen, damit für die Lernenden die Breite von Gestaltungsmöglichkeiten ersichtlich wird. Zusammen mit dieser Autographensammlung erhalten die Schülerinnen und Schüler einen neuen Auftrag, der folgendermaßen aussehen kann:

---

[1] Der Begriff „Haag" ist schweizerdeutsch und bedeutet „Zaun".

Teil 2: Annäherung an die Praxis des Dialogischen Lernens auf drei verschiedenen Wegen

---

(A) **Kernidee:** Wir lernen von unseren Mitschülerinnen und Mitschülern.

Auftrag: Lesen Sie bitte die folgenden Auszüge aus den autobiografischen Skizzen Ihrer Mitschülerinnen und Mitschüler, und beschreiben Sie, welche Qualitäten in diesen Auszügen zu finden sind. Was finden Sie in diesen Auszügen gut, spannend oder schön? Warum finden Sie bestimmte Textstellen gut, spannend oder schön? Halten Sie die Gründe fest.
Was können Sie aufgrund der Texte Ihrer Mitschülerinnen und Mitschüler für Ihre eigene biografische Skizze lernen? Sehen Sie Schreibstrategien, die Sie selbst anwenden könnten?

Kernidee und Auftrag zur Analyse von Texten der Mitschülerinnen und Mitschüler

Anhand der Beispiele in der Autographensammlung können die Lernenden herausfinden, welche Schreibstrategien in der Klasse angewandt wurden und durch welche Textmerkmale sich gute autobiografische Skizzen auszeichnen. Zu diesem Zeitpunkt der Unterrichtseinheit ist es von großer Bedeutung, dass die Schülerinnen und Schüler ihre Perspektive wechseln und die Rolle von Leserinnen und Lesern einnehmen, um ihr implizites Wissen explizit zu machen. Wie dieses Wissen aussehen kann, soll nun anhand der Reaktionen von Andreas Klasse auf ihren Textausschnitt aufgezeigt werden.

Einige Mitschülerinnen und Mitschüler von Andrea blieben in ihrer autobiografischen Skizze am Satz „Er war gross, nein, er war riesig!" hängen. Sie stellten fest, dass diese Selbstkorrektur dem Text eine mündliche Atmosphäre verleiht und die Leserschaft durch diese Formulierung den Eindruck erhält, in ein Gespräch mit der Autorin verwickelt zu werden. Die Klasse zog den Schluss, dass man als Autorin oder Autor mithilfe eines Selbstgesprächs die Leserschaft integriert. Andere bemerkten, dass Andrea nicht nur aus ihrer Kindheit erzählt, sondern ihre Kindheit gleichzeitig reflektiert, wenn sie sich überlegt, weshalb der Garten ihr heute nicht mehr „riesig" scheint. Daraus entwickelte sich in der Klasse eine Kernidee: „Aus der Sicht von damals, aber mit dem Wissen von heute." Für gewisse Werkzeuge kreierten die Schülerinnen und Schüler auch eigene Begriffe. Defizite wie das einmal am Schluss fehlende „e" beim Wort „Hauptstrasse" oder das schweizerdeutsche Wort „Haag" waren nicht von Interesse.

Die ersten Werkzeuge, welche die Lernenden aufgrund der autobiografischen Skizzen ihrer Mitschülerinnen und Mitschüler generieren, sollten unbedingt aufgeschrieben werden. Alle Mitglieder der Klasse legen dafür in ihrem Lernjournal eine eigene „Werkzeugkiste" an und platzieren die Werkzeuge in ihrer Kiste am richtigen Ort. Neben jedes Werkzeug kann ein Beispiel für seine Anwendung gestellt werden, damit nicht vergessen geht, in welchen Situationen das Werkzeug zum Einsatz kommen kann. Die Einzelnen ordnen ihre Werkzeuge auf individuelle Art und Weise, damit alle wissen, wo sie das zu benötigende Werkzeug finden. Bei der Schaffung einer geeigneten Ordnung in der Werkzeugkiste können sich die Schülerinnen und Schüler gegenseitig über die Schultern schauen. Es sollte außerdem darauf geachtet werden, dass die Werkzeugkiste großzügig angelegt wird, denn es müssen jederzeit neue Werkzeuge hinzugefügt werden können. Die folgende Werkzeugkiste von Livia veranschaulicht, wie eine Werkzeugkiste am Ende der Unterrichtseinheit aussehen kann:

Miteinbezug des Lesers	Echtheit
▸ Detaillierte Beschreibungen der Umgebung und der Gefühle ▸ Fragen an sich selbst stellen ▸ Begeisterung der damals kindlichen Wahrnehmung (alle fünf Sinne einbeziehen) herüberbringen ▸ Selbstkorrektur („Er war gross, nein, er war riesig.") ▸ Mündliche Atmosphäre	▸ Sprache: „Erwachsenes Kind" ▸ Typische Kindererlebnisse (z. B. Angst im Dunkeln, Verbotenes) ▸ Gegenständen Namen geben (unser „Polo" statt Auto) ▸ Hintergrundaktionen und Atmosphäre beachten („Die Uhr tickt.", „Die Blätter rascheln.") ▸ Kosenamen verwenden („Verlängerigsbabette")
Spannungsaufbau	**Chronologie**
▸ Direktes Einbeziehen in ein Geschehen ▸ Motive durch den Text ziehen (z. B. Licht, Faszination für Farben, Liebe zur Natur) ▸ Dinge vorenthalten und später darauf eingehen (z. B. ein geheimes Versteck hinter dem Zaun) ▸ Rätsel stellen ▸ Emotionen und Tatsachen abwechseln ▸ Rhythmus in den Text bringen ▸ Textsorten mischen (z. B. Gedicht einfügen) ▸ Titelüberlegungen anstellen	▸ Alterungsprozess beschreiben (z. B. Haarlänge, Kleiderstil) ▸ Kommentare zwischen Episoden ▸ Veränderungen (von Räumen …) aufzeigen („Die Kinderschaukel wurde entfernt.") ▸ Switchen zwischen Vergangenheits- und Gegenwartsstatements („Es erscheint mir nicht mehr riesig.") ▸ Subjektive und objektive Sichtweisen („Ich kannte alle Einwohner der Stadt.")
Auflockerung	**Stimmung**
▸ Erfolgserlebnisse aufzeigen ▸ Verniedlichungen einsetzen („Schleckmaul") ▸ Auf Highlights hinführen (mit kurzen Sätzen Tempo verursachen) ▸ Mundartausdrücke benutzen („schlitteln") ▸ Gewählt saloppe Ausdrücke (nicht zu viele) ▸ „By the way"-Infos („Der rote Bär, den mein Bruder nicht mochte.") ▸ Wortspielereien („dunkelbraunrot") ▸ Direkte Rede („Geh sofort ins Bett!")	▸ Lustige Sequenzen einbauen („Tunnel bis nach China graben") ▸ „Durch die Augen des Kindes sehen." ▸ Landschaftsbeschreibung zur Unterstreichung der Gefühlswelt nutzen ▸ Mit Kontrasten arbeiten („Aus grosser Ferne sind Kleinkinder zu sehen.") ▸ Mit kurzen Sätzen spielen ▸ Kurzes „Innehalten" beim Leser erzeugen („Die Äste knackten.")

Livias Werkzeugkiste zum autobiografischen Schreiben

Teil 2: Annäherung an die Praxis des Dialogischen Lernens auf drei verschiedenen Wegen

Wenn alle Schülerinnen und Schüler wissen, wie sie ihre Werkzeugkiste eingerichtet haben, steht einer Überarbeitung der eigenen autobiografischen Skizze nichts mehr im Weg. Die Lernenden lesen nochmals die Rückmeldungen, welche sie von ihren Mitschülerinnen und Mitschülern sowie der Lehrperson zu ihren ersten Entwürfen erhalten haben, und überlegen sich, welche Werkzeuge sich für die Umarbeit auf ihrer Baustelle eignen würden. So nimmt die autobiografische Skizze zunehmend Form an, gleichzeitig wird der Umgang mit den einzelnen Werkzeugen geübt. Die Lehrperson nimmt dabei eine beratende Funktion ein. Es liegt in ihrer Entscheidung, wie häufig sie sich die Arbeit auf den einzelnen Baustellen anschaut und ob sie mit einer weiteren Autographensammlung der Klasse nochmals zu einem Einblick in einzelne Baustellen verhilft. Einen Austausch kann die Lehrperson auch mit gegenseitigem Schreiben von Rückmeldungen fördern. Sie darf die Bedeutung des Austauschs nicht unterschätzen. Gerade bei autobiografischem Erzählen ist diese besonders hoch, weil verschiedene Wertvorstellungen bewusst gemacht und gemeinsame Erfahrungen geteilt werden können (vgl. Feilke & Ludwig 1998, S. 15–25).

Am Ende dieser ersten Unterrichtsphase schreiben alle Schülerinnen und Schüler eine Lernreflexion über ihre bisherige Arbeit. Sie sollen in Erfahrung bringen, worin ihre bisherige Leistung besteht, was ihnen gut gelungen ist und welche Arbeitsweise effektiv war. Es ist wichtig, dass sie immer wieder Distanz zu ihrer Arbeit gewinnen und über ungelöste Probleme nachdenken. Auf dieser Basis sollen sie den weiteren Arbeitsprozess eigenhändig planen. Diese Lernreflexionen gehören ebenfalls ins Lernjournal, damit auch die Lehrperson die Möglichkeit hat, einen genauen Einblick in das Geschehen auf der Baustelle jedes Lernenden zu gewinnen und den Arbeitsprozess zu beurteilen.

Zweite Phase: Neue Werkzeuge kennenlernen und anwenden

Die Schülerinnen und Schüler sollen nicht nur anhand von eigenen Texten Werkzeuge für das Verfassen einer Autobiografie kennenlernen, sondern ihren Blick auch auf Autobiografien von Schriftstellerinnen und Schriftstellern werfen. Es kann nun also eine Phase der intensiven Rezeption folgen, in welcher die Lernenden schauen, wie Expertinnen und Experten handeln.

(A)

Kernidee: Was uns in den Texten der Experten gefällt, setzen wir in unseren eigenen Texten um.

Auftrag: Welcher der Auszüge aus den vier Autobiografien spricht Sie am stärksten an? Warum gefällt Ihnen gerade dieser Auszug am besten? Zählen Sie mehrere Gründe auf.
Suchen Sie auch nach Gründen, die Sie ganz konkret am Text selbst, an einzelnen Zeilen und Textpassagen festmachen können.

Kernidee und Auftrag zur Analyse von Autobiografien

Die Wahl der Autobiografien kann dem persönlichen Geschmack der Lehrperson überlassen werden (eine Übersicht findet sich in Wagner-Egelhaaf 2005). Sicher ist es sinnvoll, wenn man Ausschnitte aus Autobiografien wählt, in welchen ein ähnlicher Themenschwerpunkt wie in den autobiografischen Skizzen der Schülerinnen und Schüler ersichtlich wird. Vier bis fünf solche Ausschnitte werden den Lernenden zusammen mit einem neuen Auftrag vorgelegt (vgl. S. 62).

Die Schülerinnen und Schüler der Klassen, die an der Unterrichtseinheit teilnahmen, lasen die Auszüge der Schriftstellerinnen und Schriftsteller sachkundig und kritisch, da die Auseinandersetzung mit der eigenen Biografie der Darbietung der Lösungen von Expertinnen und Experten vorausgegangen war (vgl. Wortmann 2002, S. 25). Der Ausschnitt aus der Autobiografie *Die Stimme des Atems. Wörterbuch einer Kindheit* von Ernst Halter, welche mit dem Kapitel „Orte" den gleichen Themenschwerpunkt wie die autobiografischen Skizzen der Schülerinnen und Schüler setzt, stieß dabei auf besondere Begeisterung:

> Ende Juni sitze ich an schwülen Nachmittagen pflückend oder essend in den Bäumen. Heute lehnt die Leiter am Edelkirschbaum. Ich steige auf ins dichte Laub und rasch ausser Sicht. Umdunkelt von Kirschenbüscheln. Mich fasst erneut wundergläubiges Staunen ob der Fülle, die einfach da ist und gegessen werden will. Im Wipfel scheint mir noch niemand vorgearbeitet zu haben. Rings um mich hängen Kirschen, dunkelbraunrot mit Glanzlichtern von der durch die Blätter flirrenden Sonne. Die Gewissheit, dass ich es nie schaffen werde, alle zu essen, ist ein Glück ohne Rest. Einige Atemzüge lang, mich versichernd, dass ich fest stehe und nach allen Richtungen zugreifen kann, gebe ich der Fülle dieses Kirschensegens Zeit, dann lange ich aus. Zweier- und Dreierbüschel – wir sagen Drüerp'hängk –, sogar Vierergehänge gibt es. Die Kirschen sind so willig und süss, dass ich mir nicht die Zeit nehme, die Steine auszuspucken. Bald muss ich zur ersten Entlastungsaktion schreiten: Gezielt spucke ich durch kleinere Lücken im Laubwerk; dank wachsendem Druck der Puste bei sich leerendem Mund steigere ich die Weiten. Es gelingt mir sogar, einige Kerne in der Blumenrabatte am Fuß der Terrassenmauer zu platzieren. Der Mund ist leer: zweiter Gang.
>
> Ernst Halter, *Die Stimme des Atems. Wörterbuch einer Kindheit* (S. 167–168)

Die Schülerinnen und Schüler konzentrierten sich aufgrund des Auftrags vor allem auf die Sprache der Expertinnen und Experten, stießen bei der Lektüre der Autobiografien aber auch auf grundsätzliche Fragen bezüglich der Textsorte. So fragten sie unter anderem nach dem Sinn einer Autobiografie: „Wie entsteht das Bedürfnis, eine Autobiografie zu verfassen?" Oder sie wollten der Frage auf den Grund gehen, weshalb die Schriftstellerinnen und Schriftsteller bestimmte Ereignisse als erzählenswert betrachten und andere nicht. Petra, eine Schülerin aus dem 11. Schuljahr, löste eine intensive Diskussion aus, da sie bei der Betrachtung des Texts von Ernst Halter auf die Problematik von Dichtung und Wahrheit stieß:

Teil 2: Annäherung an die Praxis des Dialogischen Lernens auf drei verschiedenen Wegen

> Die detaillierte Erzählweise mag ich besonders an diesem Text. Ich finde es bemerkenswert, dass man einen eigentlich kurzen Vorgang in die Länge ziehen kann, ohne dass es langweilig wird. Beim Essen einer Kirsche handelt es sich doch normalerweise nur um einen Moment, und schon ist sie im Mund, dann im Hals und schlussendlich im Bauch. Die einzige Kritik, liegt darin, dass ich nicht glauben kann, dass es sich bei dieser Textsorte um eine Autobiographie handelt. Wie ist es möglich, dass ich mich noch 40 oder 50 Jahre danach an den hellgläsernen kühlen Westhimmel noch erinnern kann? Hier geht für mich die Realität verloren. Das ist paradox, denn genau diese detaillierte Beschreibung gefällt mir ja.

Petras Kommentar zum Text von Ernst Halter

Fragen wie zum Beispiel „Wie viel Dichtung verträgt die Autobiografie?" sind für diese Unterrichtseinheit besonders wertvoll. Aufgrund der daraus entstehenden Diskussionen können die Lernenden neues Wissen über diese Textsorte erwerben, welches sie in Form von individuellen Notizen in ihren Lernjournalen festhalten können. Mit derartigen Diskussionen kann im Weiteren der Mündlichkeit genügend Raum gegeben werden. Schließlich erfährt die Lehrperson dadurch, was die Schülerinnen und Schüler beschäftigt, was Probleme bereitet und was noch geübt werden muss. So fällt der Lehrperson die Aufgabe leichter, weitere Aufträge zu generieren. Dass aufgrund von Aufträgen auch Gelerntes geübt werden kann, zeigt der folgende Auftrag, in welchem die Lernenden dazu aufgefordert werden, erneut selbst Texte zu produzieren beziehungsweise das Leben einer Schriftstellerin oder eines Schriftstellers fortzusetzen:

> **(A)**
>
> **Kernidee:** Wir schreiben in der Sprache der Schriftstellerinnen und Schriftsteller, um deren Schreibstrategien auszuprobieren.
>
> **Auftrag:** Verfassen Sie von einem der Autobiografie-Auszüge eine Fortsetzung, sodass die Leserin oder der Leser nicht merkt, dass Sie als Ghostwriter die Autobiografie weitergeschrieben haben.

Kernidee und Auftrag zum Schreiben einer Fortsetzung der Autobiografie eines Schriftstellers

Entscheidet man sich zu diesem Zeitpunkt der Unterrichtseinheit für einen solchen Schreibauftrag, können mehrere Lernziele gleichzeitig verfolgt werden: Den Schülerinnen und Schülern steht ein relativ offenes Experimentierfeld zur Verfügung, da sie das Leben einer anderen Person fiktional weitererzählen dürfen. Dadurch bekommen sie Übung bei der Anwendung von Schreibstrategien und erhalten Distanz zum eigenen Schreibstil, aber auch grundsätzlich zum eigenen Text. Dieser wird während der ganzen zweiten Unterrichtsphase liegen gelassen. Im Weiteren übernehmen die Schülerinnen und Schüler implizit den Ton und damit einzelne Schreibstrategien von den Expertinnen und Experten (für ähnliche Erfahrungen vgl. Bertschi-Kaufmann 2006, S. 119–120). Dass die Lernenden Bausteine aus den Texten der Schriftstellerinnen und Schriftsteller selbstverständlich in ihr Schreiben einfügen – da sie als Ghostwriter verpflichtet sind, sich an den vorgegebenen Stil zu halten –, wird bei der Fortsetzung von Eva, einer Mitschülerin von Petra, besonders gut deutlich:

> Ich will nichts mehr, als diese vier wunderschönen, saftigvioletten Kirschen in meinem Mund fühlen und sie langsam darin, mit Blick auf die untergehende Sonne, zergehen lassen. Es wird mein letzter, aber dafür umso erfolgreicherer Fang werden. Mein Vater bekräftigt oft die Tatsache, dass man um etwas kämpfen soll, wenn man es wirklich haben will und genau das werde ich nun tun. Die kleinen feinen Arme des Kirschbaumes knirschen unter mir. Ich klammere mich an die kräftigen Äste, voller Sehnsucht, voller Vorfreude auf den bevorstehenden Gaumenschmaus, der mein Verlangen für diesen Tag endgültig stillen sollte. Mein Ziel ist noch etwa drei Armlängen entfernt und langsam spüre ich den Kraftaufwand, die Beanspruchung meiner Armmuskeln. Mit einem weiteren Versuch, die nun immer größer werdende Gefahr durch das Schwinden der dicken Äste zu ignorieren, ziehe ich mich weiter hoch. Nun werde ich hastig. Ich will dieses „Viererp'hängk" erreichen und verschlingen! Die Abendsonne blendet mich. Nur noch ein bisschen Distanz, ein bisschen Kraft. Kein helfender Ast in Sicht, ich strecke und recke mich. Und ich hab sie! Mein Ziel ist erreicht und ich vergesse das langsame Geniessen, ich vergesse die Ruhe und doch entgeht mir der süsse Saft und das leckere Fruchtfleisch nicht. Die vier kleinen Kerne werden den ganzen Abend in meinem Munde verweilen.

Evas Fortsetzung von Ernst Halters Text

Eva experimentierte mit der Schreibstrategie, die Petra in ihrem Lernjournal erläuterte: Die „detaillierte Erzählweise", mit welcher man „einen eigentlich kurzen Vorgang in die Länge ziehen kann". Die Lehrperson von Evas Klasse wollte sicherstellen, dass diese Schreibstrategie nicht nur implizit übernommen wurde, sondern bei der richtigen Gelegenheit zum Einsatz kommen kann. So machte sie mithilfe einer Autographensammlung, in welcher sie spannende Fortsetzungen von Autobiografien zusammenstellte, gerade diese Schreibstrategie explizit. So fand die Fortsetzung von Eva Eingang in die Autographensammlung für ihre Klasse, in welcher ihre Mitschülerinnen und Mitschüler nebst der „detaillierten Erzählweise" weitere Schreibstrategien entdeckten, mit denen Eva Spannung erzeugte.

Schließlich sahen die Werkzeugkisten in allen Klassen, in welchen die Unterrichtseinheit ausprobiert wurde, unterschiedlich aus. In den einzelnen Klassen entstanden auch unterschiedliche Diskussionen, da die Aufträge auf den verschiedenen Schülertexten aufgebaut wurden. Der Spannungsaufbau in Evas Text war beispielsweise Anlass dazu, nicht nur einzelne Satzstrukturen und -inhalte zu betrachten, sondern den Text als Ganzes beziehungsweise seinen Aufbau detaillierter zu untersuchen. So wurden insbesondere auch Anfangs- und Schlusssätze ins Blickfeld gerückt. Die Schülerinnen und Schüler merkten, welche Wirkung erzeugt wird, wenn die Autorin oder der Autor den Lesenden gleich mitten in die Handlung führt, sodass daraufhin der Fachbegriff „in medias res" eingeführt werden konnte. Außerdem sahen sie, dass der Anfangs- und Schlusssatz einen Rahmen für den ganzen Text bilden können. Auf der Basis von Schülertexten konnte also Erzähltheorie entwickelt werden, welche nicht bloß als Fachwissen auswendig gelernt wurde, sondern in den Schülertexten erneut zur Anwendung kam.

Eine andere Lehrperson bemerkte, dass ihre Schülerinnen und Schüler aufgrund der Texte der Schriftsteller sich den eigenen Mut zum Schreiben nehmen ließen. So versuchte sie ihre Klasse in einem weiteren Auftrag auf ihre Eigenständigkeit beim Schreiben aufmerksam zu machen. Sie gab den Lernenden den Auftrag, den eigenen Schreibstil mit demjenigen der Expertinnen und Experten zu vergleichen, und ließ die Schülerinnen und Schüler selbst entscheiden, welche Schreibstrategien sie übernehmen wollten und welche nicht. Im Lernjournal von Dominik wird klar, wie ein Schüler somit den Zusammenhang zwischen seinem eigenen Schreiben und demjenigen der Expertinnen und Experten erkennt:

> Ich kann meinen Schreibstil in verschiedenen Texten wieder finden. Wie im zweiten Text habe auch ich so eine Art Einleitung gemacht. Ich schreibe aber in kurzen Sätzen, was ich angenehmer zu lesen finde. Nebensätze braucht es auch, aber nicht in jedem Satz! Bei einem Schriftsteller hat es viele Nebensätze, die auch sehr viele Informationen liefern. Aber zum Teil hat es auch verwirrt. Ich kann sicher noch viel von den Schriftstellern lernen, aber doch meine eigene Art beibehalten, weil wie ich bei den Schriftstellern gesehen habe, haben diese auch all eine andere Schreibtechnik.

Kommentar von Dominik über die Zusammenhänge zwischen dem eigenen Schreiben und dem von Experten

Da die Schülerinnen und Schüler in dieser Unterrichtsphase nochmals sehr viele neue Werkzeuge kennengelernt und deren Anwendung geübt haben, sollten sie Gelegenheit erhalten, ihre Werkzeugkiste nochmals zu erweitern, zu überdenken und vielleicht neu zu ordnen. Der rasche Zugriff auf die Werkzeuge kann schließlich gewährleistet werden, wenn in der Werkzeugkiste Ordnung herrscht. Damit sich die Schülerinnen und Schüler nochmals bewusst werden, was sie gelernt haben, sollten sie am Ende dieser Unterrichtsphase auch nochmals eine Lernreflexion schreiben. So wird ihnen auch die Überarbeitung ihrer Texte, welche in der nächsten Unterrichtsphase folgt, leichterfallen.

Dritte Unterrichtsphase: Einen Umbau planen und durchführen

In der dritten Phase arbeiten die Schülerinnen und Schüler aufgrund des Gelernten anhand der rezipierten Autobiografien wieder an der eigenen Produktion. Welche Ausbau- und Umbauarbeiten auf der Baustelle nötig sind und wofür welches Werkzeug eingesetzt werden kann, sollte sorgfältig geplant werden. Die Lernenden müssen sich also Zeit nehmen, die folgenden Arbeitsschritte selbstständig zu planen und ein Überarbeitungskonzept zu erstellen. Da es den Schülerinnen und Schülern erfahrungsgemäß schwerfällt, ihre Texte aus der Perspektive der Leserschaft zu betrachten und diese entsprechend umzubauen, ist die Unterstützung der Lehrperson bei diesem Arbeitsschritt wichtig.

Die Formen von Hilfestellungen, welche die Lehrpersonen in dieser Unterrichtseinheit zur Hand hatten, waren vielfältig. Eine Lehrperson gab ihren Schülerinnen und Schülern einen

„Das erzählte Ich" – eine Dialogische Unterrichtseinheit zum Thema Autobiografien

Katalog von Fragen, welche beantwortet werden sollten und zu weiteren Fragen Anstoß geben konnten. Sie fragte: „Wo bringe ich den Leser meines Texts zum Schmunzeln?" oder „Sind meine Beschreibungen an den richtigen Stellen detailliert genug?" So konnten sich die Lernenden bewusst werden, was sie aus- und umarbeiten wollten. Eine andere Lehrperson regte ihre Klasse mit folgendem Auftrag zu einem Überarbeitungskonzept an:

> **A**
>
> **Kernidee:** Ich verständige mich mit mir selbst über die Überarbeitung.
>
> **Auftrag:** Schreiben Sie Ihrem „vergangenen Ich" einen Brief (also dem „Ich" in der Zeit, in der die autobiografische Skizze handelt). Schildern Sie „sich", wie Sie Ihre autobiografische Skizze noch verbessern möchten und wie Sie dabei vorgehen werden.

Kernidee und Auftrag zur Erstellung eines Überarbeitungsplans

Mit diesem Auftrag wollte die Lehrperson unter anderem erreichen, dass die Schülerinnen und Schüler tatsächlich in einen Dialog mit sich selbst eintreten und ihre Überarbeitungsbemühungen nicht in erster Linie auf die Forderungen der Lehrperson ausrichteten. Die Briefe, die aufgrund dieses Auftrags entstanden, erhielten zusätzlich einen hohen Unterhaltungswert, wie man am folgenden Brief von Jonas an sich selbst sehen kann:

> Lieber Jonas. Zuerst einmal möchte ich dir ein Kompliment für deinen Text machen. […] Aber denke, dein Text ist noch nicht perfekt (auch wenn ein Text nie perfekt sein kann.) Er ist noch verbesserungsfähig. Damit du mehr Zeit für deine Hobbies hast, werde ich die Überarbeitung übernehmen. Damit du aber weisst, was ich verändere, schreibe ich dir diesen Brief. […] Natürlich versuche ich dabei, deinen Schreibstil und Humor zu behalten, da der Text von den Lesern als amüsant bezeichnet worden ist und ich dies gerne behalten möchte. Durch das Gliedern des Textes hoffe ich eine bessere Unterteilung und grössere Leserfreundlichkeit zu erreichen. Die Anregung von Stefanie werde ich überprüfen und je nachdem das „(m)einer" ändern […]

Brief von Jonas an sich selber

Nach dieser Konzeptionsphase müssen die Schülerinnen und Schüler ihre Pläne auch praktisch umsetzen. Die Lehrperson sollte darauf achten, dass sie ihnen für diese Umarbeiten genug Zeit einräumt, denn die Überarbeitung im großen Stil sowie die darauf folgende Korrektur an den sprachlichen Details nehmen viel Zeit in Anspruch. Diese Korrektur nicht als Hausaufgaben zu erteilen, sondern im Unterricht selbst vornehmen zu lassen, ist vor allem im Hinblick auf einen Austausch der Texte sinnvoll. Die Lernenden können dann auch gegenseitig Korrekturen vornehmen, beispielsweise in der Form von Tandems oder einer „Korrektur-Fabrik". In

Teil 2: Annäherung an die Praxis des Dialogischen Lernens auf drei verschiedenen Wegen

der „Korrektur-Fabrik" – von einer Lehrperson auch „Grammatik-Klinik" genannt – setzen sich vier bis fünf Schülerinnen und Schüler zusammen und verteilen sich spezifische Aufgaben: Eine Person achtet beispielsweise auf die grammatikalische Korrektheit der Verben, eine andere korrigiert Satzzeichen. So wird Schritt für Schritt jeder Text genauer unter die Lupe genommen. Auf diese Weise entstehen „druckreife" Texte.

Um der Motivation zur Überarbeitung einen zusätzlichen Schub zu verleihen, kann von der Klasse eine Lesung geplant werden, zu welcher Eltern und Freunde eingeladen werden. Indem die Schülerinnen und Schüler ihre Produkte einer Öffentlichkeit zeigen, erhält ihre Leistung eine zusätzliche Würdigung, und sie lernen auch, ihre Texte vor einem größeren Publikum vorzulesen. An einer solchen Lesung können aber nicht nur die autobiografischen Skizzen, sondern auch die Lernjournale in einer Form von Ausstellung präsentiert werden. So können die Schülerinnen und Schüler ihren Eltern und Freunden einen Einblick in den täglichen Unterricht gewähren.

Eine Klasse, die am Ende der Unterrichtseinheit stand, entschied sich für eine Lesung im kleinen Kreis ohne externe Gäste. Sie lasen sich ihre autobiografischen Skizzen im Rahmen eines Picknicks draußen im Wald vor. Die Lehrperson machte die Erfahrung, dass eine solche Lesung innerhalb des Klassenverbands bereits zu einem früheren Zeitpunkt, zu Beginn der dritten Phase, von großem Nutzen für den Arbeitsprozess gewesen wäre. Beim lauten Vorlesen bemerkten die Lernenden nämlich sprachliche Mängel – insbesondere den Sprachrhythmus betreffend –, die ihnen während des Korrigierens nicht aufgefallen waren.

Abschließend schreiben alle Schülerinnen und Schüler nochmals eine Lernreflexion, in welcher das Endprodukt kritisch beleuchtet wird. Dadurch soll sich auch für sie selber klären, was sie während mehrerer Wochen geleistet und welche Fortschritte sie gemacht haben. Auch für die Lehrperson ist diese Selbsteinschätzung der Arbeit hilfreich, wenn sie am Ende der Unterrichtseinheit die Produkte bewerten möchte. So hat sie die Möglichkeit, ihr eigenes Urteil mit den Einschätzungen der Schülerinnen und Schüler abzugleichen. Auch die Lernreflexionen kann die Lehrperson zur Prozessbeurteilung hinzuziehen.

Wie beim Überarbeitungskonzept haben die Lehrpersonen ihre Schülerinnen und Schüler auf unterschiedliche Weise zu einer abschließenden Lernreflexion angeregt. In einer Klasse wurde sie in Form eines Briefs an die Leserschaft verfasst. Diesen Brief stellten die Lernenden dann als Einleitung an den Anfang ihres Lernjournals, das sie zum Abschluss noch mit Fotos aus ihrer Kindheit schmückten. In diesen Briefen wird deutlich, dass viele Schülerinnen und

> […] und vor allem dass ich die Beschreibung der Gefühle so gut hingekriegt hab, dass ich fast jeden Satz gut finde, wie gesagt fast. Irgendwie fehlt dem Schluss an Würze. So wie wenn der Punkt nicht deutlich genug ist. Diese gesamte Arbeit, das Eintauchen in eine neue Schreibgattung war äusserst interessant. Sehr vieles wurde mir klarer, zum Beispiel dass es nicht vor allem darauf ankommt, was man verkaufen will, sondern wie! Ich denke, ich habe sehr vieles gelernt. Was und wie, das können sie nun selbst in meinem Lernjournal lesen. Viel Spass wünscht Stefanie.

Rückblick von Stefanie

Schüler genau beschreiben konnten, was sie gelernt hatten. Wie Damaris – aus deren „Brief an den Leser" ein Auszug zu Beginn dieses Beitrags zu finden ist – blickt auch Stefanie, eine Schülerin aus dem 9. Schuljahr, sowohl kritisch als auch stolz auf ihre Arbeit zurück (vgl. Kasten S. 68). Wenn die Lernziele einer Unterrichtseinheit am Schluss von den Schülerinnen und Schülern auf diese Weise selbst formuliert werden, ist das für die Lehrperson sehr ermutigend.

Teil 2: Annäherung an die Praxis des Dialogischen Lernens auf drei verschiedenen Wegen

„I Have A Dream!" –
mit Dialogischem Lernen in Englisch eine gute Rede schreiben
Stefan Keller

Thema: Eine gute Rede schreiben und vortragen
Altersstufe: ca. 9. bis 11. Schulstufe (oder nach mindestens 3 Lernjahren)
Zeitbedarf: Zwischen 12 und 20 Lektionen zu je 45 Minuten

In dieser Unterrichtseinheit beschäftigen sich die Schülerinnen und Schüler mit dem Thema, wie man eine gute Rede in einer Fremdsprache verfasst und auch öffentlich vorträgt. Sie sollen dabei ihre Wortschatz- und Grammatikkenntnisse erweitern sowie einige grundlegende rhetorische Techniken anwenden. Zudem lernen sie auch, sich zu einem bedeutsamen Thema eine eigene Meinung zu bilden und diese auf eine Art und Weise auszudrücken, die andere berühren und überzeugen soll. Die Aufträge und Beispiele in diesem Beitrag beziehen sich alle auf das Fach Englisch; eine Übertragung auf andere Sprachfächer wäre möglich, analog zum Prototyp „Gedichte" (S. 31–55). Der Ablauf, den ich hier beschreibe, beruht auf Erfahrungen, welche wir in drei Erprobungen an Zürcher Gymnasien gemacht haben (10. Schuljahr), an denen insgesamt über hundert Schülerinnen und Schüler beteiligt waren.[1] Eine Zusammenstellung aller Aufträge findet sich am Ende dieses Beitrags.

Erste Phase: Kompetenzen der Klasse explizit und verfügbar machen

> **A**   **Kernidee:** Was ich sage, wirkt. Sage ich es anders, wirkt es anders!
>
>   **Auftrag:** Schreibe eine gute Rede (zu einem der folgenden Themen …).

Kernidee und Einstiegsauftrag zum Schreiben einer Rede

Der erste Auftrag lädt die Lernenden ein, bestehende Handlungskompetenzen ins Spiel zu bringen und sich dem Thema gleich in seiner ganzen Breite und Komplexität zu stellen (vgl. „singuläre Standortbestimmung", S. 245). Dies verlangt viel Mut von Lehrkräften wie Lernenden, welche oft eher gewohnt sind, nach einem „gradierten" Lehrgang zu arbeiten (z. B. im Lehrbuch), wobei der Lernweg im Detail vorgezeichnet ist, sperrige Probleme in mundgerechte Portionen zerteilt und fachliche „Fallstricke" sorgfältig markiert sind. In der Erprobungsphase äußerten deshalb auch erfahrene Lehrkräfte Zweifel an diesem ersten Auftrag, weil sie befürchteten, dass ihre Schülerinnen und Schüler zum Thema „noch nichts können". Auch war es für sie ungewohnt, den Fortgang des Unterrichts teilweise in die Hand der Lernenden zu übergeben und

---

[1] Die beteiligten Lehrpersonen waren Sandra Diggelmann und Silvia Day (Realgymnasium Rämibühl, Zürich) sowie Daphne Glaettli-Aubin (Freies Gymnasium, Zürich).

darauf zu vertrauen, dass diese interessante und gehaltvolle Texte liefern würden, welche eine weitere Bearbeitung des Themas im dialogischen Sinn möglich und lohnend machen würden.

Da aller Anfang bekanntlich schwer ist, sind solche Ängste nicht ganz unbegründet. Wer den Lernenden mit Kernidee und offenem Auftrag gleich am Anfang fachliche Handlungsräume im Zentrum eines komplexen Lerngebietes eröffnet, muss sich anschließend oft durch eine ganze Menge „Holzwolle" wühlen, um Qualitäten und wertvolle Konzepte in ihren Journaltexten zu entdecken (vgl. Ruf & Gallin 2005a, S. 28). Dabei geht das Dialogische Lernen im Einklang mit Erkenntnissen der neueren Lehr-Lernforschung davon aus, dass gerade auch in den „Misskonzepten" der Lernenden oft originelle Ansätze oder wichtige Entwicklungsmöglichkeiten für weiteres Lernen stecken (siehe dazu den Beitrag von Urs Ruf, S. 255 f.). Besonders wichtig bei der Lösung komplexer fachlicher Probleme ist dabei das individuelle Vorwissen:

Neues Wissen wird nicht einfach zum vorhandenen addiert, sondern ist abhängig von der Beschaffenheit, dem Reichtum und der Struktur des bereits vorhandenen Wissens; zudem strukturiert das neue Wissen das vorhandene – zumindest teilweise – auch um. (Europarat 2001, S. 23)

Dies trifft auch dann zu, wenn Lernende eine Fremdsprache nur teilweise beherrschen oder noch keine „Rede" in dieser Sprache geschrieben und vorgetragen haben. Hier gilt das Kon-

> 1 Imagine, these children are not yet able to write and read and should already learn a new language?! This sounds unrealistic to me.
>
> 2 • What, actually, is advertisement
> • What does the school want to teach the students?
>
> 3 Something bothers you... what is it? ✓ — good
> Smoke, smoke, smoke! All your clothes are stinking! Is it that, what you want to keep as a reminder of an enjoyable evening? ✓ — good
> Surely not!
>
> 4 We say that people can better learn a language when they are young, but I only think this is true, when they speak that language at home or with another close person. ✓ Nevertheless I think English should be taught early, because it is a world wide language, which one has to learn. ✓

Autographensammlung aus dem Projekt „I Have A Dream!" (Ausschnitt)

Teil 2: Annäherung an die Praxis des Dialogischen Lernens auf drei verschiedenen Wegen

zept der „Mehrsprachigkeit": *Diese Sprachen und Kulturen werden aber nicht in strikt voneinander getrennten mentalen Bereichen gespeichert, sondern bilden vielmehr gemeinsam eine kommunikative Kompetenz, zu der alle Sprachkenntnisse und Spracherfahrungen beitragen und in der die Sprachen miteinander in Beziehung stehen und interagieren.* (Europarat 2001, S. 17). Die Lernenden wissen auch bei einem neuen Thema „nie nichts". Es ist deshalb typisch für Dialogisches Lernen, dass gerade den singulären Zugängen einer Person zu einer Sache viel Aufmerksamkeit geschenkt wird und diese für das weitere Lernen genutzt werden.

Bei „I Have A Dream!" zeigte sich fast durchgängig, dass Lernende mit ihren heterogenen (und oft unbewussten) Fertigkeiten und Erfahrungen schon am Anfang Texte mit sprachlichen wie auch rhetorischen Qualitäten schreiben konnten. Zur Veranschaulichung findet sich auf S. 71 ein Ausschnitt aus einer „Autographensammlung", welche Passagen aus Schülertexten enthält, die nach Meinung der Lehrkraft rhetorische Qualitäten verkörpern. Während hier die Namen der Lernenden durch Zahlen ersetzt wurden, würde man in der Praxis neben einem Textausschnitt aber immer auch den entsprechenden Namen der Autorin oder des Autors nennen. Es ist motivierend für einen „Novizen", ein „gutes Beispiel" zum klasseninternen Lehrmittel beizusteuern, da diese Rolle sonst Experten auf einem Gebiet vorbehalten ist.

In Auszug Nr. 1 hat die Schülerin mit einfachen Mitteln ein rhetorisches Grundprinzip in die Praxis umgesetzt: Eine gute Rednerin spricht ihr Publikum direkt an und fordert es zum Mitdenken auf. Bei genauem Hinschauen erkennt man das Häklein, mit dem die Lehrkraft das Verb „imagine" markiert und der Schülerin damit eine Qualität ihres Textes veranschaulicht hat, ohne gleich einen ganzen Kommentar schreiben zu müssen. Wie dieses Sprachmittel genau wirkt und warum die Lehrperson es ausgewählt hat, lässt sich in der Besprechung während der Stunde klären. Geschieht dies in der Fremdsprache, entsteht so eine wertvolle Gelegenheit zur Übung der Fähigkeiten *speaking* und *listening*.

Der Schüler bei Auszug Nr. 2 und die Schülerin bei Auszug Nr. 3 erzeugen unterschiedliche Effekte durch die Wiederholung von einzelnen Wörtern. Bei Nr. 2 geschieht das am Anfang von zwei Einleitungssätzen, was eine ordnende Funktion hat und klar herausstellt, welchen Fragen der Autor sich im Folgenden zuwenden möchte (*Anapher*). Bei Nr. 3 erzeugt die Schülerin einen eingängigen, „hämmernden" Effekt durch dreifache Wiederholung eines Wortes in einem Satz, der zugleich die Antwort auf eine Frage darstellt (ähnlich wie in Nr. 1). Diese Spielart der „rhetorischen Frage" ist in der Rhetoriktheorie unter dem Fachbegriff „subiectio" bekannt und bezeichnet ein parteiisches, fingiertes Rede-und-Antwort-Spiel (Ueding & Steinbrink 1994, S. 311). Die Heftigkeit der Antwort („smoke, smoke, smoke!") führt dem Leser/Zuhörer die Relevanz der zuvor gestellten Frage vor Augen und drückt deutlich die Einstellung der Rednerin dazu aus.

Die Schülerin in Auszug Nr. 4 setzt zwei Argumente voneinander ab und verwendet dabei die nützliche Satzverbindung „nevertheless". Diese war nicht allen Lernenden bekannt und wurde deshalb von der Lehrkraft ebenfalls mit einem Häklein versehen und in die Autographensammlung aufgenommen. So konnte sie deutlich machen, welche Lösungsansätze einzelne Lernende gewählt hatten, wo sie dabei die Qualitäten sah und in welcher Weise diese zur Lösung der Aufgabe beitragen konnten.

„I Have A Dream!" – mit Dialogischem Lernen in Englisch eine gute Rede schreiben

Für die Lehrkräfte ist das Lesen von Schülertexten aus diagnostischen Gesichtspunkten wertvoll. Sie lernen dabei die Denk- und Deutungsweisen ihrer Schülerinnen und Schüler kennen und können diese im Verlauf des Unterrichts auch weiter berücksichtigen, ohne einfach den vorgefertigten Sequenzen eines Lehrbuchs zu folgen. Da die Lernenden zu diesem Zeitpunkt versuchen, auf kreative Lösungen zu kommen, sollte die Lehrperson allerdings nicht allzu großes Gewicht auf Fehlervermeidung legen (siehe auch den Beitrag von Anita Pfau, S. 38). Sprachfehler soll man auch in dieser Phase kennzeichnen, sodass die Lernenden sie bei der Überarbeitung ihrer Rede korrigieren können, sie aber nicht als schlechte Leistung sanktionieren.

Nachdem sie eine erste Rede geschrieben hatten, tauschten die Lernenden ihre Texte untereinander aus und lernten so deren Wirkung auf einen Adressaten kennen (siehe Task 2, S. 80). Dabei entwickelten sie ein rudimentäres Gespür für die sprachlichen Werkzeuge, mit denen sich diese Wirkung steuern lässt. Dieser typisch dialogische Arbeitsgang (*Wie machst du es?*) wurde von den Lernenden in allen Klassen sehr geschätzt und als motivierend eingestuft. Sie handelten dabei kompetent und selbstbestimmt, weil sie wertvolle Beiträge zum Unterricht leisten konnten, und erlebten sich gleichzeitig als Teil einer Lerngemeinschaft, indem sie Einsicht in die Texte anderer hatten und von diesen auch Rückmeldungen erhielten.

Auch für den Spracherwerb im engeren Sinn sind solche „peer feedbacks" wertvoll, weil die Schülerinnen und Schüler …

… sich mit Gleichgestellten austauschen können, die einen authentischen sozialen Kontext für Interaktion und Lernen bilden,

… beim Schreiben-Lernen selber aktiv werden und dabei Rückmeldungen von verschiedenen realen Lesern in einer nicht bedrohlichen Situation bekommen,

… gleichzeitig sehen, wie Leser ihre Ideen verstehen und was sie noch verbessern müssen,

… sich die Fähigkeit aneignen, ihr eigenes Schreiben selber kritisch zu analysieren oder weiterzuentwickeln

(vgl. Hyland 2003, S. 198).

Das Potenzial solcher Rückmeldungen für das weitere Lernen soll das folgende Beispiel aufzeigen. Nick äußert sich darin zur Rede seines Freundes Sandro über die Frage, ob Englisch in der Schweiz bereits im Kindergarten unterrichtet werden solle:

I like the way you argue even though your arguments are always a bit similar. I think the points with 'school system' and the 'cost' are convincing. Good vocabulary and good sentences. If you had more time your speech would have been better, clearer, and more convincing. But you wrote a good one.
I think you forget what type of audience you have. Structure it more, don't get too patriotic. I think you should have mentioned the positiv aspects as well to make your arguments even more convincing. Maybe add some personal experience as well! Well done, Swissboy!

Nicks Rückmeldung zum Text von Sandro

Teil 2: Annäherung an die Praxis des Dialogischen Lernens auf drei verschiedenen Wegen

Nick hat in seiner Rückmeldung die Argumentationsstruktur von Sandros Rede analysiert und zurückgespiegelt, wobei er sowohl deren Stärken lobt wie auch Hinweise für eine Überarbeitung gibt. Besonders fruchtbar scheint der Hinweis auf die Adressatenbezogenheit aller rhetorischen Mittel; Patriotismus ist gerade bei diesem Thema eine gute Strategie, aber bei Übertreibung verkehrt sich die Wirkung des besten „Kunstgriffs" ins eigene Gegenteil.

In diesen Arbeitsprozessen des Schreibens, Austauschens und Rückmeldens, an denen sich Lernende wie Lehrkräfte beteiligen, entstehen in der Klasse erste Konzepte und Strategien zum Verfassen einer „guten Rede". Diese lassen sich zu eigentlichen „Werkzeugen" verdichten, indem man sie klassifiziert, systematisiert und in einer individuell gestalteten „toolbox" zusammenfasst. Am Anfang kann diese Arbeit durch Unterstreichungen oder Randnotizen im Lernjournal geschehen; mit fortlaufender Dauer bietet sich aber der Einsatz des Computers an, weil so im Verlaufe der Arbeit ohne größeren Aufwand Formulierungen geändert, Darstellungen angepasst und neue Titel eingesetzt werden können (siehe dazu auch Keller 2006a). Ein Beispiel für eine „toolbox" aus diesem Projekt findet sich auf S. 76.

Am Ende dieser Lernphase baten wir die Schülerinnen und Schüler, ihre Anfangsreden mithilfe der neu erworbenen Kompetenzen noch einmal zu überarbeiten und dabei sowohl auf das rhetorische wie auch das formal-sprachliche Niveau zu achten (siehe Task 3, S. 81). Dabei hat sich das System bewährt, dass die Lernenden veränderte oder neu geschriebene Stellen farblich markieren und damit ihren Lernfortschritt für sich selber, aber auch für die Lehrkraft rasch erkenn- und bewertbar machen.

Zweite Phase: Analyse einer Rede von Martin Luther King

> **A**
>
> **Kernidee:** Vom Experten lernen!
>
> **Auftrag:** Lese und analysiere die Rede „I Have A Dream!".

Kernidee und Analyseauftrag zur Rede von Martin Luther King

Während in der ersten Phase die Produktion einer guten Rede im Vordergrund stand, ging es nun um die Kunst der Rezeption. Die Lernenden sollten ihre Kompetenzen dadurch erweitern, dass sie die Sprachressourcen eines Experten explizit machten und auswerteten. Wir verwendeten dazu die berühmte Rede von Martin Luther King aus dem Jahr 1963.[2] In einem ersten Schritt ließen die Schülerinnen und Schüler diese Rede auf sich wirken, hielten ihre Empfindungen und Eindrücke schriftlich fest und tauschten sich mit anderen Mitschülern darüber aus (siehe Task 4, S. 81). Obwohl Kings Rede sehr anspruchsvoll ist und in der Folge auch sorgfältig

---

[2] Text und Tondokument erhältlich unter http://www.americanrhetoric.com/speeches/mlkihaveadream.htm, zugegriffen am 1.5.2008.

analysiert werden muss, erschien uns die unvermittelte Konfrontation mit ihrer Wirkungskraft doch als wichtiger Ausgangspunkt. Ein Schüler schrieb dazu in seinem Lernjournal:

> *I don't see how anyone can truly listen to this speech and not feel its importance and the influence it must have had.*

Diese Aussage macht den „Aufforderungscharakter" dieses Textes deutlich. Das persönliche Angesprochen-Sein erregt ein Interesse dafür, mit welchen Mitteln der Experte seine Wirkungen bei den Zuhörern tatsächlich erreicht (Keller 2006b; siehe Task 5, S. 81).

Bei der detaillierten Textanalyse waren dann die Lehrkräfte als Experten und Lernberater gefragt und wendeten dabei auch unterschiedliche Erarbeitungstechniken an, die sich sonst in ihrem Unterricht bewährt hatten. Eine Lehrperson ließ die Lernenden kurze zusammenhängende Texte zu bestimmten Wirkungsdimensionen von Kings Rede schreiben und diskutierte diese dann mit ihnen:

> Martin Luther King makes many repetitions. He takes the same structure from the previous sentence and takes it as a basis for his next sentence. So there is always the same structure at the beginning. But at the end all the sentences are different in their context. For example: „I have a dream that one day […]". King's speech is full of strength, full of power and passion. He tries to express what he thinks. He tries to express what he feels – all his emotions, all his feelings, his whole suffering and pain – but in a way that everybody, even the dumbest one, can understand him. […]

Sandros Analyse des Textes von Martin Luther King

In diesem Text geht wiederum Sandro auf die Wirkung von Wortwiederholungen ein, welche die Klasse (auf tieferem Niveau) bereits in der ersten Autographensammlung wahrgenommen und diskutiert hatte (s. oben, S. 72).

Eine andere Lehrkraft fertigte ein einfaches Raster an und bat die Lernenden, Kings Sprachmittel in Bezug zu den Wirkungen zu setzen, welche diese bei den Zuhörern auslösen:

Example	**Linguistic device**	**Effect on audience**
I am happy to join with you today … (my brothers)	addressing the audience, showing he is one of them	Everybody feels that he is with them. → integration ≠ segregation
Five score years ago, a great American, in whose symbolic shadow we stand today …	brings up historical facts, shows that the promises hadn't been kept	Everybody feels the injustice

Zusammenstellung von Sprachmitteln in Kings Rede (Ausschnitt)

Teil 2: Annäherung an die Praxis des Dialogischen Lernens auf drei verschiedenen Wegen

In diesen Analysen entstand in den Klassen jeweils ein detailliertes Inventar vor Strategien, welche die Schülerinnen und Schüler nachher ihrer „toolbox" beifügen und auch für ihre eigenen Reden nutzen konnten. Die Rede Kings ist allerdings kein praxisnahes Beispiel einer kommunikativen Situation, welche die Lernenden später in Studium und Beruf erwartet. Der Transfer von Kings Strategien auf das eigene Schreiben musste also sorgfältig reflektiert werden, wobei die Schreibenden jeweils zu entscheiden hatten, welche Sprachmittel bei einem Publikum in einem bestimmten Kontext wirkungsvoll sind. Unkritisches „Nachplappern" sollte jedoch vermieden werden. Der Schwierigkeitsgrad dieses Arrangements lässt sich u. a. dadurch steuern, wie „nahe" der zu analysierende Expertentext den Jugendlichen steht, d. h., inwiefern sie diesen im Rahmen ihrer vorhandenen Denk- und Erfahrungswelt bereits erschließen können. Auf tieferen Stufen könnte diese Funktion z. B. ein authentischer journalistischer Beitrag zu einem vertrauten Thema übernehmen.

> **Toolbox: Delivering a speech!**
> - loud, clearly, slow
> - you must live your topic
> - you must stress the most important points
> - you must look at the audience
> - don't get monoton
> - you must know your speech nearly by-heart
> - gestures and facial expressions
> - use your script but do not read it out
>   ↳ print the script out in big letters
> - speak loud enough but do not shout
> - speed of language: slowly so that everybody can follow your words clearly
> - try to have a free voice
> - make some brakes at some parts/of your speech
>   ↳ with the audience
> - posture: feel free
>   present yourself
> - gesture: allow your hands to do sth.
>   don't put your hands in pocket

„Toolbox" von Nathalie aus dem Projekt „I Have A Dream!"

Als Ergänzung können Lehrkräfte in dieser Phase auch wichtige Themen aus Grammatik oder Vokabular gezielt instruieren und dabei auf vorhandene Lehrmittel oder Grammatikbücher zurückgreifen. In unseren Versuchsklassen unterrichteten die Lehrkräfte vor allem verschiedene „linking devices" sowie „conditionals", weil die Lernenden mit diesen Konstruktionen immer wieder Schwierigkeiten hatten und so der Bedarf nach zusätzlichen Übungen entstand.

Die Analyse eines Expertentextes und die Übungen liefern in jedem Fall neues Material für die „toolbox", welche zu diesem Zeitpunkt noch einmal erweitert und vervollständigt werden sollte. Das domänenspezifische Handlungswissen, welches neu in den Horizont der Schülerinnen und Schüler getreten ist, soll nun zur gesicherten Routine werden und auch für spätere Anwendungen bei neuen Problemen zur Verfügung stehen (siehe Task 6, S. 82). Im Beispiel auf S. 76 hat sich die Schülerin Nathalie v. a. auf Aspekte konzentriert, die beim Vortragen einer Rede beachtet werden sollten. Ihre „toolbox" zeigt, wie in der dialogischen Auseinandersetzung mit dem Thema der guten Rede Qualitätskriterien und auch praxisnahe Lösungsstrategien entstanden sind. Mit dieser Art von Wissen sind die Lernenden gut gewappnet für die letzte Phase dieses Projekts, in dem sie zu einem selbst gewählten Thema eine gute Rede schreiben und damit auch vor der ganzen Klasse auftreten.

Dritte Phase: Auftritt mit der persönlichen „Meisterrede"

(A) **Kernidee:** Mit erweiterten Kompetenzen eine gute Rede verfassen.

Auftrag: Schreibe eine gute Rede zu einem persönlich bedeutsamen Thema, und trage sie vor der Klasse vor.

Kernidee und einleitender Auftrag zur dritten Phase

In der Schlussphase war der Fokus auf die Werkzeuge und ihren Gebrauch gerichtet. Die Lernenden sollten die sprachlichen Mittel und Strukturen als wirksames Ensemble anwenden und in einer Prüfungssituation fachlichen Normen gerecht werden (z. B. Ziele im Lehrplan, Niveaustufen des *Referenzrahmens*), ohne dabei auf Originalität oder Eigenständigkeit im Sprachgebrauch zu verzichten (siehe Task 7, S. 82). Als Vorbereitung kamen in unseren Versuchsklassen, neben dem oben geschilderten Vorgehen *Entwurf – Rückmeldung – Überarbeitung*, auch weitere Arbeitsformen zum Einsatz. Eine Lehrperson ließ die Schülerinnen und Schüler kleine Lerngruppen bilden, innerhalb derer sie sich gegenseitig Hilfe und Unterstützung gaben. Eine andere gab die Unterrichtszeit zum individuellen Schreiben frei und stand während dieser Zeit als Ansprechperson im Klassenzimmer zur Verfügung, was viele Lernende sehr schätzten. Es zeigte sich aber auch, dass einige mit der vorhandenen Zeit nicht produktiv umgehen konnten, diese für fachfremde Arbeiten nutzten oder am Ende Texte einreichten, welche teilweise aus dem Internet kopiert waren. Das sollte kein Grund sein, auf solche freieren Arbeitsformen zu

Teil 2: Annäherung an die Praxis des Dialogischen Lernens auf drei verschiedenen Wegen

verzichten, denn gerade die Fähigkeit zum selbstständigen Lernen und zur metakognitiven Steuerung der eigenen Arbeitsprozesse ist eine „Schlüsselkompetenz", welche die Schülerinnen und Schüler im normalen Unterricht oft zu wenig entwickeln können. Der beste „Kopierschutz" ist eine persönliche Note in den Arbeiten der Schüler (siehe Beitrag von Peter Gallin, S. 102). Damit die Lernenden einen persönlichen Zugang zum Thema finden können, brauchen sie aber oft die Unterstützung der Lehrkraft. Diese kann z. B. „Sprechstunden" mit den Gruppen abhalten, wobei Zwischenziele vereinbart, Entwürfe besprochen und Rückmeldungen dazu gegeben und durchaus auch kritische Fragen gestellt werden können.

Bei den Auftritten der Schülerinnen und Schüler zum Ende des Projekts war auffällig, dass sich die Reden neben formalen und sprachlichen Qualitäten v. a. durch einen hohen Grad an Individualität, Originalität und Kreativität auszeichneten. Nach Aussagen der Lernenden lag das an der freien Themenwahl und der Möglichkeit zur selbstständigen Arbeit, zusammen mit dem hohen Grad an Unterstützung durch Lernpartner und die Lehrkraft. Bei der Überarbeitung ihrer Texte mussten sie ihre Aufmerksamkeit sowohl auf die formalen wie auch die „rhetorischen" Qualitäten einer Rede richten. Ich möchte dafür nur ein einziges Beispiel anführen. Der Schüler Timo wählte sich als Thema seiner Schlussrede die „Bären aus Plexiglas" aus, welche vor einiger Zeit als temporäre Ausstellung das Stadtbild von Zürich schmückten, dabei aber auch einigen Ärger erregten:

> They don't have any relation to Switzerland at all, and they have no use either. You can't even sit down on them. I don't know a single person who likes them. On the contrary, I don't even know anybody who says: I can bear them.

Ausschnitt aus Timos Schlussrede

Die Qualität dieser Passage liegt in der Kombination von einfacher, „mündlicher" Syntax (welche gut zu einer Rede passt) mit einem anspruchsvollen Wortspiel, wobei „bear" in zwei unterschiedlichen Bedeutungen gleichzeitig gebraucht wird (als Nomen für das Tier, als Verb für „ertragen"). Neben formalen und linguistischen Fähigkeiten hat sich die Handlungskompetenz dieses Schülers offenbar auch in einem Bereich entwickelt, welcher „standardisierte" Sprachtests nicht erfassen kann: Kreativität und Originalität. Bei den Zuhörern in der Klasse, welche auf solche Effekte sensibilisiert waren, löste der Text eine regelrechte Begeisterung aus.

Zur Dokumentation ihrer Leistung und als Basis für deren Bewertung stellten die Schülerinnen und Schüler zum Ende des Projektes ein Portfolio zusammen.[3] Darin waren einerseits alle Entwürfe der Reden sowie Rückmeldungen dazu gesammelt, also Produkte mit Prozesscharakter. Daneben enthielt diese Kurs-Mappe auch fertig ausgestaltete Produkte, z. B. die korrigierten Versionen der Anfangs- und Schlussrede oder eine überarbeitete Version der „toolbox". Die Lehrkräfte erteilten für das ganze Projekt eine Schlussnote, welche sich zu 50 % auf den Lernprozess und zu 50 % auf die ausgearbeiteten Produkte bezog. Die „Mündlich-Note", wel-

---

[3] Zu Grundlagen der Portfolioarbeit in der Schule, siehe Brunner, Häcker & Winter 2006.

che im Fremdsprachenunterricht sonst oft über das „Mitmachen im Unterricht" vergeben wird, kam hier durch Bewertung des öffentlichen Auftritts zustande.

Die Beurteilung von Lernprozessen war für die Lehrkräfte am Anfang oft nicht einfach, weil dabei weniger absolute Standards als vielmehr individuelle Fortschritte berücksichtigt werden müssen. Der Einsatz mit wertenden „Häklein" kann die Kommunikation über Prozess-Leistungen unterstützen, indem die Lernenden frühzeitig erfahren, wie die Lehrkraft ihre Beiträge einschätzt, und so noch Gelegenheit zum Reagieren erhalten (siehe dazu S. 256 f.). Nach anfänglicher Skepsis wurde diese Art der Bewertung von vielen geschätzt, weil, *[...] wenn man einmal nicht so gut war, man es wieder aufholen konnte* (Schülerrückmeldung).

Bei der Beurteilung der Lernfortschritte waren auch die schriftlichen Reflexionen der Schülerinnen und Schüler hilfreich, welche wir als Einleitung zu jedem Portfolio verlangten. Dabei waren sie aufgefordert, in einem „Letter to the Reader" ihren Lernprozess noch einmal zu reflektierten, Stärken und Schwächen der jeweiligen Produkte zu analysieren sowie Konzepte für das weitere Lernen zu entwickeln. Ziel dabei war auch, die Lernenden selber als Diagnostiker zu gewinnen und sie zur kritischen Analyse ihrer eigenen Tätigkeiten zu befähigen. Dabei waren einige konkrete Fragen als Anhaltspunkte vorgegeben (siehe Task 8, S. 82). Der folgende Ausschnitt aus dem Portfolio von Andrea ist für solche Reflexionen in mancher Weise typisch:

> I think what I did well was looking at the theme from different points of views. What is missing maybe is in my first speech is the fact that I did not tell clearly my own opinion. The easier part in this work was structuring the speech. However, something I found difficult. It was finding the right arguments in my speech to support my opinion and convince the audience about it. But the writing of this speech made also fun. Funny was that we could write whatever we wanted to write, and we could also express our own opinion to this subject. The more tiring part was the long time to get this work done. However, I like now the result of my work.

Reflexion in Andreas Portfolio zu ihrem Arbeitsprozess

Wie auch Erfahrungen mit anderen „Prototypen" zeigen, fällt es den Lernenden nicht immer leicht, sich über längere Zeit mit dem gleichen Thema zu beschäftigen. Bei dieser Art des Lernens können sie den nötigen Durchhaltewillen entwickeln, den sie auch außerhalb der Schule zur Lösung echter Probleme benötigen. Der Rückblick auf das Geleistete erfüllt die Einzelnen nicht selten mit Stolz und dient als Anreiz für die Bewältigung von neuen Herausforderungen.

Es fällt auch auf, dass diese Schülerin den hohen Grad an Selbstständigkeit bei ihrer Arbeit als motivierend empfand, obwohl die einzelnen Phasen des Lernens eigentlich vorgegeben waren und sie auch laufend von Lehrkraft und Lernpartnern steuernde Hinweise für ihre Arbeit erhielt. Man kommt dabei zu einem Paradox, das aus anderen Kontexten gut belegt ist (z. B. Maag-Merki 2006): Eigenverantwortung beim Lernen braucht Unterstützung, und selbstständig lernt man am besten im Dialog mit einem kompetenten und wohlmeinenden Gegenüber.

Teil 2: Annäherung an die Praxis des Dialogischen Lernens auf drei verschiedenen Wegen

Anhang: Aufträge der Unterrichtseinheit „I Have A Dream!"

Task 1

(A) Write a short speech about one of the following topics:

- Why skateboarding should (not) be prohibited in public places.
- Why advertising should (not) be allowed in our schools.
- Why pubs and restaurants should (not) be smoke-free in our country.
- Why English should (not) be taught in kindergarden in our country.
- …

Say what your opinion is and try to convince your classmates. What linguistic strategies can you use in your speech to make it impressive and convincing? Note that this is not only an essay for reading but a speech that should be spoken out loud.

Wir führten diesen Auftrag in nur einer Lektion durch (ca. 30 Minuten schreiben). Er soll den Charakter eines Versuchs haben, wobei die Lernenden nicht unter dem Zwang stehen, bereits ein perfekt zugearbeitetes Produkt abliefern zu müssen.

Task 2

(A)
- Read some of your classmates' speeches. Give them short feedbacks in writing about the qualities you saw in their speech. You can use the following sentences:
  - What I liked about your speech was that …
  - You could improve your speech by …
- Make a list of linguistic strategies (your classmates or your own) for your "toolbox". What "tools" can we use to make a speech more interesting or exciting? For each "tool", say what effect it has on you and why you think it has this effect.

Task 3

A
- Using the strategies from the "toolbox", rewrite your original speech. The goal is to make the second version more exciting, convincing, and suitable for your audience than the first one.
- To rewrite your original speech use the "toolbox" and the feedback you received from your classmates and teacher. Ask yourself before writing: Which strategies from the "toolbox" are suitable for your speech, and which are not? Why?

Task 4

A
- Listen to Martin Luther King's speech "I Have A Dream!".
- Write down your impressions and feelings. Which parts impressed you most, and why?
- Compare your impressions with those of other classmates. Are they similar? What is different?

Task 5

A
- Study Martin Luther King's speech carefully. Look up new words and phrases or ask your teacher. Identify the linguistic tools that King used to create his great speech.
- For each tool, say what King *does* on the side of language and what *effect* it has on the audience.
- Make a list of tools and discuss them with your classmates and the teacher. At the end, add them to the toolbox.

Teil 2: Annäherung an die Praxis des Dialogischen Lernens auf drei verschiedenen Wegen

Task 6

A

- Look at all the grammatical structures, devices, words etc. that you have collected in your "toolbox".
- Rearrange your "toolbox" so that you can use it easily to help you write a good speech.
  You can …
  – group the "tools" into different categories
  – give them names to help you remember their function
  – list examples from King's or your own speeches
  – add references to your grammar book
  – …
- While rearranging your "toolbox", compare it with that of other classmates. How have they done it? What can you learn from them? Also get your teacher´s feedback, if possible.

Task 7

A

- Think of a topic of which it. This speed you know a lot or care strongly about. Write a speech about it, which will serve as your "masterpiece" in this project. Your speech should address the relevant issues of your topic and urge the audience to take action.
- Compose a first draft. Try to include those devices from the "toolbox" that you find suitable for the audience and the effect you want to achieve.
- After you have completed your first draft, get feedbacks from some classmates and from your teacher. Try to improve your speech by using their advice.
- Practice your speech.

Task 8

A

- Collect all the documents for this project in a portfolio.
- Set page numbers and add a table of contents.
- In a "Letter to the Reader", answer some of the following questions:
  – What elements does this portfolio contain?
  – Which elements are you especially proud of, and why?
  – Which elements are you not so proud of, and why?
  – What does this portfolio show about you as a learner?

„Lingua" – am Computer eine persönliche Grammatik basteln
Ralph Fehlmann

Das Computerprogramm „Lingua", von dem in diesem Beitrag die Rede sein wird, ist Teil einer neuen Unterrichtsform im Bereich „Sprachbetrachtung": der interdisziplinären Sprachwerkstatt. Dieses Fach, das seit einigen Jahren an verschiedenen Schweizer Gymnasien angeboten wird, ist inhaltlich interdisziplinär konzipiert, d. h. nicht nur, dass es in Teamteaching von Lehrpersonen verschiedener Sprachen erteilt wird, sondern auch, dass es sich mit Problemen und Strukturen befasst, welche allen Sprachen gemeinsam sind. Methodisch erlaubt es den Schülerinnen und Schülern, selbstständige Erfahrungen mit sprachlichen Korpora zu machen: selber Fragestellungen zu entwickeln; Regelhaftigkeiten auszumachen und auf ihre Gültigkeit auszutesten; Hypothesen aufzustellen und Theorien zu entwerfen darüber, wie Sprache – jede Sprache! – funktioniert. Sie ist in diesem Sinne auch eine Einführung in wissenschaftliches Arbeiten.

Angeregt von Schülerbedürfnissen *(Die Sprachwerkstatt ist zwar sehr lustig, aber um nützlich zu sein, müsste sie etwas mit Computern zu tun haben ...)* entwickelten wir die Idee, das Medium Computer methodisch dazu zu verwenden, den Schülerinnen und Schülern ein Begleiter auf ihren individuellen Lern- und Entdeckungswegen zu sein, ein Begleiter zudem, der nicht nur jeden Weg unterstützen, sondern auch beliebig rasch und oft Feedbacks zum Stand der Hypothesenbildung liefern kann, was wiederum steuernd auf die weitere Forschungsarbeit wirkt.

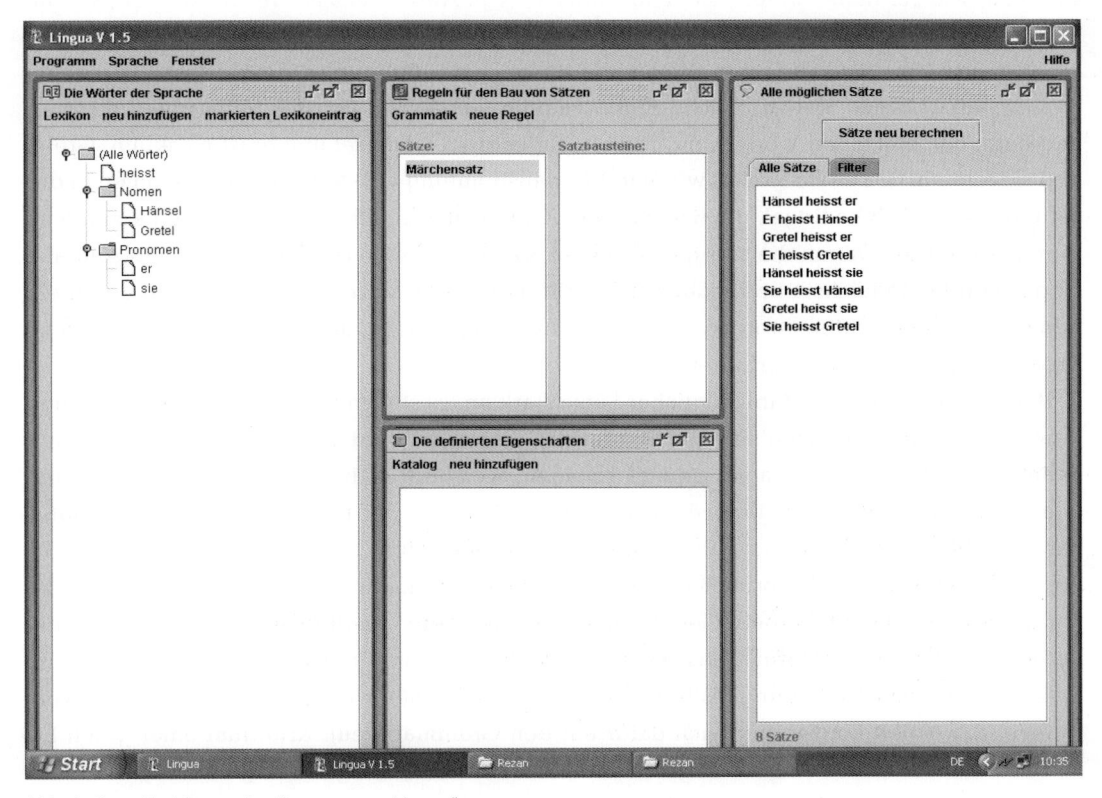

Abb. 1: Grundfunktionen des Programms „Lingua"

Teil 2: Annäherung an die Praxis des Dialogischen Lernens auf drei verschiedenen Wegen

Inhaltlich ließen wir uns vom Gedanken leiten, dass man über das Funktionieren von Sprache(n) am meisten herausfindet, wenn man selber ihre Regeln nachzubauen versucht. Die Grundfunktionen des Programms sind im Screenshot der Benutzeroberfläche auf S. 83 erkenntlich.

Konkret geben wir ein bestimmtes Vokabular vor, zu dem die Schülerinnen und Schüler eine eigene Grammatik erstellen sollen, die alle mit diesem Vokabular möglichen korrekten Sätze erzeugt. Auf der einfachsten, einführenden Stufe besteht dieses Vokabular etwa aus den Elementen „Hänsel, Gretel, er, sie, heisst". Gesucht sind also die Sätze „er heißt Hänsel – Hänsel heißt er – sie heißt Gretel – Gretel heißt sie". Im linken Fenster, dem Lexikonteil des Programms (vgl. Abb. 1), ist vorerst dieses Vokabular einzugeben. Wie die Benutzer bald merken, fasst man das Vokabular am besten in Ordnern zusammen, damit man später nicht für jede Wortvariante eine neue Grammatik konstruieren muss. (Für die komplizierteren Aufgaben erlaubt das Programm auch eine hierarchische Struktur von Ordnern und Unterordnern.) Importiert man dieses Lexikon kommentarlos in den Grammatikteil (Fenster Mitte oben), werden neben den richtigen Sätzen auch Varianten vorgeschlagen wie „er Hänsel heißt – heißt sie Gretel". Diese falschen Varianten sind Anstoß für die Einführung von zusätzlichen Bedingungen – in diesem Fall zuerst einmal die Reihenfolgeregel „heißt steht an zweiter Stelle" (immer unter der Voraussetzung, dass Fragesätze nicht zum Auftrag gehören). Die entstehenden Sätze sind jetzt rein syntaktisch gesehen korrekt, es gibt aber immer noch Varianten, welche semantisch nicht stimmen, wie „er heißt Gretel – sie heißt Hänsel" (vgl. Abb. 1, Fenster rechts: der Ort, wo die Resultate angezeigt werden – in diesem Fall ein offensichtlich noch nicht überzeugender Zwischenstand). Um diese Varianten zu eliminieren, muss das Programm lernen, dass Wörter eine Eigenschaft „Genus" haben. Solche Eigenschaften werden im Fenster Mitte unten definiert und dann den einzelnen Wörtern im Lexikon zugeordnet („Hänsel und er ist maskulin, Gretel und sie feminin"). Zudem wollen wir eine Übereinstimmung von Nomen und Pronomen in dieser Eigenschaft – eine Regel, die wiederum im Grammatikteil hinzugefügt werden kann. Nun formuliert das Programm die vier gewünschten Sätze und keine anderen mehr – die Aufgabe ist gelöst und die nächste Stufe kann in Angriff genommen werden, die wiederum durch ein nun etwas komplizierteres vorgegebenes Vokabular definiert ist, das entsprechend zusätzliche Eigenschaften und Regeln erfordert.

Bald schon wächst die Zahl möglicher Sätze stark an, es stellen sich auch stilistische Fragen (etwa: welche Reihenfolgen sind noch korrekt?), und es wird interessant, die Grammatik auf andere Sprachen zu übertragen und zu schauen, welche Regeln zu ändern sind, damit die Grammatik auch etwa fürs Französische, fürs Lateinische oder fürs Englische gilt. Unmittelbar erfahrbar werden dabei grundlegende Strukturunterschiede zwischen den Sprachen, etwa, dass im Lateinischen die Morphologie entscheidender Informationsträger ist (es muss also viel am Lexikon gearbeitet werden; Genus, Numerus, Kasus etc. „sieht man den Wörtern an", die Reihenfolge im Satz ist dafür wenig geregelt), während es im Englischen die Reihenfolge im Satz ist, welche die Bedeutung festlegt (im Lexikon erscheinen weniger unterschiedliche Wortformen, die Arbeit konzentriert sich dafür auf den Grammatikteil). Kriterium einer guten Lösung ist dabei nicht, wie sehr die entstehende Grammatik der regulären gleicht – jede dieser persönlichen Grammatiken ist korrekt, wenn sie nur die richtigen Sätze generiert! –, sondern

> HMK sprache   21.10.02
>
> Heute haben wir auf dem Computer gearbeitet. Wir mussten (den Computer so programmieren, dass er uns das Gewünschte anzeigt; dies machten wir, indem wir) die Wörter, Grammatik und alle Eigenschaften eingaben. Erst danach konnte er uns das Gewünschte auf dem Bildschirm einblenden. Ich sah, dass der Computer eine sehr dumme Maschine ist, wenn es ums erfinden einer Sprache geht. Man muss genau schauen, dass man alle Regeln und Eigenschaften eingibt, denn sonst kann es aus dem Satz ein grosses Missverständnis geben. Man muss sich viel Mühe geben, damit der Computer nicht „Hof und Haus" anzeigt, statt „Haus und Hof". Er weiss nicht, dass es „Haus und Hof" heisst, bevor man es nicht einprogrammiert, bevor man diese Eigenschaft eingibt. Aber manchmal, wenn wir auf dem Computer arbeiten, finden wir, er sei sehr schlau, doch die ganzen Schlauheit wurde von einem Menschen programmiert. Der Computer kann nicht denken, und wenn wir etwas auf dem Computer schreiben, korrigiert er es nur nach den Wörtern, doch den Sinn des Satzes kann er nicht korrigieren, denn den versteht er nicht.

Abb. 2: Auszug aus einem Lernjournal zu „Lingua"

allenfalls, wie elegant und ökonomisch sie gebaut ist. (Das Programm „kennt" keine spezielle Grammatik, ist also offen für jeden individuellen Versuch – und es ist in der Tat erstaunlich, auf welche originellen Lösungen die Schülerinnen und Schüler bei ihren Konstruktionen kommen!) So arbeiten sich die Programmierer von Stufe zu Stufe aufwärts – in ihrem eigenen Lerntempo und bis hin zu ihrer eigenen „Grenzschwierigkeit". Ein Forschungsjournal begleitet den Prozess, in dem die Probleme und die entsprechenden Entscheidungen, die Sackgassen und die weiterführenden Ideen, die grammatischen Erkenntnisse und die allfälligen Zweifel festgehalten werden.

Teil 2: Annäherung an die Praxis des Dialogischen Lernens auf drei verschiedenen Wegen

Das Programm „Lingua" verwirklicht damit eine ganze Reihe von Elementen der Dialogischen Didaktik: Am Anfang der Arbeit steht eine Kernidee: „Grammatik verstehen heißt eine Grammatik basteln/konstruieren können". Ausgangspunkt der Überlegungen ist eine singuläre Position in Form einer impliziten Grammatik, die es – als Set von Regeln – zu explizieren gilt. Diese Position nähert sich dem Regulären insofern an, als bestimmte Entscheidungen unverzichtbar sind – etwa, wie oben gezeigt, die Einführung einer Kategorie „Genus" –, sie muss aber nicht deckungsgleich sein mit der regulären Grammatik, sondern führt vielmehr zur Erkenntnis, dass sehr verschiedene Grammatiken möglich sind, um ein sprachliches Phänomen adäquat beschreiben zu können.

Das permanente und unmittelbare Feedback des Computers ebenso wie die Notizen im Forschungsjournal erlauben eine lückenlose Metakognition in diesem Prozess: Sie machen den Forschenden bewusst, warum etwas (nicht) geklappt hat, und ermöglichen es so, über die gemachten Erfahrungen zu reden. *(Ich mache das so!)* Dies ermöglicht nicht zuletzt den Austausch von Lösungsversuchen in der Klassengruppe (eine Art Autographensammlung am Beamer also), was neue Ideen aus der Perspektive des „Du" ergibt. *(Wie machst du es?)*

Schließlich erlaubt die Rampenstruktur des Auftrags (mit den verschiedenen Vokabularstufen), dass einerseits auch die schwachen Schülerinnen und Schüler zu Resultaten kommen, anderseits die Starken konfrontiert werden mit Problemen, an denen auch sie sich noch die Zähne ausbeißen können.

Einige Auszüge aus Forschungsjournalen sollen im Folgenden ein paar Aspekte der Arbeit mit dem Programm dokumentieren (siehe auch Abb. 2, S. 85).

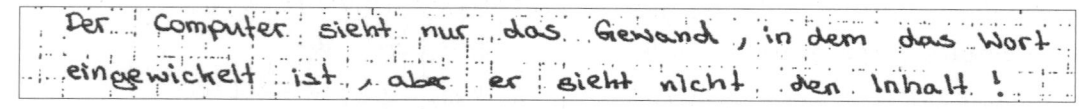

> Der Computer sieht nur das Gewand, in dem das Wort eingewickelt ist, aber er sieht nicht den Inhalt!

Abb. 3: Auszug aus einem Lernjournal zu „Lingua"

Die Arbeit mit „Lingua" ist immer auch Training des Umgangs mit dem Computer. (Erfreulich übrigens, dass hier Mädchen und Knaben etwa in gleicher Weise zu begeistern waren und mit ähnlichem Erfolg im Programm Fuß fassten!) Die Texte in Abb. 2 und 3 formulieren die Erkenntnis, in welch hohem Grade man explizit sein muss, damit die Maschine „versteht" – der viel bewunderte, offensichtlich so leistungsfähige Rechner erweist sich plötzlich als erstaunlich dummes Gegenüber, dessen scheinbare Intelligenz eben eine von Menschen gemachte, programmierte ist.

In Abb. 4 wird der Computer, anthropomorphisiert, dagegen als der maliziöse Antagonist erlebt, um dessen Sympathie („akzeptiert er uns?") zu kämpfen ist. Deutlich wird an diesem Text, dass das Programm – zumindest zu Beginn – nicht zu einem leichten Erfolg führt: Gefragt sind ein gutes Sitzleder, eine methodische Zähigkeit und eine große Portion Motivation, was sich aber bei erstaunlich vielen Schülerinnen und Schülern und gewiss in viel höherem Maße als im Normalunterricht auch einstellt ... liege das nun an der Attraktivität des Mediums oder an der Tatsache, dass hier auf eigenen Wegen geforscht werden darf.

"Lingua" – am Computer eine persönliche Grammatik basteln

> Gute Zeiten, schlechte Zeiten
>
> Dieser Computer macht mich wahnsinnig. Nachdem wir es nach langer, mühsamer Arbeit endlich geschafft hatten, Sätzchen wie „Hans schläft, Der Brief" hervorzuzaubern versuchten wir ~~es~~ mal, den Wortschatz auszubauen mithilfe von Fällen.
> Ich dachte, es sei jetzt alles gut ~~und ab sofort hat der~~ und der Computer habe uns akzeptiert, da überraschte er uns tatsächlich mit einem grösseren Repertoire ~~an~~ von Sätzen: 4800 Sätze gefunden. ~~Von gab gabs~~ Hans Brief Der schläft, Hans mail der verfasst. ~~x~~ Kein Hans schläft, kein Der Brief.
>
> Ich wurde ziemlich ungeduldig und begann den Computer mit Bedingungen zu füttern und löschte sie wieder, stellte neue auf und wurde vom Computer enttäuscht: 0 Sätze gefunden.
>
> Jetzt steht er hier, der Computer, ohne Satz, ohne Logik.
> Er hat wieder gewonnen doch wir werden zurückschlagen!
>
> Demnächst in (SPRACHWERKSTATT):
> Sarah und Natalia erforschen neue Bedingungen, jeden Dienstag nach der grossen Pause

Abb. 4: Auszug aus einem Lernjournal zu „Lingua"

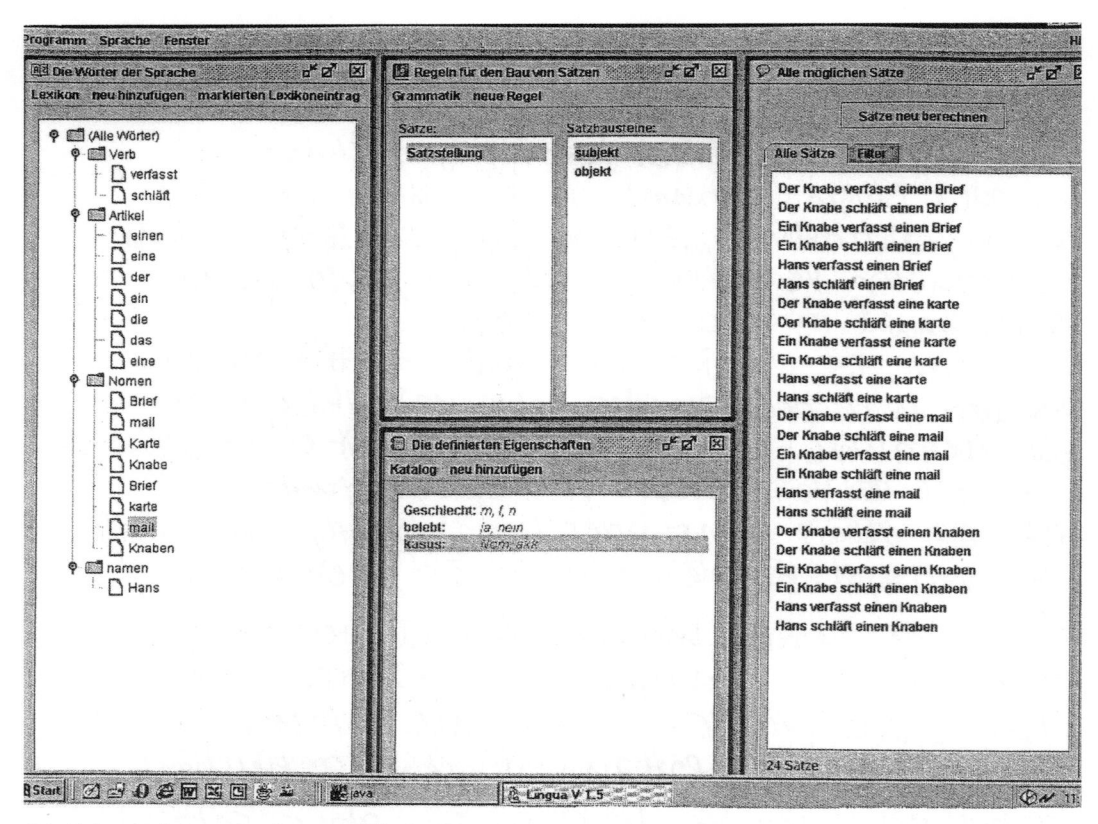

Teil 2: Annäherung an die Praxis des Dialogischen Lernens auf drei verschiedenen Wegen

Abb. 5: Screenshot zum Lernjournal in Abb. 6

Der Screenshot in Abb. 5 zeigt einen Zwischenstand zur ersten Stufe nach dem „Hänsel und Gretel"-Satz (die verschiedenen Stufen sind, wie erwähnt, definiert durch ein jeweils vorgegebenes Vokabular), der offensichtlich noch fehlerhaft ist. Methodisch ist die Tatsache, dass diese Fehler in der Form falscher Satzvarianten in der Satzliste ausgewiesen sind, entscheidend für das Weiterkommen in der Grammatik: Der Text in Abb. 6 zeigt, wie die Schülerinnen auf die falschen Sätze mit der Einführung des grundlegenden Konzepts der Wertigkeit reagieren und sie dadurch eliminieren können. Scharfsichtig erkennen sie darüber hinaus bereits, welche Sorte von Fehlern ihre revidierte Grammatik immer noch zulassen wird, und haben damit bereits den entscheidenden Schritt für deren Behebung getan.

„Lingua" – am Computer eine persönliche Grammatik basteln

> Ich arbeitete mit Kristin zusammen, weil wir genau gleich weit waren.
> Wir hatten folgendes Problem:
>
> Wir hatten Sätze wie: Hans schläft eine Karte
> Der Knabe schläft
> einen Brief.
>
> und eigentlich wollten wir nur:
> Hans schläft
> Der Knabe schläft.
>
> Es ist so, dass "verfassen" ein Objekt benötigt und "schlafen" nicht.
> Also machten wir eine Eigenschaft Wertigkeit. Es gab die Wertigkeit 1 und 2. 1 waren Verben, die kein Objekt benötigen und 2 diejenigen die eines brauchten.
> Bsp. 1 = schläft 2 = verfasst
> Dann gingen wir auf "Satzstellung" => Bedingung => Optionalität. Dort stellten wir 2 Regeln auf:
> ① Wenn ein Verb die Wertigkeit 1 hat, dann darf kein Objekt stehen. ② Wenn ein Verb die Wertigkeit 2 hat, muss ein Objekt stehen.
> Somit haben wir die 1. Stufe beendet!!!
> Unser Ziel für nächstes Mal ist, dass, wenn wir das Wort "Knaben (Akk.)" dazutun, es keine Sätze wie "Der Knabe verfasst einen Knaben" gibt.

Abb. 6: Auszug aus einem Lernjournal zu „Lingua"

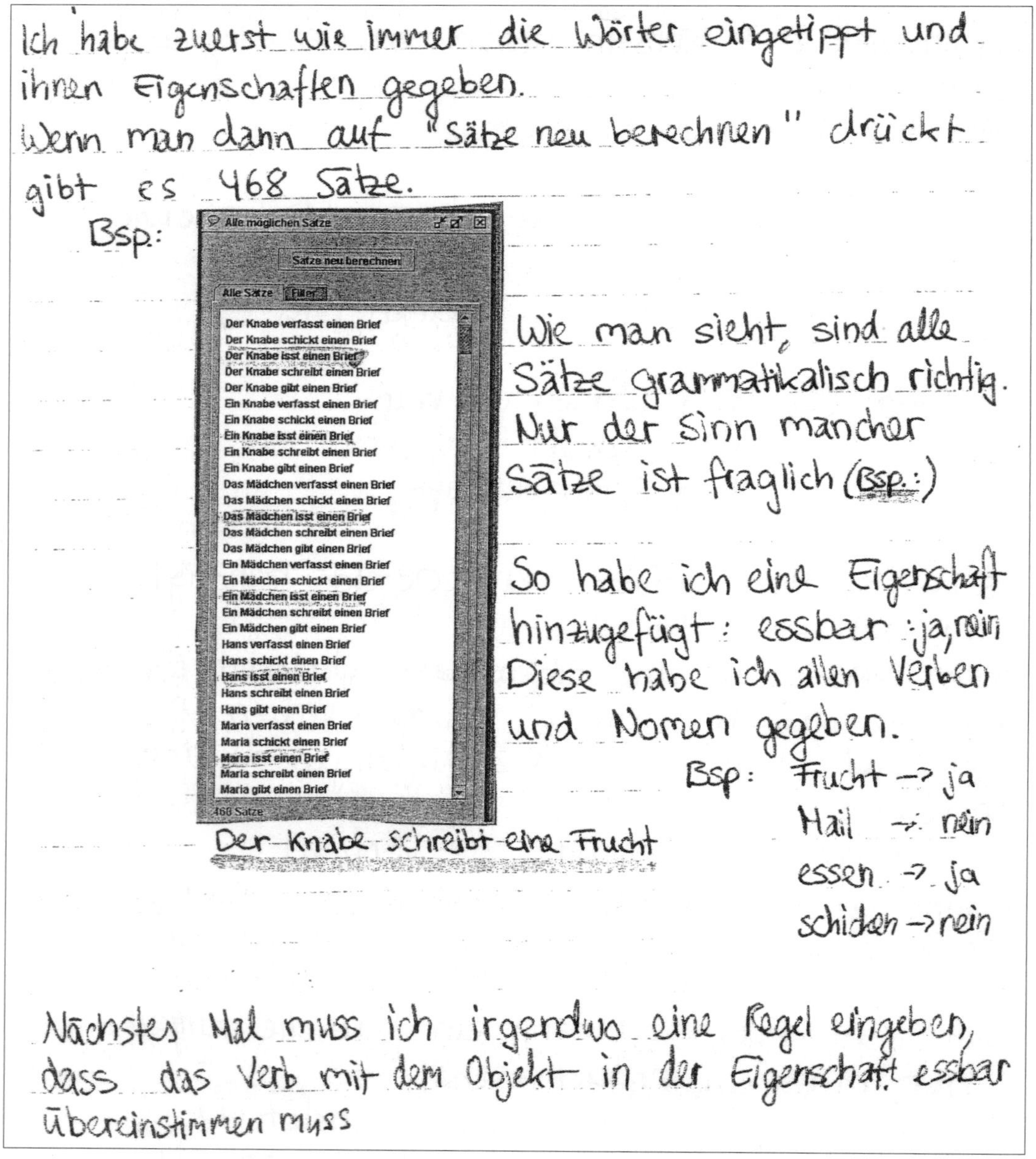

Teil 2: Annäherung an die Praxis des Dialogischen Lernens auf drei verschiedenen Wegen

> Ich habe zuerst wie immer die Wörter eingetippt und ihnen Eigenschaften gegeben.
> Wenn man dann auf "Sätze neu berechnen" drückt gibt es 468 Sätze.
> Bsp.:
>
> *[Screenshot: Alle möglichen Sätze – Der Knabe verfasst/schickt/isst/schreibt/gibt einen Brief; Ein Knabe ...; Das Mädchen ...; Ein Mädchen ...; Hans ...; Maria ...; 468 Sätze]*
>
> Der Knabe schreibt eine Frucht
>
> Wie man sieht, sind alle Sätze grammatikalisch richtig. Nur der Sinn mancher Sätze ist fraglich (Bsp.:)
>
> So habe ich eine Eigenschaft hinzugefügt: essbar: ja, nein
> Diese habe ich allen Verben und Nomen gegeben.
> Bsp.: Frucht → ja
> Mail → nein
> essen → ja
> schicken → nein
>
> Nächstes Mal muss ich irgendwo eine Regel eingeben, dass das Verb mit dem Objekt in der Eigenschaft essbar übereinstimmen muss

Abb. 7: Auszug aus einem Lernjournal zu „Lingua"

Das Lernjournal in Abb. 7 zeigt die Einführung eines weiteren entscheidenden sprachlichen Konzepts: der semantischen Kongruenz.

Am Ende des Projektes fassten einige Schüler ihre Einsichten in Grammatik, welche sie mithilfe von „Lingua" gewonnen hatten, folgendermaßen zusammen:

> Dieses Programm zeigt, dass das, was für uns selbstverständlich ist (Deutsch), eigentlich nicht selbstverständlich ist. Es gibt auch im Deutschen sehr viele Regeln, deren wir uns gar nicht bewusst sind, weil Deutsch unsere Muttersprache ist. Wenn wir sprechen, bilden wir immer richtige Satzglieder und Sätze. Doch dem Computer mussten wir es mühsam beibringen.
> Wir haben ja eigentlich die Sprachen auseinandergenommen, um sie besser zu verstehen.* Wenn man einmal an Lingua gearbeitet hat, denkt man irgendwie anders.
> Auch hat man die Gemeinsamkeiten und Unterschiede von den verschiedenen Sprachen entdeckt.
>
> * Man versteht dann andere Regeln, die es gibt, besser, weil man den Kern einer Sprache besser kennt.

Abb. 8: Auszug aus einem Lernjournal zu „Lingua"

Wie diese Äußerungen deutlich machen, erwerben Lernende mit „Lingua" nicht nur neue Grammatikregeln. Diese Arbeit kann auch zu einem grundlegend veränderten und vertieften Verständnis von grammatischen Problemen und Fragestellungen führen. In diesem Sinne ist dem Fazit des Schülers in Abb. 8 eigentlich nichts hinzuzufügen.

Am Ende des Semesters delegierte jede Klasse die leistungsfähigste Programmiergruppe zur Lingua-Olympiade der ganzen Jahrgangsstufe: Mit neuartigen Aufgaben konfrontiert, programmierten diese Spitzengruppen einen Vormittag lang um die Wette. Und ganz selten ließ sich im Schulhaus mehr Konzentration, mehr Eifer und knisternde Spannung erleben als an

Teil 2: Annäherung an die Praxis des Dialogischen Lernens auf drei verschiedenen Wegen

Let the Games begin!
Die erste Lingua-Olympiade

Wie erleichtert bin ich bloss darüber, heute nicht zum Schularzt zu müssen. Ob ich das an den Finger steckbare Hepatitis B-Virus-Gummifigürchen, an dem sich momentan sämtliche Schüler erfreuen, heute oder erst drei Tage später kriege, spielt da auch keine grosse Rolle, denn ich bin für die Lingua-Olympiade nominiert worden!

Olympiade! Wettkämpfe, bei denen es um alles geht, Spiele des Lebens, ein Schulhaus, das feiert, Zuschauer, die uns bejubeln und anfeuern, damit wir innerhalb zweier Stunden so schnell wie möglich am Computer grammatikalische Regeln definieren und versuchen richtige Sätze zustande zu bringen! Das nennt man Leben! Die olympische Arena ist das Zimmer 702, das olympische Feuer die strahlenden Computer. Claudia und ich sind die Vertretung der Klasse 2d. Die Eröffnungsfeier, ausgedacht, verfasst und verwirklicht von den Lehrern, dauert nicht allzu lange und wir können uns auch gleich an die Computer stürzen und das Vokabular eintippen. Claudia und ich heben uns mit einem Blitzstart von der Menge ab. Wörtchen eintippen scheint zu unseren Spezialitäten zu gehören. Ich bin völlig auf meine Arbeit konzentriert und das Einzige, das ich wahrnehme, ist ein immer wieder vor uns auftauchender Herr Rebmann, der das Geschehen auf Fotos festhält und auf Video dokumentiert, und die erfreulichen Rufe der Gegner aus der hinteren Reihe: „Sie, wir haben Stufe 3". Ich bin auf diese absolut unübertreffliche Idee gekommen, ein „Gengeschlecht" einzuführen. Was das genau ist, ist ziemlich kompliziert, nein, eigentlich ist es ganz einfach, aber wenn ich das erkläre, schreibe ich am Thema vorbei.

Jedenfalls gelingt es uns mit dem „Gengeschlecht", die nächste Stufe zu erreichen. Unsere Kreativität und Fantasie muss belohnt werden.

Die Mitstreiter der Klasse 2f geben auf. Wie schade ...

Nur noch drei Mannschaften im Spiel. Das bedeutet, es beginnt der Kampf um Leben und Tod. Das Einzige, was mir noch Kraft zum Kämpfen gibt, ist der Gedanke an die von uns geliebten Schulärzte und ihre Spritzen, denen unsere Kolleginnen und Kollegen gerade ausgesetzt sind.

Jetzt ist es da, das Blackout. Wir fangen an in unsere Welt der Gengeschlechter, Genfälle und Genpronomen zu fallen.

David und Heiko konnten inzwischen ihre Stärken einsetzen und haben uns überholt und Stefan und Micha sind uns sowieso meilenweit voraus.

Lingua ist eine harte Disziplin und mann muss stets kühlen Kopf bewahren. Ein gefundenes Fressen für logische Denker, die Knacknüsse mögen. Der Schlusspfiff ertönt! Das Spiel ist aus! Das Spiel ist aus! Die Mannschaften verlassen das Spielfeld.

Die Franzstunde zwischen Spielschluss und Rangverkündigung kommt völlig unpassend. Das sollte man abschaffen. Die enttäuschten Mannschaften sollten wohl noch eine letzte Gelegenheit erhalten, zum Beispiel David und Heiko in ein kleines, abgelegenes Putzkämmerchen zu schliessen.

Die Schlussfeier ist viel aufwendiger als die Eröffnungsfeier. Wir sehen einen von Herrn Rebmann zusammengeschnittenen Rückblick dieser ersten Lingua Olympiade mit originaler Hymne. Die tatsächliche Rangverkündigung wird möglichst lange herausgezögert und irgendwie hat es keinen Sinn möglichst cool und gelassen wirken zu wollen. Die Lehrer durchschauen alles.

Der schlussendliche Sieg der Mannschaft 2b kommt nicht überraschend, denn Sie sind klar am weitesten gekommen. Der zweite Rang des 2c-Teams, das auch sehr weit kam, zeigt, dass man sich die Festsetzung der Regeln auch etwas vereinfachen kann, denn man kann theoretisch auch aus 5 Wörtern ein einziges machen. Computer können ja bekanntlich nicht denken.

Dritte sind wir geworden. Ich komme mir vor wie die Schweizer Curler, die in Salt Lake City anfangs überragend spielten und schliesslich wegen eines Dreckkörnchens auf dem Eis die Silber- oder sogar Goldmedaille verloren. Das Einzige, was bleibt, ist die Tatsache, dass wir uns für das gewonnene Geld (zehn Franken) gleich zwanzig Schularzt-HepatitisB-Virus-an-den-Finger-steck-Figürchen kaufen können.

Foto: Alexander Hauk / HAUK MEDIEN ARCHIV

Abb. 9: Bericht über die Lingua-Olympiade in der Schulzeitung

diesen Veranstaltungen. Ein kurzer Bericht – jenes Teams übrigens, das zuerst so sehr von der Maschine „abgelehnt" wurde (Abb. 4) und es am Schluss doch an die Spitze der Klasse schaffte – soll etwas von diesem Ambiente vermitteln. Lust an Grammatik wurde hier geweckt, ein keineswegs selbstverständliches Phänomen, das aber ein zentrales Lernziel auch der ganzen Sprachwerkstatt darstellt (Abb. 9).

Wie ein Test mit rund 90 Schülerinnen und Schülern des achten Schuljahres im Herbst 2005 ergeben hat, fördert schon eine einwöchige konzentrierte Auseinandersetzung mit dem Programm „Lingua" die Kompetenz der Lernenden, ungewohnte grammatische Problemstellungen in fruchtbarer Weise anzugehen, in erheblichem Maße. Hier entsteht in einer sehr expliziten Form *language awareness*, verbunden, wie gesagt, mit dem Erlebnis, dass das grammatische Regelsystem der verschiedenen Sprachen ein Feld des spielerischen Entdeckens, des lustvollen Konstruierens, des selbstständigen Entwerfens (und nicht des Nachbetens vorgegebener Begrifflichkeiten!) darstellt.

Das Programm „Lingua" ist auch unabhängig von der Sprachwerkstatt im Normalunterricht oder in Projektwochen einsetzbar. Zu beziehen ist es über http://www.rezan.ch/lingua/ oder direkt bei ralph.fehlmann@swissonline.ch.

Teil 2: Annäherung an die Praxis des Dialogischen Lernens auf drei verschiedenen Wegen

Zweiter Weg: Den eigenen Unterricht nach den Prinzipien des Dialogischen Lernkonzepts gestalten

Einleitung

Ihren Unterricht können Sie fast zu jedem beliebigen Zeitpunkt und fast bei jedem Thema im Sinne des Dialogischen Lernkonzepts umstellen, und wir möchten Sie ausdrücklich ermutigen, solche Versuche zu machen. Allerdings möchten wir Ihnen dazu gerne unsere Erfahrungen mit Langformen des Dialogischen Lernens zur Verfügung stellen. Dem dienen die Texte des folgenden Kapitels.

Die ersten Schritte bei der Umstellung auf das Dialogische Lernkonzept sind leicht. Man braucht dafür nicht mehr als eine ansprechende Kernidee und einen offenen Auftrag. Schwierigkeiten treten erfahrungsgemäß vor allem beim dritten, vierten und fünften Schritt auf, nämlich dann, wenn es darum geht, auf der Basis der Beiträge der Schülerinnen und Schüler die nächsten Aufträge zu formulieren und sich dabei auf ihre Konzepte einzulassen. Da besteht die Gefahr, gleich wieder zurückzufallen in die tradierte Lehrerrolle, indem man jetzt erst einmal darstellt, wie es „richtig" ist und was die Experten dazu schon herausgefunden haben. Wie man dieses Problem meistern kann, das können Sie vor allem an den Unterrichtsbeispielen dieses Kapitels verfolgen.

Außerdem geht es bei den Langformen des Dialogischen Lernens, die in der Regel für wenigstens ein Semester konzipiert werden, auch darum, einige Arbeitsweisen sorgfältig einzuführen und einzuüben, die ständig gebraucht werden. So vor allem das Schreiben ins Lernjournal, aber auch den Sesseltanz oder die Suche nach Qualitäten.

Zu Beginn dieses Kapitels hat Peter Gallin in seinem Beitrag „Den Unterricht dialogisch gestalten" die ganze Reihe der Unterinstrumente noch einmal kurz und prägnant beschrieben. Außerdem teilt er Erfahrungen mit, worauf bei der Unterrichtsführung zu achten ist.
    In dem Beitrag „Der Prüfungsaufsatz" beschreiben Regula Ruf-Bräker und Urs Ruf, wie Schülerinnen und Schüler einer 6. Klasse sich für die Aufnahmeprüfungen am Gymnasium vorbereiten. Selbstverständlich machen bei dieser Unterrichtseinheit alle mit, denn es geht ja darum, weiter an der eigenen Schreibfähigkeit zu arbeiten. In dem Beitrag werden einerseits wichtige Elemente des Dialogischen Lernkonzepts noch einmal erklärt und andererseits immer an den Beispielen aus der praktischen Arbeit dieses Unterrichtsprojekts illustriert. Es wird sichtbar, wie den Schülerinnen und Schülern nach und nach die Anforderungen dieses Aufgabentyps bewusst werden und sie gemeinsam Arbeitsmittel erwerben, um sie bewältigen zu können.
    Christof Weber schildert in dem Beitrag „Umfallen und Wegrutschen ist gleich", wie mit Vorstellungsübungen die Schülerinnen und Schüler einer 11. Klasse für mathematische Fragen erwärmt werden können und es gelingt, ihre themenbezogenen Konzepte Schritt für Schritt zu erweitern und zu vertiefen. So werden alle in die gemeinsamen mathematischen Frage- und

Suchprozesse einbezogen, und das entsprechende mathematische Thema – Kreise und Ellipsen als Bahnkurven – wird facettenreich und gründlich verstanden.

„Zwei Welten" nennt Peter Gallin ein Unterrichtsprojekt, in dem es um die Ausbildung zentraler Kategorien des mathematischen Denkens – nämlich die Proportionalität oder den Dreisatz – geht. Der Text beschreibt anhand vieler Aufträge und einiger Beiträge von Schülerinnen und Schülern, wie entsprechende Fähigkeiten und Kompetenzen in der 5. und 6. Klasse nach und nach mit großer Sorgfalt aufgebaut werden können, sodass kaum ein Lernender zurückbleibt – und gleichzeitig eine Basis für weitere Themen im Fach Mathematik gelegt wird.

Teil 2: Annäherung an die Praxis des Dialogischen Lernens auf drei verschiedenen Wegen

Den Unterricht dialogisch gestalten – neun Arbeitsweisen und einige Tipps
Peter Gallin

Wer sich entschließt, das Dialogische Lernen in seinem Unterricht einmal versuchsweise einzusetzen, dem stellen sich zahlreiche Fragen zur Vor- und Nachbereitung sowie zur Gestaltung der Lektionen. Es ist naheliegend, sich anhand theoretischer Texte (siehe Beiträge von Urs Ruf S. 13–23 und 233–270) und praktischer Modellbeispiele (z. B. „Prototypen" in diesem Buch) zu informieren. Dabei mag man den Eindruck gewinnen, es müssten derart viele Umstellungen im traditionellen Unterricht vorgenommen werden, dass der Aufwand die eigenen Kräfte übersteige. Das vorliegende Kapitel soll in diesem Dilemma Hilfe anbieten. Es soll möglichst konkret aufzeigen, worauf man in der Praxis unbedingt achten sollte und wo andererseits eigene Varianten zum Zug kommen mögen. Daher gehe ich im ersten Teil dieses Kapitels nicht chronologisch vor, sondern ordne die dargestellten Arbeitsweisen nach deren Wichtigkeit für das Dialogische Unterrichten. Im zweiten Teil werden Themen und Fragen, die bei der Umsetzung des Dialogischen Lernkonzepts regelmäßig auftauchen, angesprochen und Erfahrungen sowie Tipps zum Umgang mit traditionellen Unterrichtsinstrumenten mitgeteilt.

1. Arbeitsweisen beim Dialogischen Lernen

Das Einsammeln der Schülerarbeiten

Dialogischer Unterricht zeichnet sich durch den sprachlichen Austausch zwischen Lehrenden und Lernenden aus. Um diesen Dialog nicht von ein paar wenigen Exponenten einer Klasse bestreiten zu lassen, ist es notwendig, ihn in die Schriftlichkeit zu verlagern und von jeder Schülerin und jedem Schüler einzeln einen schriftlichen Beitrag einzufordern. Weil nun diese Beiträge nicht während einer Lektion von der Lehrperson gewürdigt werden können, ist das Einsammeln aller Schülerarbeiten absolut zentral. Allein mit dieser rein äußerlichen Anforderung des Einsammelns werden mehrere Effekte erzielt:

- Den Lernenden wird klar, dass sie individuell gefordert sind.
- Die eigenen Gedanken und Vorstellungen müssen explizit gemacht werden.
- Die Lernenden fühlen sich individuell ernst genommen.
- Die Arbeit bekommt mehr Kontinuität.
- Die Vorbereitung auf eine anstehende Leistungsprüfung ist auf einen großen Zeitraum verteilt.
- Der Reichtum der gedanklichen Ansätze und Konzepte der Schülerinnen und Schüler wird sichtbar.
- Der persönliche Einsatz der Schülerinnen und Schüler wird von der Lehrperson rasch wahrgenommen.
- Ungenügender Einsatz wird ebenso rasch für Lehrende und Lernende sichtbar.
- Korrekturen in der Unterrichtsgestaltung können frühzeitig eingeleitet werden.

Natürlich kann das ein- oder zweimalige Einsammeln noch keinen Dialog in Gang setzen. Die kritische untere Grenze für einen wirksamen Aufbau von Dialogischem Lernen sollte beim wöchentlichen Einsammeln während eines Quartals liegen. Dies bedeutet bei rund 40 Schulwochen pro Jahr, dass während der zehn Wochen eines Quartals mindestens achtmal ein Austausch von Texten stattfinden sollte: In der ersten Woche kann der erste Auftrag erteilt, in der zehnten Woche kann der achte Auftrag zurückgegeben werden. Auch wenn bei den einzelnen Prototypen dieses Buches andere Verfahren zum Zug kommen, ist das mehrfache Hin und Her von Texten für den Dialogischen Unterricht fundamental (siehe den Beitrag von Ruf-Bräker/ Ruf).

Wenn sich die Lehrperson das einfache Prinzip des Einsammelns auferlegt, stellen sich ihr die inhaltlichen Fragen von selbst: Welche Aufträge stelle ich? Wie gehe ich mit den eingesammelten Arbeiten um? Diesen Fragen will ich in den nächsten Abschnitten wiederum so nachgehen, dass die konkreten Handlungen der Lehrperson im Zentrum stehen.

Die Durchsicht der Bearbeitungen
Eingesammelte Arbeiten von Lernenden sind in der Regel eine Last für Lehrpersonen, die dabei automatisch an eingesammelte Prüfungen denken, die es nun zu korrigieren gilt. Um von diesem Paradigma loszukommen, braucht es viel Energie und Wandlungsvermögen. Deshalb wird die nun anfallende Tätigkeit nicht mit „Korrektur", sondern nur mit „Durchsicht" betitelt; sie taucht in diesem Buch auch unter dem Titel „Qualitäten in Schülerarbeiten finden" auf (F. Winter und A. Pfau, S. 222–225). Die wohl beste Haltung den Texten der Schülerinnen und Schüler gegenüber ist die des Lesens von Briefen. Wem käme es in den Sinn, einen persönlichen Brief zu korrigieren? Vielmehr will man dessen Botschaft aufnehmen und dann entsprechend reagieren. Im Gegensatz zu üblichen Briefen kommt aber hier – bei der Bearbeitung eines fachlichen Auftrags – noch eine zweite, wichtige Kommunikations-Komponente hinzu: Die Lehrperson, welche die Texte liest, hat einen großen fachlichen Vorsprung vor den Lernenden, welche die Texte verfasst haben. Wenn die Lernenden also in ihren Texten vorwiegend mit einer fachlichen Anforderung ringen, dann ist die Lehrperson dank ihrer entsprechenden Ausbildung sehr viel rascher als ein Laie in der Lage, die Texte zu durchschauen und ihren Gehalt zu verstehen. Schließlich ist noch eine dritte Tatsache bei der Durchsicht der Texte hilfreich: Die Lehrperson kennt in der Regel die Personen, die hinter den Texten stehen, und kann so bei der Lektüre viele mögliche Interpretationsansätze, die rein objektiv möglich wären, außer Betracht lassen, was wiederum Zeitgewinn bedeutet.

Das folgende Vorgehen hat sich bei der Organisation und Durchsicht der Texte bewährt. Beim Suchen der aktuellen Bearbeitung in einem Heft kann sehr viel Zeit verloren gehen. Daher sind Einzelblätter von einheitlichem Format, auf denen Name, Datum und Blattnummer vermerkt sind, – ganz abgesehen vom physischen Gewicht – einem Heft vorzuziehen. Außerdem sollte am Anfang der Bearbeitung der Auftragstext stehen. Damit Ihnen nun der erwähnte Paradigmenwechsel möglichst leichtfällt, sollten Sie bei der Lektüre bewusst auf Qualitäten achten. Das hilft Ihnen dabei, bei der ersten Lektüre die Fehler auszublenden, und führt Sie am schnellsten zur Botschaft des Textes, auf die Sie ja reagieren müssen: Stellen, die Sie aufhorchen lassen, Stellen, an denen ein Wurf gelungen oder auch ein Irrtum dargestellt ist, werden sofort mit einem Zeichen markiert, vielleicht einem Häklein, einem Ausrufezeichen oder sogar mit einer knappen Bemerkung wie etwa „gut" oder „interessant". Wenn man dann am Ende der Durchsicht aller Arbeiten eine Autographensammlung (siehe weiter unten und S. 22) zusammenstellen will, findet man diese ausgezeichneten Stellen rasch wieder.

Auf zwei fundamentale Unterschiede zum Korrigieren von Texten will ich hier besonders eingehen:
1. Es soll kein Katalog von Kriterien aufgestellt werden, nach denen hin die Texte untersucht werden. Dies aus zwei Gründen. Zum einen ist dann die Blickrichtung des Lesers eingeengt. Er ist nicht mehr frei, sich vom Text wirklich überraschen zu lassen. Zum anderen ist der Aufwand zum Erstellen eines solchen Katalogs zu hoch, zumal er ja fairerweise im Voraus den Lernenden bekannt gegeben sein sollte.
2. Nur in Ausnahmefällen soll am Schluss der Arbeit ein zusammenfassender Kommentar geschrieben werden. Erfahrungsgemäß werden solche Kommentare von den Lernenden nicht sehr genau gelesen und haben demzufolge wenig Wirkung. Viel nützlicher sind die kurzen Einwürfe der Lehrperson an genau jener Stelle des Textes, wo das Entscheidende passiert.

Wichtigstes Merkmal der Durchsicht ist, dass Spuren der Lektüre der Lehrperson in den Arbeiten der Lernenden erkennbar sind. Selbst im Extremfall, dass eine Lehrperson alle Arbeiten einer Klasse einsammelt und nach dem Zufallsprinzip nur drei Arbeiten auswählt und genauer liest, verfehlt ein Zeichen für „gesehen" am Schluss einer nur grob beachteten Arbeit seine Wirkung nicht. Diese minimale Geste ist für das Dialogische Lernen unerlässlich.

Dies sind also die zwei wichtigsten Ziele der Durchsicht:
▸ In den Arbeiten werden diejenigen Gedanken aufgespürt, die in der Autographensammlung der Klasse vorgelegt werden können.
▸ Es wird eine kurze Rückmeldung gegeben, die möglichst konkret ist und zeigt, dass man etwas von der Arbeit wahrgenommen hat.

Das Bewerten der Arbeiten
Dass die Intensität der Bearbeitungen eines Auftrags in die Ermittlung der Zeugnisnote einbezogen werden sollte, ist wohl der umstrittenste Aspekt des Dialogischen Lernens. Problematisch ist tatsächlich, Texte mit metakognitivem und persönlichem Inhalt zu bewerten. Die Erfahrung zeigt aber, dass bei längeren Perioden von textlichem Hin und Her sich der Inhalt der Beiträge der Lernenden mehr und mehr zu fachbezogenen Auseinandersetzungen hin verlagert. So ist die Intensität der Auseinandersetzung für eine Lehrperson, die sich im Fach auskennt, rasch erkenn- und beurteilbar.

Andererseits haben die Lernenden ein reges Interesse zu erfahren, wie die Lehrperson die geleistete Arbeit einschätzt und wertet. Deshalb ist – im Falle, dass die Lehrperson alle Arbeiten einer Klasse in gleicher Art studiert hat – eine grobe Bewertung der Arbeit unerlässlich. Dabei geht es, wie schon bei der Durchsicht der Arbeiten, nicht um „richtig oder falsch", sondern um die Einschätzung der Qualität und Intensität der Auseinandersetzung mit dem Auftrag. Dazu hat sich eine vierwertige Skala als besonders geeignet erwiesen (siehe S. 257 f.). Im schlimmsten Fall wird eine Arbeit zurückgewiesen. Dieser Fall kann dann eintreten, wenn die Bearbeitung des Auftrags dem Niveau der betreffenden Klasse nicht entspricht. Bei diesem

Entscheid kann tatsächlich die Menge der Fehler ausschlaggebend sein. Für den Lernenden bedeutet eine Zurückweisung aber stets, dass er eine zweite Chance erhält, die Arbeit zu einem späteren Zeitpunkt noch nachzuliefern, um das Prädikat „angenommen" zu erhalten. Nicht selten werden dazu auch erfolgreichere Arbeiten von Mitschülerinnen und Mitschülern zurate gezogen.

Unter den angenommenen Arbeiten unterscheidet sich leicht zwischen „bloß angenommen", „mit persönlicher Auseinandersetzung" und „Wurf". Man kann diese drei Prädikate mit einem, zwei oder drei Häklein am Schluss der Arbeit ohne großen Aufwand ausdrücken. Eine Beurteilung der Arbeit nach diesen drei Prädikaten fällt der Lehrperson bereits nach der ersten Durchsicht in den meisten Fällen nicht schwer. Ihre konsequente Sicht auf Qualitäten, ihre Fachkompetenz und ihre Kenntnis der Lernbiografie der einzelnen Schülerinnen und Schüler ermöglichen dieses schnelle Urteil.

Diese explizite Bewertung der laufenden Mitarbeit der Lernenden im Journal hat mehrere Funktionen. Im Gegensatz zu Noten von Prüfungen sind diese Beurteilungen weniger fehleranfällig, weil sie viel häufiger stattfinden. Ferner wird die Forderung, man müsse die Lernenden ernst nehmen, nur eingelöst, wenn diese den Eindruck gewinnen, sie selbst könnten auf ihren Lernprozess so stark Einfluss nehmen, dass er sich sogar im Zeugnis niederschlägt. Misserfolge an Prüfungen können leicht äußeren Faktoren angelastet werden. Die Arbeit an Aufträgen liegt dagegen sehr viel mehr im Verantwortungs- und Einflussbereich der einzelnen Lernenden.

Die Autographensammlung

Auch die Autographensammlung ist ein wichtiges Instrument der Dialogischen Didaktik. Wie zuvor geschildert, werden bei der Durchsicht der eingesammelten Arbeiten jene Beiträge markiert und zur Seite gelegt, welche für den Fortgang des Unterrichts nützliche Impulse geben können. Bei der Auswahl wird besonders auf regulär hervorragende oder singulär interessante Bearbeitungen, aber auch auf neue Fragestellungen oder typische Irrtümer und Sackgassen geachtet. Dank der heute ausgereiften Kopiermöglichkeiten kann die Lehrperson ohne großen Aufwand die ausgewählten Ausschnitte der Journale (leicht verkleinert) auf ein bis zwei Blättern für die ganze Klasse kopieren. Die Schülerinnen und Schüler erhalten mit jeder Autographensammlung einen Einblick in die Lösungen der anderen Klassenmitglieder. Mit diesen können und sollen sie sich auseinandersetzen und dabei die Besonderheiten ihres eigenen Vorgehens bewusst erleben. Schließlich kann anhand der Autographensammlung ein Gespräch über typische Merkmale und Qualitäten guter Lösungen geführt werden. Wenn dann der Fortgang des Unterrichts durch solche authentischen Texte wesentlich beeinflusst wird, ist das erneut ein Beleg für das Ernstnehmen der Schülerinnen und Schüler. Wenn die Autographen in der Klasse besprochen und Folgerungen aus ihnen zur Theorie und zu Werkzeugen der gemeinsamen fachlichen Arbeit gemacht werden, wächst das Gefühl der Lernenden, einem Sachgebiet nicht einfach ausgeliefert zu sein, sondern darin tatsächlich noch etwas bewirken zu können. Auch als Lehrperson ziehen Sie einen großen Vorteil aus der Autographensammlung. Selbst wenn Sie schon viele Male denselben Stoff unterrichtet haben, entsteht keine lähmende Routine in Vorbereitung und Durchführung der Lektionen. Jede Klasse wird zu einem Unikat und die Spannung bleibt erhalten.

Es könnte vermutet werden, dass die Originalität und gedankliche Breite der Autographensammlungen mit steigender Klassenstufe abnimmt, während sie bei den jüngeren Schülern noch unverbraucht sprudeln kann. Die Erfahrung zeigt zwar, dass jüngere Schülerinnen und Schüler durchaus viel Fantasie und Ideenreichtum aufs Papier bringen können, aber das wachsende fachliche Repertoire für ältere Schülerinnen und Schüler weitaus mehr Möglichkeiten zur Behandlung eines neuen Problems bietet und sich so die Fantasie im Fach selbst niederschlägt und der gemeinsamen Arbeit zugute kommt.

Der offene Auftrag

Der allererste Auftrag, den eine Lehrperson beim Einstieg in ein neues Fachgebiet einer Klasse stellt, muss mit sehr viel Umsicht gebaut und erläutert werden. Zentral ist dabei die Botschaft an die Schreibenden, dass sie wirklich alles aufschreiben, was ihnen durch den Kopf geht. Im Vergleich zum traditionellen Unterricht sind solche Anforderungen derart ungewohnt, dass bereits bei der Formulierung des Auftrags besonders darauf geachtet werden muss. Der Auftrag soll offen sein, die Schülerinnen und Schüler ansprechen und ihre Gedanken und Gefühle herausfordern. Ich möchte aber nochmals darauf hinweisen, dass im Bereich des Journalschreibens nicht auf Fehler, sondern auf Qualitäten geachtet wird. Und zu den Qualitäten gehört es eben, dass Gedanken offen dargelegt werden, dass die Lösungsversuche beschrieben werden, dass in eigener Regie nach Fehlern gesucht wird, dass Korrekturen angebracht werden und dass nach den fachlichen Besonderheiten geforscht wird. Im Lernjournal soll möglichst viel von dem, was und wie gearbeitet wird, seine Spuren hinterlassen. Wenn das von der Klasse verstanden ist und zu einer veränderten Haltung gegenüber der eigenen Arbeit geführt hat, ist das Erteilen eines Auftrags kaum aufwendiger als das Stellen einer Hausaufgabe. Unumgänglich ist aber, dass der Auftragstext im Journal unmittelbar vor dessen Bearbeitung eingetragen wird. Außerdem sollte für jeden Auftrag ein Abgabedatum festgelegt sein, damit man nachträglich auf ihn verweisen kann.

Der Unterschied zwischen Auftrag und Aufgabe ist rein äußerlich schnell klarzumachen. Aufträge werden eingesammelt und bewertet, Aufgaben nicht. Inhaltlich gilt eine einfache Regel für Aufträge: Ein Auftrag muss so gestellt sein, dass die Lehrperson selbst oder sogar eine Fachperson ihn mit Interesse und Freude bearbeiten möchte. Er muss also ein fachlich relevantes Thema anschneiden und kann, damit die Spannung überhaupt aufgebaut wird, nicht etwas Bekanntes zum Thema haben. Trotzdem ist es möglich, gewöhnliche Aufgaben als Aufträge einzusetzen, sobald es für die Klasse selbstverständlich ist, in den Aufgaben den theoretischen Gehalt oder eine weiterführende Problematik zu entdecken.

Das Journal

Damit die Arbeit im Dialogischen Unterricht ihren schriftlichen Niederschlag auf geordneten Bahnen findet, ist eine Zusammenfassung der im Unterricht verwendeten Blätter notwendig. Diese Rolle übernimmt das Journal. Es mag ein reales Heft sein, es kann aber auch aus losen Blättern bestehen, die in einem Ordner gesammelt werden. Wichtig ist der fortlaufende Eintrag des Datums, an dem eine bestimmte Seite bearbeitet wird. Im Falle von losen Blättern muss zwingend auch der Name und die Blattnummer vermerkt sein.

Im Journal wird alles zusammengetragen, was Papierform hat: Aufträge, Bearbeitungen, Rückmeldungen, Autographensammlungen, Übungen, Prüfungsvorbereitungen, Theorieeinträge, Lehrerkommentare, weitere abgegebene Kopien, Prüfungen und die zugehörigen Fehleranalysen, Reflexionen, Rückschauen usw. Das einzige zuverlässige Ordnungskriterium im Journal ist die Zeit. Die Erfahrung hat gezeigt, dass die Lernenden sich im individuell geführten Journal erstaunlich gut zurechtfinden. Man muss also keine Bedenken haben, wenn die verschiedenen Themen strikt in chronologischer Abfolge im Journal ihre Spur hinterlassen. Als Orientierungshilfe und auch als Prüfungsvorbereitung oder für eine Selbstbeurteilung ist ein nachträglich verfasstes Inhaltsverzeichnis nützlich.

Das Journal ersetzt somit alle Hefte und Ordner des traditionellen Unterrichts. Die Lehrperson braucht sich damit nicht mehr um eine ausgeklügelte Aufteilung der im Unterricht anfallenden Texte in Theorieheft, Übungsheft, Prüfungsheft, Arbeitsblätter, Sudelheft usw. zu kümmern. Es wird einfach laufend protokolliert, was im Unterricht und bei der Hausarbeit passiert.

Überall dort, wo aus dem Unterricht eine Präsentation oder Aufführung resultieren kann, sind weiterführende Arbeiten möglich, die ihr Material im Journal finden. So können Texte und Zeichnungen, die im Rahmen von Aufträgen entstanden sind, zu ausstellungsreifen und vorführbaren Arbeiten ausgestaltet und diese dann auch präsentiert werden. Dazu kann natürlich auch ein Theorieheft gehören, das viele Lehrpersonen nicht missen möchten. Das Entscheidende ist dabei, dass die Ausgestaltung in letzter Instanz von den Lernenden vorgenommen wird. In diesem Sinn fügt sich die Arbeit an einem Portfolio nahtlos an die Arbeit im Journal an.

Die Quellenangabe

Es werden immer wieder Befürchtungen geäußert, dass bei der selbstständigen Arbeit an offenen Aufträgen beliebig abgeschrieben werden kann. Tatsächlich werden häufig Aufträge als Arbeiten für Zuhause gestellt und entziehen sich dadurch der Aufsicht durch die Lehrperson. Mit einer einfachen Forderung kann diesem Umstand Rechnung getragen werden: Die Lernenden werden dazu verpflichtet, bei sämtlichen Gedanken, die nicht von ihnen selbst stammen, die Quelle anzugeben. Diese dem wissenschaftlichen Arbeiten entnommene Spielregel wird sehr gut eingehalten.

Die Zusammenarbeit der Lernenden außerhalb der Unterrichtsstunden kann auf dieser Basis sogar empfohlen werden. Einzige Bedingung ist, dass jeder Lernende sein eigenes Journal schreibt und dass immer vermerkt wird, wer mit wem zusammenarbeitet. In ähnlicher Weise ist auch die Hinzuziehung vorhandener Ratgeber und Experten durchaus erwünscht, sofern sie zitiert werden. Schließlich ist auch das Internet als Informationsquelle bei richtigem Gebrauch zu empfehlen. Dann tönt es in den Schülertexten etwa so: „An dieser Stelle musste ich Annika fragen …" oder: „Über Mittag haben Patrick, Susanne und ich über diesen Auftrag diskutiert. Dabei haben wir gemerkt, dass …" oder: „Auch meine Eltern waren zuerst ratlos bei dieser Frage, aber dann …" oder: „Im Internet habe ich auf www… gefunden, dass …".

Teil 2: Annäherung an die Praxis des Dialogischen Lernens auf drei verschiedenen Wegen

Der beste „Kopierschutz" für Journaltexte ist aber ihre persönliche Note. Serien von Aufgaben und deren Lösungen kann ein Lernender ohne Skrupel von einem anderen abschreiben. Wenn aber echte Journaltexte mit der Darstellung einer persönlichen Auseinandersetzung zur Diskussion stehen, ist es beinahe unmöglich, diesen Text wörtlich abzuschreiben, ganz abgesehen davon, dass eine solche Kopie sofort entlarvt werden kann.

Die Forderung der lückenlosen Quellenangabe hat also mehrere Effekte zugleich: Sie führt ins wissenschaftliche Arbeiten ein, sie fördert die Teamfähigkeit der Lernenden, sie automatisiert die Bildung von solchen Gruppen, die mit Vorteil zusammenarbeiten, während sie Einzelgänger nicht zur Gruppenarbeit verpflichtet.

Die Kernideen

Dialogischer Unterricht lässt sich nicht bis in alle Details auf Wochen hinaus planen. Oft steht die Gestaltung einer Lektion erst dann fest, wenn die Journale der Lernenden gesichtet sind und eine Autographensammlung hergestellt ist. In ihr liegen die Kernideen der kommenden Lektion.

Nur ganz am Anfang, wenn noch kein Unterricht vorausgegangen ist, muss die Lehrperson zum neuen Stoffgebiet eine Kernidee generieren. Es geht also darum, eine herausfordernde Sicht auf einen komplexen Stoff zu entwickeln, welche in der Lehrperson möglichst tief verankert ist. Dazu gibt es verschiedene Möglichkeiten:

▶ Durch die Ausbildung der Lehrperson in einem Fach ist die wichtigste Grundlage zur Ermittlung persönlicher Kernideen geschaffen worden. Die Lehrperson musste den Stoff im betreffenden Fachgebiet schließlich durch ihre eigenen Leistungen meistern und sich so ein Fachwissen erwerben. Dadurch sind bei ihr persönlich gefärbte Einsichten und erzählenswerte Lernbiografien (eigene und auch fremde) entstanden. Der erste Schritt zur Generierung von Kernideen ist also, sich an jene vergangenen Erlebnisse beim ersten Kontakt mit dem Stoff zu erinnern und sie an die Oberfläche zu heben.

▶ Das Dialogische Prinzip kann auch beim Fehlen solch biografischer Kernideen im Vorfeld des Unterrichts aktiviert werden: Die Lehrperson muss dazu eine vertraute, aber fachfremde Person einladen, den Gedanken des kommenden Unterrichts probeweise zu folgen. Es entspinnt sich dabei häufig ein Dialog, aus dem die Kernideen für die erste Lektion gewonnen werden können. Die aktuell erlebte Begegnung zwischen Stoff und Person kann als Kernidee für den Unterricht benutzt werden.

Der Sesseltanz

Beim Dialogischen Lernen ist zwar der Startpunkt des Lernens immer bei der Einzelperson des Lernenden zu suchen (Ich-Phase). Deshalb ist jeder Einzelne zuerst dazu angehalten, den Auftrag individuell zu bearbeiten. Damit aber die Fertigkeiten und Fähigkeiten des aktuellen Schulfachs möglichst tief und dauerhaft verankert werden können, muss von der singulären Position (Ich) zum regulären Zielzustand (Wir) ein Brücke geschlagen werden: Der Austausch mit anderen Lernenden (Du) in diesem Fach (Klassengemeinschaft, Partnerklassen, historische Zeugnisse usw.) bindet das Individuum in eine Gemeinschaft ein, in der andere singuläre Sichtweisen und Probleme auf dem Weg zur Regularität erkennbar werden. So entsteht eine Wir-Position allmählich und nicht schlagartig: Der Lernende kann nachvollziehen, dass all unser reguläres Wissen durch gemeinsam geteilte Erfahrung und durch Aushandeln sowie Abmachungen entstanden ist.

Bereits das informelle, gemeinsame Bearbeiten eines Auftrags fördert den Kontakt unter den Lernpartnern. Mehr Einsicht in die Denkweisen der anderen liefert die Autographensammlung. Am stärksten wird aber der Austausch unter den Lernenden im Unterricht durch den Sesseltanz gefördert. Dabei liegt vor jedem Schüler oder jeder Schülerin die eigene Bearbeitung des aktuellen Auftrags zusammen mit einem vorbereiteten leeren Blatt, das nur den Titel „Rückmeldungen" trägt. Dann erheben sich alle Lernenden und suchen sich einen fremden Platz, setzen sich und studieren den Text einer anderen Person. Sie haben dann die Aufgabe, ihren Lernpartnern eine wohlwollende oder auch kritische Rückmeldung zu schreiben, die auf jeden Fall mit dem eigenen Namen unterzeichnet wird. Danach erheben sich die Lernenden und suchen einen anderen Platz, der freigegeben worden ist. (Natürlich kann in Ausnahmefällen erlaubt werden, dass ein Lernender an seinem Platz sitzen bleibt und so erreicht, dass kein Fremder die persönliche Arbeit liest, aber auch er keine andere Arbeit zu Gesicht bekommt.)

Im Sesseltanz kommen auf jede Arbeit in der Regel mehrere Rückmeldungen von Mitschülerinnen und Mitschülern. Der Horizont der Bearbeitungsmöglichkeiten eines Auftrags wird damit stark erweitert, und der respektvolle Umgang miteinander wird eingeübt. Der Sesseltanz eignet sich vor allem in jenen Themensequenzen, bei denen die kognitiven Unterschiede der Schülerinnen und Schüler noch nicht allzu groß sind. Besonders attraktiv ist ein Sesseltanz dann, wenn auch die Lehrperson selbst eine eigene Bearbeitung des Auftrags zur Einsicht freigibt und so als normales Mitglied im Sesseltanz agiert. Ein mündlicher Austausch am Schluss kann den Sesseltanz abrunden und seine Konsequenzen zur Fortsetzung des Unterrichts genutzt werden.

2. Weitere Themen des Dialogischen Lernens und einige Tipps dazu

Wer dialogisch unterrichten möchte, darf sich nicht erhoffen, dass alles, was im Unterricht bisher praktiziert worden ist, beibehalten werden kann und dazu bloß noch dialogische Elemente einzubauen wären. Wer dieser Hoffnung nachlebt, wird scheitern und alle Beteiligten rasch überfordern. Die Überforderung ist nicht primär durch Arbeitsüberfluss und Zeitmangel bedingt, sondern durch Widersprüche, die durch das gleichzeitige Auftreten von traditionellem und dialogischem Unterricht aufeinanderprallen. Daher soll hier aufgezählt werden, wo sich beim Übergang vom traditionellen zum dialogischen Vorgehen Entlastungs- und Vereinfachungsmöglichkeiten anbieten.

Planung des Unterrichts

Je nach Fach, das Sie unterrichten, wird Ihnen ein Lehrplan mehr oder weniger ausführlich vorgegeben sein, in welchem die zu unterrichtenden Themen aufgezählt sind. In der Regel bieten die mathematisch-naturwissenschaftlichen Lehrpläne wenig Spielraum, während sprachlich-historische Lehrpläne größere Themenbereiche ansprechen, die von der Lehrkraft selbst konkretisiert werden müssen. So oder so muss den Schülerinnen und Schülern zu Beginn einer Unterrichtseinheit (Quartal oder Semester) in wenigen Sätzen klargemacht werden, welche Ziele nun verfolgt werden. Diese Forderung ist bereits beim traditionellen Unterricht erhoben, jedoch nicht immer eingelöst worden. Beim dialogischen Vorgehen sollte ihr unbedingt entsprochen werden, denn dabei kann – im Gegensatz zum traditionellen Vorgehen – der Unterricht nicht über einen längeren Zeitraum rigoros geplant werden. Im Sprachunterricht ist es z. B. unmöglich vorauszusagen, welche Konzepte und Probleme die Lernenden bei der Bearbeitung eines offenen Auftrages entwickeln oder welche Sprachformen sie sich dabei aneignen (siehe dazu die Beiträge von S. Keller und A. Pfau). Und im mathematisch-naturwissenschaftlichen Bereich kennt die Lehrperson zwar die Fakten und Zusammenhänge, um die es gehen wird, aber es ist nicht möglich, ihre Chronologie, ja sogar ihre logische Reihenfolge im Voraus zu fixieren. Diese Tatsache könnte Ihnen Angst bereiten und es wird eine gewisse Zeit brauchen, bis Sie sie als Entlastung wahrnehmen können.

Unterrichtsvorbereitung

Im vorangehenden Abschnitt „Die Kernideen" ist das Problem der Unterrichtsvorbereitung bereits angeschnitten worden. Das Vertrauen darauf, dass in den Texten der Schülerinnen und Schüler tatsächlich Kernideen stecken, die für den kommenden Unterricht genutzt werden können, ist das Rückgrat der Unterrichtsvorbereitung. Die Lehrperson muss also warten können, bis sie die Texte in ihren Händen hält, und nicht glauben, dass sie alle Ideen selbst haben muss. Also reduziert sich auch hier der Arbeitsaufwand für die Lehrperson beträchtlich. Die Unterrichtsvorbereitung besteht in der Nach- und Aufbereitung dessen, was aus dem vorangegangenen Unterricht resultiert.

Wissensvermittlung

Ein wichtiger Leitsatz der Dialogischen Didaktik lautet: „Die Theorie kommt erst hinterher." Er gibt das wieder, was im wissenschaftlichen Forschen immer der Fall ist: Die Theorie wird aufgrund von Beobachtungen und Überlegungen, meist nach vielen Fehlversuchen und Irrtümern, aufgestellt. So soll es auch beim Lernen der Schulstoffe sein. Die Lernenden sollen noch einmal die Chance erhalten, dem Wissensgebiet so zu begegnen, wie wenn es vor ihnen noch niemand betreten hätte. Das ist also die große Aufgabe der Lehrperson: Das Wissensgebiet den Lernenden als lohnendes Feld für spannendes Forschen und Entdecken zu präsentieren und nicht fertige Fakten vor sie hinzustellen. Das Wissen wird nicht vorneweg vermittelt, sondern hinterher als Ergebnis der Erkundungen innerhalb der Klasse zusammengefasst. Dabei müssen Sie aber nicht akribisch darauf achten, dass alle Bestandteile der Theorie aus den Journalen herausgelesen werden können. Vielmehr ist entscheidend, dass die Schülerinnen und Schüler im Voraus mit den Fragestellungen haben ringen können. Auch wenn sie nicht in jedem Fall zu einer Antwort vorstoßen, sind sie zumindest mit dem Thema so vertraut, dass eine klärende Antwort von der Lehrperson sie nicht mehr irritiert oder – schlimmer noch – sogar schädigt. In diesem Sinne sind die Lernenden beim Eintritt in ein neues Wissensgebiet gewissermaßen noch „Jugendliche" und „Novizen", und es müsste konsequenterweise heißen: „Fertige Theorien sind nicht jugendfrei." Die notwendige Reife erlangt ein Lernender erst durch eine möglichst intensive Auseinandersetzung mit den Problemen des betreffenden Wissensgebiets und dadurch, dass die Konzepte sowie Gedanken in der Klasse ausgetauscht werden und das Gelungene verallgemeinert wird. Die Antworten – auch wenn sie schließlich von der Lehrperson gegeben werden – schädigen dann die Person des Lernenden nicht mehr. Wenn also die Theorie stets als Zusammenfassung und Abrundung von Vergangenem präsentiert wird, entfällt im Rahmen des Unterrichts mit einer eigenen Klasse weitgehend das Vorbereiten von Einführungslektionen, wie dies an Didaktikprüfungen vor fremden Klassen oft verlangt wird.

Dialogisches Unterrichten stellt, vereinfacht gesagt, zwei Schritte einfach um: Beim traditionellen Vorgehen wird zuerst Wissen vermittelt und dann an Aufgaben geübt. Beim dialogischen Vorgehen wenden die Lernenden zuerst dank geeigneter Aufträge ihr (Vor-)Wissen probeweise an, und dann wird die Theorie vermittelt. Das probeweise Anwenden von Wissen geschieht dabei am gleichen Material, an dem auch geübt wird. Der Unterschied besteht lediglich im Kenntnisstand der Lernenden zum Zeitpunkt, zu dem die Aufgaben gestellt werden. Daher können bestehende Aufgabensammlungen durchaus Fundgruben für herausfordernde Aufträge werden, wenn sie entsprechend umgebaut werden und ihre Stellung im Ablauf der Wissenserarbeitung verändert wird.

Lehrbücher
Nach dem eben zum Thema „jugendfrei" Gesagten gehörte ein Lehrbuch wohl kaum in die Hand der Lernenden. Das wäre aber eine zu rigorose Interpretation des Dialogischen Prinzips. Wie im Abschnitt „Die Quellenangabe" bereits angeführt, ist das Vorhandensein von Informationsquellen kein Hindernis für selbstständiges Arbeiten im Journal. Wenn also ein Lehrbuch angeschafft wird, so ist das Dialogische Lernen nicht grundsätzlich in Gefahr. Dagegen muss der Einsatz des Lehrbuchs wohlüberlegt sein. Die größte Gefahr eines Lehrbuchs ist, dass es suggeriert, seitenweise durchgearbeitet werden zu müssen. Junglehrer merken sehr schnell, dass schon allein das Zeitbudget in den seltensten Fällen ein solches Vorgehen zulässt. Damit stellt sich sogleich die Frage nach der Auswahl der Inhalte. Dabei hat sich bewährt, die Lehrbücher auf Kernideen der Autoren hin abzuklopfen, die sich sehr oft in Fußnoten, Schlussbemerkungen oder auch letzten Aufgaben eines Kapitels verstecken. Die plakativ überzeichnete Regel „Fange im Lehrbuch hinten an" mag diese Erfahrung verdichten und zugleich darauf verweisen, dass segmentierendes, kleinschrittiges Vorgehen „vom Einfachen zum Schwierigen" sehr zeitraubend, einschläfernd und wenig motivierend ist. Beim Dialogischen Lernen verbietet sich ein striktes Folgen eines didaktischen Plans, der in einem Lehrbuch vorgegeben ist. Das Lehrbuch hat trotzdem eine hilfreiche Funktion, indem es als Referenz im Unterricht hinzugezogen werden kann, sobald ein Fachgebiet erstmals bearbeitet ist.

Lehrerkommentare
Begleitbücher zu Unterrichtsmaterialien für die Hand der Lehrperson – sogenannte Lehrerkommentare oder Lehrerbände – können schädliche Auswirkungen haben, besonders wenn die Lehrperson auf der Suche nach Kernideen rasch nach einem solchen Werk greift. Im Extremfall beschränkt sich dann die Lehrperson darauf, aus den Schülerinnen und Schülern jene Einsichten herauszulocken, die im Kommentar stehen. Das untergräbt nicht nur die Authentizität der Lehrperson, es verunmöglicht auch ein offenes Eingehen auf das, was die Schülerin-

nen und Schüler in ihren Journalen notieren. Außerdem verstärkt ein Lehrerkommentar noch zusätzlich das schon bestehende Wissens- und Erfahrungsgefälle zwischen Lehrenden und Lernenden. Grundsätzlich sollten alle Hilfsmittel immer allen zur Verfügung stehen, insbesondere auch den Eltern der Lernenden, solange sie noch an der kognitiven Entwicklung ihrer Kinder teilnehmen wollen.

Kopiervorlagen

Es ist verlockend, die Angebote vieler Verlage anzunehmen und deren Kopiervorlagen zur Unterrichtsgestaltung einzusetzen. Wenn Sie dialogisch unterrichten, wird aber – außer bei der ersten Lektion eines Themas – in den seltensten Fällen eine Vorlage genau zum momentanen Stand der Klasse passen. Beim Dialogischen Lernen kann die Autographensammlung deshalb die Rolle von Kopiervorlagen übernehmen. Manchmal ist auch eine von der Lehrkraft ad hoc aufgestellte Seite die passendere Alternative, um die Arbeit an einem komplexeren Thema fortzuführen.

Arbeitsblätter

In der Regel sind Arbeitsblätter so gestaltet, dass verhältnismäßig viel Text und Grafik sich mit verhältnismäßig wenig Platz für Eintragungen der Lernenden abwechseln – wie z. B. bei Lückentexten. Durch die Tatsache, dass sie in gedruckter Form vorliegen, wirken sämtliche Eintragungen der Lernenden rein optisch als Verunstaltung des Blattes. Nur wenige Schülerinnen und Schüler haben eine derart perfekte Handschrift, dass dieses Gefälle nicht zum Ausdruck kommt. Außerdem ist in den meisten Fällen die einzutragende Antwort in die vorgesehenen Lücken sehr eng umrissen. Dies alles lässt vorgedruckte Arbeitsblätter im Rahmen des Dialogischen Lernens als untauglich erscheinen. Trotzdem ist die Idee insofern brauchbar, als dass Arbeitsblätter durchaus auch von den Lernenden selbst hergestellt werden können (in Handschrift oder mit dem Computer), sodass sie beim Einsatz in der Klasse eine ganz andere, nämlich dialogische Wirkung entfalten im Sinne eines kognitiven Austauschs unter den Lernenden.

Üben und Aufgabenserien

Wo bleibt das Üben? So lautet eine häufig gestellte Frage an das dialogische Vorgehen, bei dem die Aufträge zum Forschen in neuem Terrain immer im Vordergrund stehen. Unbestritten ist, dass das Gefundene auch durch Übungen gefestigt werden muss. Und dazu findet man in den Publikationen der Lehrbuchverlage viele Aufgaben. Im Rahmen des Dialogischen Unterrichts gibt es vier hierarchisch geordnete Formen des Übens, die ich hier – mit der wichtigsten beginnend – aufzähle:

1. Beim Erforschen eines neuen Wissensgebiets können Aufträge oft bewusst in der Weise gestellt werden, dass das soeben abgeschlossene Gebiet mit seinen Kenntnissen und Techniken erneut zum Zug kommt. Dann dient also Bekanntes – oder eben vermeintlich Bekanntes, das noch zu üben ist – als Mittel zum Erkenntnisgewinn im neuen Gebiet. Dies ist die authentischste Form des Übens.
2. Wenn darüber hinaus noch mehr geübt werden muss, dann können durchaus die bekannten Übungsserien zum Zug kommen, allerdings verbunden mit einem Auftrag: Erkläre, welche

Gedanken sich der Autor dieser Serie wohl gemacht haben könnte. Inwieweit hat er Fallen gelegt? Inwieweit hat er die Theorie in die Aufgaben eingebaut?
3. Noch mehr Festigung des Wissens kann erzielt werden, wenn schließlich die Lernenden selbst Übungsserien herstellen mit dem Hintergedanken, die Mitschülerinnen und Mitschüler mit möglichst raffinierten Aufgaben herauszufordern oder sogar in die Irre zu führen. Auf diese Weise kommt innerhalb einer Klasse ein großer Vorrat an Aufgaben zusammen, aus denen die Lehrperson gezielt auswählen kann. Stets werden diese Aufgaben mit dem Namen des Herstellers verbunden und entsprechend persönlich von den Lernenden aufgenommen.
4. Zur Not können noch ganz gewöhnliche Routineaufgaben abgearbeitet werden. Deren Lösungen werden im Rahmen des Dialogischen Lernens aber nicht eingesammelt und dadurch oft auch als willkommene und spielerische Entspannung empfunden.

Erweiterte Unterrichtsformen

Ein moderner Unterricht zeichnet sich durch Variation der Unterrichtsformen aus. Gruppenunterricht, Werkstattunterricht, Projektunterricht usw. sollen den traditionellen Frontalunterricht erweitern. Diese Unterrichtsformen stehen nicht in direkter Konkurrenz mit dem Dialogischen Lernen, denn sie beschreiben zuerst einmal eine äußere Organisationsform. Als solche erfordern sie in der Regel sehr viel und besonderen Vorbereitungsaufwand durch die Lehrperson. Wenn in deren Rahmen nun von allen Lernenden schriftliche Dokumente verfasst werden, die von anderen zur Kenntnis genommen und auf die Rückmeldungen gegeben werden, so ist das dialogische Vorgehen auch in diesem Rahmen gesichert. Somit bleibt es der Lehrperson überlassen, ob sie die erweiterten Unterrichtsformen einsetzen will oder nicht, ohne dass sie deshalb auf das dialogische Vorgehen verzichten muss.

Realitätsbezug

Es gibt die verbreitete Vorstellung, hohe Motivation entstehe bei den Lernenden, wenn die „Realität" ihrer realen Lebenswelt in das zu behandelnde Stoffgebiet mit einbezogen wird. Diese subjektive Theorie trägt zwei große Gefahren in sich:
1. Oft wirkt die Einbettung der Themen und Fragen in die Lebenswelt gekünstelt, und das wird von den Schülerinnen und Schülern auch so empfunden.
2. Der Bezug zur Lebenswelt ist oft dafür verantwortlich, dass die Problemstellung erschreckend komplex wird.

Daher möchte ich davor warnen, den Lebensweltbezug für die Lösung der Motivationsfrage zu halten. Wenn aber der Begriff „Realität" etwas weiter aufgefasst wird, eröffnen sich neue Möglichkeiten, die zum Dialogischen Lernen passen: Wenn es einem Lernenden bei der Bearbeitung eines Auftrags – wie abstrakt und lebensfern er auch immer sein mag – gelingt, sich aus eigener Kraft vom Zustand des chaotischen Unwissens in den Zustand von Über- und Durchblick zu heben, dann spürt er sich und seine Leistung sehr direkt. Das ist in einem gewissen Sinn die erste lebensweltliche Realität eines Menschen: sein Selbstwertgefühl und seine Selbstwirksamkeit zu erfahren. Damit hat gelungenes Dialogisches Lernen den höchsten Realitätsbezug.

Teil 2: Annäherung an die Praxis des Dialogischen Lernens auf drei verschiedenen Wegen

Unterrichtsmaterialien

Neben Lehrbüchern gibt es je nach Fach mal mehr und mal weniger Materialien (Modelle, Handlungsobjekte, Lernspiele usw.), welche die Begriffe und Bezüge einer Wissenschaft verdeutlichen helfen. Bei deren Einsatz im Dialogischen Unterricht gilt eine ähnliche Regel wie bei der Wissensvermittlung: „Modelle sind nicht jugendfrei". Man darf sie also nicht zu früh einsetzen, nämlich bevor sich die Lernenden eigene Vorstellungen vom Inhalt und von der Problemlage haben machen können. Die Materialien sind nützlich und unschädlich, wenn sie nach den bestandenen Mühen der Erkenntnisgewinnung eingesetzt werden. Sie runden dann das vorgängig aufgebaute Wissen ab, bringen neue Blickwinkel ein und helfen bei der Festigung des Wissens.

Ich hoffe, diese Ausführungen ermutigen Sie, sich auf Versuche mit Dialogischem Lernen einzulassen, und helfen Ihnen, diese erfolgreich zu gestalten. Weitere Anregungen und Ratschläge erhalten Sie auf den folgenden Webseiten:

www.lerndialog.uzh.ch (Dort kann in einem 40 Minuten langen Film zu meinem Mathematikunterricht insbesondere der chronologische Ablauf eines Dialogischen Unterrichts studiert werden.)
www.1000ways.ch (Dies ist eine Plattform für die Ausbildung in Fachdidaktik und für den Austausch unter aktiven Lehrerinnen und Lehrern.)

Der Prüfungsaufsatz –
Vorbereitung auf den Auftritt vor einer kritischen Expertenrunde
Urs Ruf und Regula Ruf-Bräker

In der Dialogischen Didaktik spielt das Erfinden und Erzählen von Geschichten vom ersten Schultag an eine zentrale Rolle, und zwar nicht nur im Deutschunterricht. *Spuren legen – Spuren lesen* heißt die Kernidee, die wegleitend ist für die erste Begegnung der Schulanfänger mit den Inhalten des schulischen Lernens. Im Kontext der ältesten Spuren der Menschheitsgeschichte entwickeln die Kinder im Laufe der ersten Wochen und Monate das Bewusstsein, dass Menschen nicht nur Spuren hinterlassen, sondern dass sie diese auch bewusst legen und immer auch auf vielfältige Weise interpretieren. Die zentrale Botschaft des Unterrichts lautet:

Auch von dir gibt es viele Spuren! Jetzt lernst du neue Spuren legen: Spuren im Reisetagebuch
(Ruf & Gallin 1995, S. 11).

So erfahren die Kinder vom ersten Schultag an, dass das Lernen selbst eine Geschichte ist, die sie im Austausch mit ihren Lehrern und Lernpartnern mitgestalten. Diese Geschichte halten sie mithilfe der Kulturtechniken der Schrift und der mathematischen Symbole, die sie dabei erlernen, in ihrem Reisetagebuch, wie das Lernjournal hier genannt wird, fest und machen sie für andere zugänglich.

Spuren legen und *Spuren lesen* sind die komplementär aufeinander bezogenen Grundbewegungen des Dialogischen Unterrichts. Wer Spuren legt, handelt in der Rolle des Produzenten, will sich verständlich machen und übt sich in der Kunst des Sprechens und des Darstellens; wer Spuren liest, handelt in der Rolle des Rezipienten, will verstehen und übt sich in der Kunst des Zuhörens und des Interpretierens. Wenn die Schüler die Sprecherrolle übernehmen, orientieren sie sich an ihren singulären Intentionen und Konzepten und bringen das ins Spiel, was sie tatsächlich wissen und können. Unter der Leitidee *Ich mache das so!* steht die Praxis eines Novizen – seine jeweils individuellen Konzepte – auf dem Prüfstand. Unter der Leitidee *Wie machst du es?* hört die Lehrperson dem Novizen zu, versucht seine Perspektive einzunehmen und zu verstehen, was er tut, warum er das tut und wie erfolgversprechend das unter fachlichen Gesichtspunkten ist. Dann wechseln die Rollen. Die Lehrperson informiert den Schüler über ihre Einsichten in seine Novizenpraxis, hebt seine impliziten Intentionen und Konzepte ins Bewusstsein und unterstützt ihn dabei, ein Wissen darüber aufzubauen, was er weiß und kann, was zum Erfolg führt und welches der nächste Entwicklungsschritt sein könnte. Dabei bringt die Lehrperson auch ihr Expertenwissen ins Spiel. Wie dieses dialogische Wechselspiel von Produktion und Rezeption in der Praxis funktioniert, soll nun an einem Beispiel erläutert werden. Im ersten Teil zeigen wir, wie die Lernenden ihre Praxis des Schreibens im Vergleich mit der Praxis von Lernpartnern und Experten kontinuierlich modifizieren, erweitern und verfeinern. Im zweiten Teil wechseln die Lernenden die Perspektive und betrachten den Prüfungsaufsatz aus der Sicht der Experten, indem sie Prüfungsthemen auf die Erwartungen der Experten hin analysieren und den Spielraum ausloten, den ein Thema eröffnet.

Techniken des Erzählens

- Auch berühmte Geschichtenerzähler nehmen sich oft eine fremde Geschichte als Vorlage für ihre eigene Geschichte.

- Eine Geschichte lebt meist von einem einzigen Einfall. Der Einfall ist die treibende Kraft. Darum wird er oft schon im ersten Satz bekannt gegeben.

- Der Einfall stellt sich ein, wenn du dir genau überlegst, was deiner Hauptfigur fehlt und wie sie etwas verändern könnte.

- Wiederholungen geben der Geschichte einen Halt: Man kann Wendungen wiederholen *(Fort und fort lief es ...)*, man kann aber auch Handlungsabläufe *(fragen, antworten, danken)* oder Satzmuster *(Unerreichbar ... Sechzehn ... Gross ...)* wiederholen.

- Von Zeit zu Zeit musst du innehalten und erzählen, was eine Figur sieht, hört, fühlt oder denkt. Zähle vieles auf!

- Variiere das Erzähltempo. Wechsle ab zwischen Abschnitten, in denen die Zeit ganz schnell läuft, und Abschnitten, in denen sie ganz langsam läuft. Pack zehn Stunden in einen Satz! Schreib eine ganze Seite über eine Minute!

- Wechsle an ganz wichtigen Stellen von der normalen in die markierte Wortstellung. Markiere ab und zu zwei oder drei eng zusammengehörende Sätze.

- Spiele mit der direkten und der indirekten Rede.

- Mit dem Konjunktiv lädst du zum Rätseln ein: *Sie sei ..., habe ..., glaube ..., denke ...* Du öffnest ein Fenster in andere Welten: *Er hätte ..., wäre ..., käme ..., kröche ..., dächte ...*

- Lass dir von andern erklären, wie deine Geschichte auf sie wirkt und was sie besonders gut finden. Gib auch du Rückmeldungen. So entdeckst du neue Erzähltechniken.

© Lehrmittelverlag des Kantons Zürich

Abb. 1: Techniken des Erzählens aus dem Kapitel „Ein Einfall – eine Geschichte" im Lehrbuch *ich du wir*
(Gallin & Ruf 1999a, S. 141)

Der Prüfungsaufsatz – Vorbereitung auf den Auftritt vor einer kritischen Expertenrunde

Die Klasse, von der hier erzählt wird, steht am Ende der Primarschulzeit, im 6. Schuljahr, und bereitet sich auf die Prüfung ins Gymnasium oder auf den Übertritt in eine der drei Leistungsstufen der Sekundarschule vor. Dabei spielt, vor allem für die zukünftigen Gymnasiasten, der Prüfungsaufsatz eine entscheidende Rolle. In die dialogische Vorbereitung auf diesen Prüfungsaufsatz wird selbstverständlich die ganze Klasse einbezogen: Aufsatzschreiben ist für alle Kinder wichtig. Zudem ist der konstruktive und kreative Umgang mit Heterogenität ein Kernelement des Dialogischen Lernmodells: Alle Schülerinnen und Schüler befassen sich immer mit den gleichen fachlichen Inhalten, sie tun dies aber auf unterschiedlichem Niveau und sie können auf jedem Niveau gute und sehr gute Leistungen erbringen. Es handelt sich bei unserer Klasse um eine sehr heterogene Gruppe, rund 50% Kinder haben einen Migrationshintergrund und nur wenige stammen aus mittleren oder höheren sozialen Schichten. Rund 20% der Kinder gelten als leistungsschwach und haben Anspruch auf heilpädagogische Unterstützung. Diese Klasse ist erst vom 4. Schuljahr an nach dem Dialogischen Lernkonzept unterrichtet worden. Im unterrichtsbegleitenden Lehrbuch *ich du wir* (Gallin & Ruf 1999) haben die Kinder unter der Kernidee „Wir spielen mit Druck und Gegendruck" grundlegende Techniken der Spannungserzeugung kennengelernt, sind unter der Kernidee „Ein Einfall – eine Geschichte: Schreiben nach Vorlage" mit Texten von Profis konfrontiert worden, haben unter der Kernidee „Eingreifen und Abändern" erfahren, wie man Erlebtes zu Geschichten umgestalten kann, und haben mithilfe eines Satzbaumodells gelernt, grammatisches Wissen produktiv zum Bau, zur Erweiterung und zur Umgestaltung ihrer Sätze zu nutzen. So verfügen die Schülerinnen und Schüler dieser 6. Klasse also über wirkungsvolle Techniken der Textgestaltung und der Textüberarbeitung und haben im Austausch mit ihren Lernpartnern immer wieder erfahren, mit welchen Ideen und Gestaltungsmitteln sie Erfolg bei ihrem Publikum haben (Abb. 1). Vor diesem Hintergrund haben wir versucht, die Kinder gezielt auf die Textsorte Prüfungsaufsatz vorzubereiten.

Die folgende Unterrichtsskizze kann als Modell benutzt werden, auch wenn Lehrer und Schüler noch über keinerlei Erfahrungen im Umgang mit dem Dialogischen Lernkonzept verfügen. Weil in diesem Konzept das tatsächliche Vorwissen der Lernenden den Verlauf des Unterrichts maßgebend bestimmt, kann man zu jedem beliebigen Zeitpunkt mit Dialogischem Unterricht anfangen. Es ist kein spezielles didaktisches oder fachliches Vorwissen erforderlich, sondern einzig und allein die Bereitschaft, das, was die Schülerinnen und Schüler zum Unterricht beitragen, systematisch unter den Aspekten *Wie machst du es?* und *Was ist gelungen?* zu beurteilen und die interessantesten Beispiele als Lehrangebot für den nachfolgenden Unterricht einzusetzen.

Kernidee und Auftrag erschließen das Feld der persönlichen Entwicklung

An den Anfang unseres Dialogischen Unterrichtsprojekts „Prüfungsaufsatz", das von Regula Ruf-Bräker durchgeführt wurde, haben wir einen umfassenden Einstiegsauftrag mit dem Titel „Einen Prüfungsaufsatz verfassen" gestellt (Abb. 3). Dieser Auftrag konfrontiert die Kinder gleich zu Beginn mit dem zentralen Problem, um das es in diesem Projekt geht. Die Kinder erhalten vier Aufgaben aus früheren Aufnahmeprüfungen für das Gymnasium und sollen, wie

Teil 2: Annäherung an die Praxis des Dialogischen Lernens auf drei verschiedenen Wegen

3. Vierzehn Uhr vorbei!

Erfinde eine Geschichte, die zu Titel und Bild passt.

Abb. 2: Prüfungsthema[1] © Uli Stein / Catprint Media GmbH

das in der Prüfung verlangt ist, ein Thema auswählen und dazu einen Text schreiben. Wir fordern also gleich zu Beginn des Projekts die Leistung ein, auf die das Projekt vorbereiten will. Allerdings müssen die Schüler diese Leistung nicht unter den einschränkenden Bedingungen einer Prüfungssituation, sondern im geschützten Raum eines dialogischen Handlungsfeldes erbringen, das durch eine Kernidee, einen offenen Auftrag und ein paar Regeln erschlossen und strukturiert wird. Außerdem haben wir uns bei der Auswahl der Themen auf Textsorten beschränkt, bei denen das Erzählen im Zentrum steht. Das folgende Thema wurde von den meisten Kindern ausgewählt (Abb. 2).

Der Einstiegsauftrag der Lehrerin ist ein fachliches Angebot. Die Lehrerin eröffnet den Unterricht also in der Sprecherrolle. Im Zentrum des fachlichen Angebots steht eine Kernidee, die den Blick auf das WIE des Erzählens lenkt und daran erinnert, dass es letztlich nicht die Inhalte sind, die eine Geschichte spannend machen, sondern die sprachliche Gestaltung. Der Auftrag lädt zu einer impliziten, handlungsorientierten Analyse der Themen ein. Diese sollen daraufhin getestet werden, ob einem dazu ein interessanter Anfangssatz, eine überraschende Pointe oder ein überzeugender Schluss einfällt. An diesen ersten drei Teilaufträgen arbeiten die Kinder 60 bis 80 Minuten. Das führt einerseits zu einer starken Verlangsamung des Schreibprozesses und lenkt die Aufmerksamkeit andererseits auf drei für die Konzeption eines Textes bedeutsame Bauelemente: den Anfang, den Höhepunkt und den Schluss. Das dritte

---

[1] Dieses Prüfungsthema stammt aus: Zürcher Kantonale Mittelstufenkonferenz (Hg.) (1999): *Aufgaben aus Aufnahmeprüfungen in Gymnasien des Kantons Zürich, Anschluss an die 6. Klasse (Sprache)*. Zürich: Verlag der Zürcher Kantonalen Mittelstufenkonferenz, S. 3.

Einen Prüfungsaufsatz verfassen

A

Auftrag
Du bekommst vier Aufsatzthemen.

1. Formuliere für jedes Thema einen guten Anfangssatz.

2. Erfinde für jedes Thema zwei bis drei Sätze, die eine Pointe, also eine Art Höhepunkt, sein könnten.

3. Formuliere für jedes Thema einen guten Schlusssatz.

4. Wähle jetzt ein Thema aus, zu dem du einen Text verfassen willst.

Kernidee für das Erzählen
Denk nie nur daran, WAS du erzählen willst, sondern denk immer auch daran, WIE du erzählen willst.

Erste Regeln zum WIE
1. Im ersten Satz steckt der Einfall zur Geschichte.

2. Die Zeit, über die du erzählst, soll möglichst kurz sein. Meist reichen fünf bis zehn Minuten im Leben deiner Hauptfigur.

3. Erzähle in der Rückschau, wenn du Zeit sparen willst.

4. Erzähle im Sekundenstil, wenn es spannend werden soll.

5. Erzähle, was die Person denkt und fühlt.

6. Erzähle, was die Person hört, sieht, riecht, ertastet oder schmeckt.
   (Bei Robert Walser hast du noch andere Techniken des Erzählens kennengelernt. Lies nach im *ich du wir* auf der Seite 141.)

Abb. 3: Einstiegsauftrag

Teil 2: Annäherung an die Praxis des Dialogischen Lernens auf drei verschiedenen Wegen

Element des Einstiegsauftrags sind die Regeln zur Textgestaltung. Sie fassen in knapper Form fachliche Einsichten zusammen, welche im bisherigen Unterricht erarbeitet worden sind und die jetzt explizit als Werkzeuge der Textgestaltung zur Verfügung stehen: Geschichten leben von einer Idee, Erzählen ist ein Spiel mit der Zeit, und Personen werden interessant, wenn man sie mit einem Innenleben und mit sensiblen Sinnen ausstattet.

Der Einstiegsauftrag lädt die Kinder ein, von der Hörer- in die Sprecherrolle zu wechseln und im Rahmen des neuen Themas ihre erste Spur zu legen. Er regt und leitet sie an, das zu nutzen, was sie schon wissen und können, um es in Auseinandersetzung mit einer neuen Herausforderung – dem Prüfungsaufsatz – zu erproben und weiterzuentwickeln. Zwar enthält der Auftrag eine geballte Ladung an Theorie über das Erzählen, aber diese Theorie wird nicht unvermittelt an die Schülerinnen und Schüler herangetragen; sie erinnert vielmehr an das, was in früheren Lerneinheiten Thema war und was bereits zum Bestand des gemeinsamen Wir gehört. Der Auftrag ist offen und zielt darauf, mit einer neuen Praxis vertraut zu werden: der Praxis des Verfassens von Prüfungsaufsätzen. *Ich mache das so!* lautet die Leitidee in dieser ersten Phase der Produktion. Bei der Klasse, von der wir hier berichten, hat die Lehrerin nach der Erfüllung der ersten drei Teilaufträge einen Sesseltanz eingebaut und die Schüler von der Sprecher- in die Hörerrolle versetzt. Sie forderte die Kinder auf, ihr Reisetagebuch mit den Satzbeispielen auf ihrem Pult liegen zu lassen und ein leeres Blatt mit dem Titel Rückmeldungen danebenzulegen. Jetzt durften sie sich an die Plätze anderer Kinder setzen, ihre Sätze lesen und eine kleine Rückmeldung dazu verfassen. Auf diese Weise lernten sie viele Möglichkeiten kennen, zum gleichen Thema einen ersten Satz, eine Pointe und einen Schlusssatz zu schreiben. Nach dieser kurzen Phase der Rezeption unter der Leitidee *Wie machst du es?* kehrten sie an ihre Plätze zurück und nahmen den vierten Teilauftrag in Angriff: das Verfassen eines Prüfungsaufsatzes.

In der Phase der Rezeption geht es darum, seine eigene Arbeit mit der Arbeit anderer zu vergleichen, andere zu beraten und von ihnen zu lernen. Im Fall der beschriebenen Klasse konnten wir die Phase der Rezeption kurzhalten, weil die Schülerinnen und Schüler schon über viel Erfahrung und Wissen rund um das Erzählen verfügten. Wir haben das gleiche Projekt aber auch mit einer Klasse durchgeführt, die vorher nicht dialogisch unterrichtet wurde und darum kaum über explizites Wissen zur Praxis ihres Schreibens und Erzählens verfügte. Die Lernenden konnten zwar Aufsätze schreiben, wenn man es von ihnen verlangte, aber es war ihnen nicht bewusst, dass sie sich dabei an impliziten Konzepten orientieren und bestimmte Werkzeuge einsetzen. Aus diesem Grund mussten wir das Wechselspiel zwischen Produktion und Rezeption am Anfang des Projekts ausdehnen und verlangsamen. Wir dokumentieren die Aufträge, die dabei zum Einsatz kamen, im Anhang (Abb. 22 bis 25) und kehren zurück zur Klasse, über die wir hier ausführlich berichten.

Was ist gelungen? Von der Expertentheorie zur Theorie der Praxis der Schülerinnen und Schüler

Nachdem sich die Kinder intensiv mit den ersten drei Teilaufträgen des Einstiegsauftrags befasst und sich darüber ausgetauscht hatten – mit dem Anfang, dem Höhepunkt und dem

Der Prüfungsaufsatz – Vorbereitung auf den Auftritt vor einer kritischen Expertenrunde

Schluss der Geschichte –, nahmen sie den vierten Teil des Auftrags, das Verfassen eines vollständigen Prüfungsaufsatzes, in Angriff. Die Lehrerin sammelte die fertigen Texte ein. Hier zeigt sich nun das entscheidende Merkmal der Dialogischen Didaktik. Was geschieht mit den Texten der Kinder? Die Kinder haben ihre Leistung erbracht: Sie haben das Angebot – auch das Theorieangebot – des Auftrags so gut sie konnten genutzt. Was tut nun die Lehrerin mit diesen Arbeiten? Im traditionellen Unterricht käme nun die Aufsatzkorrektur. Die Lehrerin würde die Aufsätze an fachlichen Normen messen, die aus der Expertenpraxis abgeleitet sind. Dabei würde neben der Korrektur der Verstöße gegen sprachliche Normen vor allem darauf geachtet, ob die Instruktionen – in unserem Fall das Thema und die Regeln der Textgestaltung – richtig verstanden und richtig angewendet worden sind. Kurz: Die Lehrerin würde das, was die Kinder tatsächlich können, an dem messen, was sie ihrer Meinung nach können sollten, und würde dann die Defizite feststellen.

Die Dialogische Didaktik beschreitet hier einen anderen Weg. Sie geht vom Primat der Praxis aus, und zwar bei den Experten und den Novizen. Kennzeichnend für die Experten ist, dass sie sich auf die Praxis des Schreibens – hier des Geschichtenschreibens – verstehen. Die Theorie, die aus dieser Praxis abgeleitet wird, macht die Expertenpraxis dem rationalen Diskurs zugänglich. Man kann damit erklären, was die Experten tun und warum sie das tun. Die Expertentheorie spielt auch im Dialogischen Unterricht eine zentrale Rolle. Sie wird aber als das behandelt, was sie ist: als Theorie der Praxis der Experten. Sie erklärt im Nachhinein, warum Expertentexte gut sind und was uns an ihren Texten fasziniert. Sie gibt aber keinen direkten Aufschluss darüber, wie die Novizenpraxis verbessert werden kann. Das ist der springende Punkt. Denn nicht nur die Experten verstehen sich auf eine Praxis, sondern auch die Novizen. Wenn Schüler Texte schreiben, orientieren auch sie sich an einer wie auch immer beschaffenen singulären Praxis des Texteschreibens. Diese Praxis ist das Produkt vielfältiger Erfahrungen, die sie im Umgang mit allen bisher gelesenen und geschriebenen Texten gemacht und die sich in weitgehend unbewussten Konzepten, Wertungen, Normen und Regeln verdichtet haben. Dieses implizite *Wissen wie*, das stark vom bisherigen Schulunterricht geprägt ist, gilt es explizit und der Bearbeitung zugänglich zu machen. Erst wenn die Schülerinnen und Schüler eine Vorstellung der Theorie ihrer eigenen Praxis haben, können sie ein Verständnis für die Expertentheorie entwickeln und diese für die Entwicklung ihrer eigenen Praxis produktiv nutzen. Wer nicht weiß, wie er etwas anpackt, kann auch keine Vorstellungen davon entwickeln, was er wie und warum besser machen könnte.

Gestützt auf ihr implizites *Wissen wie* haben die Schülerinnen und Schüler unserer 6. Primarklasse unseren Einstiegsauftrag interpretiert und ihn zu lösen versucht. Die Texte, die sie abgegeben haben, geben Aufschluss über ihren gegenwärtigen Stand der Praxis des Aufsatzschreibens, auf die sie sich verstehen: über das, was sie im Handlungsfeld Prüfungsaufsatz im Moment leisten können und leisten wollen. Wenn sich die Lehrerin nun also anschickt, die Aufsätze ihrer Schülerinnen und Schüler zu lesen, setzt sie sich zum Ziel, das implizite *Wissen wie* zu verstehen, aus dem heraus der Aufsatz entstanden ist, und dieses nach Möglichkeit explizit zu machen. Die Lehrerin misst den Aufsatz also nicht an einem meist nur gedachten

Teil 2: Annäherung an die Praxis des Dialogischen Lernens auf drei verschiedenen Wegen

idealen Musteraufsatz, sondern versteht und behandelt ihn als Ausdruck einer impliziten singulären Theorie. Unter der Leitfrage *Wie machst du es?* macht sie sich also auf die Suche nach der Theorie der Praxis, aus der heraus der Schülertext entstanden ist. Dabei stehen für sie die schon funktionierenden oder entwicklungsfähigen Aspekte einer mehr oder weniger ausgeprägten Handlungskompetenz (vgl. Weinert 2001, S. 246 f.) im Vordergrund. Natürlich stößt

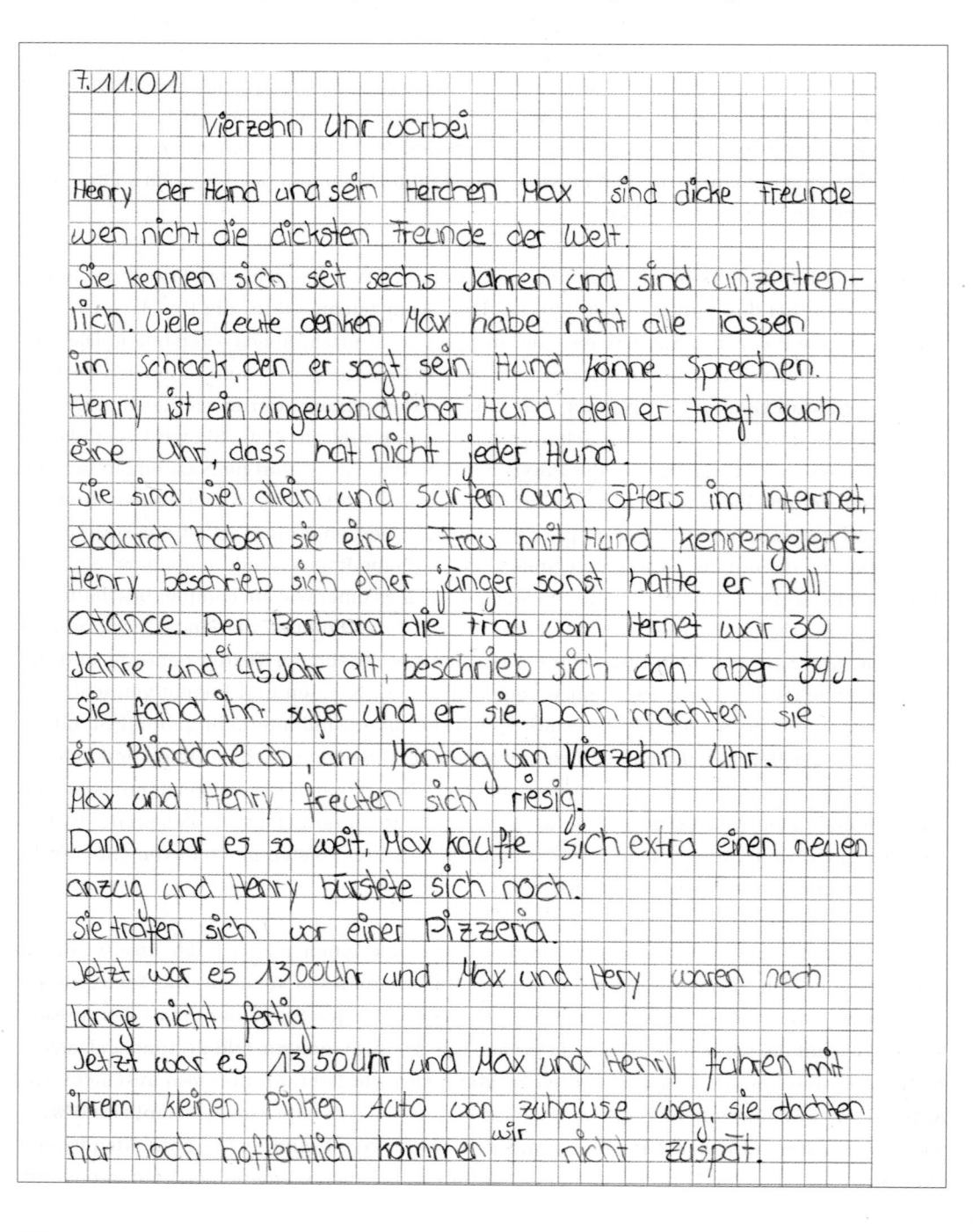

7.11.01

Vierzehn Uhr vorbei

Henry der Hund und sein Herrchen Max sind dicke Freunde wen nicht die dicksten Freunde der Welt.
Sie kennen sich seit sechs Jahren und sind unzertrennlich. Viele Leute denken Max habe nicht alle Tassen im Schrack, den er sagt sein Hund könne sprechen.
Henry ist ein ungewöndlicher Hund den er trägt auch eine Uhr, dass hat nicht jeder Hund.
Sie sind viel allein und surfen auch öfters im Internet, dadurch haben sie eine Frau mit Hund kennengelernt. Henry beschrieb sich eher jünger sonst hatte er null Chance. Den Barbara die Frau vom Iternet war 30 Jahre und ei 45 Jahr alt, beschrieb sich dan aber 34J.
Sie fand ihn super und er sie. Dann machten sie ein Blinddate ab, am Montag um Vierzehn Uhr.
Max und Henry freuten sich riesig.
Dann war es so weit, Max kauffte sich extra einen neuen Anzug und Henry bürstete sich noch.
Sie trafen sich vor einer Pizzeria.
Jetzt war es 13.00Uhr und Max und Hery waren noch lange nicht fertig.
Jetzt war es 13.50Uhr und Max und Henry fuhren mit ihrem kleinen Pinken Auto von zuhause weg, sie dachten nur noch hofentlich kommen wir nicht zu spät.

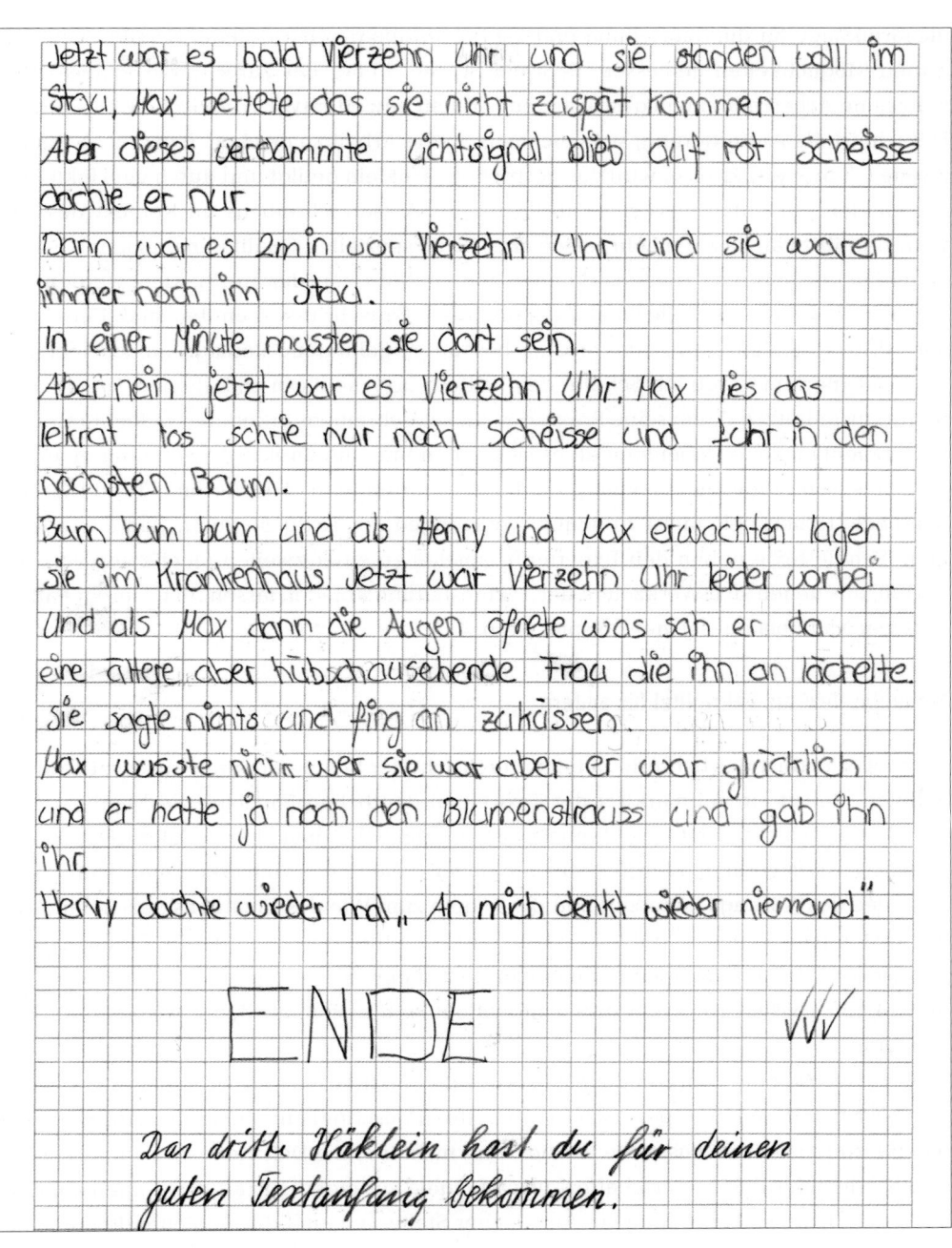

Der Prüfungsaufsatz – Vorbereitung auf den Auftritt vor einer kritischen Expertenrunde

> Jetzt war es bald Vierzehn Uhr und sie standen voll im Stau. Max bettete das sie nicht zuspät kommen.
> Aber dieses verdammte Lichtsignal blieb auf rot scheisse dachte er nur.
> Dann war es 2min vor Vierzehn Uhr und sie waren immer noch im Stau.
> In einer Minute mussten sie dort sein.
> Aber nein jetzt war es Vierzehn Uhr. Max lies das lekrat los schrie nur noch Scheisse und fuhr in den nächsten Baum.
> Bum bum bum und als Henry und Max erwachten lagen sie im Krankenhaus. Jetzt war Vierzehn Uhr leider vorbei.
> Und als Max dann die Augen öfnete was sah er da eine ältere aber hübschaussehende Frau die ihn an lächelte.
> Sie sagte nichts und fing an zu küssen.
> Max wusste nicht wer sie war aber er war glücklich und er hatte ja noch den Blumenstrauss und gab ihn ihr.
> Henry dachte wieder mal „An mich denkt wieder niemand."
>
> ENDE ✓✓✓
>
> *Das dritte Häklein hast du für deinen guten Textanfang bekommen.*

Abb. 4: Aufsatz von Manuela zum Prüfungsthema „Vierzehn Uhr vorbei"

sie auch auf lernhemmende Konzepte, für deren Überwindung sie den Schülern Unterstützung anbietet. Ihr Augenmerk beim Lesen der Schülerarbeiten richtet sie aber primär auf das Gelungene und das Entwicklungsfähige. Stößt sie auf eine gelungene Passage, markiert sie diese am Rand, überlegt sich, welches Konzept oder welche Technik dahinterstehen, und macht den Schüler in einer kurzen Rückmeldung darauf aufmerksam. Diese gelungenen Passagen bilden die Grundlage für die Beurteilung und die Bewertung der Texte. Jeder Schüler wird dabei an seinen Möglichkeiten gemessen. Fällt ein Schüler hinter das zurück, was er leisten könnte, wird seine Arbeit mit einem gestrichenen Häklein bewertet (vgl. S. 256–261). Das gestrichene Häklein ist die Aufforderung, sich nochmals an die Arbeit zu machen. Nutzt ein Schüler diese zweite Chance erfolgreich, wird das gestrichene Häklein getilgt und durch ein Häklein ersetzt. Ein Häklein bedeutet, dass sich die Praxis des Aufsatzschreibens im Kontext des Auftrags zwar bewährt hat, dass die Lehrperson aber keine speziellen Qualitäten und keine Fortschritte gegenüber bisherigen Arbeiten erkennen konnte. Mit zwei oder drei Häklein werden Arbeiten bewertet, in denen spezielle Qualitäten und klare Fortschritte erkennbar sind. Für ein zweites oder drittes Häklein kann eine einzige besonders gelungene Passage ausreichen. Entscheidendes Kriterium ist, ob ein Schüler den Auftrag und die darin enthaltenen Theorieangebote produktiv genutzt hat, um seine Praxis des Aufsatzschreibens erkennbar in Richtung Expertise weiterzuentwickeln. Dabei handelt es sich selten um eine direkte Anwendung eines Theorieangebots, sondern meist um eine produktive Umgestaltung. Aus diesem Grund führen gelungene Schülerbeispiele meist zu neuen Werkzeugen der Textgestaltung. Damit werden gelungene Schülertexte neben den Expertenbeispielen zu einer zweiten Quelle von vorbildlichen Texten, aus denen sich Werkzeuge der Textgestaltung ableiten lassen. In unserem Fall war der Text von Manuela ein solches Beispiel (Abb. 4).

Manuelas Text als Lehrmittel für andere

Manuelas Text ist der Lehrerin bei der Durchsicht der Schülerarbeiten aus zwei Gründen aufgefallen. Zuerst einmal markiert der Text einen deutlichen Fortschritt in Manuelas individueller Lerngeschichte. Hat sich Manuela bisher beim Schreiben eher von ihrer Fantasie treiben lassen, so ist im vorliegenden Text ein deutlicher Gestaltungswille erkennbar. Manuela hat die Kernidee des Auftrags beherzigt und die Regeln zum Wie des Erzählens gezielt eingesetzt. In den ersten paar Zeilen charakterisiert sie ihre Hauptfiguren treffend, gibt Einblick in ihre Gedanken und steigert die Spannung, indem sie fast eine Seite lang erzählt, was zwischen 13.50 und 14 Uhr passiert ist. Unter dieser Individualnorm bekommt Manuela vorerst einmal zwei Häklein.

Jetzt wechselt die Lehrerin die Perspektive und überlegt sich, wo Manuela steht, wenn man ihren Text, den sie ohne spezifische Vorbereitung geschrieben hat, an den Anforderungen an einen Prüfungsaufsatz misst. Sie tut dies aber nicht, um die Defizite festzustellen, sondern um sich Klarheit darüber zu verschaffen, was Manuela aus eigener Kraft bewältigen kann und wo sie gezielt Unterstützung braucht. An welcher Stelle, so lautet die wegleitende Frage der Lehrerin, ist Manuela mit ihren Möglichkeiten an ihre Grenzen geraten und welchen Rat könnte man ihr geben, um den *nächstmöglichen Entwicklungsschritt* (Vygotsky 1978) auszulösen (vgl. S. 262). Beurteilt man Manuelas Text unter dem Aspekt der persönlichen Entwicklung, stellt man fest, dass sie über eine Reihe von Strategien und Techniken der Textgestaltung verfügt, die sie mehr oder weniger wirkungsvoll einzusetzen weiß. Beurteilt man den Text dagegen unter dem Aspekt der fachlichen Bewährung, fällt sofort der Bruch in der Mitte des Textes auf, wo die Handlung beginnt und die Uhrzeit ins Spiel kommt. Der erste Teil wird dem Thema gerecht, der zweite Teil nicht. Zuerst setzt die Lehrerin ein drittes Häklein unter Manuelas Text, um die gelungene Einleitung noch speziell auszuzeichnen. Dann versucht sie zu verstehen, an welchem Problem Manuela im zweiten Teil gescheitert ist.

Plötzlich wird der Lehrerin klar, was hier passiert ist. Manuela bleibt im ersten Teil ihres Textes nahe am Bild mit dem Herrn und dem Hund, sobald ihre Geschichte aber Schwung bekommt, verliert sie das Bild aus den Augen und überlässt sich der Eigendynamik ihres Textes. So kommt die Szene, die auf dem Bild dargestellt ist, in Manuelas Text gar nicht – oder nur am Rand – vor. Auch spielt die Hauptfigur in ihrem Text eine andere Rolle als die auf dem Bild. Manuelas Hauptfigur verursacht die Verspätung, während die Hauptfigur auf dem Bild offensichtlich das „Opfer" einer Verspätung ist. Manuela tappt hier in auffälliger Weise in eine Falle, in welche fast alle Schülerinnen und Schüler der Klasse geraten sind. Je mehr das Bild die Fantasie der Kinder anregte, desto weiter entfernten sich ihre Textgeschichten von dem, was auf dem Bild zu sehen ist. Das Bild hatte zwar den Impuls zu ihrer Geschichte gegeben, aber es war nicht in ihre Geschichte eingepasst worden. Gerade das aber ist die zentrale Herausforderung des Prüfungsthemas: Das Bild soll nicht bloß Auslöser für eine beliebige Geschichte sein, es wird vielmehr verlangt, eine zum Bild passende Geschichte zu erfinden. Gegen diese Vorgabe verstößt Manuelas Text auf geradezu exemplarische Weise. Und das ist der zweite Grund, warum dieser Text der Lehrerin in die Augen gestochen ist. Manuelas Text eignet sich in nahezu idealer Weise als Lehrmittel für die ganze Klasse. An diesem Text kann die Lehrerin nicht nur zeigen, was zum Gelingen dieser Sorte von Prüfungsaufsätzen beiträgt, sie kann auch exemplarisch demonstrieren, wo und warum die meisten der Schülerinnen und Schüler an ihre Grenzen gestoßen sind und wie sie diese Grenze überwinden und die Qualität ihrer Texte deutlich steigern können.

Inspiriert von Manuelas Aufsatz schreibt die Lehrerin einen neuen Auftrag zum Prüfungsaufsatz und leitet damit eine neue Phase der Entwicklung ein (Abb. 5). Die Kernidee „Das Bild soll die Pointe des Textes sein" lenkt den Blick auf die Hürde, an der die meisten Schülerinnen und Schüler gescheitert sind. Dieser allgemeine Appell genügt der Lehrerin aber nicht. Sie sucht nach Regeln, die so wirksam sind, dass die Kinder auch unter erhöhtem Zeit- und Prüfungsdruck nicht nochmals in die gleiche Falle tappen. Die erste Regel ist naheliegend: „Alles, was man auf dem Bild sieht, muss im Text vorkommen." Um einen zum Bild passenden Text verfassen zu können, muss man das Bild genau analysieren. Aber schützt diese Regel die Kinder davor, das Bild dann doch aus den Augen zu verlieren, wenn ihr Text seine eigene Dynamik entwickelt? Bilder sind zeit- und ortsgebunden, Texte nicht. Hier liegt das Problem. Und hier setzt die Lehrerin mit ihrer Regel an: „Die Figuren verlassen den Ort, den das Bild zeigt, nicht." Mit dieser Regel unterwirft die Lehrerin die Texte, welche die Kinder schreiben sollen, den gleichen Einschränkungen, die mit der bildlichen Darstellung einer Geschichte verbunden sind. Diese Handlungsvorschrift mag rigide erscheinen – sie hat sich in der Praxis aber als höchst wirksam erwiesen. Kein Kind tappte mehr in die Falle, am Bild vorbeizuschreiben, und für die meisten Kinder wurde die Einschränkung zum Anlass, die Figuren mit einem Innenleben auszustatten, innere Monologe und Rückblenden einzubauen und mit dem Sekundenstil oder anderen Stilmitteln Spannung zu erzeugen.

Teil 2: Annäherung an die Praxis des Dialogischen Lernens auf drei verschiedenen Wegen

Die Kinder lösten zuerst die drei ersten Teilaufträge, dann organisierte die Lehrerin einen mündlichen Austausch in der Klasse. Die Qualitäten, welche die Kinder in Manuelas Text fanden, schrieb die Lehrerin an die Wandtafel (Abb. 6). Anschließend an die Analyse von Manuelas Text nahmen die Kinder den vierten Teilauftrag in Angriff und verfassten probeweise ihren zweiten Prüfungsaufsatz.

Texte zu Bildern

Kernidee
Das Bild soll die Pointe des Textes sein.

Regeln
1. Alles, was man auf dem Bild sieht, muss auch im Text vorkommen.

2. Der Text ist – wie das Bild auch – eine Momentaufnahme. Die Zeit, über die erzählt wird, soll nur einige Minuten lang sein.

3. Die Figuren verlassen den Ort, den das Bild zeigt, nicht.

4. In Gedanken können sich die Figuren an jeden Ort und in jede Zeit versetzen.

Auftrag
1. Lies den Text von Manuela. Wie wirkt er auf dich? Erzähle!

2. Passt der Text zur Kernidee? Erkläre!

3. Welche Regeln hat Manuela beachtet? Welche nicht?
   Bezeichne die Textstellen und notiere deine Überlegungen.

4. Schreibe einen eigenen Text zum Bild. Beachte die Kernidee und die Regeln.
   Du darfst die Ideen von Manuela benutzen.

Abb. 5: Zweiter Auftrag zum Prüfungsthema „Vierzehn Uhr vorbei"

> **Qualitäten in Manuelas Text**
>
> 1) Manuela schreibt nicht einfach drauflos, sondern orientiert sich an Regeln und achtet konsequent auf das „Wie" der Textgestaltung.
> 2) Besonders gelungen ist der Einstieg. Herr und Hund sind treffend und passend zum Bild charakterisiert. Ihre Ähnlichkeiten – im Bild mit Uhr, Blumen und Knochen ausgedrückt – lassen nicht nur auf eine enge Freundschaft schließen, sie wirken auch merkwürdig.
> 3) Gut ist auch die Idee, wie sich die beiden Menschen kennengelernt haben und wie sie beide beim Alter schummeln. Das Motiv kommt am Schluss wieder.
> 4) Manuela versucht mit dem Zeitdruck Spannung zu erzeugen. Das ist eine gute Technik, allerdings setzt Manuela bis hin zum Autounfall viel zu starke Mittel ein.
> 5) Das Happy End kommt unerwartet und überrascht.
> 6) Der Schluss ist witzig. Hier müssten aber die Knochen zur Sprache kommen. Wo ist der Hund der Frau?

Abb. 6: Qualitäten in Manuelas Text

Der neue Auftrag löste einen regelrechten Entwicklungsschub aus. Jetzt merkten die Kinder, dass die Regeln und Stilmittel aus dem ersten Auftrag nicht einfach schönes Beiwerk waren, sondern willkommene Instrumente, mit denen man die durch das Thema geschaffene Herausforderung bewältigen konnte. Unter den vielen guten Arbeiten stach Jennys Text deutlich hervor (Abb. 7). Ein klarer Wurf!

Jenny landet einen Wurf! Welche Werkzeuge der Textgestaltung hat sie eingesetzt?

Die Qualität der Texte aus dieser zweiten Proberunde stieg sprunghaft an. Diesmal waren nicht Regeln wegleitend, welche die Lehrerin aus mehreren Jahren Unterricht zusammengetragen hatte, diesmal stand ein Muster aus der Arbeit der Klasse selbst im Zentrum, und die Regeln waren inspiriert von der unmittelbar vorangehenden ersten Erfahrung mit dem Prüfungsaufsatz. Theorie und Praxis standen also in einem direkten Zusammenhang: Das neue fachliche Angebot war genau abgestimmt auf die Nutzung des vorangehenden Angebots. Die Regeln gaben Orientierung in einem Problemfeld, in welchem man eben gerade seine ersten Erfahrungen gesammelt hatte. Hier zeigt sich eine besondere Stärke des Dialogischen Lernmodells: die zunehmend bessere Passung von Angebot und Nutzung in einem dialogischen Entwicklungsprozess, wie er hier skizziert wird. Je besser die Lehrperson die spezifischen Stärken und Schwächen der Schülerinnen und Schüler in einem Problemfeld kennt, desto genauer kann sie ihr Angebot auf die tatsächlichen Bedürfnisse der Lernenden abstimmen. Bedingung ist allerdings, dass Lehrende und Lernende mehrmals abwechselnd die Rolle der Produktion und der Rezeption übernehmen und dass den singulären Werkzeugen und Konzepten, welche die Lernenden in ihrem fachbezogenen Handeln nutzen, die gleiche Aufmerksamkeit geschenkt wird wie den regulären Werkzeugen und Konzepten der Experten, die als Vorbild dienen.

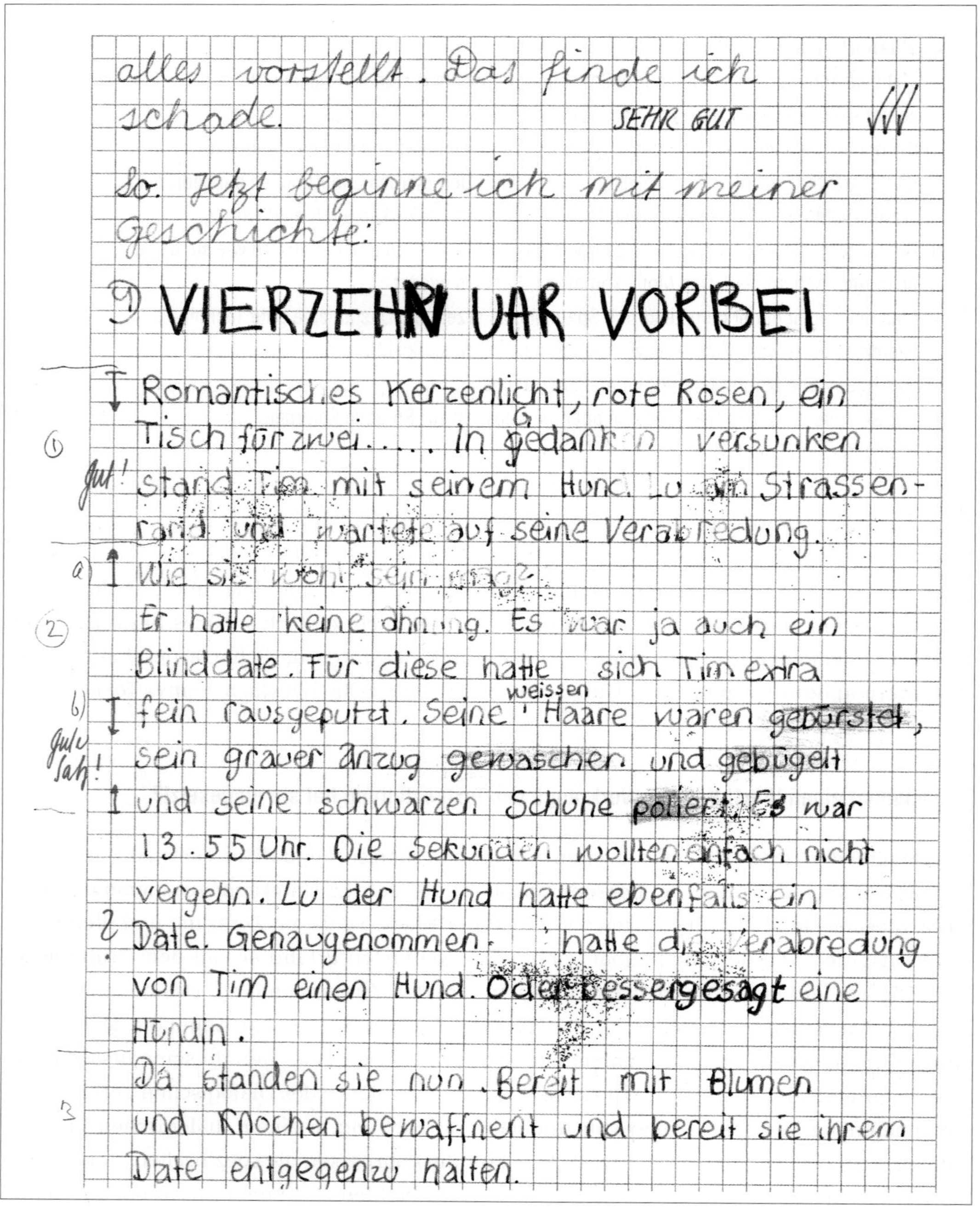

Teil 2: Annäherung an die Praxis des Dialogischen Lernens auf drei verschiedenen Wegen

> alles vorstellt. Das finde ich
> schade.   SEHR GUT   ✓✓✓
>
> So. Jetzt beginne ich mit meiner
> Geschichte:
>
> ① **VIERZEHN UAR VORBEI**
>
> ↓ Romantisches Kerzenlicht, rote Rosen, ein
> ① Tisch für zwei..... In Gedanken versunken
> gut! stand Tim mit seinem Hund Lu am Strassen-
> rand und wartete auf seine Verabredung.
> a) ↑ Wie sie wohl sein mag?
> ② Er hatte keine Ahnung. Es war ja auch ein
> Blinddate. Für diese hatte sich Tim extra
>   weissen
> b) ↑ fein rausgeputzt. Seine Haare waren gebürstet,
> gute sein grauer Anzug gewaschen und gebügelt
> Sah! und seine schwarzen Schuhe poliert. Es war
> 13.55 Uhr. Die Sekunden wollten einfach nicht
> vergehn. Lu der Hund hatte ebenfalls ein
> ? Date. Genaugenommen. hatte die Verabredung
> von Tim einen Hund. Oder besser gesagt eine
> Hündin.
>   Da standen sie nun. Bereit mit Blumen
> ③ und Knochen bewaffnet und bereit sie ihrem
>   Date entgegenzu halten.

Abb. 7: Aufsatz von Jenny zum Thema „Vierzehn Uhr vorbei"

Nach der Phase der Produktion folgte nun also wieder eine Phase der Rezeption. Diesmal war Jennys Text das Musterbeispiel für gelungene Praxis. Die Lehrerin widmete diesem Text drei ganze Lektionen. Zuerst markierten die Kinder die Textstellen, die ihnen besonders gut gefielen, und begründeten ihre Wahl im Reisetagebuch. Anschließend wurden diese Textstellen

> Die beiden waren schon ganz aufgeregt.
> Alle 30s schauten sie auf die Uhr.
> Wie sah sie wohl aus? Was hatte sie für eine
> Haarfarbe? Was war ihr Lieblingsessen?
> Tausend Gedanken schossen Tim durch den
> Kopf.
> Und Lu ging es nicht anders.
> Wo verbuddelt sie an liebsten ihre Knochen?
> Was war ihr Lieblingshundefutter?
> Welches war ihr Lieblingshalsband?
> Was hatte sie überhaupt für eine Rasse?
> Sekunden um Sekunden vergingen. Es war
> nun 13.58 Uhr.
> Um 14.00 Uhr waren sie verabredet.
> Sie hatten abgemacht, dass sie ein blaues
> Kleid tragen sollte und er einen grauen
> Anzug.
> Doch es kam ihm vor als hätten
> sämtliche Frauen die er sah ein blaues
> Kleid!
> Wie sollte er sie blos erkennen?
> Immer nervöser wurden sie.
> Auch Lu hatte ein Zeichen abgemacht.
> Die Hündin sollte ein blaues Halsband
> tragen. Doch nirgens war eine Hündin

Abb. 7 (Fortsetzung)

im Klassengespräch unter der Leitfrage *Wie machst du es?* genauer untersucht. Das Ergebnis war eine große Zahl von Werkzeugen der Textproduktion, die Jenny erfolgreich eingesetzt hatte. Die Lehrerin notierte die Beschreibung dieser Werkzeuge an die Wandtafel. Die Kinder übertrugen den Text in ihr Reisetagebuch. Die Nummern beziehen sich auf die entsprechend

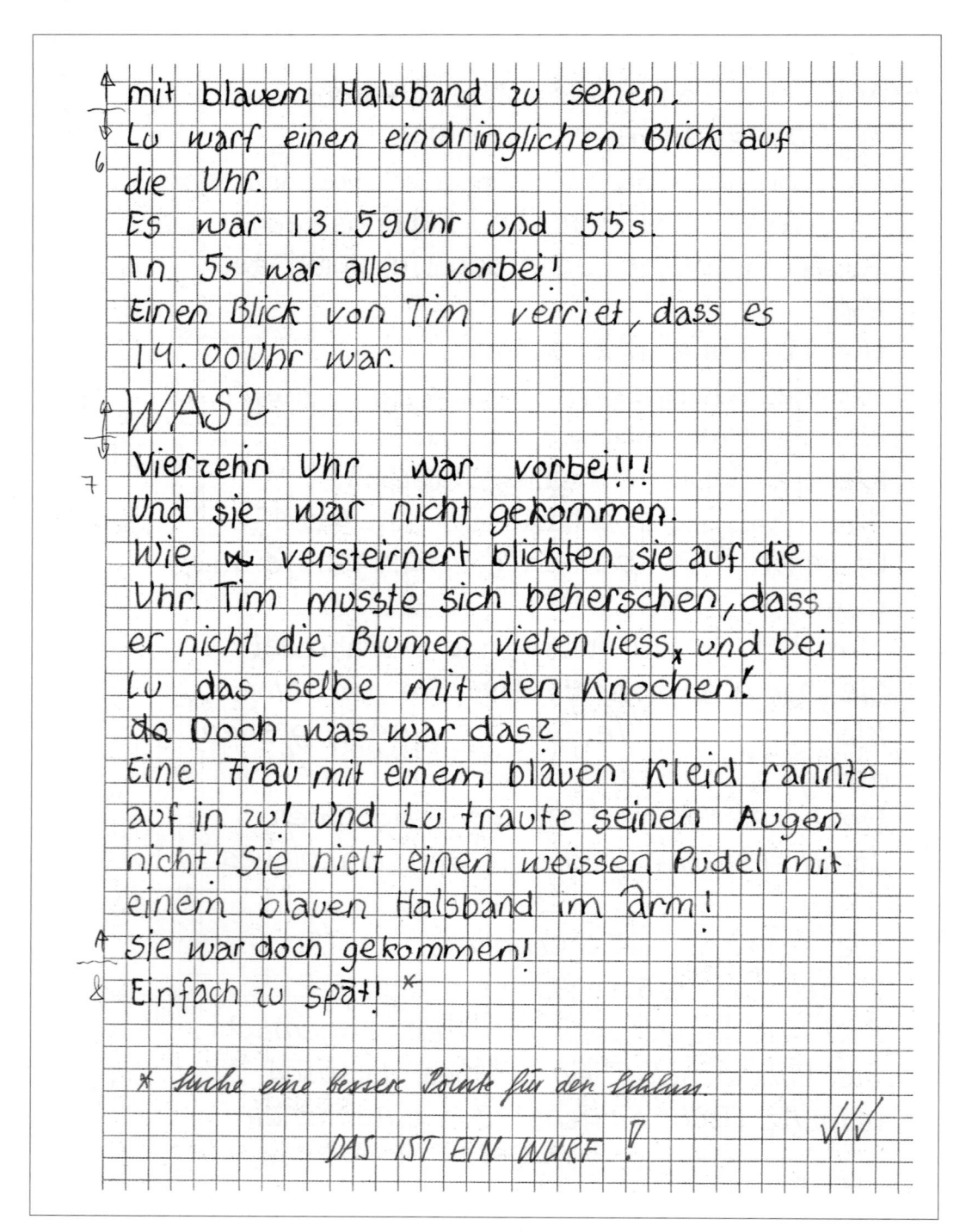

Teil 2: Annäherung an die Praxis des Dialogischen Lernens auf drei verschiedenen Wegen

> mit blauem Halsband zu sehen.
> Lu warf einen eindringlichen Blick auf die Uhr.
> Es war 13.59Uhr und 55s.
> In 5s war alles vorbei!
> Einen Blick von Tim verriet, dass es 14.00Uhr war.
> WAS?
> Vierzehn Uhr war vorbei!!!
> Und sie war nicht gekommen.
> Wie versteinert blickten sie auf die Uhr. Tim musste sich beherschen, dass er nicht die Blumen vielen liess, und bei Lu das selbe mit den Knochen!
> Doch was war das?
> Eine Frau mit einem blauen Kleid rannte auf in zu! Und Lu traute seinen Augen nicht! Sie hielt einen weissen Pudel mit einem blauen Halsband im Arm!
> Sie war doch gekommen!
> Einfach zu spät! *
>
> * Suche eine bessere Pointe für den Schluss.
> DAS IST EIN WURF! ✓✓✓

Abb. 7 (Fortsetzung)

gekennzeichneten Abschnitte in Jennys Text (Abb. 8). Um die Analyse von Jennys Text zu erleichtern, geben wir ihn auch in einer sanft bereinigten gedruckten Fassung wieder (Abb. 9).

Abschnitt in Jennys Text	Qualitäten und Werkzeuge der Textgestaltung
Abschnitt 1	Der Text stellt mit einem raffinierten Trick das Happy End gleich an den Anfang: als Wunschtraum der Hauptfigur. Dieser Blick ins Innere der Hauptfigur versetzt die Leser sofort mitten ins Geschehen und regt ihre Fantasie an.
Abschnitt 2a	Fragen regen die Leser zum Mitdenken an.
Abschnitt 2b	Drei gleich gebaute Sätze erzeugen Tempo und charakterisieren die Hauptfigur treffend: … gebürstet, … gewaschen und … poliert. Da hat sich jemand herausgeputzt, um ein großes Ziel zu erreichen.
Abschnitt 3	Erst mit diesem Abschnitt beginnt die eigentliche Handlung. Was beim Bild zuerst ins Auge sticht, wird in der Geschichte erst erzählt, nachdem den Figuren mithilfe des inneren Monologs Leben eingehaucht worden ist.
Abschnitt 4a	Die Aufregung wird nicht nur behauptet, sie wird auch dargestellt und erfahrbar gemacht: durch die Gedanken, die durch den Kopf schießen.
Abschnitt 4b	Schöne Parallelität zwischen Herr und Hund: Mit der gleichen Satzstruktur gibt der Text Einblick ins Menschendenken und ins Hundedenken.
Abschnitt 5a	Gute Idee: Kleid und Halsband als Erkennungszeichen. Frau und Hündin tragen blau.
Abschnitt 5b	Und nochmals parallel gestaltet: aber diesmal läuft es beim Hund anders als beim Meister: Dieser sieht lauter blaue Kleider, jener kein einziges blaues Halsband.
Abschnitt 6	Und immer wieder – seit Abschnitt 4 – der Blick auf die Uhr: Der Countdown läuft, für den Meister und für den Hund. So erzeugt man Spannung.
Abschnitt 7	Die Pointe für den Schluss wird gut eingeleitet: Der Leser wird zuerst auf eine falsche Fährte gelenkt. (Auf dem schwarzen Hintergrund – dem Gegenteil von dem, was dann eintrifft – erscheint das Weiß – das, was dann eintrifft – noch viel heller.)
Abschnitt 8	Varianten suchen. Zum Beispiel: Einfach etwas verspätet. Oder: Besser zu spät als gar nicht (Sprichwort).

Abb. 8: Text an der Wandtafel und im Reisetagebuch der Kinder

> **VIERZEHN UHR VORBEI**
>
> Romantisches Kerzenlicht, rote Rosen, ein Tisch für zwei [...]. In Gedanken versunken stand Tim mit seinem Hund Lu am Strassenrand und wartete auf seine Verabredung. Wie sie wohl sein mag? Er hatte keine Ahnung. Es war ja auch ein Blinddate. Für dieses hatte sich Tim extra fein rausgeputzt. Seine weissen Haare waren gebürstet, sein grauer Anzug gewaschen und gebügelt und seine schwarzen Schuhe poliert. Es war 13.55 Uhr. Die Sekunden wollten einfach nicht vergehen. Lu, der Hund, hatte ebenfalls ein Date. Genau genommen hatte die Verabredung von Tim einen Hund. Oder besser gesagt eine Hündin.
>
> Da standen sie nun. Bereit mit Blumen und Knochen bewaffnet und bereit, sie ihrem Date entgegen zu halten.
>
> Die beiden waren schon ganz aufgeregt. Alle dreissig Sekunden schauten sie auf die Uhr.
> Wie sah sie wohl aus? Was hatte sie für eine Haarfarbe? Was war ihr Lieblingsessen? Tausend Gedanken schossen Tim durch den Kopf. Und Lu ging es nicht anders. Wo verbuddelte sie am liebsten ihre Knochen? Was war ihr Lieblingsfutter? Welches war ihr Lieblingshalsband? Was hatte sie überhaupt für eine Rasse? Sekunde um Sekunde verging. Es war nun 13.58 Uhr.
>
> Um 14.00 Uhr waren sie verabredet. Sie hatten abgemacht, dass sie ein blaues Kleid tragen sollte und er einen grauen Anzug. Doch es kam ihm vor, als hätten sämtliche Frauen, die er sah, ein blaues Kleid an! Wie sollte er sie bloss erkennen? Immer nervöser wurden sie. Auch Lu hatte ein Zeichen abgemacht. Die Hündin sollte ein blaues Halsband tragen. Doch nirgends war eine Hündin mit blauem Halsband zu sehen. Lu warf einen eindringlichen Blick auf die Uhr. Es war 13.59 Uhr und fünfunffünzig Sekunden. In fünf Sekunden war alles vorbei! Ein Blick von Tim verriet, dass es 14.00 Uhr war.
>
> WAS? Vierzehn Uhr war vorbei!!! Und sie war nicht gekommen. Wie versteinert blickten die beiden auf die Uhr. Tim musste sich beherrschen, dass er nicht die Blumen fallen liess, und bei Lu dasselbe mit den Knochen! Doch was war das? Eine Frau mit einem blauen Kleid rannte auf ihn zu! Und Lu traute seinen Augen nicht! Sie hielt einen weissen Pudel mit einem blauen Halsband im Arm! Sie war doch gekommen! Einfach zu spät!

Abb. 9: Leicht bereinigter Text von Jenny

Die Analyse des Aufsatzthemas: Ausloten des Spielraums für das Ich in einem sozialen Kontext

Handlungskompetenz umfasst nach Weinert (2001, S. 51) die entwicklungsfähigen personalen, sozialen und fachlichen Voraussetzungen, die es einer Person ermöglichen, in einem spezifischen Handlungsfeld erfolgreich zu agieren (vgl. S. 246 f.). Um die Schülerinnen und Schüler unserer 6. Primarklasse beim Auf- und Ausbau ihrer Handlungskompetenz im Problemfeld Prüfungsaufsatz anzuregen und anzuleiten, sind wir in der ersten Phase des Projekts von der jeweils individuellen Praxis des Aufsatzschreibens ausgegangen, die jeder Schüler aufgrund seiner speziellen Lernbiografie unter Beweis zu stellen vermochte (Abb. 10). In einem ersten Schritt haben die Schülerinnen und Schüler im Vertrauen auf ihre eigenen Kräfte Neuland betreten und sich gegenüber einer ungewohnten fachlichen Herausforderung – dem Schreiben eines Prüfungsaufsatzes – zu behaupten versucht. Unter der Leitidee *Ich mache das so!* standen die personalen Aspekte ihrer mehr oder weniger entwickelten Handlungskompetenz auf dem Prüfstand. In einem zweiten Schritt wechselten sie die Perspektive, befassten sich mit gelungenen Texten anderer und leiteten daraus Strategien und Werkzeuge der Textgestaltung ab. Dabei kamen soziale Aspekte der Handlungskompetenz ins Spiel. Unter der Leitidee *Wie machst du es?* wechselten die Schüler die Perspektive und nutzten das Wissen und Können von Lernpartnern oder Experten als treibende Kraft ihrer Entwicklung. In einem dritten Schritt machten sie das neu erworbene Fachwissen zur Basis eines neuen Versuchs in der Praxis des Aufsatzschreibens. Gestützt auf diese fachlichen Aspekte der Handlungskompetenz stellten sie sich unter der Leitidee *Das machen wir ab* in den Kontext der Lehr-Lern-Gemeinschaft ihrer Klasse und nutzten das gemeinsame Wir als treibende Kraft ihrer Entwicklung.

In der zweiten Phase des Projekts beschritten wir den Weg in der umgekehrten Richtung. Wir starteten im Bereich des Regulären und versetzten uns in die Situation der Experten, welche die Prüfungsthemen gestellt hatten. Das Reguläre ist der Bereich, der durch das Denken und Handeln der Experten geprägt ist und der im Dialogischen Unterricht meist durch eine Kernidee erschlossen wird. Startet der Unterricht im Regulären, hat die Lehrperson das Wort und die Schülerinnen und Schüler versuchen, ihren Ausführungen in der Hörerrolle zu folgen und sie zu verstehen. Der Start im Regulären kann im Unterricht natürlich auch durch einen Lehrbuchtext oder wie in unserem Fall durch ein von Experten gestelltes Prüfungsthema erfolgen, das analysiert und verstanden werden will. Ein Aufsatzthema, so die Kernidee der Lehrerin, stellt eine fachliche Anforderung dar und eröffnet einen Spielraum für das Ich in einem sozialen Kontext. Es gilt, beim Auftritt vor einer Runde von kritischen Prüfungsexperten unter Beweis zu stellen, dass man eine klare Vorstellung der fachlichen Anforderungen hat, dass man sich im sozialen Kontext einer Prüfungssituation auskennt und dass man in der Lage ist, unter diesen einschränkenden Bedingungen seine Handlungskompetenz im Schreiben auf überzeugende Weise unter Beweis zu stellen. Damit war der Weg für den weiteren Verlauf des Unterrichts vorgezeichnet. Er führte diesmal vom Wir über das Du zum Ich: von der Analyse des Aufsatzthemas, der regulären, für alle gleichen Anforderung, über die Erwartungen der Experten, die den Aufsatz bewerten werden, zur Einschätzung des Handlungsspielraums, der einer Person mit Rücksicht auf den Entwicklungsstand ihrer Handlungskompetenz offensteht. Stand vorher die jeweils persönliche *Entwicklung* der individuellen Schreibkompetenz im Vordergrund, ging es jetzt um die fachliche *Bewährung* im Kontext einer Prüfungssituation.

Teil 2: Annäherung an die Praxis des Dialogischen Lernens auf drei verschiedenen Wegen

Fachliche Bewährung	Ich ↑	Originär	So trete ich vor mein Publikum	Bewährung vor einer kritischen Runde von Prüfungsexperten
	Du ↑	Variierend	Das sind die Anforderungen meines Prüfungsthemas; so lote ich meinen Spielraum aus	Ermitteln der Erwartungen im sozialen Kontext einer Prüfungspraxis
	Wir ↑	Regulär	Das sind Regeln für die Textgestaltung: So machen es die Experten	Erfahrung von Kompetenz in einem begrenzten Fachgebiet eines Aufgabentypus
Persönliche Entwicklung	Du ↑	Divergierend	So machen es meine Lernpartner	Soziale Einbindung des Novizen in eine fachorientierte Lerngemeinschaft
	Ich	Singulär	So mache ich es, wenn ich Neuland betrete	Autonome Positionierung des Novizen gegenüber der fachlichen Herausforderung eines Prüfungsthemas

Abb. 10: Stufen der Entwicklung vom Novizen zum Experten beim dialogischen Aufbau von Kompetenz am Beispiel „Einen Prüfungsaufsatz schreiben"

Wie schreibt man einen Text, der erzählt und erklärt, was das Einkaufen zum Vergnügen macht?

Das erste Aufsatzthema, das wir in einem Klassengespräch analysierten, enthielt die Aufforderung an die Schülerinnen und Schüler, von einem Einkauf zu erzählen, der ihnen Vergnügen bereitet hat (Abb. 11). Das scheint ein einfaches Thema zu sein; aber es hat seine Tücken. Einkaufen bereitet vielen Menschen per se ein Vergnügen. Das gilt besonders für Kinder, deren Einkaufserfahrungen nur selten mit der Verantwortung belastet sind, regelmäßig die für den Alltag erforderlichen Lebensmittel zu beschaffen. So liegt die Versuchung nahe, einfach alles Schöne aufzuzählen, das man bei einer großen Einkaufstour entdeckt und gekauft hat, und dabei dem Irrtum zu erliegen, das Vergnügen, das man dabei empfunden habe, verstehe sich von selbst. Damit wird man dem Thema nicht gerecht. Es lautet:

Da war das Einkaufen ein Vergnügen!

Erzähle von einem Einkauf, der dir Vergnügen bereitet hat.
Erkläre, was dir daran Spaß gemacht hat.

Abb. 11: Prüfungsthema

Der Prüfungsaufsatz – Vorbereitung auf den Auftritt vor einer kritischen Expertenrunde

Bei der Analyse des Themas im Klassengespräch wurde den Kindern rasch klar, dass mit dem Thema zwei fachliche Anforderungen verbunden waren. Sie stecken in den beiden Wörtern „erzählen" und „erklären". Die beiden Wörter definieren, wie über das Vergnügen beim Einkaufen gesprochen werden soll: Dieses Vergnügen soll in einer erzählenden Form dargestellt und erfahrbar gemacht werden, und es soll in einer erklärenden Form reflektiert und begründet werden. Dass das Vergnügen beim Einkaufen erklärt werden muss, wollte den Kindern zuerst nicht richtig einleuchten. Einkaufen ist für sie, sofern Geld zur Verfügung steht, eben unmittelbar mit Vergnügen gekoppelt. Erst als die Lehrerin die Kinder darauf aufmerksam machte, dass im Thema implizit auch die Annahme steckt, dass Einkaufen nicht immer Spaß macht, setzte ihr Nachdenken ein. Strukturiert wurde dieses Nachdenken durch drei zentrale Fragen, die beim Erfinden und Aufschreiben des Prüfungsaufsatzes beantwortet werden mussten und die von der Lehrerin an die Wandtafel geschrieben wurden (Abb. 12):

Fragen, die man sich beim Schreiben überlegen muss:

- Was genau macht eigentlich Vergnügen beim Einkaufen?
- Was verhindert das Vergnügen?
- Welche Bedingungen müssten erfüllt sein, damit das Vergnügen nicht behindert wird?

Abb. 12: Text an der Wandtafel

Produktiv waren die Antworten der Kinder vor allem zur zweiten Frage. Die Lehrerin notierte auf der Wandtafel (Abb. 13):

Was verhindert das Vergnügen beim Einkaufen?

- Man muss bezahlen und hat kein Geld.
- Man findet nicht, was man sucht.
- Es sind zu viele Leute.
- Man hat zu wenig Zeit.

Abb. 13: Text an der Wandtafel

Nun ging es in einem letzten Schritt darum, das Handlungsfeld auszuloten, das durch die Analyse des Themas erschlossen worden war, und sich ein Konzept für das Verfassen des Textes zu überlegen. Dazu brauchte es eine Idee. Auf der Suche nach dieser Idee wurde allen klar, wie schwierig dieses scheinbar einfache Thema tatsächlich war. Es genügte eben nicht, sich an einen vergnüglichen Einkauf zu erinnern und dieses Erlebnis einfach aufzuschreiben. Die Frage, die es zu lösen galt, war viel komplexer. Sie lautete: Wie schreibt man einen Text, der erzählt und erklärt, was das Einkaufen zum Vergnügen macht? Eine tragende Idee kam von

Teil 2: Annäherung an die Praxis des Dialogischen Lernens auf drei verschiedenen Wegen

Andrea. Was Vergnügen macht, merkt man oft erst dann so richtig, wenn alles eintritt, was das Vergnügen behindert. Das war genau die Erfahrung, die wir bei der Analyse des Themas selbst gemacht hatten. Die Lehrerin schrieb an die Wandtafel (Abb. 14):

Konzept von Andrea

1) Der Einkauf beginnt schlecht: Alles, was das Vergnügen behindert, kommt vor.
2) Plötzlich trifft etwas Unerwartetes ein, und alles wendet sich ins Positive.

Abb. 14: Text an der Wandtafel

Die Kinder fanden das Konzept von Andrea so überzeugend, dass es alle für das Verfassen ihres Aufsatzes nutzen wollten. Die Umsetzung war allerdings eher enttäuschend. Bei den meisten Kindern geriet die Einleitung – die Beschreibung des Negativen, das mit dem Einkaufen verbunden sein kann – zu lang. Die Wendung ins Positive kam zu spät und wurde zu wenig begründet. Dann folgte eine meist eher konturlose Aufzählung verschiedener Einkäufe. Was genau Vergnügen bereitete und warum es Vergnügen bereitete, wurde, wenn überhaupt, nur am Rand erwähnt. Einem einzigen Schüler – Oskar – gelang eine wirklich überzeugende Einleitung. Und nur eine Schülerin – Niki – hatte eine zündende Idee für die Wendung ins Positive. Die Lehrerin tippte Oskars Einleitung ab und modifizierte sie dabei leicht. Am Schluss deutete sie an, wie die Wendung ins Positive eingeleitet werden könnte. Anschließend skizzierte sie Nikis Idee (Abb. 15). Beides machte sie zum Thema eines Klassengesprächs.

Leicht überarbeitete Fassung von Oskars Anfang

Als ich vor der Tür des Ladens stand, kam mir das hoch, was mir beim Einkaufen immer hoch kommt. Ich stellte mir vor, was mich alles erwarten würde. Einen Laden voller Leute würde ich antreffen, die mit ihren Tabakpfeifen und ihren edlen Parfüms eine Luft zum Abschneiden verursachen. Im riesigen Meer der Produkte würde ich wieder nichts finden und vor lauter Frust Kopfschmerzen und einen Brechreiz bekommen. Das Ganze nur wegen einem paar Schuhe. Ich würde wieder –. Plötzlich wurde ich aus meinen Gedanken aufgeschreckt.

▸ Jemand hatte mich von hinten angerempelt …
▸ Jemand hatte laut und deutlich meinen Namen gerufen …
▸ usw.

Die Idee von Niki

Niki begründet, warum sich plötzlich alles ins Positive wendet, und zwar mit der Idee: Die Waren können sprechen (Tomaten und Rüben streiten miteinander, die Wanderschuhe schreien um Hilfe, usw.).

Abb. 15: Oskars Einleitung und die Idee von Niki

Die Idee von Niki leuchtete den Kindern unmittelbar ein. Auch Oskars Einleitung kam bei den Kindern gut an. Zum Formulieren der Qualitäten brauchten sie aber die Unterstützung der Lehrerin: Warum gefällt uns Oskars Einleitung? Wie ist sie gemacht? Die Kinder notierten im Reisetagebuch das Ergebnis der Besprechung (Abb. 16).

Vier spezielle Qualitäten in Oskars Einleitung:

▸ Oskar kommt bereits im ersten Satz zur Sache.
▸ Oskar nutzt die Möglichkeitsform, um den negativen Hintergrund zu skizzieren:
  Er stellt sich vor, wie langweilig Einkäufe normalerweise sind.
▸ Oskar arbeitet mit ungewöhnlichen, gleich gebauten Satzanfängen. (Einen Laden voller Leute
  würde ich antreffen … Im riesigen Meer der Produkte würde ich wieder nichts finden …)
▸ Oskar schafft es, den Hintergrund in wenigen, aber dichten Zeilen zu skizzieren.

Abb. 16: Text im Reisetagebuch der Kinder

Teil 2: Annäherung an die Praxis des Dialogischen Lernens auf drei verschiedenen Wegen

Die ungleichen Regenwürmer

Hintergrund
Franz Hohler beschreibt, wie es immer schon gewesen ist.

Vordergrund
Jetzt kommt das Besondere.

An dieser wichtigen Stelle steht oft ein Satz, der so anfängt:
Eines Tages ...
Eines Abends ...
Eines Morgens ...
Plötzlich ...
Auf einmal ...

Hintergrund
Der Alltag geht weiter.

Tief unter einem Sauerampferfeld lebten einmal zwei Regenwürmer und ernährten sich von Sauerampferwurzeln.

Eines Tages sagte der erste Regenwurm: »Wohlan, ich bin es satt, hier unten zu leben, ich will eine Reise machen und die Welt kennenlernen.« Er packte sein Köfferchen und bohrte sich nach oben, und als er sah, wie die Sonne schien und der Wind über das Sauerampferfeld strich, wurde es ihm leicht ums Herz, und er schlängelte sich fröhlich zwischen den Stengeln durch. Doch er war kaum drei Fuß weit gekommen, da entdeckte ihn eine Amsel und fraß ihn auf.

Der zweite Regenwurm hingegen blieb immer in seinem Loch unter dem Boden, fraß jeden Tag seine Sauerampferwurzeln und blieb die längste Zeit am Leben.

Aber sagt mir selbst – ist das ein Leben?

Abb. 17: Franz Hohler: Die drei Regenwürmer[2] © Franz Hohler

---

[2] Der Text und die Erläuterungen folgen hier dem Lehrbuch *ich du wir 1. – 3. Schuljahr* (Ruf & Gallin 1995, S. 170). Der Originaltext stammt aus Hohler, Franz (1981), *Der Granitblock im Kino.* Darmstadt: Luchterhand, S. 8.

Für das dritte Problem – eine angemessene Gewichtung von Einleitung und Hauptteil – gab es kein überzeugendes Schülerbeispiel. Darum zog die Lehrerin ein Expertenbeispiel aus dem Lehrbuch *ich du wir* für die 1. bis 3. Primarklasse heran (Ruf & Gallin 1995, S. 170). Die Seite mit der Geschichte von Franz Hohler und den Erläuterungen am Rand kopierte sie aus dem Lehrbuch (Abb. 17), den dazugehörigen Auftrag (Abb. 18) änderte sie so ab, dass er auf die aktuelle Situation passte.

Hintergrund und Vordergrund

Auftrag

1. Färbe den Text mit den Regenwürmern so, dass man deutlich sieht, wo der Hintergrund und wo der Vordergrund ist.

2. Suche in deiner Geschichte zum Einkaufen Sätze, die vom Hintergrund erzählen. Färbe auch in deinem Text Vordergrund und Hintergrund.

3. Findest du auch andere Geschichten, in denen man Hintergrund und Vordergrund unterscheiden kann?

4. Was passiert, wenn man in der Geschichte mit den Regenwürmern die Sätze weglässt, die den Hintergrund beschreiben? Was passiert, wenn man sie an eine andere Stelle verschiebt?

Abb. 18: Auftrag zur Geschichte von Franz Hohler (in Anlehnung an Ruf & Gallin 1995, S. 171)

Nach der Beschäftigung mit dem Bauprinzip Hintergrund und Vordergrund verfasste die Lehrerin einen neuen Auftrag zum selben Aufsatzthema (Abb. 19). Sie baute ein, was in der vorangehenden Runde gelungen war – die Einleitung von Oskar und die Idee von Niki –, nutzte die neu erworbenen Begriffe Vordergrund und Hintergrund und formulierte zwei wichtige Regeln, gegen welche fast alle Schülerinnen und Schüler in der vorangehenden Runde verstoßen hatten. Damit wurde die Phase der fachlichen Bewährung wieder durch eine Phase der persönlichen Entwicklung abgelöst. Es galt, die neuen Begriffe und Werkzeuge in der eigenen Praxis des Schreibens einzusetzen und zu erproben. Der folgende Auftrag erwies sich als sehr entwicklungsfördernd. Die meisten Kinder fanden einen guten Weg, das Theorieangebot zu nutzen und in ihre Praxis umzusetzen.

> **Kernidee**
> Vor einem schwarzen Hintergrund hebt sich ein weißer Vordergrund deutlich ab!
>
> **Auftrag**
> Verfasse zum Prüfungsthema „Da war das Einkaufen ein Vergnügen!" einen zweiten Text. Nutze die Einleitung von Oskar als Muster für den Hintergrund. Für den Wechsel in den Vordergrund darfst du die Idee von Niki übernehmen.
>
> **Regeln**
> 1. Mit der Idee, mit der du vom Hintergrund in den Vordergrund wechselst, erklärst du, was den Einkauf zum Vergnügen macht.
>
> 2. Wenn du beschreibst, wie du einkaufst, muss der Leser das Vergnügen direkt miterleben können. Es genügt nicht, wenn der Schreiber bloß behauptet, es habe ihm Vergnügen bereitet.

(A)

Abb. 19: Kernidee und Auftrag zu einer zweiten Bearbeitung des Themas

Wenn der Anfang einer Geschichte vorgegeben ist

Zum Schluss geben wir noch einen kurzen Einblick in die Analyse einer neuen Aufgabe, die exemplarisch ist für einen neuen Typus von Prüfungsaufgaben (Abb. 20). Der Anfang einer Geschichte ist vorgegeben und die Schülerinnen und Schüler müssen eine passende Fortsetzung und einen guten Schluss dazu schreiben. Hier das Prüfungsthema:

> Nicole ist mit ihren Eltern, ihren zwei Geschwistern und ihren drei Haustieren
> in eine größere Wohnung eines Wohnblocks eingezogen.
> Als sie ein paar Tage später aus der Schule kommt, befinden sich vor ihrem Wohnhaus Kartons, Schachteln, Kisten, alte Möbel, Matratzen; auch Verpackungsmaterial verschiedenster Art liegt herum.
> Nicole sieht, wie der Hauswart die Sachen ordnet.
> „Was machen Sie damit?", fragt ihn das Mädchen.
> „Das wird verbrannt."
> „Ja, aber ...", erwidert Nicole erstaunt, „ ...
>
> Schreibe von diesem Anfang aus die Geschichte weiter und finde ein passendes Ende.
> Setze einen eigenen Titel.

Abb. 20: Prüfungsthema mit einem vorgegebenen Geschichtenanfang

Der Prüfungsaufsatz – Vorbereitung auf den Auftritt vor einer kritischen Expertenrunde

Da die Schüler nun schon Erfahrungen in der Analyse von Prüfungsthemen hatten, stellte ihnen die Lehrerin einen größeren Auftrag zur Bearbeitung im Lernjournal. Nach rund einer Stunde Arbeit durften die Schüler in einem Sesseltanz die Texte im Lernjournal der anderen lesen und gute Ideen sammeln. Anschließend sammelte die Lehrerin die Journale ein und wertete sie aus. Die wichtigsten Erkenntnisse und Ideen der Kinder fasste die Lehrerin auf einem Blatt zusammen, stellte sie in Form einer redigierten Autographensammlung der Klasse vor und diskutierte mit ihnen darüber (Abb. 21). Sobald ein Kind eine klare Vorstellung hatte, wie es seinen Aufsatz gestalten wollte, durfte es sich aus dem Gesprächskreis entfernen und mit der Arbeit beginnen. Die Kinder wurden so lange bei der Suche nach einer Idee unterstützt, bis das letzte sich an die Arbeit machte.

Analyse des Themas mit dem Geschichtenanfang

Kernidee: Jedes Thema eröffnet ein Handlungsfeld. Um es zu nutzen, braucht es eine Idee.

A **Auftrag:** Skizziere das Handlungsfeld und mach dich auf die Suche nach einer Idee. Schreibe dann den Prüfungsaufsatz!

Teilaufträge	Ideen aus der Klasse
1) Was ist durch den Geschichtenanfang alles vorgegeben? Zähle auf.	▸ Nicole ist die Hauptfigur der Geschichte. ▸ Ihre Familie ist in eine große Blockwohnung umgezogen. ▸ Nicole hat zwei Geschwister und drei Haustiere. ▸ Es gibt viel Abfall, vermutlich vom Umzug. ▸ Nicoles Gegenspieler ist der Hauswart. ▸ Nicole ist anderer Meinung als der Hauswart.
2) Was steht im Zentrum? Worum geht es? Ist ein Problem gestellt? Wird eine Behauptung aufgestellt? Gibt es eine Meinungsverschiedenheit? ▸ Formuliere das Zentrale in einem pointierten Satz.	Es geht um viel Abfall. Der Hauswart will ihn verbrennen. Nicole hat Einwände. Sie ist nicht einverstanden damit. ▸ Im Zentrum des Textes steht die Frage: Was soll man mit Abfall wie Karton, Kisten, alte Möbel, Matratzen und Verpackungsmaterial tun?

Teil 2: Annäherung an die Praxis des Dialogischen Lernens auf drei verschiedenen Wegen

3) Was muss dein Text leisten? ▸ Worauf muss er eine Antwort geben?	Der Text muss Antworten geben auf die Frage: „Was soll man mit dem Abfall tun?" ▸ Der Text muss mindestens zwei unterschiedliche Meinungen gegeneinanderstellen: die Meinung des Hauswarts und die Meinung von Nicole (evtl. auch die Meinung ihrer Geschwister).
4) Überlege dir jetzt, welchen Spielraum du hast. ▸ Welche Fragen musst du untersuchen? ▸ Welche Entscheidungen darfst du treffen? ▸ Was spielt sich in deinem Text ab? An welchem Konzept willst du dich orientieren? Hast du eine Idee?	Ich muss mir überlegen, woher der Abfall kommt: ▸ Umziehen produziert Abfall. ▸ Menschen produzieren Abfall. ▸ Haustiere produzieren Abfall. Ich muss mir Varianten zum Verbrennen des Abfalls ausdenken: ▸ Kann jemand die alten Möbel noch brauchen? ▸ Kann das Verpackungsmaterial (für Umzüge anderer Familien) nochmals verwendet werden? ▸ Kann man den Abfall der Haustiere noch nutzen? Ich muss einen spannenden Verlauf des Konflikts zwischen Nicole und dem Hauswart erfinden: ▸ Wird nur diskutiert oder geschieht auch etwas? ▸ Ist der Hauswart kooperativ oder feindselig? ▸ Findet man gemeinsam eine Lösung oder arbeiten die beiden gegeneinander? ▸ Greift jemand in den Konflikt ein? Wer? Warum? ▸ Wie lange soll die Geschichte dauern (10 Minuten, 2 Tage usw.)?

Abb. 21: Redigierte Autographensammlung zum Prüfungsthema mit dem vorgegebenen Geschichtenanfang

Damit schließt sich der Kreis. Wir sind von der jeweils individuellen Praxis des Schreibens ausgegangen, in der sich die Schülerinnen und Schüler tatsächlich auskennen. Im Austausch mit Lernpartnern und Experten haben wir diese Praxis explizit gemacht, Gelungenes aufgespürt und Vorschläge für den nächsten Entwicklungsschritt in Richtung Expertise im Schreiben von Prüfungsaufsätzen gemacht. Im zweiten Teil haben wir Prüfungsthemen an den Anfang gestellt und die damit verbundenen Expertenerwartungen ermittelt, um den Spielraum für die jeweils individuelle Textgestaltung auszuloten. Nutzten wir die Texte der Schülerinnen und Schüler im ersten Teil, um den Prozess der persönlichen Entwicklung voranzutreiben, sollten beim Schreiben im zweiten Teil persönliche Intentionen und Ideen mit externen Anforderungen und Erwartungen eines Expertengremiums koordiniert werden. Fachkundig gestaltete Texte, die im Feld der fachlichen Bewährung erfolgreich sind, tragen immer auch eine persönliche Handschrift.

Ungewohnt für Lehrkräfte ist wohl vor allem der konsequente Perspektivenwechsel beim Umgang mit Schülertexten, der kennzeichnend ist für die im Dialogischen Lernen benutzte zweidimensionale Leistungsbewertung (vgl. S. 23). Betrachtet man Schülertexte unter der Perspektive der persönlichen Entwicklung, kommt man zu ganz anderen Resultaten und Wertungen, als wenn man die Perspektive der fachlichen Bewährung einnimmt. Im ersten Fall will man wissen, wo ein Schüler steht, welche Fortschritte er gemacht hat und welches sein nächster Entwicklungsschritt sein könnte, im zweiten Fall dagegen geht es um die Beurteilung einer persönlichen Leistung vor dem Hintergrund fachlicher Anforderungen und Erwartungen. Will man in der Schule nicht nur fordern, sondern auch fördern, braucht es beides.

Anhang

Für Klassen, die kaum über explizite Regeln der Textgestaltung verfügen und die im Dialogischen Lernen noch ungeübt sind, empfiehlt es sich, etwas langsamer ins Projekt einzusteigen und länger beim Einstiegsauftrag (Abb. 3) zu verweilen. Wir stützen uns dabei auf die Erfahrung, die wir selber mit einer entsprechenden Klasse gemacht haben. Aus den vier Teilaufträgen des Einstiegsauftrags machten wir vier Einzelaufträge (Abb. 22 bis 25). Bei jedem Auftrag folgte auf die Phase der Produktion, in der die Schüler ihr implizites Wissen nutzten, eine Phase der Rezeption, in der dieses Wissen explizit und für den routinierten Gebrauch verfügbar gemacht wurde. Dabei spielten Texte von Profis aus dem Lesebuch eine wichtige Rolle. Sie verschafften den Kindern Einblick in die Expertenpraxis des Erzählens. So konnten sie ihre Handlungskompetenz im Erzählen durch Vergleiche mit der Praxis von Lernpartnern und Experten modifizieren und erweitern. Dank der Verlangsamung am Anfang fasste die Klasse schnell Tritt. Bei der Fortsetzung der Arbeit konnten wir genauso verfahren wie mit der Klasse, von der wir berichtet haben.

Einen Textanfang finden
Du bekommst ein Aufsatzthema.

Kernidee
Im ersten Satz steckt der Einfall zur Geschichte.

Auftrag
1. Formuliere für dieses Thema einen guten Anfangssatz.

2. Könntest du dir zu diesem Thema auch einen anderen Anfang vorstellen?
   Probiere eine weitere Möglichkeit aus.

3. Suche in deinem Lesebuch drei Geschichtenanfänge (je einen Satz), die dir besonders
   gefallen. Schreibe sie jeweils zusammen mit dem Titel der Geschichte und der Seitenzahl
   in dein Reisetagebuch.

4. Vergleiche die gefundenen Geschichtenanfänge mit deinen Anfangssätzen.
   Kannst du von den Profis etwas lernen? Erkläre!

5. Mach jetzt nochmals einen Versuch für einen gelungenen Textanfang
   zum gegebenen Aufsatzthema.

6. Suche im Reisetagebuch anderer Kinder gute Textanfänge. Schreibe die besten
   zwei Beispiele mit dem Namen des Kindes in dein Reisetagebuch.

Abb. 22: Einen Textanfang finden

Der Prüfungsaufsatz – Vorbereitung auf den Auftritt vor einer kritischen Expertenrunde

Einen Höhepunkt – eine Pointe – finden
Du bekommst ein Aufsatzthema.

Kernidee
Spann deine Fäden vom Anfang zur Pointe und von der Pointe zum Schluss.

Auftrag (A)

1. Formuliere für dieses Thema einen oder zwei Sätze, die eine Pointe, also eine Art Höhepunkt, sein könnten.

2. Könntest du dir zu diesem Thema auch einen anderen Höhepunkt vorstellen? Probiere eine weitere Möglichkeit aus.

3. Lies in deinem Lesebuch drei kurze Geschichten. Welches ist für dich jeweils die Pointe des Textes? Schreibe sie zusammen mit dem Titel der Geschichte und der Seitenzahl in dein Reisetagebuch.

4. Vergleiche die gefundenen Pointen mit deinen Höhepunkten. Kannst du von den Profis etwas lernen? Erkläre!

5. Mach jetzt nochmals einen Versuch für eine gelungene Pointe zum gegebenen Aufsatzthema.

6. Suche im Reisetagebuch anderer Kinder gute Pointen. Schreibe die besten zwei Beispiele mit dem Namen des Kindes in dein Reisetagebuch.

Abb. 23: Einen Höhepunkt – eine Pointe – finden

Einen Textschluss finden
Du bekommst ein Aufsatzthema.

Kernidee
Mit dem Schlusssatz schließt sich der Kreis.

Auftrag
1. Formuliere für dieses Thema einen guten Schlusssatz.

2. Könntest du dir zu diesem Thema auch einen anderen Schluss vorstellen?
   Probiere eine weitere Möglichkeit aus.

3. Suche in deinem Lesebuch drei Schlusssätze von Geschichten (je einen Satz),
   die dir besonders gefallen.
   Schreibe sie jeweils zusammen mit dem Titel der Geschichte und der Seitenzahl
   in dein Reisetagebuch.

4. Vergleiche die Schlusssätze aus dem Lesebuch mit deinen Schlusssätzen.
   Kannst du von den Profis etwas lernen? Erkläre!

5. Mach jetzt nochmals einen Versuch für einen gelungenen Schlusssatz
   zum gegebenen Aufsatzthema.

6. Suche im Reisetagebuch anderer Kinder gute Schlusssätze.
   Schreibe die besten zwei Beispiele mit dem Namen des Kindes in dein Reisetagebuch.

Abb. 24: Einen Textschluss finden

Der Prüfungsaufsatz – Vorbereitung auf den Auftritt vor einer kritischen Expertenrunde

A

Einen Prüfungsaufsatz verfassen
Du bekommst ein Aufsatzthema.

Kernidee
Denk nie nur daran, WAS du erzählen willst, sondern denk immer auch daran,
WIE du erzählen willst.

Auftrag
Du hast dich bereits gründlich mit dem Anfang, dem Höhepunkt und dem Schluss eines Textes zu einem Prüfungsthema befasst. Schreibe nun den ganzen Prüfungsaufsatz.

Regeln
1. Die Zeit, über die du erzählst, soll möglichst kurz sein.
   Meist reichen fünf bis zehn Minuten im Leben deiner Hauptfigur.

2. Erzähle in der Rückschau, wenn du Zeit sparen willst.

3. Erzähle im Sekundenstil, wenn es spannend werden soll.

4. Erzähle, was die Person denkt und fühlt.

5. Erzähle, was die Person hört, sieht, riecht, ertastet oder schmeckt.

Abb. 25: Einen Prüfungsaufsatz verfassen

Teil 2: Annäherung an die Praxis des Dialogischen Lernens auf drei verschiedenen Wegen

„Umfallen und Wegrutschen ist gleich" – mit mathematischen Vorstellungsübungen in den Dialog gehen
Christof Weber

Thema: Kreise und Ellipse als Bahnkurven
Altersstufe: 11. Schuljahr (Sekundarstufe II)
Zeitbedarf: mindestens vier Lektionen

Dieser Beitrag zeigt, wie *Vorstellungen* von Schülerinnen und Schülern für einen gymnasialen Mathematikunterricht genutzt werden können. Am Beispiel der Einführung in das Thema von Kreis und Ellipse wird ausgeführt, dass Vorstellungen – eine spezifische Form von singulären Positionen – kein nebensächliches Beiwerk sein müssen, sondern gerade im Hinblick auf Fachinhalte bedeutsam sind. Werden die Vorstellungen im Unterricht verfügbar gemacht – z. B. durch *mathematische Vorstellungsübungen* –, lassen sich dialogische Lernprozesse leicht in Gang setzen. Nachfolgend werden nicht nur die faszinierenden und weitreichenden Auswirkungen dieses Ansatzes beschrieben, sondern exemplarisch auch einige Folgeaufträge formuliert.

Was sind Vorstellungen, und wie können sie verfügbar gemacht werden?

Vorstellungen werden – wie Gedanken – erlebt, als seien sie von materiellen Gegebenheiten oder von anderen externen Bedingungen unabhängig. Von außen kaum beeinflussbar, scheinen sie primär von der eigenen Person hervorgebracht worden zu sein und nur dem eigenen Zugriff zu unterliegen.

Die Schule geht äußerst widersprüchlich mit Vorstellungen um. Einerseits werden Vorstellungen im Unterricht als Medium intuitiven und kreativen Schaffens angesehen. So fordert der Satz „Stellen Sie sich vor, dass …!" dazu auf, sich einen fachlichen Inhalt zu vergegenwärtigen und sich auf ihn einzulassen. Andererseits gelten Vorstellungen als unzugänglich, als wenig aussagekräftig und als Privatsache. Ihre Nutzung für den Unterricht und für die Bearbeitung fachlicher Fragen hält sich deshalb in engen Grenzen. Meines Erachtens ist dies ein großer Verlust, sowohl für Lernende als auch für Lehrende.

Auch wenn im Unterricht die Welt der Vorstellungen nicht thematisiert wird, ist sie dennoch wirksam. Fachinhalte können nur dann verständig gelernt werden, wenn auch die Vorstellungen von Lernenden mit einbezogen werden. Die Thematisierung eigener Vorstellungen, wie sie hier geleistet wird, soll auch gleichzeitig eine pädagogische Ermutigung sein. Denn über den (Um)Weg der Beschäftigung mit den eigenen Vorstellungen lassen sich gerade junge Erwachsene in der Sekundarstufe II, die ein Nachdenken über mathematische Inhalte sonst eher vermeiden oder gar ablehnen, zu einer inhaltlichen Reflexion anregen. Sie beginnen, sich für fachliche Fragen zu interessieren.

Ein erstes Beispiel für Vorstellungen eines mathematischen Inhalts

Untersucht man Vorstellungen im Zusammenhang mit Lernen, dann müssen singuläre von *regulären Vorstellungen* unterschieden werden. So handelt es sich bei der Vorstellung des

„Umfallen und Wegrutschen ist gleich" – mit mathematischen Vorstellungsübungen in den Dialog gehen

Zahlenstrahls um eine aus fachlich-regulärer Sicht korrekte, geometrische Interpretation der reellen Zahlen. Sie stellt die fachliche Norm dar. Nur vor dem Hintergrund dieser regulären Vorstellung sind Aussagen wie „π liegt nahe bei 3" oder „eine Folge nähert sich an" sinnvoll, rekurrieren sie doch beide auf das geometrische Konzept der Entfernung.

Fragt man beliebige Personen, wie sie sich die Menge der Zahlen angeordnet vorstellen, erhält man allerdings meistens andere und teilweise erstaunliche Antworten. So werden etwa nicht-äquidistante, spiralige oder zickzack-förmige Vorstellungen beschrieben. Solche Vorstellungen spiegeln die persönliche Sicht auf einen mathematischen Inhalt und damit eine singuläre Position wider (siehe die in Abb. 1 dargestellten „number forms").[1]

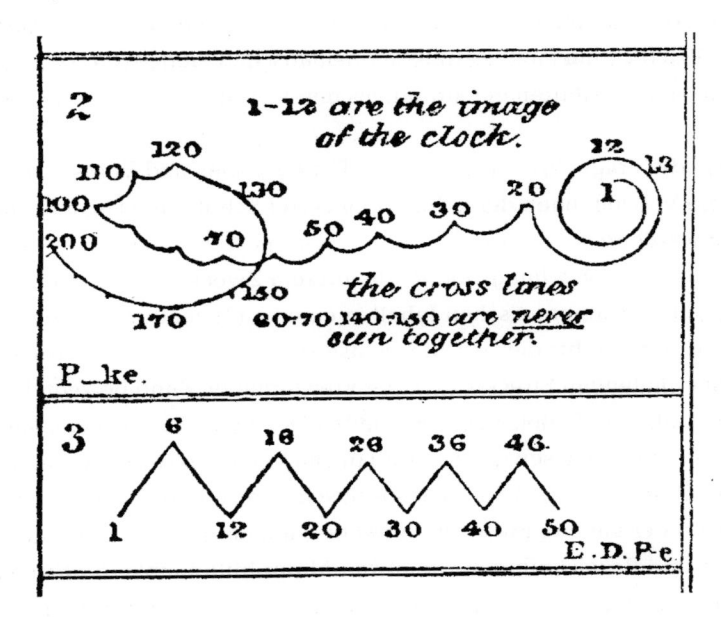

Abb. 1: Beispiele singulärer Vorstellungen der reellen Zahlen: „number forms" (Galton 1883, S. 91)

Diese Beispiele von *singulären Vorstellungen* verbinden beide einen mathematischen Inhalt – die Menge der reellen Zahlen – mit einer geometrischen Interpretation. Obwohl sie aus fachlich-regulärer Sicht nicht korrekt sind, sind sie mindestens teilweise produktiv, weil sie die Zahlen ihrer Größe nach angeordnet richtig wiedergeben.[2]

Eine mathematische Vorstellungsübung

In diesem Beitrag geht es jedoch weniger um Zahlen als vielmehr um den Kreis und die Ellipse. Der Kreis gehört zum Standardstoff der Sekundarstufe und wird im gymnasialen Mathematikunterricht üblicherweise bis hin zur algebraischen Beschreibung in Form der Kurvengleichung $x^2 + y^2 = R^2$ behandelt. Die Ellipse – als verallgemeinerter Kreis – und ihre algebraische

---

[1] Die denkpsychologische Forschung interessiert sich seit ihrer Entstehung in der zweiten Hälfte des 19. Jahrhunderts für Vorstellungen mathematischer Inhalte. Für viele weitere Beispiele siehe Galton (1883) oder Lorenz (1992).

[2] Unter Vorstellungen werden im Kontext von Vorstellungsübungen sowohl *Vorstellungsbilder* als auch *Vorstellungshandlungen* verstanden. Für eine detaillierte Begriffsbestimmung siehe Weber (2007, S. 128–132, 143–149).

Teil 2: Annäherung an die Praxis des Dialogischen Lernens auf drei verschiedenen Wegen

Beschreibung gehören nicht mehr zum gymnasialen Grundlagenstoff. Sie werden – wie das Kapitel der ebenen Kurven zweiter Ordnung – nur in Leistungskursen behandelt.

Wird der Kreis nicht mit einem Zirkel, sondern durch eine gleitende Strecke konstruiert, werden größere Zusammenhänge ersichtlich, so ungewohnt diese Sicht auf den ersten Blick auch erscheint. Der Kreis kann als spezielle Ellipse verstanden werden und umgekehrt: die Ellipse als gedehnter und damit verallgemeinerter Kreis. Bei einer solchen Sichtweise kommt also die mathematische Fähigkeit des Generalisierens bzw. des Spezialisierens ins Spiel. Zudem setzt die Sicht von Kreis und Ellipse als Bahnkurven – im Gegensatz zur ihrer statischen Auffassung als Zylinder- bzw. Kegelschnitte – ein bewegliches und damit ein funktionales Denken in Gang. Aufgrund der funktionalen Beschreibung der beiden Kurven durch Parametergleichungen geht es hier letztlich um eine zentrale mathematische Leitidee, die Leitidee der Funktion. Deshalb sind Kreise und Ellipsen ein attraktives und substanzielles Unterrichtsthema.[3]

Es stellt sich also die Frage: Wie lässt sich das Thema „Kreis und Ellipse" methodisch so aufbereiten, dass die Vorstellungen der Schülerinnen und Schüler gleichzeitig angeregt und verfügbar gemacht werden?

Eine *mathematische Vorstellungsübung*, die diesem Zweck dient, ist in Kasten 1 wiedergegeben. Sie stellt einen mathematischen Inhalt in einen außermathematischen Sachzusammenhang – und das ist typisch für dieses Unterrichtsinstrument. So ist die Tatsache, dass sich der Mittelpunkt einer gleitenden Strecke auf einer kreisförmigen Bahn bewegt, in das Szenario einer rutschenden Leiter gekleidet, an der auf halber Höhe eine Lampe befestigt ist. In einer Folge von Anweisungen werden sowohl der Aufbau von Vorstellungsbildern (eine Leiter in einem Zimmer, eine leuchtende Lampe) als auch spezifische Vorstellungshandlungen (Anlehnen der Leiter, Einschalten der Lampe, Rutschen der Leiter) angeregt. Dabei wird auf mathematische Begrifflichkeiten und Bezeichnungen wie etwa „M der Mittelpunkt der Strecke s" verzichtet. Vielmehr werden bildhafte Wörter und Metaphern eingesetzt – ein weiteres typisches Merkmal von Vorstellungsübungen.

Dieser Text wird den Schülerinnen und Schülern von der Lehrperson vorgetragen. Die Klasse folgt den Vorstellungsanweisungen mit geschlossenen Augen, jede und jeder ganz für sich allein und ganz ohne äußere Darstellungs- oder Hilfsmittel (Notizen, Modelle). Zu diesem Zeitpunkt geht es einzig darum, sich den Sachzusammenhang der rutschenden Leiter so gut wie möglich vor Augen zu führen und zu vergegenwärtigen.

---

[3] Weitere Argumente für die Behandlung des Themenfeldes von Kreis und Ellipse siehe Winter (2005).

„Umfallen und Wegrutschen ist gleich" – mit mathematischen Vorstellungsübungen in den Dialog gehen

> - Stellen Sie sich eine Leiter in einem hellen, geräumigen Zimmer vor. …
> - Nehmen Sie die Leiter und lehnen Sie diese dicht an die Wand an. …
> - Stellen Sie sich selbst vor die linke Seite der Leiter hin und lehnen Sie sich mit Ihrer linken Schulter an die Wand. So sehen Sie von der Leiter nur noch den linken Holm vor Ihnen, wie er nach links an die Zimmerwand angelehnt ist. …
> - In der Mitte des Ihnen zugewandten Leiterholms ist eine Lampe befestigt. Verdunkeln Sie das Zimmer und schalten Sie die Lampe ein. Sie sehen sie leuchten, als Leuchtpunkt. …
> - Das untere Leiterende beginnt auf dem Boden zu rutschen, ganz langsam nach rechts, von der Wand weg. Das obere Leiterende berührt dabei weiter die Wand und gleitet an ihr entlang hinunter. Im Moment, da es den Boden berührt, rutscht die Leiter nicht weiter, sondern bleibt liegen. …
> - Welche Form hat die Leuchtkurve, die die Lampe durch das Rutschen der Leiter in das dunkle Zimmer zeichnet? …
> - Welche Vorstellungen haben Sie im Laufe der Vorstellungsübung aufgebaut?

Kasten 1: Text der Vorstellungsübung „rutschende Leiter"

Schon im Verlauf der Vorstellungsanweisungen lässt sich erahnen, dass es um die Bahnkurve der Lampe geht. Deshalb wird die mathematische Frage nach der Form der Leuchtkurve am Ende der Vorstellungsübung explizit formuliert. Aufgrund der angeregten Vorstellungen und der Vergegenwärtigung der gleitenden Leiter stellen sich typischerweise an dieser Stelle die ersten Vermutungen dazu ein.[4]

Auf die fachlich-mathematische Frage folgt die Frage nach dem individuellen Vorstellungsaufbau. Sie zielt auf die Rekapitulation und das Bewusstmachen individueller Vorstellungen – und damit auf die Reflexion singulärer Positionen:
- Welche singulären Vorstellungen konstruieren die Schülerinnen und Schüler im Laufe der Vorstellungsübung?
- Welche Vorstellungsbilder sehen sie dabei vor ihrem inneren Auge?
- Welche Vorstellungshandlungen führen sie dabei gedanklich aus?

Durch die Anlage der Vorstellungsübung, die verlangt, sich einen Sachzusammenhang ohne Hilfsmittel vorzustellen, liegt auch die Frage nach den konstruierten Vorstellungen in der Luft. Diese zweite Frage ist besonders geeignet, um Dialoge über die persönlichen Auseinandersetzungen mit Mathematik anzustoßen, werden Vorstellungen doch in besonderem Maße als Eigenkreationen erlebt.

Nach meinen Erfahrungen mit Vorstellungsübungen fällt es besonders den Schülerinnen und Schülern in gymnasialen Klassen ziemlich leicht, miteinander über ihre singulären Vorstellungen ins Gespräch zu kommen. Würden Schülerinnen und Schüler dieser Stufe in ihrem

---

[4] Da die Strategie zur Beantwortung der mathematischen Frage nicht schon in den Vorstellungsanweisungen angelegt ist, steht die hier vorgelegte Vorstellungsübung in der Tradition einer *offenen* Mathematikaufgabe. Für andere Typen von Vorstellungsübungen siehe Weber (2007, S. 22–24).

Mathematikunterricht stattdessen nach ihren singulären Positionen in Form von Gefühlen oder Eindrücken gefragt, käme der intendierte dialogische Prozess bedeutend schwerer in Gang. Durch die Reflexionsfrage fokussieren die Schülerinnen und Schüler auf ihre Vorstellungen und damit auf ihre singulären Positionen, und die gemeinsame Arbeit im Unterricht mit ihnen kann beginnen.[5]

Nutzung von Vorstellungen in einem Dialogischen Mathematikunterricht

Die pädagogische Entscheidung, eine mathematische Fragestellung mit singulären Positionen in Form von Vorstellungen beginnen zu lassen, zielt auch darauf, ein anderes Bild von Mathematik zu vermitteln. Im Rahmen einer Vorstellungsübung können Schülerinnen und Schüler erst einmal jenseits der Kategorien von „richtig" und „falsch" einen mathematischen Inhalt erkunden und sich mit ihm auseinandersetzen. Damit können sie einmal selbstbestimmt ein Stück eigener Mathematik gestalten und produzieren, ohne dass dieses einzig den fachlich-regulären Normen – und damit einer oftmals einschränkend wirkenden Bewertung – ausgesetzt würde. Hierin liegt vermutlich auch der Grund dafür, dass sich Gymnasiastinnen und Gymnasiasten durch Vorstellungsübungen so leicht zu einer Reflexion ihrer singulären Vorstellungen und zu einem Dialog über diese Vorstellungen motivieren lassen.

Werden die durch die Vorstellungsübung angeregten Erfahrungen und Gedanken im Rahmen eines Dialogischen Mathematikunterrichts (Ruf & Gallin 2005 a/b) aufgegriffen, kann ihr Impuls sehr weit tragen. Dies wird im Folgenden anhand von Schülerdokumenten aus meinem eigenen Unterricht illustriert, und zwar in drei Schritten: Im ersten Schritt wird beschrieben, welche eigenen Vorstellungen und Vermutungen die Schülerinnen und Schüler dokumentierten, im zweiten Schritt, wie sie ihre Vorstellungen nach einem Perspektivenwechsel weiterentwickelten, und im dritten Schritt, wie der gemeinschaftliche Wissensbildungsprozess zur Beantwortung der mathematischen Frage führte.[6]

Dokumentation der eigenen Erkundungen

Im Anschluss an die Vorstellungsübung mit ihren Fragen (Kasten 1) wurden die Schülerinnen und Schüler aufgefordert, nicht nur ihre Vermutungen zur mathematischen Frage, sondern auch ihre Vorstellungsbilder und Vorstellungshandlungen zu dokumentieren und damit zu sichern. Dazu erhielten sie einen entsprechend formulierten *offenen Auftrag* (siehe S. 21, 214–216 in diesem Buch). Er lautete wie folgt:

---

[5] Für eine detaillierte Analyse der vorliegenden Vorstellungsübung siehe Weber (2007, S. 165–172).
[6] Die in diesem Beitrag wiedergegebenen Schülerantworten und Skizzen entsprechen meinen langjährigen Erfahrungen mit Vorstellungsübungen und sind insofern typisch. Alle Zitate sind originalgetreu wiedergegeben, grobe Schreibfehler wurden der besseren Lesbarkeit halber behoben. Die beteiligte Klasse war leistungsmäßig durchschnittlich (Gymnasium, Jahrgangsstufe 11). Sie wurde im beschriebenen Fall zum ersten Mal sowohl mit einer mathematischen Vorstellungsübung als auch mit den Instrumenten der Dialogischen Didaktik konfrontiert. Die letzte geometrisch-konstruktive Auseinandersetzung der Klasse mit Kreisen und Ellipsen lag über zwei Jahre zurück.

"Umfallen und Wegrutschen ist gleich" – mit mathematischen Vorstellungsübungen in den Dialog gehen

A **Erster Auftrag – erster Teil:**

a) Welche Form hat die Leuchtkurve, welche die Lampe bei der Bewegung der Leiter in das verdunkelte Zimmer „zeichnet"? Beschreiben Sie Ihre Vermutungen und fertigen Sie eine Skizze an.
b) Notieren Sie alle Ihre Vorstellungen – Bilder und Handlungen –, die Sie im Verlauf der Vorstellungsübung herangezogen haben.
c) Welche Ihrer Vorstellungen aus b) waren im Hinblick auf Ihre Vermutungen aus a) eher nützlich? Welche waren eher hinderlich?

Auftrag 1, Teil 1: Dokumentation und Analyse der eigenen Vorstellungen

Als Antwort auf Frage a) dieses Auftrags zeichneten die meisten Schülerinnen und Schüler eine linksgekrümmte Kurve in ihr Heft. Manchmal war die Leuchtkurve auch gerade oder rechtsgekrümmt, bei einem Schüler gar eine Kombination beider Krümmungsrichtungen (Abb. 2).

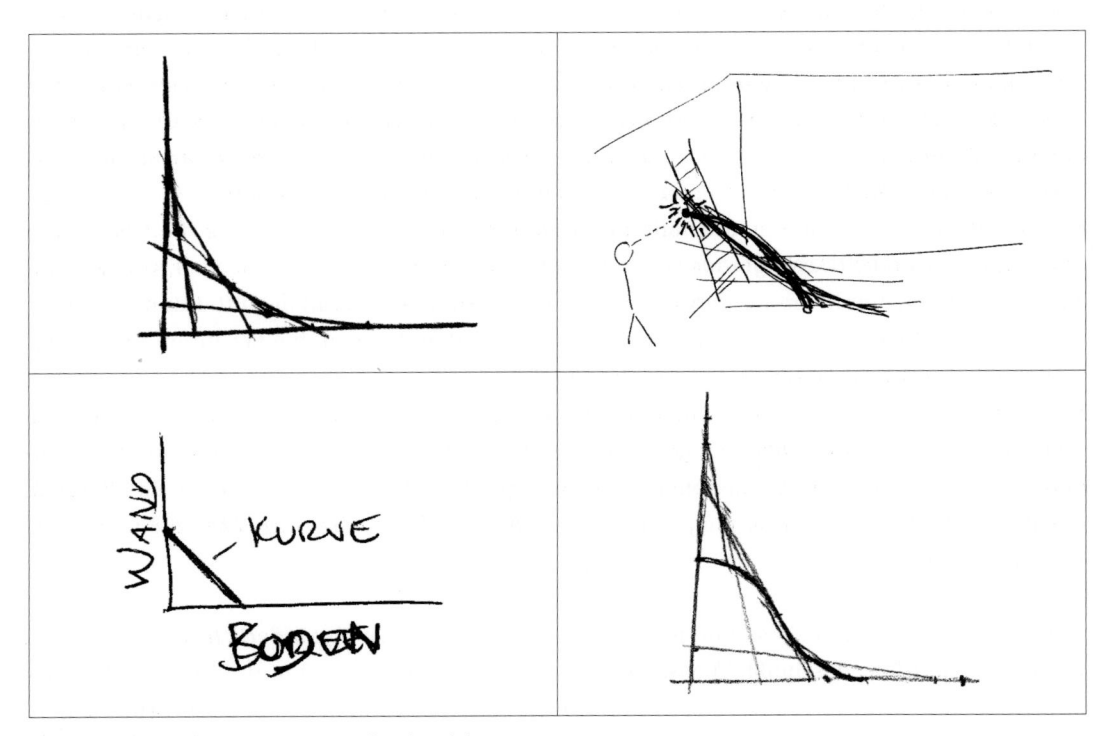

Abb. 2: Typen von Formen der vorgestellten Leuchtkurve

Wie diese Ausschnitte aus Schülerheften bereits zeigen, mündet die Dokumentation singulärer Vorstellungen nicht zwangsläufig in eine textliche Form, sondern es wird gerne auch eine zeichnerisch-skizzenhafte Form gewählt. Auf solche vom Übungstext nicht beschriebenen, singulären Vorstellungsbilder zielt die Vorstellungsübung. Sie sind erwünscht, sind sie doch die Visualisierungen der vermuteten Bahnkurve. In solchen und ähnlichen Vorstellungen drücken sich kreative Eigenleistungen der Schülerinnen und Schüler aus.

Mit der Frage b) wurde die „materielle Grundlage" der Vorstellungen gesichert, um in der Frage c) reflektiert und bewertet zu werden. Im Falle der rutschenden Leiter stuften die Schülerinnen und Schüler einige ihrer Vorstellungsbilder als *nützlich und produktiv* ein:

▸ So beschrieb Christian, wie das Vorstellungsbild, in dem sich die helle Lampe vom dunklen Zimmer abhebt, seine gedankliche Vergegenwärtigung der Leuchtkurve unterstützt. Er formulierte dies so: *Dass es eine Lampe ist, half auch, da ich es mir mit Licht besser vorstellen konnte.*
▸ Tom beschrieb und verglich die entstehende Leuchtkurve im Zimmer mit dem Bild eines Kondensstreifens: *Die Bahn der Birne hängt noch im Raum, wie eine Wasserspur im All!* [7]

Die Vorstellungsbilder wurden aber auch gedanklich bearbeitet, und manchmal wurden ebenfalls die damit verbundenen Vorstellungshandlungen als nützlich erlebt:

▸ So wurde die Leiter nicht nur verrutscht, sie konnte gedanklich auch wieder aufgestellt werden, und dies so oft (und so schnell) man wollte.
▸ Falls sich dabei kein Bild der ganzen Leuchtspur einstellt, kann die kontinuierliche Bewegung gequantelt werden: Leiter anhalten, Foto machen, Leiter etwas weiterrutschen lassen, wieder Foto machen usw. Damit ergibt sich das Vorstellungsbild einer *Folge von* Leuchtpunkten, die verbunden werden können. Anna drückte das so aus: *Ich fotografierte in sehr kurzen Zeitabschnitten den Vorgang mehrere Male. Den gesamten Ablauf wiederhole ich ebenfalls, insgesamt 3 Mal. Schlussendlich habe ich 3 Fotoabläufe vom Herunterfallen der Leiter. Ich lege sie alle übereinander und verbinde die Punkte (Fotos –> Folien mit Punkt drauf, der die Lichtquelle darstellt).*
▸ David dagegen ging die mathematische Frage vom Ende her an. Er stellte die Vermutung auf, dass die Leuchtkurve gerade ist, und testete sie aus. Dazu stellte er sich vor, wie der Mittelpunkt der Leiter in einer Führung in Form der vermuteten Geraden läuft. Kann die Leiter dann noch gleiten, sodass ihre Enden die Wand bzw. den Boden dabei berühren? Oder wird die Leiter durch die gerade Führung blockiert?

Wie diese Beispiele zeigen, sind singuläre Vorstellungen besonders dann nützlich, wenn sie Zwischenetappen in der Entstehungsgeschichte von Lösungen markieren und einen entscheidenden Aspekt einer Sache erfassen: Derartige singuläre Vorstellungen wirken in den Bereich des Regulären hinein, weil sie mögliche *Kernideen* enthalten (siehe S. 21, 225–228 in diesem Buch).

Es liegt in der Natur von Vorstellungen, dass neben nützlichen auch *hinderliche Vorstellungen* konstruiert werden, das heißt Vorstellungen, die das Produktivwerden der eigenen Vorstellungsprozesse – ähnlich wie Denkbarrieren – behindern. So wurden im Fall der beschriebenen Vorstellungsübung auf die Frage c) folgende Vorstellungen genannt, die einer erfolgreichen Beantwortung der mathematischen Frage entgegenstanden:

---

[7] Es fällt auf, dass singuläre Vorstellungen oft durch eigene *Metaphern* beschrieben werden, ganz unabhängig davon, ob sie von den Schülerinnen und Schülern als nützlich oder als hinderlich eingestuft werden.

„Umfallen und Wegrutschen ist gleich" – mit mathematischen Vorstellungsübungen in den Dialog gehen

- Eine allzu detaillierte Ausschmückung des Zimmers (die Leiter war länger als das Zimmer hoch, die im Zimmer befindlichen Gegenstände standen im Weg, der Zimmerboden war mit einem dicken Teppich bedeckt) behinderte die Gleitbewegung der Leiter.
- Auch die Befestigung der Lampe an der Leiter war Anlass für hinderliche Vorstellungen. So berichtete Nora: *Ich hatte etwas Probleme dabei, die Lampe an der Leiter zu befestigen, weil ich mir überlegte, wie ich das machen müsste, damit sie hält.*
- Tanja hatte Schwierigkeiten mit der Organisation ihrer Vorstellungen. Sie stellte sich vor, wie die Leiter auf sie zurutschte, sodass ihr Kopf zwischen zwei Sprossen geriet.
- Adrian beschrieb, dass er auf die vorgestellte, an die Wand gelehnte Leiter stieg. Stand er in der Mitte der Leiter und rutschte die Leiter unter ihm weg, so empfand er die vertikale Fallbewegung sehr viel stärker als die horizontale, von der Wand wegführende Bewegung. Aufgrund dieser Vorstellungen war es für ihn plausibel, dass die Bahn der Lampe zu Beginn tangential zur Wand verläuft (siehe Abb. 2, Skizze links oben).

Auch Vorstellungen wie die letztgenannte deuten auf *Schülerkonzepte* hin und sind ebenfalls kreative Eigenleistungen der Schülerinnen und Schüler. Sie unterstützen jedoch den Vorstellungsprozess im Hinblick auf die Vergegenwärtigung der Leuchtkurve und letztlich auf die Lösung des mathematischen Problems keineswegs, sondern führen auf Abwege. Umso wichtiger ist es, dass sich die Lernenden solche Vorstellungen bewusst machen. Erst auf dieser Grundlage können sie – und nicht die Lehrperson! – entsprechende Vorstellungen als hinderlich ausmachen, um diese in der Folge zurückzudrängen oder gar umbauen zu können. Letzteres gelingt besonders dann, wenn die hinderlichen Vorstellungen einen produktiven Kern enthalten, gehen hinderliche Vorstellungen doch immer wieder über Fehlvorstellungen hinaus.

Was heißt das im vorliegenden Fall der rutschenden Leiter? Wie wurden die dokumentierten Vermutungen und Vorstellungen im anschließenden Unterricht aufgegriffen?

Perspektivenwechsel

Mit dem 1. Teil des 1. Auftrags lagen viele verschiedene, singuläre Positionen zur Frage nach der Form der Leuchtkurve vor. Zu diesem Zeitpunkt wurde auch erstmals die Forderung laut, ich möge die mathematische Frage aus fachlicher Sicht beantworten.

Widersteht die Lehrperson dieser Versuchung nicht, geht das große didaktische Potenzial der dokumentierten Vorstellungen verloren und der anschließende Unterricht wird seinen gewohnten darstellenden oder fragend-entwickelnden Verlauf nehmen. Traut die Lehrperson den singulären Vorstellungen ihrer Klasse jedoch zu, Auswirkungen ins Reguläre zu haben, und nimmt sie diese ernst, können die entsprechenden Schülerdokumente als Ausgangsmaterial für den anschließenden Unterricht genutzt werden. Wie dies im Fall der rutschenden Leiter aussah, wird nun ausgeführt.

Nachdem die Vorstellungen schriftlich dokumentiert waren, wurde ein *Sesseltanz* durchgeführt (siehe auch S. 219–225 in diesem Buch). Die Schülerinnen und Schüler rückten in ihren Bänken um eine gewisse Anzahl Sitzplätze weiter und lasen den Hefteintrag einer Mitschülerin bzw. eines Mitschülers. Der 2. Teil des 1. Auftrags leitete einen Perspektivenwechsel von der eigenen singulären Position zur entsprechenden Position einer Mitschülerin oder eines

Mitschülers ein. Jetzt ging es um das Gegenüber und damit um Fragen wie „Was hast du dir vorgestellt?" und „Wie hast du es dir vorgestellt?". Damit wurde auch der großen Neugier auf die Vorstellungen der Mitschülerinnen und Mitschüler nachgegeben. Die Schülerinnen und Schüler lernten nicht nur eine andere singuläre Position kennen, sie verglichen sie auch mit der eigenen und konnten diese weiterentwickeln. Dazu regten die Frage e) und erst recht die Frage f) an.

A **Erster Auftrag – zweiter Teil:**

Lesen Sie die Beschreibung Ihrer Mitschülerin / Ihres Mitschülers und formulieren Sie Rückmeldungen:
d) Welche Vorstellungen finden Sie bemerkenswert? Weshalb?
e) Welche Vorstellungen in b) sind Ihnen zur Beantwortung der Frage a) nützlich? Inwiefern?
f) Wie lautet nun Ihre Antwort auf die Frage a)? Welche Begründung haben Sie dafür?

Auftrag 1, Teil 2: Aufforderung zum Perspektivenwechsel

Mit der Frage f) erhielten die Schülerinnen und Schüler Zeit, sich – nach der Lektüre der Einträge anderer Personen – selbst noch einmal mit der rutschenden Leiter auseinanderzusetzen. Dies geschah immer noch ohne das sortierende oder (er)klärende Eingreifen der unterrichtenden Lehrperson. Ihre Rolle bestand nach wie vor in der Moderation des Unterrichtsprozesses. So konnte die Auseinandersetzung mit der mathematischen Frage und den eigenen Vorstellungen an dieser Stelle vertieft werden und unter einem anderen, weiteren Blickwinkel stattfinden. Insbesondere richtete sich der Blick jetzt auch auf die Reflexion und die Bearbeitung eigener hinderlicher Vorstellungen:

▶ So erkannte Nora, welche die Lampe an einer Schnur aufgehängt hatte, dass sie deshalb Gefahr lief, auf Nebenwege zu geraten. In der Folge entfernte sie die Schnur kurzerhand aus ihren Vorstellungsbildern (siehe Abb. 3).

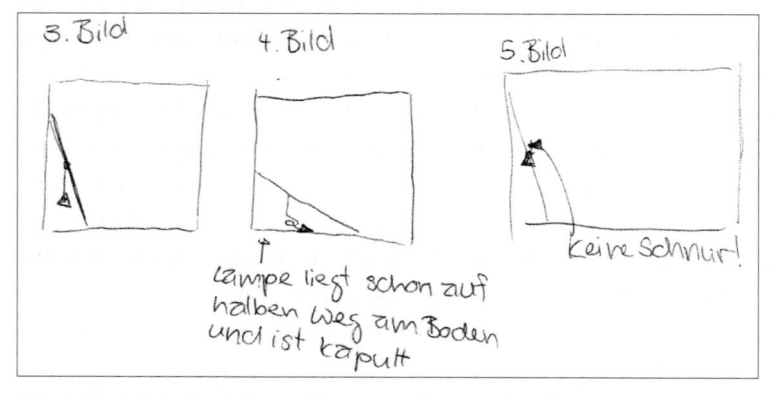

Abb. 3: Hinderliche Vorstellungen können umgebaut werden (Nora)

„Umfallen und Wegrutschen ist gleich" – mit mathematischen Vorstellungsübungen in den Dialog gehen

Zu diesem Zeitpunkt fand bei mehreren Schülerinnen und Schülern ein Meinungsumschwung statt. Entgegen der anfänglichen Vermutung, die Leuchtkurve sei linksgekrümmt, wurde nun vermehrt behauptet, ihre Form sei rechtsgekrümmt (rechte statt linke obere Skizze in Abb. 2).

▶ Luca ergänzte das von der Vorstellungsübung beschriebene Szenario, indem er eine zusätzliche zweite Leiter in das Zimmer stellte. Statt auch sie gleiten zu lassen, ließ er sie kippen und behauptete lapidar: *Umfallen und Wegrutschen ist gleich* – welche unerwartete mathematische „Perle"! (siehe Abb. 4)

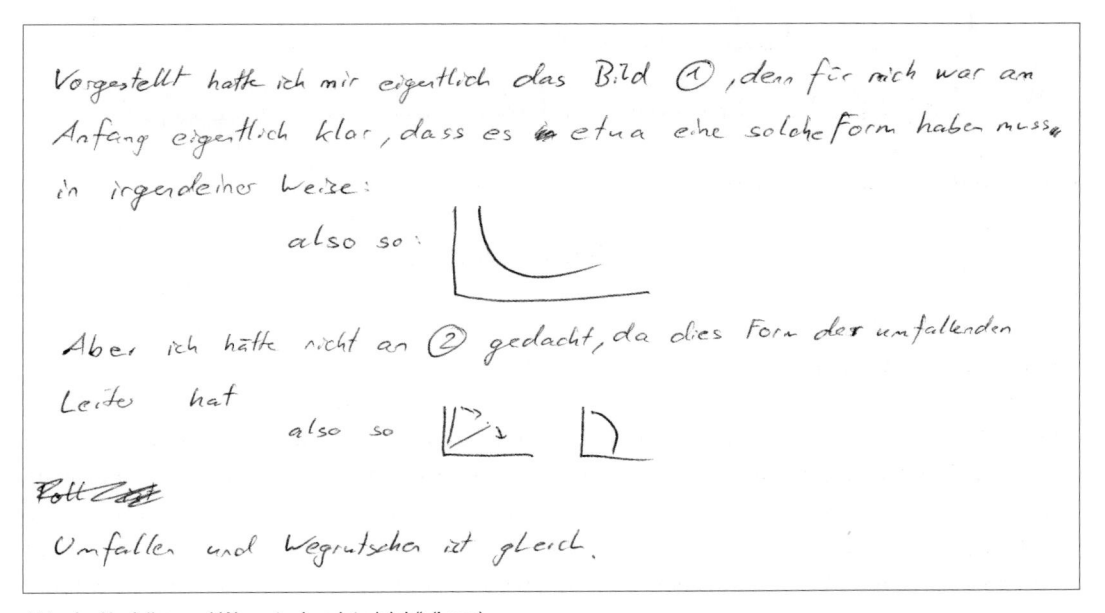

> Vorgestellt hatte ich mir eigentlich das Bild ①, denn für mich war am Anfang eigentlich klar, dass es etwa eine solche Form haben muss, in irgendeiner Weise:
>
> also so: ⌐
>
> Aber ich hätte nicht an ② gedacht, da dies Form der umfallenden Leiter hat
>
> also so: ⌐ ⌐
>
> Umfallen und Wegrutschen ist gleich.

Abb. 4: „Umfallen und Wegrutschen ist gleich" (Luca)

Damit brachte Luca auf den Punkt, dass die Mitte der rutschenden Leiter auf der gleichen Bahn läuft wie die Mitte einer kippenden Leiter. Eingängig wie diese Behauptung ist, wurde sie im Folgenden von mehreren Schülerinnen und Schülern als Kernidee der rutschenden Leiter genutzt. Dass sie auch korrekt ist, wies Luca später selbst nach (siehe Abb. 9).

▶ Jonas ging wie die meisten anderen auch ursprünglich von der Vermutung einer linksgekrümmten Form aus (er spricht von einer „Hyperbel"). Seine Konstruktionsskizze ließ ihn nicht nur davon abrücken, sondern auch analysieren und verstehen, wie die falsch gerichtete Krümmung zustande kommt: *Das Bild der Hyperbel kommt daher, dass ich mich auf die Leiter konzentrierte und nicht auf den Punkt. Die Grenze der „Leiter-Bilder" ist eine Hyperbel.* (siehe Abb. 5) Die Ursache für die Dominanz der linksgekrümmten Leuchtkurve könnte also darin liegen, dass das Vorstellungsbild der gleitenden Leiter (trotz der Verdunkelung des Zimmers) nicht ausgeblendet werden kann. Vielmehr scheint die Schar aller Leiterpositionen bzw. deren Grenzkurve die Form der Leuchtkurve zu bestimmen.[8]

---

[8] Die Grenzkurve ist keine Hyperbel, schon deshalb nicht, weil ihre entferntesten Ausläufer nicht über die Leiterlänge hinausreichen (siehe auch Fußnote 11 auf S. 158).

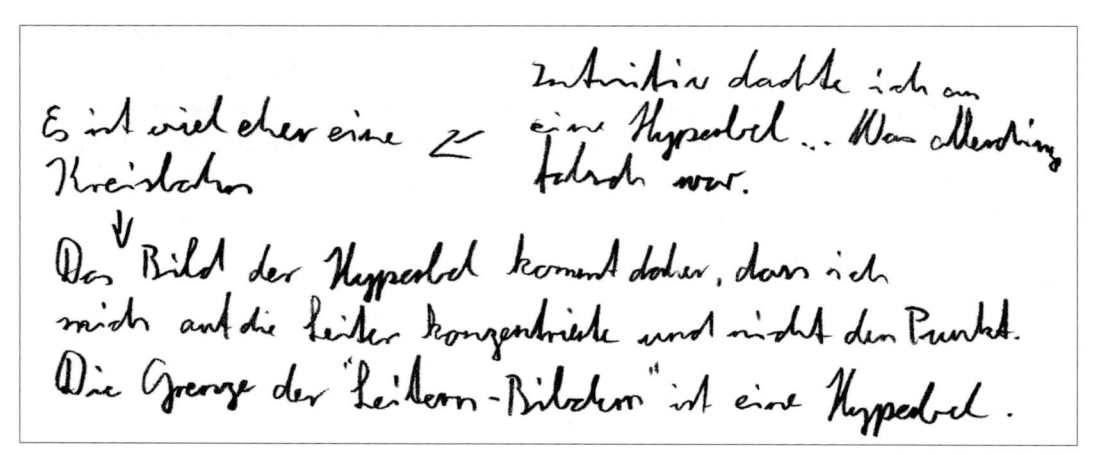

Abb. 5: Entstehung der Linkskrümmung als Grenzkurve aller Leiterpositionen (Jonas)

Wie diese Beispiele zeigen, wurde durch den Vergleich eigener Vorstellungen mit denen der anderen erkannt, welche der eigenen Vorstellungen hinderlich oder falsch sind. Zudem konnten solche Vorstellungen aufgrund des Perspektivenwechsels im zweiten Teil des Auftrags umgebaut oder analysiert – und damit zurückgedrängt – werden.

Nichtsdestotrotz wurden zu diesem Zeitpunkt erneut die Forderungen nach der „erlösenden" Antwort laut. Der Verlockung widerstehend, jetzt alles „richtigzustellen", interpretierte ich diese Stimmen als Wunsch nach gemeinsamer Klärung der Frage. So ging die Unterrichtsstunde mit einem Experiment zu Ende: Christian ließ den ein Meter langen Maßstab entsprechend den Vorgaben der Vorstellungsübung an der Wandtafel gleiten, während Jessica ein Stück Kreide an den Mittelpunkt des Maßstabs hielt und so Stück für Stück die rechtsgekrümmte Leuchtkurve auf der Tafel entstand. Durch dieses Experiment und seinen großen Maßstab wurde der Sachverhalt – wenigstens vorläufig – zufriedenstellend geklärt. Gong, und die erste Schulstunde war aus.

Gemeinschaftlicher Wissensbildungsprozess
In der zweiten Unterrichtsstunde erhielt die Klasse eine *Autographensammlung* (siehe auch S. 22–23, 216–219 in diesem Buch). Diese Sammlung von Skizzen und Zitaten hatte ich in der Nachbereitung der letzten Stunde aus allen Hefteinträgen zum ersten Teil des Auftrags ausgewählt. Zwei Auswahlkriterien waren dabei leitend: die *Auswirkungen* des jeweiligen Eintrags in den Bereich des Regulären und seine *Nutzungsmöglichkeiten* für den Fortgang des Unterrichts. Die so ausgewählten Autographen wurden dann in Rubriken zusammengefasst und mit pointierten Untertiteln versehen. Im Falle der rutschenden Leiter handelte es sich um einige der bereits besprochenen Skizzen und Zitate, und zwar waren dies …

… in der Rubrik „Vorstellungen können in sehr verschiedene Richtungen gehen!" die bereits dokumentierten Typen von Leuchtkurven (siehe Abb. 2),

… in der Rubrik „Vorstellungen können nützlich sein, aber auch hinderlich!" eine Liste von nützlichen und hinderlichen Vorstellungsbildern und Vorstellungshandlungen, welche ebenfalls weiter oben bereits beschrieben wurden,

„Umfallen und Wegrutschen ist gleich" – mit mathematischen Vorstellungsübungen in den Dialog gehen

... in der Rubrik „Hinderliche Vorstellungen haben ihre Ursache!" die Analyse des Zustandekommens der linksgekrümmten Leuchtkurve (siehe Abb. 5) sowie

... in der Rubrik „Hinderliche Vorstellungen können umgebaut werden!" Beschreibungen von der Umgestaltung hinderlicher Vorstellungen bis hin zu Lucas Behauptung, Umfallen und Wegrutschen seien gleich (siehe Abb. 3 und 4).

Diese Autographensammlung wurde mit der Klasse zu Beginn der zweiten Lektion im Sinne einer Bestandsaufnahme möglicher singulärer Positionen besprochen. Sie diente als Grundlage für den folgenden, zweiten Auftrag:

> **A** **Zweiter Auftrag:**
>
> Unser Experiment an der Tafel deutet darauf hin, dass die an der Leiter befestigte Lampe eine rechtsgekrümmte Kurve beschreibt.
> a) Entwickeln Sie weitere Argumente, die für diese Gestalt der Leuchtkurve sprechen.
> b) Bestimmen Sie die genaue mathematische Gestalt der Leuchtkurve.

Auftrag 2: Gemeinschaftlicher Wissensbildungsprozess

In diesem offenen Auftrag ging es also darum, sich vor dem experimentellen Hintergrund des rutschenden Maßstabs argumentativ der exakten Leuchtkurven-Form anzunähern, ohne bereits die – durch die Lehrerautorität garantierte – Antwort der mathematischen Frage zu kennen. Während sich die Frage a) noch im Bereich von Argumenten und Gegenargumenten bewegte, zielte die Frage b) unmissverständlich auf die mathematische Modellierung der rutschenden Leiter. Erst jetzt, nachdem die Situation ausgiebig erkundet worden war und eine experimentell gestützte Vermutung vorlag, wurde die mathematische Frage mit Argumenten und Beweisen angegangen.

Die Klasse erhielt dazu die Aufgabe, diesen Auftrag während rund einer Stunde zu Hause zu bearbeiten und die dabei entstandenen Dokumente in der nächsten Schulstunde abzugeben. Die dokumentierten Antworten wurden von mir in einer Nachbereitung wiederum in vier Rubriken zusammengefasst und mündeten in eine zweite Autographensammlung. So wurden die Antworten auf die Frage a) nach Argumenten in zwei Rubriken zusammengefasst:

- Unter dem ersten Titel „Argumente, die gegen eine Links- und für eine Rechtskurve sprechen" waren mehrere beispielhafte Argumente versammelt. So argumentierte Jessica, dass die Punkte der Leuchtkurve immer oberhalb der Verbindungsgeraden von Anfangs- und Endlage der Lampe liegen müssen, [...] also kann es keine Hyperbel sein.
- Christian positionierte die Lampe im unteren Bereich der Leiter und sah sich die anfängliche Leiterbewegung genau an: *Was für mich einfacher vorzustellen ist, und für eine solche Form der Kurve spricht, wäre wenn das Licht fast ganz unten an der Leiter befestigt ist. Ich weiss nicht warum aber so entfällt mir die Form einer Hyperbel direkt. Vielleicht weil die Bewegung des unteren Teils der Leiter anfangs eher horizontal ist und nicht so stark absinkt.* Die Umstrukturierung des Problems

auf eine Grenzlage der Lampe sowie die sorgfältige Beobachtung eines Teils der Bewegung ermöglichten Christian, von der hinderlichen Vorstellung der linksgekrümmten Leuchtkurve abzurücken.

▸ Argumente, die für eine Rechtskurve sprechen, begründen ja noch keineswegs, dass die Leuchtkurve einem Viertelkreis entspricht. Deshalb wurde unter dem zweiten Titel „Argumente, die für einen Viertelkreis sprechen" etwa die Konstruktion des Viertelkreises abgebildet, die Milena minutiös aufgrund vieler verschiedener Leiterpositionen angefertigt hatte.

▸ Die Vermutung „Umfallen und Wegrutschen ist gleich" lag einigen weiteren Argumenten in dieser Rubrik zugrunde. Sie wurde nun von ihrem Urheber Luca untermauert, indem er die beiden Leitern mit den Klingen einer sich öffnenden Schere verglich. Darüber hinaus erkannte er, dass manchen Klapptischen von Sekretären dasselbe Funktionsprinzip zugrunde liegt (siehe Abb. 6).

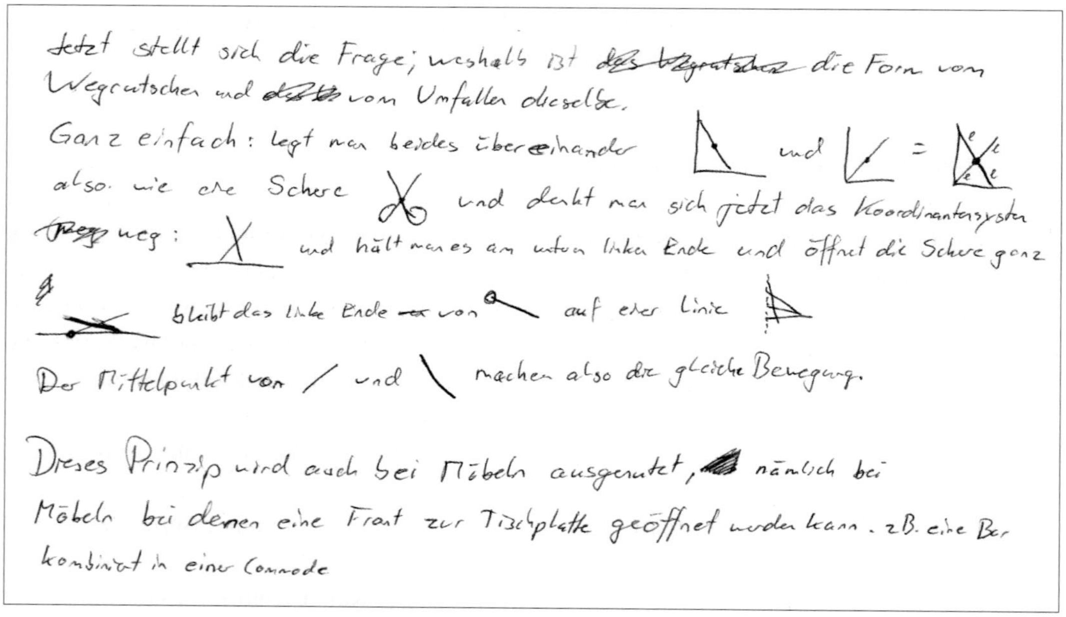

Abb. 6: Vergleich der beiden Leitern mit einer Schere (Luca)

▸ Jingwei griff Lucas Idee der zweiten Leiter ebenfalls auf. Ausgehend von der Frage *Wie sieht es aus, wenn man die Leiter in der Mitte umklappt?* versah sie das Leiterpaar in der Mitte mit einem Scharnier. In ihren Skizzen waren darüber hinaus erste formale Ansätze erkennbar (siehe Abb. 7). Bei ihr spielen singuläre Vorstellungen nicht nur eine stützende Rolle, sie ermöglichen Jingwei auch, erste Schritte in Richtung einer Abstrahierung der rutschenden Leiter und damit ihrer mathematischen Modellierung zu gehen.

„Umfallen und Wegrutschen ist gleich" – mit mathematischen Vorstellungsübungen in den Dialog gehen

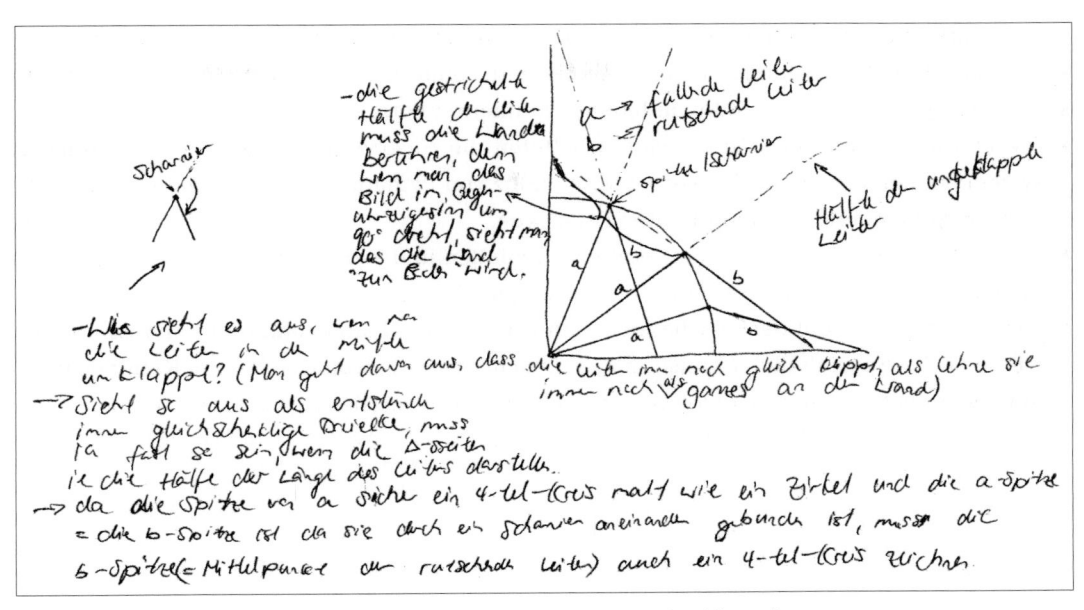

Abb. 7: Auf dem Weg zur mathematischen Modellierung der rutschenden Leiter (Jingwei)

▸ In eine ähnliche Richtung dachte Tom, der zwischen der Mitte der Leiter und der Stelle, wo die Wand auf den Boden trifft, eine Stange einfügte. Bei ihm griff die Bewegung nun nicht mehr an der Leiter, sondern vielmehr an dieser Stange an. In einem weiteren Schritt nahm er eine noch radikalere Umstrukturierung vor, indem er die Leiter festhielt und das Zimmer darum herum drehte. Ob Tom ahnte, dass seine Umstrukturierung ebenfalls eine wunderschöne mathematische „Perle" birgt, da sie auf den Satz von Thales führt, über den sich die Viertelkreis-Form der Leuchtkurve leicht beweisen lässt? (siehe Abb. 8)

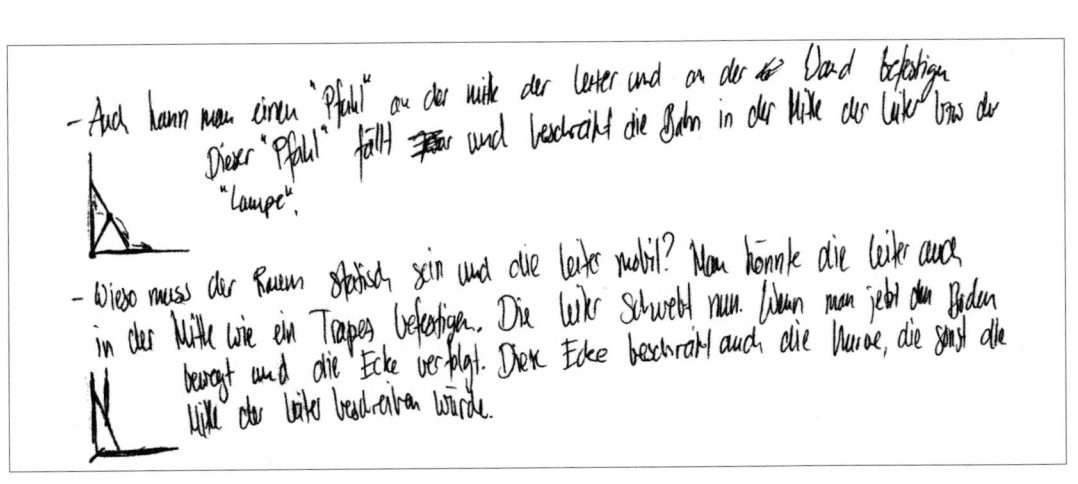

Abb. 8: Andeutung des Satzes von Thales (Tom)

Die Frage nach der Bestimmung der genauen mathematischen Gestalt der Leuchtkurve (Frage b) des 2. Auftrags) mündete in der Autographensammlung in die Rubrik „Beweise dafür, dass

Teil 2: Annäherung an die Praxis des Dialogischen Lernens auf drei verschiedenen Wegen

die Leuchtkurve ein Viertelkreis ist". In allen entsprechenden Schülerautographen wurden keine singulären Vorstellungen mehr dokumentiert, sondern der Sachzusammenhang der rutschenden Leiter in der einen oder anderen abstrahierten Form dargestellt:

- Die meisten Schülerinnen und Schüler betteten die rutschende Leiter in ein Koordinatensystem ein und argumentierten algebraisch (Satz von Pythagoras oder Strahlensatz). Einzig Fabio argumentierte mit kongruenten Dreiecken.
- Von Luca stammte nicht nur die Kernidee „Umfallen und Wegrutschen ist gleich" (Abb. 4). Er bewies – im sechsten (!) Anlauf – den verallgemeinerten Sachverhalt, dass die Leuchtkurve einer irgendwo auf der rutschenden Leiter befestigten Lampe ellipsenförmig ist. Daraus leitete er den Spezialfall der kreisförmigen Leuchtkurve ab, womit sich seine Kernidee nicht nur als produktiv, sondern auch als fachlich korrekt erwies (siehe Abb. 9).[9]

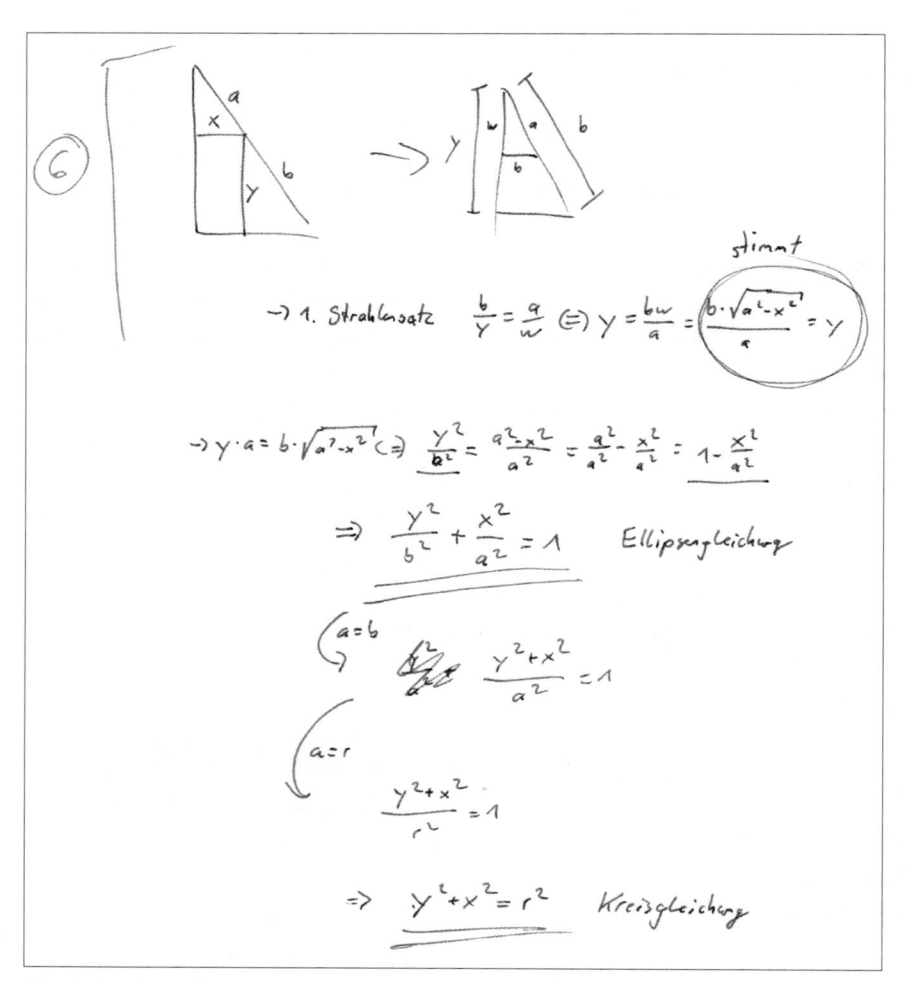

Abb. 9: Beweis der Ellipsenform der verallgemeinerten Leuchtkurve (Luca)

---

[9] Bemerkenswerterweise zeigte Luca im herkömmlichen Mathematikunterricht *keine* besonderen Leistungen (letzte Zeugnisnote in Mathematik: 4, Schweizer Notenskala).

„Umfallen und Wegrutschen ist gleich" – mit mathematischen Vorstellungsübungen in den Dialog gehen

In der vierten und letzten Rubrik der Autographensammlung waren „Vermutungen und Fragen" der Klasse versammelt:
- Niruja vermutete, dass *[...] egal wo sich die Lampe befindet, die „untere" Fläche bleibt immer gleich gross.* Durch Betrachtung der beiden Randsituationen widerlegte sie ihre Vermutung aber gleich wieder.
- Alexander beschrieb – nachdem er aus drei Punkten einer Leuchtkurve den dazugehörenden Kreismittelpunkt konstruiert hatte – stolz und gleichzeitig vorsichtig: *Entdeckung: Die Senkrechten durch den Mittelpunkt der Verbindungslinien könnten die umfallende Leiter darstellen.*
- Jonas schließlich formulierte die Frage nach der mathematischen Erfassung der zeitlichen Abhängigkeit der Lampenposition: *Eigentlich wäre es toll, wenn man das ganze abhängig von der Zeit darstellen könnte.*

Aus fast allen zitierten Schüleraussagen geht hervor, dass die Gymnasiastinnen und Gymnasiasten ihre singulären Vorstellungen für eine eigenständige, reflektierende und produktive Auseinandersetzung mit einer mathematischen Frage nutzten. Gerade auch Lernende, die einer Reflexion und einer schriftlichen Darstellung im Mathematikunterricht eher ablehnend gegenüberstehen, wurden nun mathematisch aktiv – wohl eine Folge der Betroffenheit, die durch den Fokus auf ihre Vorstellungen entsteht.

Auch diese zweite Autographensammlung wurde mit der Klasse besprochen. Erst jetzt, nach der Aktivierung der singulären Vorstellungen und nach der Reflexion derselben durch die Schülerinnen und Schüler, war meine mathematische Fachkompetenz gefragt. Wie kann die Lehrperson, an dieser Stelle des Unterrichtsprozesses angelangt, die Angebote der Klasse in Form singulärer Vorstellungen für den anschließenden Unterricht nutzen?

Da enorm viele Schülerbeiträge gehaltvoll waren, erschien es lohnend, mehrere von ihnen aufzugreifen und weitere, sich an das Thema anschließende mathematische Fragen zu stellen. Deshalb wurde im vorliegenden Fall statt der Form eines einzigen Auftrags die Form eines Aufgabenblatts gewählt, das mehrere Schülerideen aufgriff und aus fachlicher Sicht systematisierte (siehe Kasten 2 auf Seite 159):
- Die ersten vier Aufgaben drehten sich um den *Kreis* und einige seiner synthetisch-konstruktiven (Zirkel, rutschende Leiter) sowie analytisch-algebraischen Beschreibungen (Funktionsgleichung, Kurvengleichung, Parametergleichung). Gleichzeitig bezogen sie sich mehrfach auf Beiträge namentlich genannter Schülerinnen und Schüler aus der zweiten Autographensammlung. In Aufgabe 2 wurde beispielsweise – unter Hinweis auf einen vielversprechenden trigonometrischen Ansatz von Esther – die Frage von Jonas aufgegriffen, wie sich die Position eines Punkts auf der Kreisperipherie in Abhängigkeit von der Zeit erfassen lässt. Aufgabe 3 griff den Ansatz von Tom auf, der das Zimmer um die Leiter statt umgekehrt bewegte (Abb. 8), und Aufgabe 4 nutzte das verallgemeinerte Vorgehen von Luca (Abb. 9), um Fabios nicht gelungenen Beweis mit kongruenten Dreiecken zu Ende zu führen.
- In weiteren drei Aufgaben wurde die *Ellipse* thematisiert. In den Aufgaben 5 und 6 ging es darum, die Erzeugung der Ellipse durch eine rutschende Strecke und die von Luca hergeleitete Kurvengleichung mit anderen synthetisch-konstruktiven und analytisch-algebraischen Beschreibungen der Ellipse in Beziehung zu setzen.

Teil 2: Annäherung an die Praxis des Dialogischen Lernens auf drei verschiedenen Wegen

▶ In der letzten Aufgabe wurden Bezüge zu technischen Anwendungen der rutschenden Leiter hergestellt. Der Ellipsenzirkel wurde hier nicht nur abgebildet (Diderot & d'Alembert 1767, siehe S. 159 Aufgabe 7), sondern der Klasse auch real vorgelegt. Nach der über weite Strecken vorwiegend gedanklichen Auseinandersetzung mit der rutschenden Leiter war es besonders begeisternd zu sehen, dass die Konstruktion auch real funktioniert und dass sich die beiden Schlitten in den senkrecht aufeinanderstehenden Führungsschienen nicht verkeilen.[10]

In dieses Aufgabenblatt mündete der ganze Reichtum der durch die Vorstellungsübung evozierten singulären Vorstellungen einer gymnasialen Klasse, ohne dass dabei auf fachliche Substanz verzichtet worden wäre. Diese Mathematikaufgaben wurden auf traditionelle Art und Weise, aber auch in Form von weiteren Aufträgen (so zum Beispiel Aufgabe 6.c) bearbeitet.

Aufgrund der vorliegenden Schülerbeiträge wären aber auch andere Folgeaufträge sinnvoll gewesen. So könnte ein möglicher nächster Auftrag auf eine präzisere Begriffsverwendung zielen. Obwohl mehrfach von Hyperbeln gesprochen wird, handelt es sich bei der linksgekrümmten Grenzkurve an die Schar der Leitern (siehe linke obere Skizze in Abb. 2) um eine Astroide. Der entsprechende Auftrag könnte etwa so lauten: „a) Weisen Sie nach, dass die linksgekrümmte Grenzkurve der rutschenden Leitern keine Hyperbel ist. b) Bestimmen Sie ihre genaue mathematische Gestalt."[11]

Für eine Klasse, die im Umgang mit Vorstellungsübungen bereits versiert ist, ließe sich die Fragestellung der rutschenden Leiter ausbauen. So kann die Lampe auf einem Halbkreis über der rutschenden Leiter als Durchmesser befestigt und wiederum nach der Form der entstehenden Leuchtkurve gefragt werden. Wie schon die rutschende Leiter lässt sich auch diese Fragestellung in Form einer Vorstellungsübung präsentieren, umso mehr sie ebenfalls eine unerwartete Antwort hat (siehe Abb. 10).

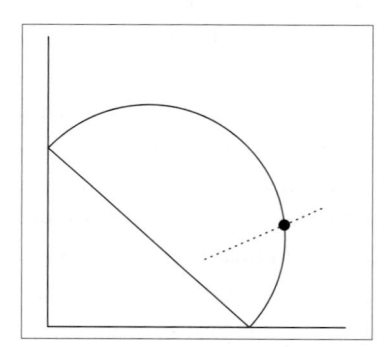

Abb.10: Rutschender Halbkreis als Grundlage für eine nächste Vorstellungsübung

---

[10] Für Gründe, technische Instrumente wie den Ellipsenzirkel im Mathematikunterricht zu thematisieren, siehe Vollrath (2003).

[11] Damit gelangt man zum Thema der Hüllkurven, welches sich ebenso für Vorstellungsübungen und für die analytische Behandlung im Gymnasium eignet. Siehe dazu auch http://matheplanet.com/default3.html?article=489 (letztmalig zugegriffen am 2.5.2008).

„Umfallen und Wegrutschen ist gleich" – mit mathematischen Vorstellungsübungen in den Dialog gehen

Aufgaben zu Kreis und Ellipse

1. In Ihrer Formelsammlung wird behauptet, dass die Funktionsgleichung $y = \sqrt{1-x^2}$ dem Graphen eines oberen Halbkreises entspricht.
   a) Beweisen Sie, dass ein Punkt $(x \mid y)$ genau dann diese Funktionsgleichung erfüllt, wenn er die konstruktive Eigenschaft dieses Halbkreises erfüllt.
   b) Wie lautet demzufolge die Kurvengleichung des ganzen Kreises?
   c) Wie lautet die Kurvengleichung des größeren Kreises mit dem Radius 5?
   d) Wie lautet die Kurvengleichung, wenn der Mittelpunkt des Kreises nach $(5 \mid 7)$ verschoben wird?

2. Entwickeln Sie aus Esthers trigonometrischem Ansatz eine algebraische Gleichung, dank der sich die Position des Punktes P auf der Kreislinie in Abhängigkeit der Zeit t bestimmen lässt ($0 \leq t \leq 2\pi$).

3. Entwickeln Sie aus Toms Ansatz einen Beweis, dass die Leuchtkurve kreisförmig ist.

4. a) Analysieren Sie Lucas Beweis: Was hat er mit Fabios Ansatz zu tun?
   b) Leiten Sie aus Fabios Ansatz die Kreisgleichung her.

5. Die konstruktive Eigenschaft einer Ellipse lautet wie folgt: „Die Ellipse ist die Menge aller Punkte P der Ebene, deren Entfernung von zwei festen Punkten F_1 und F_2 einen konstanten Abstand haben, der größer ist als $\overline{F_1 F_2}$." (F_1 und F_2 heißen die „Brennpunkte" der Ellipse)
   a) Weshalb hat die so definierte Ellipse die von Luca angegebene Kurvengleichung?
   b) Wie lang sind a (die „große Halbachse") und b (die „kleine Halbachse") im Fall einer rutschenden Leiter, die 2 Meter lang ist und an der die Lampe auf 1/3 bzw. 1/n der Länge befestigt ist?

6. Der Kreis wird manchmal als spezielle Ellipse angesehen.
   a) Wie lässt sich dies rechtfertigen?
   b) Beweisen Sie, dass die Parameterform der Ellipsengleichung $\begin{pmatrix} x \\ y \end{pmatrix} = \begin{pmatrix} a \cdot \cos(t) \\ b \cdot \sin(t) \end{pmatrix}$ lautet (mit $0 \leq t \leq 2\pi$).
   c) Weshalb ist die Schnittfläche eines schief geschnittenen Kreiszylinders eine Ellipse?
   d) Wie lassen sich aus dem Radius des Kreiszylinders und dem Schnittwinkel (gegenüber der Normalebene zur Längsachse des Zylinders) die große und die kleine Halbachse der Ellipse berechnen?

7. Untersuchen Sie den Ellipsenzirkel:
   a) Was bewirkt eine Verschiebung der drei Stellschrauben?
   b) Lässt sich der Ellipsenzirkel so einstellen, dass damit ein Kreis gezeichnet werden kann?

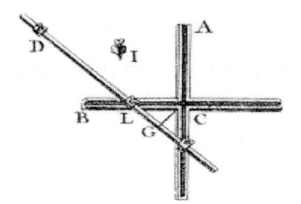

Kasten 2: Aufgabenblatt zum Kreis und zur Ellipse

Teil 2: Annäherung an die Praxis des Dialogischen Lernens auf drei verschiedenen Wegen

Chancen und Schwierigkeiten – ein Fazit

Dieser Beitrag zeigt, wie Vorstellungen im gymnasialen Mathematikunterricht durch mathematische Vorstellungsübungen verfügbar und mit den Instrumenten der Dialogischen Didaktik in einem gemeinschaftlichen Wissensbildungsprozess produktiv gemacht werden können.

Es soll an dieser Stelle nicht verschwiegen werden, dass ein Mathematikunterricht dieser Art auch gewisse Schwierigkeiten bietet. So bedarf es einer großen Aufmerksamkeit und Anstrengung seitens der Schülerinnen und Schüler, Vorstellungen mathematischer Inhalte aufzubauen, aufrechtzuerhalten und im Weiteren schriftlich zu dokumentieren und zu reflektieren. In Klassen mit wenig Erfahrung mit Vorstellungsübungen beteiligen sich deshalb einzelne Lernende – eher Schüler als Schülerinnen – schon mal etwas zurückhaltend. Erst nach und nach beteiligen sie sich aktiv an den Vorstellungsübungen.

Die Lehrperson muss zum einen mathematische Inhalte so anschaulich und so verständlich in Vorstellungsanweisungen fassen, dass die Lernenden die anspruchsvolle Aufgabe meistern können, eigene Vorstellungen aufzubauen. Zum anderen muss die Lehrperson ein vitales Interesse an den singulären Positionen ihrer Schülerinnen und Schüler aufbringen. Nur dann wird es ihr gelingen, ihr Fachwissen so lange zurückzuhalten, bis in einem abwägenden, gemeinschaftlichen Annäherungsprozess reguläre Vorstellungen entwickelt werden.[12]

Ein Mathematikunterricht, der diese Schwierigkeiten meistert und den singulären Vorstellungen der Lernenden etwas zutraut, lohnt sich aus verschiedenen Gründen:
- Möchte man den Unterricht zum Aufbau verständigen Wissens bei der Realität der Lernenden beginnen lassen, eignet es sich im Gymnasium besonders, die singulären Vorstellungen von Schülerinnen und Schülern zu thematisieren. Lernende der Sekundarstufe II erleben solche Vorstellungen, die mathematische Prozesse begleiten, zwar als Ausdruck der eigenen Person. Aufgrund des kognitiven Gehalts, die solche Vorstellungen immer enthalten, ist für Lernende dieses Alters die Thematisierung von Vorstellungen im Unterricht jedoch kaum zu privat oder gar peinlich. Deshalb erfreut sich die Auseinandersetzung mit Vorstellungen bei Schülerinnen und Schülern einer großen Akzeptanz.
- Im Unterschied zur bekannten Forderung, die Vorkenntnisse von Schülerinnen und Schülern in den Unterricht einzubeziehen, zielt die Fokussierung auf Vorstellungen weniger auf die Informationsbeschaffung zum aktuellen Stand von Lernenden. Vielmehr zielt sie auf die authentische Betroffenheit der Lernenden sowie auf den Aufbau von Bildern und Gedanken, mit denen gearbeitet werden kann. Bevor die rutschende Leiter experimentell und mit mathematischen Verfahren angegangen wird, dient die Vorstellungsübung dazu, die innere Bühne dafür bereitzustellen und sich den entsprechenden mathematischen Sachverhalt zu vergegenwärtigen.

---

[12] Zu Schwierigkeiten mit Vorstellungsübungen sowie zu ihrer Akzeptanz bei Gymnasiastinnen und Gymnasiasten siehe Weber (2007, S. 215–224, S. 38–82).

- Durch die authentische Betroffenheit finden gerade Klassen der Sekundarstufe II, die nie zuvor die Entstehungsgeschichten ihrer mathematischen Lösungen schriftlich dokumentiert haben, einen einfachen Zugang zum Schreiben als Technik der Reflexion und Erkenntnisgewinnung. Auf diese Weise werden die aufgebauten Vorstellungen nicht nur bewusst gemacht, sondern sie lassen sich für eine eigenständige, reflektierende und produktive Auseinandersetzung mit fachlichen Fragen nutzen – von den einzelnen Schülerinnen und Schülern, aber auch von der Mathematiklehrperson.
- Werden themenbezogene Vorstellungen regelmäßig im Unterricht thematisiert, wird es für die Schülerinnen und Schüler selbstverständlich, dass singuläre Vorstellungen nicht einfach gegeben sind und feststehen. Selbst wenn Vorstellungen hinderlich zu sein scheinen, sind sie oft bearbeitbar und können manchmal sogar genutzt werden. Mit anderen Worten: Vorstellungsprozesse lassen sich als gedankliche Strategie einsetzen, um mathematische Fragestellungen zu erkunden und Vermutungen weiterzuentwickeln.

Summa summarum stellt ein Mathematikunterricht, der Vorstellungen von Schülerinnen und Schülern etwas zutraut, Einfallsreichtum und Reflexion ins Zentrum. Darüber hinaus entwickelt sich ein solcher Unterricht aus der Auseinandersetzung mit Schülerbeiträgen in Form von singulären Vorstellungen. Dieser Unterricht ermöglicht nicht nur ein verständiges Lernen, sondern vermittelt auch – so ist zu hoffen – nicht länger ein Bild von Mathematik als *[...] Behalten und Anwenden von Definitionen, Formeln, mathematischen Fakten und Verfahren [...]*, sondern ein angemessenes Bild, das *[...] den konstruktiven und prozessualen Charakter von Mathematik betont, deren Weiterentwicklung von Kreativität und Imagination abhängig ist* (Baumert et al. 2000, S. 66).

Teil 2: Annäherung an die Praxis des Dialogischen Lernens auf drei verschiedenen Wegen

„Zwei Welten" – der Dreisatz im Dialogischen Mathematikunterricht
Peter Gallin

Thema: Dreisatz (direkte und indirekte Proportionalität)
Altersstufe: 5.–6. Schuljahr
Zeitbedarf: etwa 1 Semester

Einleitung

Ein zentrales Thema des Mathematikunterrichts im 5. und 6. Schuljahr ist der sogenannte Dreisatz. Besonders bei Übertrittsprüfungen in höhere Schulklassen treten häufig verschachtelte Probleme dieser Art auf. Man hat sogar schon behauptet, dass das Prozentrechnen und der Dreisatz die letzten mathematischen Themen sind, die ein Mensch in seinem weiteren Leben tatsächlich brauche (vgl. Heymann 1996, S. 137). Entsprechend ausgeklügelt sind die didaktischen Techniken, die im Laufe der Jahre zur Bewältigung solcher Aufgaben entwickelt worden sind. Trotzdem bleibt in der Erinnerung Erwachsener oft nur noch eine vage Vorstellung von Anforderungen und Regeln, die sie damals in der Schule mehr oder weniger gut nachvollziehen konnten. Weil aber das verkrampfte Suchen nach oberflächlich gelernten oder halb verstandenen Regeln sehr fehleranfällig ist, müsste das Ziel der Volksschule sein, das Thema Dreisatz tiefer in der Person zu verankern, damit die zugrunde liegenden mathematischen Zusammenhänge in Form von Kernideen jederzeit abrufbar sind.

Die folgende Unterrichtseinheit ist geprägt vom Anliegen, den Dreisatz von seinem Regelkorsett zu befreien und zu einer Denkwelt auszubauen, in der man sich frei und nach Maßgabe der jeweils verfügbaren Rechenfertigkeiten bewegen kann. Das primäre Ziel ist, den innersten mathematischen Gehalt des Dreisatzes in seiner größten Allgemeinheit an die Spitze zu stellen, ohne gleich mit Rechnen zu beginnen. Dabei geht es um den Begriff der Funktion, der in der Mathematik nicht nur grundlegend, sondern auch ständig in Gebrauch ist. Das Wesen einer Funktion im mathematischen Sinn ist die Verbindung von zwei Zahl- oder Größenbereichen: Den Zahlen aus dem ersten Bereich, der Urbildmenge, werden in eindeutiger Weise Zahlen aus dem zweiten Bereich, der Bildmenge, zugeordnet. Wie im Einzelnen diese Zuordnung zu geschehen habe, ist zunächst offen. Die große Allgemeinheit des Funktionsbegriffs erlaubt es, gerade Kindern ein Spielfeld zu eröffnen, in dem es anfangs gar nicht ums Rechnen geht. Wichtig ist nur, dass die beiden Größenbereiche klar voneinander unterschieden werden und dass eine Beziehung zwischen ihnen erkannt wird. Dies erklärt den Titel „Zwei Welten".

Da die Auseinandersetzung mit dem Dreisatz auf ein vertieftes Verständnis eines mathematischen Grundproblems angelegt ist, wird die hier entwickelte Unterrichtseinheit einen Zeitraum bis zu einem vollen Semester in Anspruch nehmen. Natürlich können Lehrkräfte sowohl die zeitliche Länge wie auch die fachliche Breite der Thematik „Proportionalität" ihrem Zeitbudget oder Lehrplan anpassen. Hier soll ohne solche Einschränkungen und in Anlehnung an das Lehrbuch *ich du wir 4 5 6* aufgezeigt werden, zu welch vielfältigen und weit über die Mathematik hinausgehenden Denk- und Handlungsweisen die Schülerinnen und Schüler durch geeignet gestellte Aufträge angeregt werden und welch interdisziplinäres Potenzial in diesem scheinbar elementaren Thema steckt.[1]

Die Unterrichtseinheit, wie sie im Lehrbuch *ich du wir 4 5 6* präsentiert ist, wird durch 13 Aufträge in Etappen gegliedert. Zwischen den Aufträgen werden den Schülerinnen und Schülern Anregungen, Beispiele und Regeln zum Thema in einem „Haupttext" angeboten (hier in einem Kasten dargestellt). Meistens wird aufgrund der konkreten Bearbeitungen der Aufträge durch die Lernenden der Fortgang des Unterrichts durch modifizierte oder zusätzliche Aufträge anders verlaufen als hier vorgezeichnet. Daher ist dieser Ablauf als Anregung zu verstehen und nicht als exakt zu befolgende Handlungsanweisung. Die gestellten Aufträge sind hier in einem Kasten mit eingekreistem A gedruckt.

Zur Übersicht über die ganze Unterrichtseinheit werden zuerst die verschiedenen angestrebten Kompetenzniveaus in einer Tabelle von unten nach oben ansteigend zusammengestellt und die Titel der 13 Aufträge entsprechend zugeordnet.

Stufen	Prinzipien		Kompetenzen Ich kann …	Zugeordnete Aufträge
Stufe 3: Regulärer Bereich Das machen **wir** ab.	**Überblick über die unterschiedlichen Techniken** **(In der Wissenschaft)** Innerhalb der einen Welt werden dimensionslose Faktoren eingesetzt, weltübergreifend arbeitet man aber mit Proportionalitätsfaktoren.	WIR	… die direkte und indirekte Proportionalität auf verschiedene Arten darstellen und über die Divisions- oder Multiplikationsprobe die Werte aus beiden Welten unmittelbar miteinander in Beziehung setzen.	Auftrag 13: Proben zur Proportionalität
		DU	… im Bereich der Proportionalität Aufgaben und deren Darstellungsweisen von anderen suchen, untersuchen und anwenden.	Auftrag 12: Direkt, indirekt oder noch anders?
		ICH	… die für mich einleuchtendste, sicherste und günstigste Methode zur Lösung einer Proportionalitätsaufgabe auswählen und anwenden.	Auftrag 11: Zweisatz oder Dreisatz?

---

[1] Die hier vorgestellte Unterrichtseinheit ist ein Teil des Kapitels „Zwei Welten" im Lehrbuch: Gallin, Peter; Ruf, Urs (1999). *Ich du wir 4 5 6*. Lehrmittelverlag des Kantons Zürich. Sie erscheint hier in erweiterter und kommentierter Form sowie mit vielen Schülerbeiträgen, die im Lehrbuch nicht enthalten sind.

Teil 2: Annäherung an die Praxis des Dialogischen Lernens auf drei verschiedenen Wegen

Stufen	Prinzipien		Kompetenzen Ich kann ...	Zugeordnete Aufträge
Stufe 2: Divergierender Bereich **Wie machst du es?**	**Leserfreundliche Fixierung mathematischer Zusammenhänge (Außerhalb des persönlichen Umfelds)** Die mehrfache Verwendung von einfachen und überschaubaren Faktoren führt sicher ans Ziel.	WIR	... direkte Vergrößerungs- und Verkleinerungsfaktoren in proportionalen und indirekt proportionalen Zusammenhängen erkennen und im Zweisatz nutzen.	Auftrag 10: So kurz wie möglich
		DU	... den Lösungswegen anderer folgen und Konsequenzen zur Verkürzung meiner persönlichen Vielsatztechnik ziehen.	Auftrag 8: In Etappen zum Ziel
		ICH	... in einem proportionalen Wertezusammenhang von der gegebenen Ausgangsbeziehung in vielen Sätzen und mit kleinen Schritten auf die gesuchte Endbeziehung kommen.	Auftrag 5: Pro Auftrag 6: Preisschilder Auftrag 7: Vielsatz
Stufe 1: Singulärer Bereich **Ich mache das so!**	**Erste Begegnung mit mathematischen Funktionen (Innerhalb des persönlichen Umfelds)** Beispiele aus dem engeren, persönlichen Erfahrungsbereich zeigen verschieden geartete Zusammenhänge zwischen Größen.	WIR	... über die einfachen Rechenproben des Verdoppelns oder Halbierens vermutete Zusammenhänge als proportional oder als umgekehrt proportional entlarven.	Auftrag 9: Verdopplungs- und Halbierungsprobe
		DU	... andere provozieren mit verrückten Zusammenhängen, die unerwarteten Gesetzmäßigkeiten gehorchen.	Auftrag 4: Verrückte Welten
		ICH	... intuitiv Situationen erkennen, in denen Größen miteinander so verbunden sind, dass ein Mehr von der einen Größe ein Mehr oder Weniger von der anderen zur Folge hat.[2]	Auftrag 1: Wenn ..., dann ... Auftrag 2: Welt 1 und Welt 2 Auftrag 3: Je ..., desto ...

Übersicht der einzelnen Arbeitsaufträge und Kompetenzdimensionen bei „Zwei Welten"

In dieser Übersicht sind auch die 13 Aufträge von unten nach oben angeordnet mit einer Ausnahme: Der Auftrag 9 steht nicht nach Auftrag 8, sondern bereits nach Auftrag 4. Dies bedeutet, dass der regularisierende Abschluss der 1. Stufe (*Ich mache das so!*) nicht unbedingt vor dem Einstieg in die 2. Stufe (*Wie machst du es?*) erfolgen muss. In dieser Weise ist es durchaus denkbar, dass die Lehrperson im aktuellen Unterricht auch von anderen Aufträgen die Reihenfolge abändern kann oder muss, natürlich innerhalb gewisser Grenzen. Dies hat zwei Gründe:

---

[2] In seinem Aufsatz „Physikalismus und Sprache" (Schweizerische Lehrerzeitung, SLZ Nr. 49, 3. Dezember 1981) betont Martin Wagenschein die Bedeutung des qualitativen Zugangs zu Naturphänomenen über die Wörter „je-desto".

a) Inhaltlicher Grund: Die Aufträge sind inhaltlich oft unabhängig voneinander, nämlich genau dann, wenn in einem späteren Auftrag keine Rückgriffe auf Inhalte vorangehender Aufträge gemacht werden. Generell sollte bloß darauf geachtet werden, dass Aufträge, die unter die ICH-Kompetenzen eingereiht sind, eher vor Aufträgen der DU-Kompetenz und diese wiederum vor Aufträgen der WIR-Kompetenz gestellt werden. Außerdem wird im Unterricht aufgrund der konkreten Arbeiten der Lernenden ein Folgeauftrag immer wieder der aktuellen Situation angepasst werden müssen, indem Textpassagen aus den Journalen zur Diskussionsgrundlage für einen Folgeauftrag gemacht werden. Ein Beispiel dazu ist der Auftrag 7, in dem auf den Journaleintrag von Valeria Bezug genommen wird.
b) Methodischer Grund: Beim Dialogischen Unterricht tritt häufig die Situation ein, dass die Besprechung der Journaleinträge zu einem bestimmten Auftrag erst eine gewisse Zeit nach dem Einsammeln der Journale erfolgen kann. Dann sollte für die Zwischenzeit ein vom betreffenden Auftrag unabhängiger Auftrag gestellt werden können, der gleichsam eine zweite Themen-Schiene eröffnet.

Texte für die Lernenden und kommentierte Aufträge

In der folgenden Beschreibung der Unterrichtseinheit präsentieren wir die Aufträge so, wie sie im Lehrbuch *ich du wir 4 5 6* publiziert worden sind (damals ohne die Texte der Schülerinnen und Schüler). Diese Aufträge sind hier mit eingekreistem A gekennzeichnet. Die sogenannten Haupttexte aus dem Lehrbuch stehen immer zwischen den Aufträgen und richten sich an Lehrpersonen und Lernende gleichermaßen. Sie können von diesen vor oder nach der Bearbeitung der Aufträge gelesen werden. In diesen Haupttexten werden zentrale Informationen zum mathematischen Thema und seiner Bedeutung gegeben. Hier werden sie in einem Kasten abgedruckt. Manchmal spricht der Haupttext von Resultaten, welche die Bearbeitung des vorangehenden Auftrags zutage gefördert haben kann. Trotzdem ist es nicht etwa schädlich, wenn ein Schüler oder eine Schülerin diese vorweggenommenen Resultate im Voraus liest, denn sie werden eigentlich erst verständlich, wenn der Auftrag wirklich selbstständig bearbeitet worden ist. Beide Textbestandteile des Lehrbuchs – der Haupttext und die Aufträge – richten sich also direkt an die Lernenden.[3] Zwischen diese Texte füge ich hier Kommentare ein, welche erstens die Verbindung zu den einzelnen oben erwähnten Kompetenzstufen herstellen, zweitens auch Ergebnisse aus einer jüngeren Unterrichtssequenz aus dem Jahr 2007 präsentieren und drittens pädagogische Aspekte und Hintergründe thematisieren sollen.[4]

---

[3] Die Haupttexte und Aufträge wurden im Lehrbuch *ich du wir 4 5 6* bereits publiziert.
[4] Am Schluss des Lehrbuchs *ich du wir 4 5 6* werden die einzelnen Aufträge im „Brevier für Erwachsene" pädagogisch kommentiert. Die Kommentare hier weichen davon erheblich ab.

Teil 2: Annäherung an die Praxis des Dialogischen Lernens auf drei verschiedenen Wegen

Stufe 1: Ich mache das so!

Im einleitenden Haupttext zur Unterrichtseinheit wird die Aufmerksamkeit der Schülerinnen und Schüler auf Wenn-dann-Strukturen in der ihnen vertrauten Umwelt gelenkt.[5] Dabei ist zwar beabsichtigt, nach und nach immer mehr auf quantitative Zusammenhänge zu achten, aber zunächst geht es keinesfalls um irgendwelche Rechnungen.

> Zwei Welten sind miteinander verbunden: *Wenn ..., dann ...*
> Das ist auch ein Thema in der Mathematik und der Physik.
> In der Mathematik schaut man oft zwei Welten an und fragt sich:
> Wenn in der ersten Welt das und das passiert,
> was passiert dann in der anderen Welt?
> In der einen Welt misst man Luftdruck und Temperatur,
> in der anderen beobachtet man das Wetter.
> Wenn die Temperatur fällt, dann beginnt es vielleicht zu schneien.
> Wenn der Luftdruck steigt, dann wird es meistens schön.
> Weil man die beiden Welten – die Messungen und das Wetter –
> schon seit Jahrzehnten ganz genau beobachtet und vergleicht,
> kann man heute das Wetter ziemlich gut voraussagen.
> Bei der Wetterprognose sind allerdings die Computer unersetzlich:
> Computer schlucken riesige Mengen von Zahlen
> und rechnen unermüdlich *wenn ..., dann ...; wenn ..., dann ...*

Haupttext: „Wenn ..., dann ..."

An diese ersten Gedanken schließt sich ein Auftrag an, bei dem es vor allem darum geht, dass die Lernenden möglichst viele Sätze aus ihrem Erfahrungsbereich mit der Wenn-dann-Struktur zusammentragen. Der Auftrag gliedert sich in drei Teile, die ihrerseits wieder die dreiteilige Struktur Ich-Du-Wir erkennen lassen. In der Praxis ist es wohl sinnvoll, zuerst nur den ersten Teil des Auftrags den Kindern vorzulegen. Im nachfolgenden Beispiel (Abb. 1) erkennt man, dass die Lehrkraft die einzelnen Teile des Auftrags voneinander trennt – mit dem Scherensymbol verdeutlicht – und sie im Lernjournal einkleben lässt. Dieses Vorgehen ermöglicht ein vertieftes Arbeiten und Verweilen beim gestellten Teilauftrag und verhindert, dass die Lernenden in die Mentalität des raschen Abarbeitens von Aufgabenserien geraten. Außerdem kann auf diese Weise nach dem ersten Teil des Auftrags 1 durchaus direkt zum ersten Teil des Auftrags 2 gesprungen werden.

---

[5] Im Lehrbuch *ich du wir 4 5 6* startet das Kapitel „Zwei Welten" mit sprachlichen Themen, bei denen zwei Welten zueinander in Beziehung treten: Traum und Realität, Welt des Besprechens und Welt des Erzählens, Präsens mit Perfekt und Präteritum mit Plusquamperfekt. Ab S. 408 schwenkt es zur Mathematik um.

„Zwei Welten" – der Dreisatz im Dialogischen Mathematikunterricht

> **A** **Auftrag 1:** Wenn ..., dann ...
>
> 1. Schreib ein paar Sätze in dein Reisetagebuch, die mit *wenn* anfangen und nach dem Komma mit *dann* weitergehen.
> 2. Lies im Reisetagebuch anderer Kinder und sammle noch ein paar weitere Sätze mit *wenn* und *dann*. Findest du auch Sätze, in denen Größen vorkommen?
> 3. Teile deine Wenn-dann-Sätze in drei Gruppen ein: Tritt das, was nach *dann* steht, immer ein, tritt es häufig ein oder tritt es nur selten ein?

Auftrag 1: „Wenn ... dann ..."

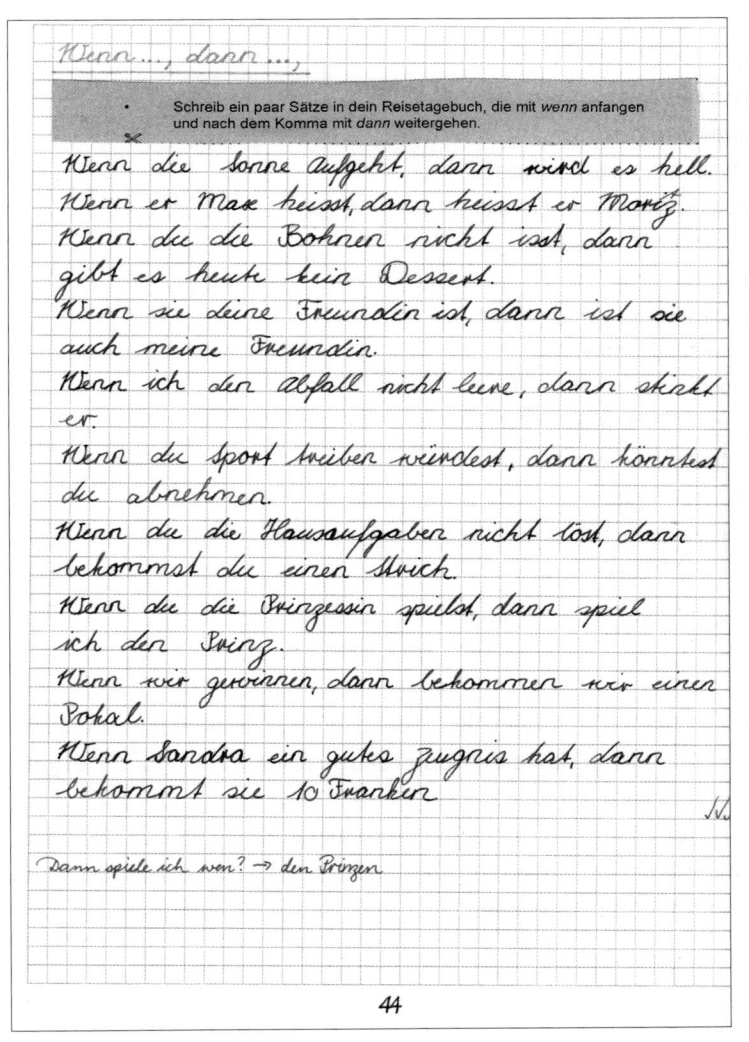

> Wenn ..., dann ...,
>
> • Schreib ein paar Sätze in dein Reisetagebuch, die mit *wenn* anfangen und nach dem Komma mit *dann* weitergehen.
>
> Wenn die Sonne aufgeht, dann wird es hell.
> Wenn er Max heisst, dann heisst er Moritz.
> Wenn du die Bohnen nicht isst, dann gibt es heute kein Dessert.
> Wenn sie deine Freundin ist, dann ist sie auch meine Freundin.
> Wenn ich den Abfall nicht leere, dann stinkt er.
> Wenn du Sport treiben würdest, dann könntest du abnehmen.
> Wenn du die Hausaufgaben nicht löst, dann bekommst du einen Strich.
> Wenn du die Prinzessin spielst, dann spiel ich den Prinz.
> Wenn wir gewinnen, dann bekommen wir einen Pokal.
> Wenn Sandra ein gutes Zeugnis hat, dann bekommt sie 10 Franken.
>
> Dann spiele ich wen? → den Prinzen.
>
> 44

Abb. 1: Lisa sammelt Beispiele für die „Zwei Welten"

Teil 2: Annäherung an die Praxis des Dialogischen Lernens auf drei verschiedenen Wegen

In Abb. 1 erhalten wir einen Einblick in das Lernjournal der Sechstklässlerin Lisa aus dem Jahr 2007. Wie es zu erwarten war, entstammen alle ihre Beispiele aus dem Alltagsleben oder der Traumwelt, welche zuvor ja Thema waren. Wäre der zweite Teil des Auftrags, in dem das Augenmerk auf Zahlen und Größen gelenkt wird, auch schon gestellt worden, wäre eine so breite Ausbeute wohl kaum möglich gewesen. Erst nach einem mündlichen oder lesend-schriftlichen Austausch unter den Schülerinnen und Schülern ist es auch für diese interessant, den Schritt zu den Größen zu wagen.

Der folgende Haupttext im Lehrbuch geht nicht auf die Phase des Austauschs unter den Lernenden ein. Er bezieht sich sogleich auf den dritten Teil des Auftrags 1 und weist auf die Tatsache hin, dass in der Alltagssprache nicht unbedingt die strenge logische Verbindung zwischen den beiden Aussagen der Wenn-dann-Struktur herrscht wie in der Mathematik, wo grundsätzlich bei „wenn" ein „immer wenn" gedacht werden muss.

Mit den Wörtchen *wenn* und *dann* verbindet man zwei Welten.
Für jede Welt ist ein Teil des Satzes reserviert:
Im Nebensatz, der mit *wenn* anfängt, steht eine Bedingung.
Im Hauptsatz, der mit *dann* anfängt, steht, was daraus folgt.
Es gibt Bedingungen, aus denen zwingend etwas folgt:
Wenn du badest, dann wirst du nass.
Es gibt aber auch Bedingungen, die nicht so zwingend sind:
Wenn du nicht gehorchst, dann wirst du bestraft.
Und manchmal wird mit *wenn* und *dann* etwas verbunden,
was nur für eine einzelne Person oder einen seltenen Fall gilt:
Wenn ich nach Hause komme, dann nehme ich ein Bad.
In allen drei Beispielen wird eine Verbindung
zwischen zwei Welten geschaffen: zwischen Person und Wasser,
Kindern und Erwachsenen, Arbeit und Erholung.

Zweiter Haupttext: „Wenn …, dann …"

Es ist bezeichnend, dass sich der Unterricht anders entwickelt, als es im Lehrbuch vorgedacht worden ist. Ja, es ist sogar ein Qualitätsmerkmal des Unterrichts, wenn aufgrund der Ergebnisse in den Lernjournalen ein gewisses Thema stärker vertieft wird als im Lehrbuch oder aber ein anderes Thema einfach übersprungen wird. So wurde im aktuellen Unterricht die im Haupttext angesprochene Thematik der strengen Interpretation von Wenn-dann-Strukturen in der Mathematik übersprungen und direkt zum ersten Teil des Auftrags 2 übergegangen.

> **A** **Auftrag 2:** Welt 1 und Welt 2
>
> 1. Auch du hast in deinen Wenn-dann-Sätzen zwei Welten miteinander verbunden. Suche treffende Namen für die Welt 1 im Nebensatz und die Welt 2 im Hauptsatz.
> 2. Beim Einkaufen muss man häufig zwei Welten miteinander vergleichen: die Welt des Geldes mit der Welt der Waren. Sammle ein paar Beispiele und formuliere Wenn-dann-Sätze.
> 3. Im Sport spielt die Welt der Längenmaße, der Gewichte und der Zeitmessung eine wichtige Rolle. Schreibe Wenn-dann-Sätze, die entweder für dich, für andere Kinder oder für einen Spitzensportler zutreffen.

Auftrag 2: „Welt 1 und Welt 2"

Wir zeigen ein paar Journalauszüge aus dem aktuellen Unterricht. Timo (Abb. 2) ringt zuerst um Namen für die zwei Welten, weil er einen einzigen, allgemeingültigen Namen sucht. Erst in einem zweiten Anlauf (Abb. 3) merkt er, dass die Namen vom Inhalt abhängen können, was in seinem Journal deutlich zum Ausdruck kommt. Der Lehrer macht Timo Mut, sich weiter mit den zwei Welten zu befassen, was schließlich zu einem gelungenen Abschluss (Abb. 4) führt.

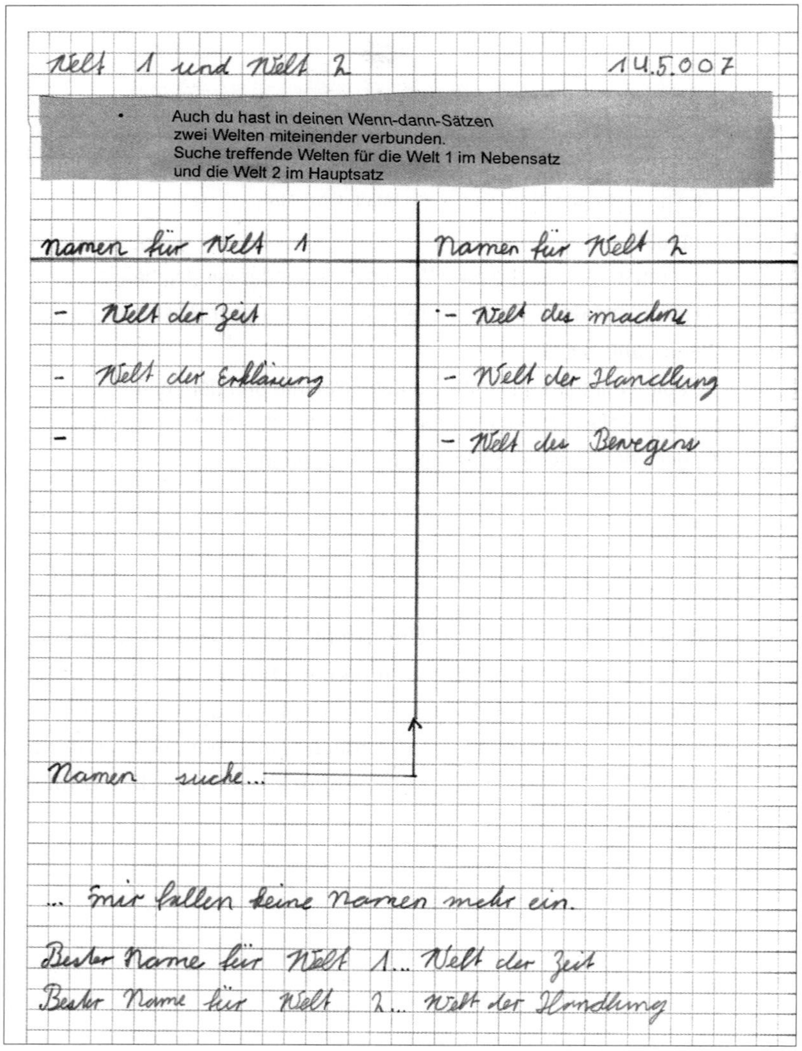

Teil 2: Annäherung an die Praxis des Dialogischen Lernens auf drei verschiedenen Wegen

> Welt 1 und Welt 2   14.5.007
>
> - Auch du hast in deinen Wenn-dann-Sätzen zwei Welten miteinender verbunden. Suche treffende Welten für die Welt 1 im Nebensatz und die Welt 2 im Hauptsatz
>
> | Namen für Welt 1 | Namen für Welt 2 |
> |---|---|
> | - Welt der Zeit | - Welt des machens |
> | - Welt der Erklärung | - Welt der Handlung |
> | | - Welt des Bewegens |
>
> Namen suche...
>
> ... mir fallen keine Namen mehr ein.
> Bester Name für Welt 1... Welt der Zeit
> Bester Name für Welt 2... Welt der Handlung

Abb. 2: Timo sammelt Beispiele für die „Zwei Welten"

Im Gegensatz zu Timo findet André (Abb. 5) eine allgemeine Bezeichnung für die zwei Welten und fügt sogar noch eine Zwischenwelt ein: die Welt des Kommas.

Das Benennen der zwei Welten ist eine wichtige Tätigkeit, um vor allzu schnellem und kopflosem Hantieren mit Größen zu schützen. Das Wahrnehmen von zwei getrennten Welten ist entscheidend für das sichere Arbeiten mit Proportionalitäten (Dreisätzen), weil dort zwei unterschiedliche Größen ins Spiel kommen.

Dies ist Thema im zweiten Teil des Auftrags 2. Stefan (Abb. 6) macht eine vielfältige Zusammenstellung von Wenn-dann-Sätzen, welche allesamt Ausgangspunkt für Dreisatzaufgaben werden könnten. Durch das Verbinden von Zahlen mit Sorten (genauer: Zahlen mit Maßein-

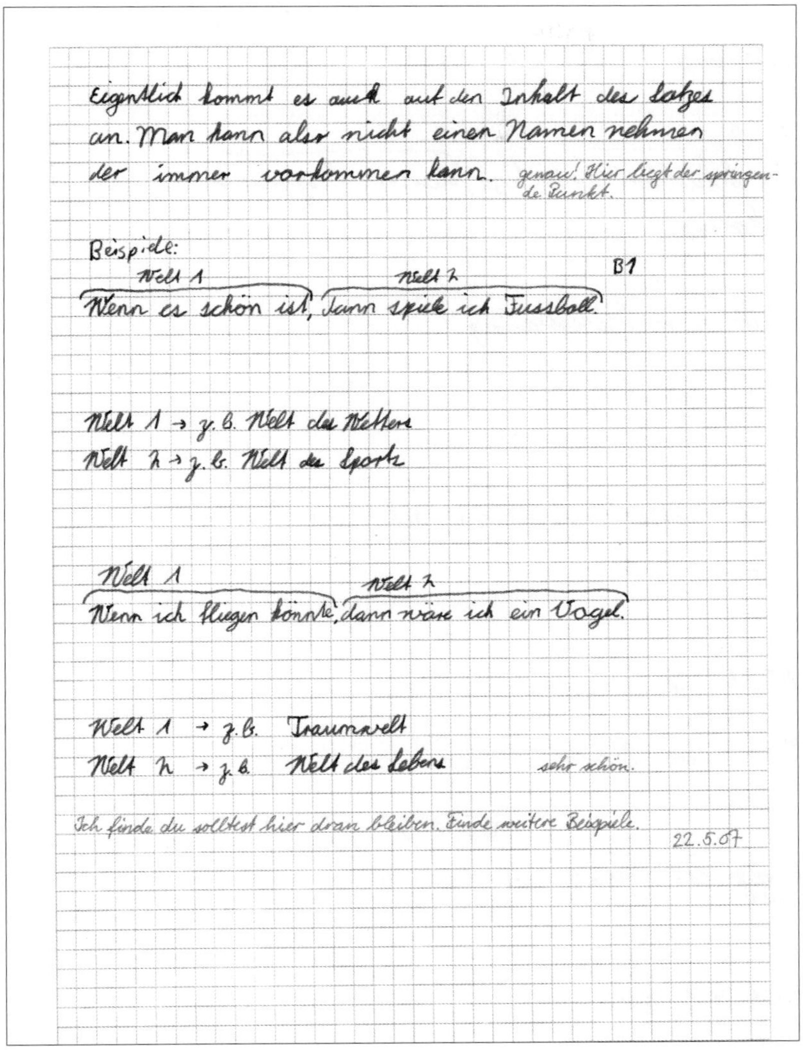

„Zwei Welten" – der Dreisatz im Dialogischen Mathematikunterricht

> Eigentlich kommt es auch auf den Inhalt des Satzes an. Man kann also nicht einen Namen nehmen, der immer vorkommen kann. *genau! Hier liegt der springende Punkt.*
>
> Beispiele:
>
> Welt 1   Welt 2   B1
> Wenn es schön ist, dann spiel ich Fussball.
>
> Welt 1 → z.B. Welt des Wetters
> Welt 2 → z.B. Welt des Sports
>
> Welt 1   Welt 2
> Wenn ich fliegen könnte, dann wäre ich ein Vogel.
>
> Welt 1 → z.B. Traumwelt
> Welt 2 → z.B. Welt des Lebens   *sehr schön.*
>
> *Ich finde du solltest hier dran bleiben. Finde weitere Beispiele.*   22.5.07

Abb. 3: Timos zweiter Versuch

heiten) zu Größen werden die Welten, in denen man handelt, besonders deutlich charakterisiert. Dank der konkreten Vorstellungen, die von diesen Welten aufgebaut werden, ist man in der Lage, unsinnige Resultate durch qualitative Überlegungen zu entlarven. Dies wird beim Auftrag 4 eine zentrale Rolle spielen.

Im anschließenden Haupttext des Lehrbuchs werden ein paar Beispiele zum zweiten und dritten Teil des Auftrags 2 besprochen. Gleichzeitig soll aber das Augenmerk auf die Veränderbarkeit und gegenseitige Abhängigkeit der Größen in jeder Welt gelenkt werden, was schließlich Thema des Auftrags 3 sein wird. Entscheidend ist, dass dieser Zusammenhang der verschiedenen Größen intuitiv erfasst wird.

Teil 2: Annäherung an die Praxis des Dialogischen Lernens auf drei verschiedenen Wegen

> Fortsetzung von Auftrag 1 S. 55
>
>   Welt 1
> Wenn ich diesen Schalter betätige, dann beginnt
>   Welt 2
> das Horn zu hornen.
>
> Welt 1 → Welt der Betätigung
>
> Welt 2 → Welt der Effekte
>
>   Welt 1
> Wenn es schönes Wetter ist, dann gehe ich Fussball
> Welt 2
> spielen.
>
> Welt 1 → Welt des Wetters
>
> Welt 2 → Welt des Sport
>
>   Welt 1   Welt 2
> Wenn es Montag ist, ~~muss ich~~ dann muss ich
> in die Schule
>
> Welt 1 → Welt der Tage
>
> Welt 2 → Welt der Verpflichtungen.

Abb. 4: Timo findet einen gelungenen Abschluss

„Zwei Welten" – der Dreisatz im Dialogischen Mathematikunterricht

Wenn wir im Alltag zwei Welten miteinander vergleichen,
kommen häufig Sorten oder *Maßeinheiten* vor:
Längenmaße, Flächenmaße, Hohlmaße, Zeitmaße, Gewichte.
Und häufig haben wir den Wunsch, eine Größe zu verändern.
Was passiert in der Welt 2, wenn ich in der Welt 1 etwas ändere?
Bekomme ich dort mehr oder weniger, wenn ich hier vergrößere?
Was passiert, wenn ich verkleinere?
Wenn ich 100 Meter renne, dann brauche ich 15 Sekunden.
Für 200 Meter brauche ich sicher mehr. Das Doppelte?
Wie viele Sekunden brauche ich für 400 oder für 4000 Meter?
Eines ist sicher: Je weiter ich renne, desto länger dauert es.
Wie ist es aber mit dem Futter für die Katzen?
Wenn ich zwei Katzen füttere, dann reicht es 6 Tage.
Was passiert, wenn noch eine Katze dazukommt?

Du siehst, man muss auf der Hut sein,
wenn man zwei Welten vergleicht und dabei etwas verändert.
Hat man mehr in der einen Welt,
bekommt man nicht automatisch mehr in der anderen.
Manchmal heißt es *Je mehr ..., desto mehr ...,*
manchmal heißt es aber *je mehr ..., desto weniger ...*
Mit dem Muster *Je ..., desto ...* kannst du prüfen,
was in der Welt 2 passiert, wenn sich in der Welt 1 etwas ändert.

Haupttext: „Die Abhängigkeit der zwei Welten"

A

Auftrag 3: Je ..., desto ...

1. Untersuche Wenn-dann-Sätze, in denen Größen vorkommen mit dem Muster *Je ..., desto ...* Was passiert mit der Größe im Dann-Satz, wenn man die Größe im Wenn-Satz verändert? Wie viele verschiedene Fälle findest du?
2. Was passiert, wenn du die Größe in der Welt 1 verdoppelst? Suche Beispiele, in denen sich die Größe in der Welt 2 verdoppelt oder halbiert. Findest du auch Beispiele, in denen weder das eine noch das andere geschieht?

Auftrag 3: „Je ..., desto ..."

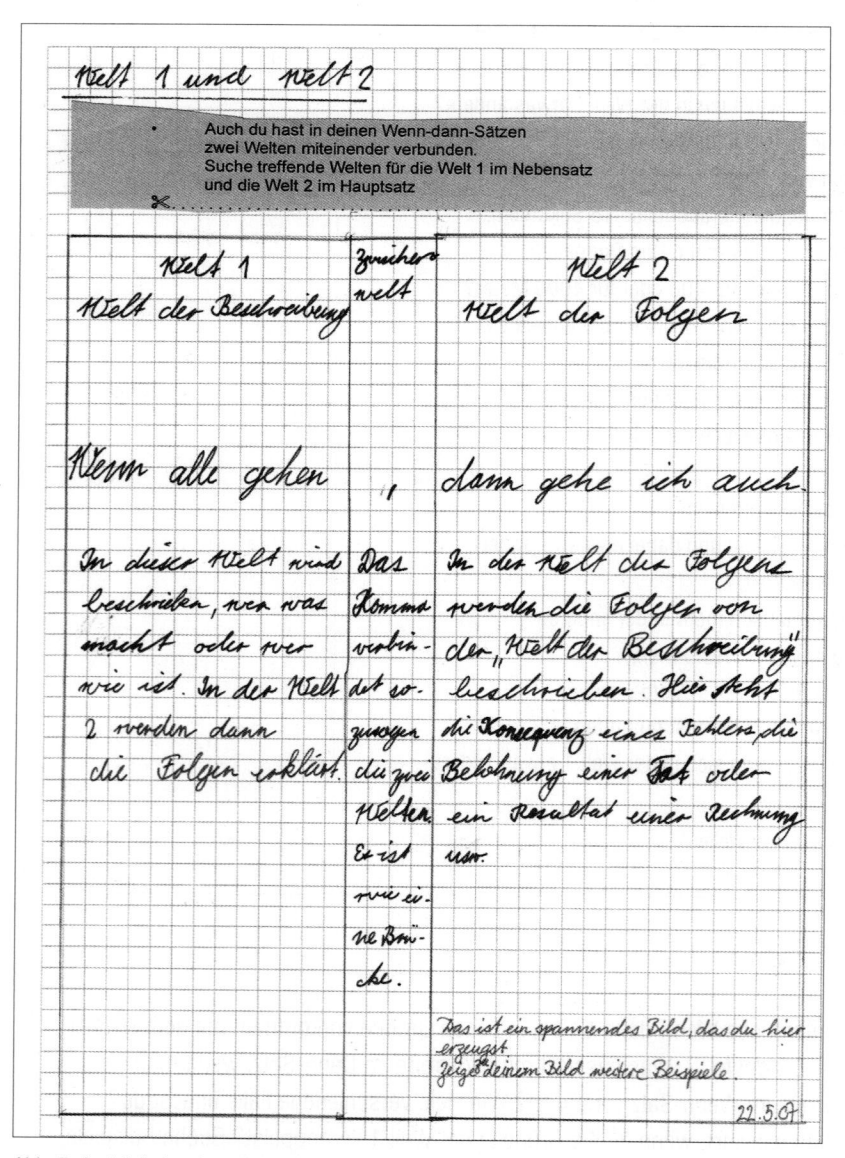

Teil 2: Annäherung an die Praxis des Dialogischen Lernens auf drei verschiedenen Wegen

Abb. 5: André findet eine allgemeine Bezeichnung für die zwei Welten

Maurin geht akribisch genau vor. Er nimmt seine eigenen Wenn-dann-Sätze (Abb. 7 bis 9) und formt sie in Je-desto-Sätze um, wie es der erste Teil des Auftrags 3 verlangt (die Sätze 4 und 5 haben wir ausgelassen). Auffallend ist, wie Maurin auch bei Sätzen, die kaum Größen einbeziehen, neue Größen erfindet. Satz 3: Der zeitliche Abstand zu Weihnachten wird in Ver-

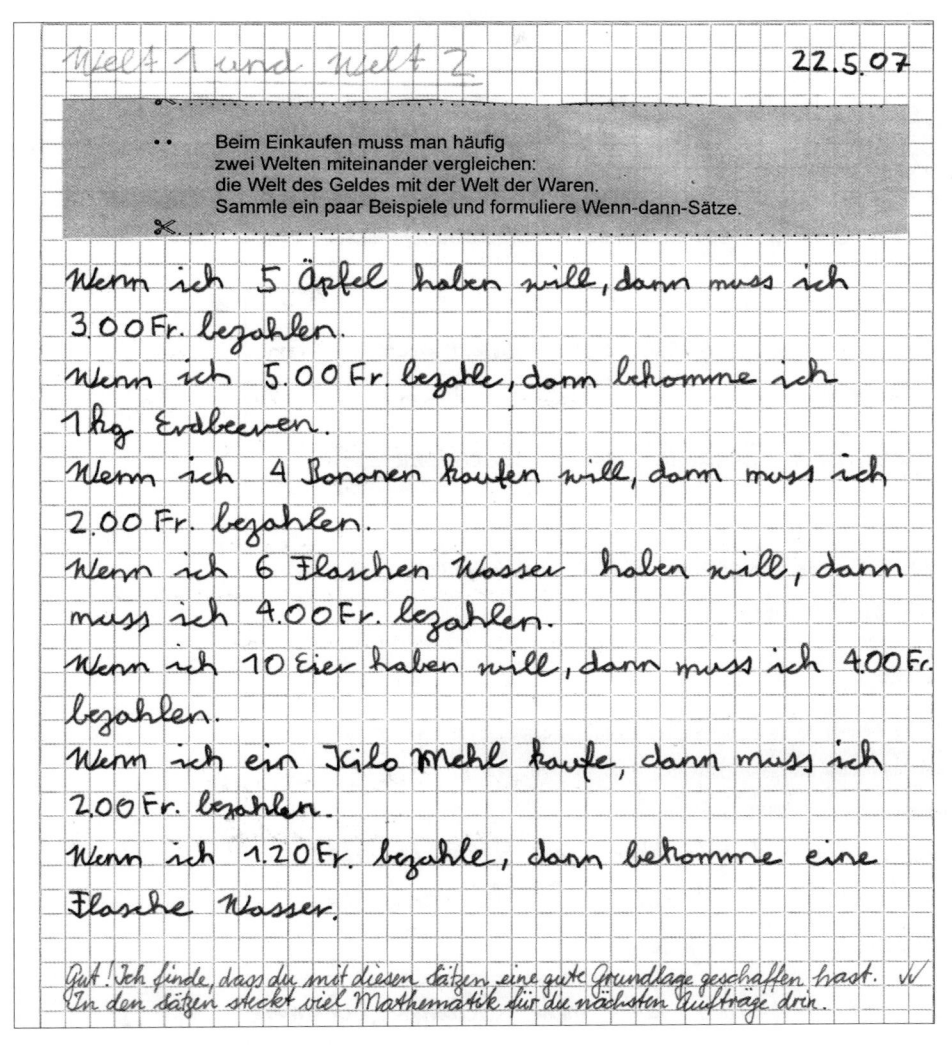

„Zwei Welten" – der Dreisatz im Dialogischen Mathematikunterricht

> Welt 1 und Welt 2   22.5.07
>
> **Beim Einkaufen muss man häufig zwei Welten miteinander vergleichen: die Welt des Geldes mit der Welt der Waren. Sammle ein paar Beispiele und formuliere Wenn-dann-Sätze.**
>
> Wenn ich 5 Äpfel haben will, dann muss ich 3.00 Fr. bezahlen.
> Wenn ich 5.00 Fr. bezahle, dann bekomme ich 1kg Erdbeeren.
> Wenn ich 4 Bananen kaufen will, dann muss ich 2.00 Fr. bezahlen.
> Wenn ich 6 Flaschen Wasser haben will, dann muss ich 4.00 Fr. bezahlen.
> Wenn ich 10 Eier haben will, dann muss ich 4.00 Fr. bezahlen.
> Wenn ich ein Kilo Mehl kaufe, dann muss ich 2.00 Fr. bezahlen.
> Wenn ich 1.20 Fr. bezahle, dann bekomme eine Flasche Wasser.
>
> *Gut! Ich finde, dass du mit diesen Sätzen eine gute Grundlage geschaffen hast. In den Sätzen steckt viel Mathematik für die nächsten Aufträge drin.*

Abb. 6: Stefan stellt Wenn-dann-Sätze zusammen

bindung gebracht zu der Anzahl Leute, die einen Tannenbaum kaufen. Ob wohl diese beiden Größen indirekt proportional zueinander sind? Die Sätze von Maurin würden sich sehr gut dazu eignen, einen neuen Auftrag in der Art von Auftrag 4 zu kreieren, den man dann der ganzen Klasse stellen könnte. Er hat gleichsam im Thema vorausgearbeitet.

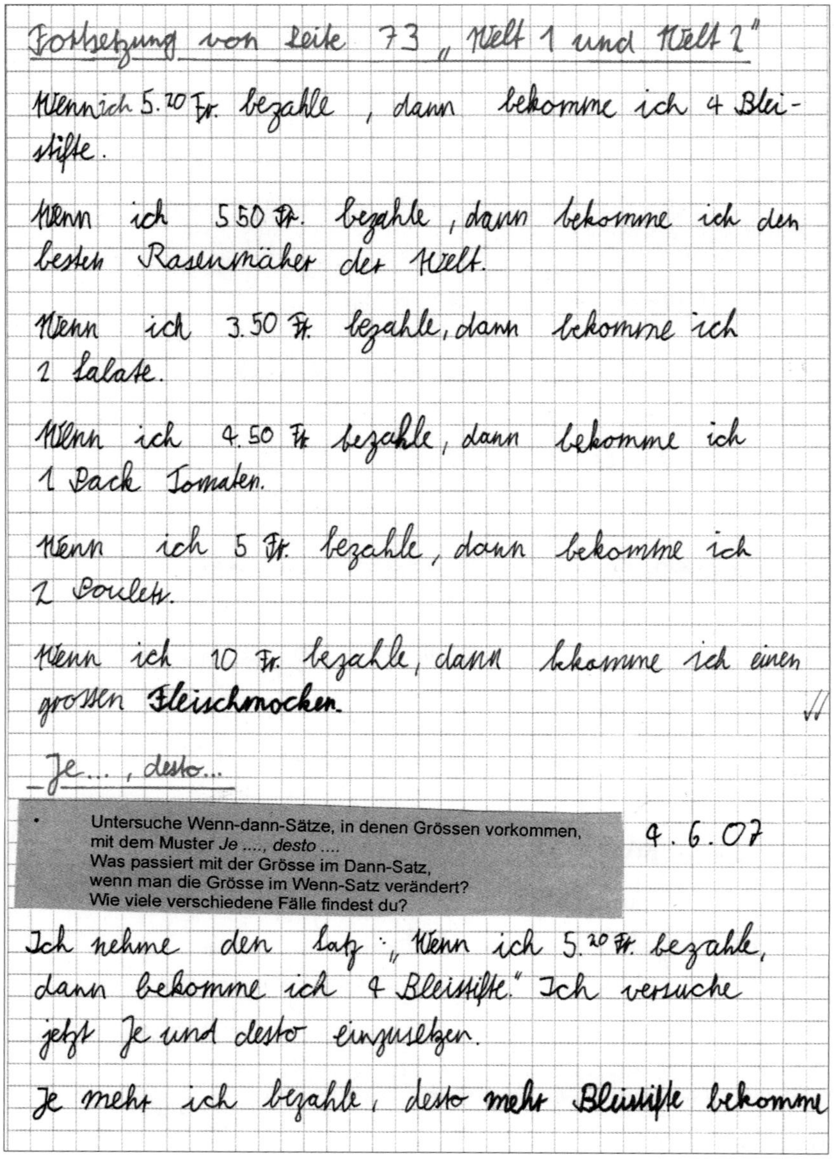

Teil 2: Annäherung an die Praxis des Dialogischen Lernens auf drei verschiedenen Wegen

> *Fortsetzung von Seite 73 „Welt 1 und Welt 2"*
>
> Wenn ich 5.20 Fr. bezahle, dann bekomme ich 4 Bleistifte.
>
> Wenn ich 550 Fr. bezahle, dann bekomme ich den besten Rasenmäher der Welt.
>
> Wenn ich 3.50 Fr. bezahle, dann bekomme ich 2 Salate.
>
> Wenn ich 4.50 Fr. bezahle, dann bekomme ich 1 Pack Tomaten.
>
> Wenn ich 5 Fr. bezahle, dann bekomme ich 2 Poulets.
>
> Wenn ich 10 Fr. bezahle, dann bekomme ich einen grossen Fleischmocken.
>
> *Je..., desto...*
>
> - Untersuche Wenn-dann-Sätze, in denen Grössen vorkommen, mit dem Muster *Je ...., desto ....*
>   Was passiert mit der Grösse im Dann-Satz, wenn man die Grösse im Wenn-Satz verändert?
>   Wie viele verschiedene Fälle findest du?
>
> 4.6.07
>
> Ich nehme den Satz: „Wenn ich 5.20 Fr. bezahle, dann bekomme ich 4 Bleistifte." Ich versuche jetzt Je und desto einzusetzen.
>
> Je mehr ich bezahle, desto mehr Bleistifte bekomme

Abb. 7: Maurin formt „Wenn-dann-Sätze" in „Je-desto-Sätze" um

Mit seinem zweiten Teil verweist der Auftrag 3 bereits auf das Rechnen mit der Verdoppelungs- und Halbierungsprobe, was auch Thema im Auftrag 9 sein wird. Zu Recht wurde dieser Teil im aktuellen Unterricht übersprungen, weil die Kompetenzstufe „WIR" nicht zu früh angegangen werden soll. Aber auch die Kompetenzstufe „DU" wird anvisiert, weil gewisse Zusammenhänge zwischen den beiden Welten unter Umständen recht provokativ und verwir-

„Zwei Welten" – der Dreisatz im Dialogischen Mathematikunterricht

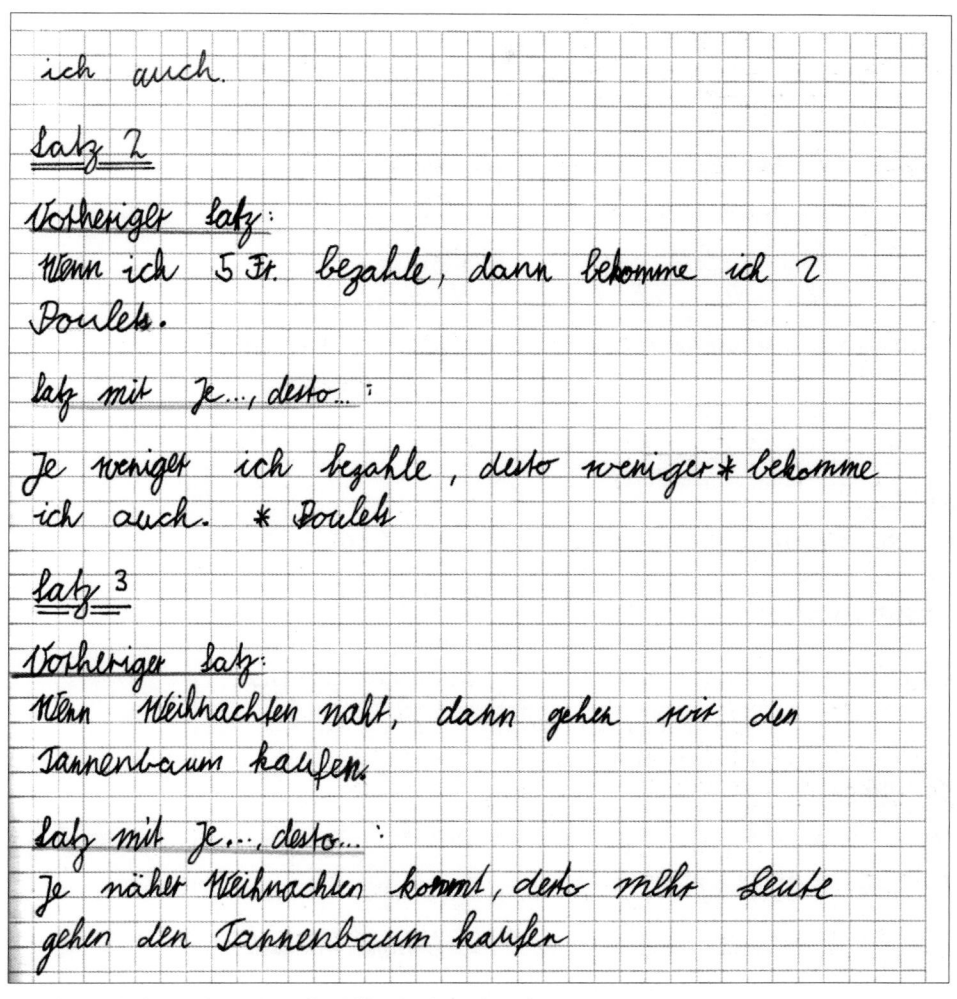

> ich auch.
>
> Satz 2
>
> Vorheriger Satz:
> Wenn ich 5 Fr. bezahle, dann bekomme ich 2 Poulets.
>
> Satz mit Je..., desto...:
> Je weniger ich bezahle, desto weniger* bekomme ich auch. * Poulets
>
> Satz 3
>
> Vorheriger Satz:
> Wenn Weihnachten naht, dann gehen wir den Tannenbaum kaufen.
>
> Satz mit Je..., desto...:
> Je näher Weihnachten kommt, desto mehr Leute gehen den Tannenbaum kaufen

Abb. 8: Maurin formt „Wenn-dann-Sätze" in „Je-desto-Sätze" um

rend sein können, wie es ja bereits die Beispiele von Maurin andeuten. Dies ist das zentrale Thema des vierten Auftrags, dessen Ziel es ist, die Schülerinnen und Schüler dazu zu bringen, mit eigenen Fangfragen oder schwierigen Zusammenhängen das Gegenüber (DU) aufs mathematische Glatteis zu führen. Der Auftrag wird durch folgenden Haupttext (siehe Seite 179) eingeleitet.

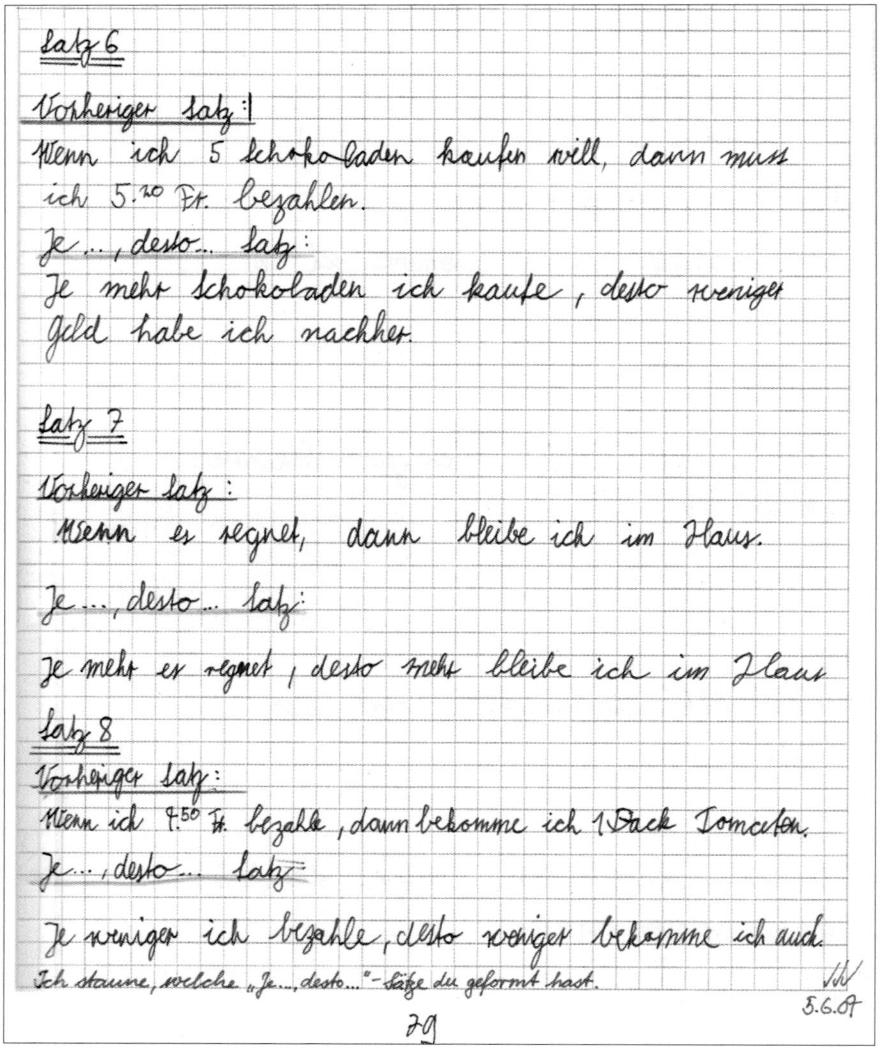

Teil 2: Annäherung an die Praxis des Dialogischen Lernens auf drei verschiedenen Wegen

> Satz 6
>
> Vorheriger Satz:
> Wenn ich 5 Schokoladen kaufen will, dann muss ich 5.20 Fr. bezahlen.
> Je..., desto... Satz:
> Je mehr Schokoladen ich kaufe, desto weniger Geld habe ich nachher.
>
> Satz 7
>
> Vorheriger Satz:
> Wenn es regnet, dann bleibe ich im Haus.
> Je..., desto... Satz:
> Je mehr es regnet, desto mehr bleibe ich im Haus
>
> Satz 8
> Vorheriger Satz:
> Wenn ich 4.50 Fr. bezahle, dann bekomme ich 1 Pack Tomaten.
> Je..., desto... Satz:
> Je weniger ich bezahle, desto weniger bekomme ich auch.
> Ich staune, welche „Je..., desto..."-Sätze du geformt hast.
> 5.6.09

Abb. 9: Maurin formt „Wenn-dann-Sätze" in „Je-desto-Sätze" um

„Zwei Welten" – der Dreisatz im Dialogischen Mathematikunterricht

> Fang nicht zu früh mit Rechnen an,
> wenn du die Größen von zwei Welten miteinander vergleichst.
> Teste sie immer zuerst mit dem Muster *Je ..., desto ...*
> Was passiert, wenn du die eine Größe verdoppelst?
> Verdoppelt sich die andere Größe auch? Wird sie halbiert?
> Oder passiert keines von beidem?
> Spielt die zweite Größe verrückt?

Haupttext: „Testen"

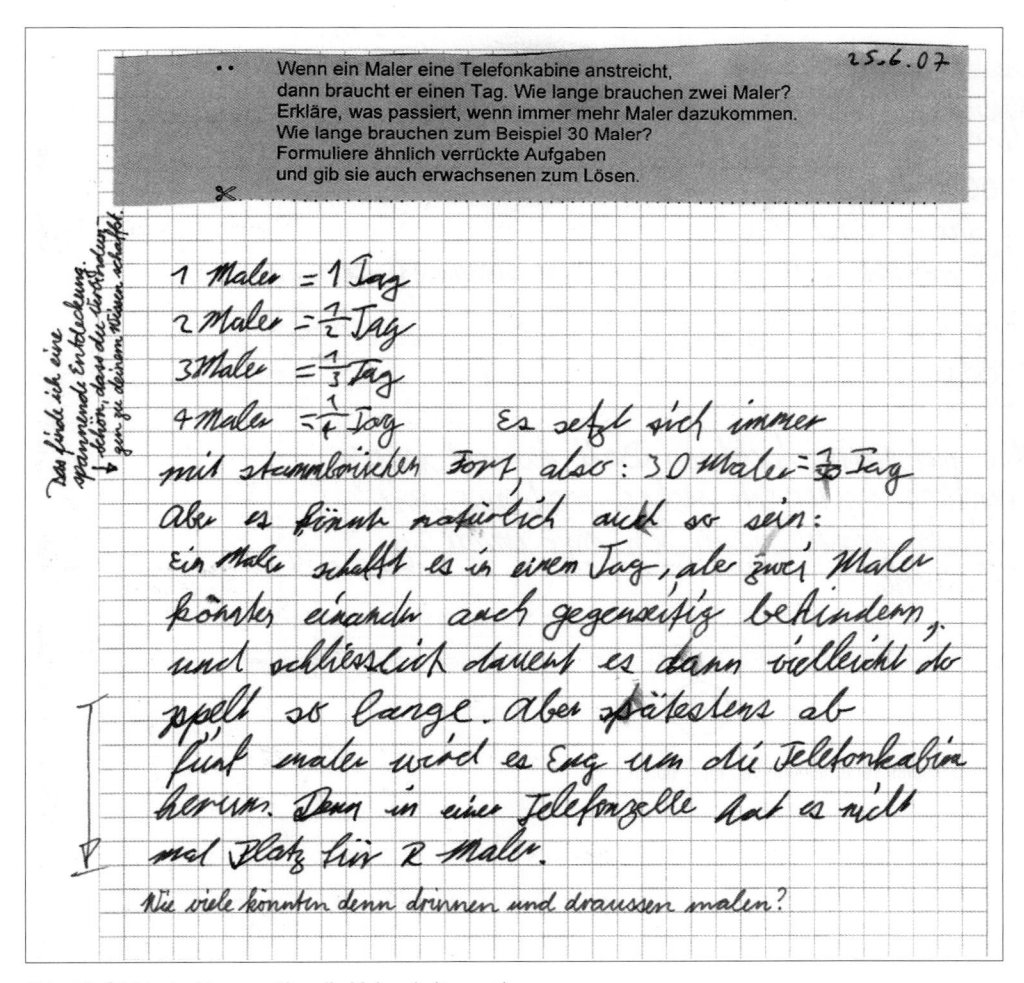

> Wenn ein Maler eine Telefonkabine anstreicht,
> dann braucht er einen Tag. Wie lange brauchen zwei Maler?
> Erkläre, was passiert, wenn immer mehr Maler dazukommen.
> Wie lange brauchen zum Beispiel 30 Maler?
> Formuliere ähnlich verrückte Aufgaben
> und gib sie auch erwachsenen zum Lösen.

25.6.07

1 Maler = 1 Tag
2 Maler = $\frac{1}{2}$ Tag
3 Maler = $\frac{1}{3}$ Tag
4 Maler = $\frac{1}{4}$ Tag   Es setzt sich immer mit stammbrüchen fort, also: 30 Maler = $\frac{1}{30}$ Tag
Aber es könnte natürlich auch so sein:
Ein Maler schafft es in einem Tag, aber zwei Maler könnten einander auch gegenseitig behindern, und schliesslich dauert es dann vielleicht doppelt so lange. Aber spätestens ab fünf maler wird es eng um die Telefonkabine herum. Denn in einer Telefonzelle hat es nicht mal Platz für 2 Maler.
Wie viele könnten denn drinnen und draussen malen?

Das finde ich eine anregende Entdeckung, bekomm dass die Verdopplung zur zu deinem Wesen schafft.

Abb. 10: Cédric denkt genau über die Malerarbeiten nach

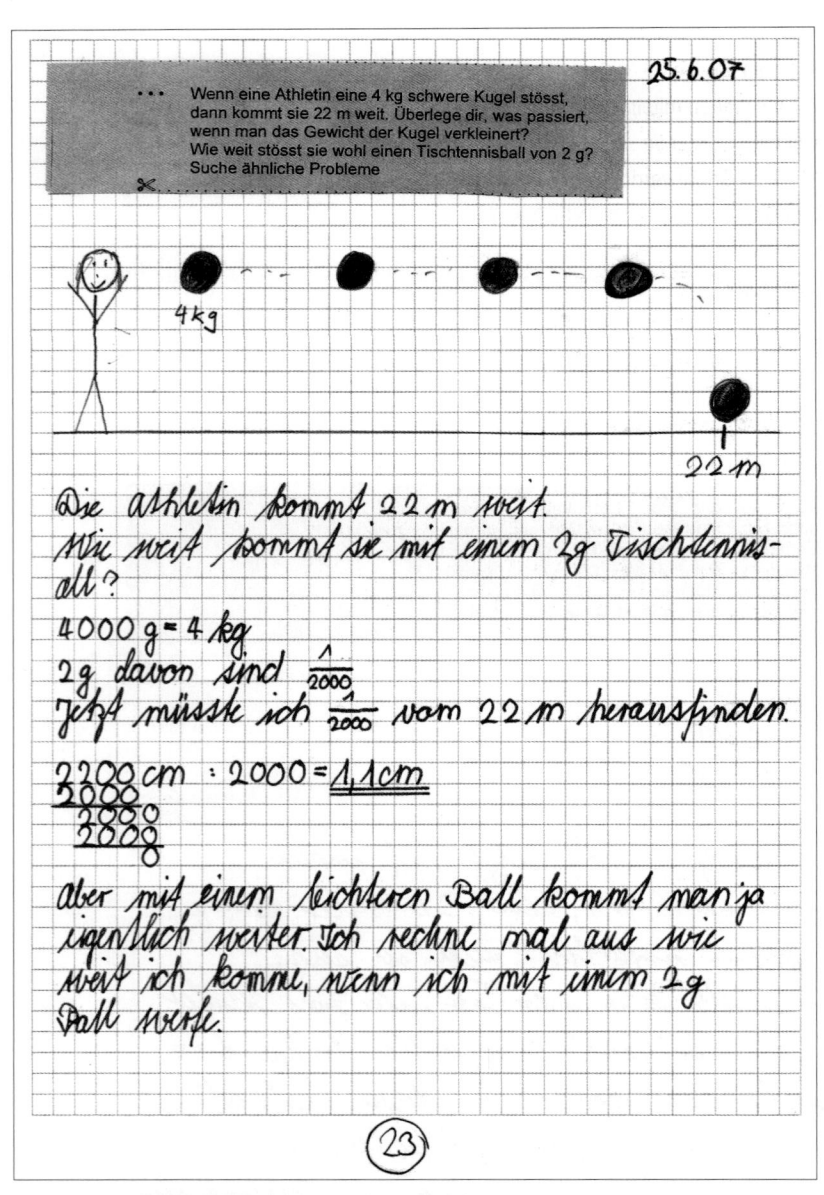

Teil 2: Annäherung an die Praxis des Dialogischen Lernens auf drei verschiedenen Wegen

> ··· Wenn eine Athletin eine 4 kg schwere Kugel stösst, dann kommt sie 22 m weit. Überlege dir, was passiert, wenn man das Gewicht der Kugel verkleinert?
> Wie weit stösst sie wohl einen Tischtennisball von 2 g?
> Suche ähnliche Probleme

25.6.07

Die Athletin kommt 22 m weit.
Wie weit kommt sie mit einem 2g Tischtennisball?

$4000 g = 4 kg$

2 g davon sind $\frac{1}{2000}$

Jetzt müsste ich $\frac{1}{2000}$ vom 22 m herausfinden.

$2200 cm : 2000 = \underline{1,1 cm}$

Aber mit einem leichteren Ball kommt man ja
eigentlich weiter. Ich rechne mal aus wie
weit ich komme, wenn ich mit einem 2g
Ball werfe.

(23)

Abb. 11: Milivoje spielt verschiedene Varianten durch

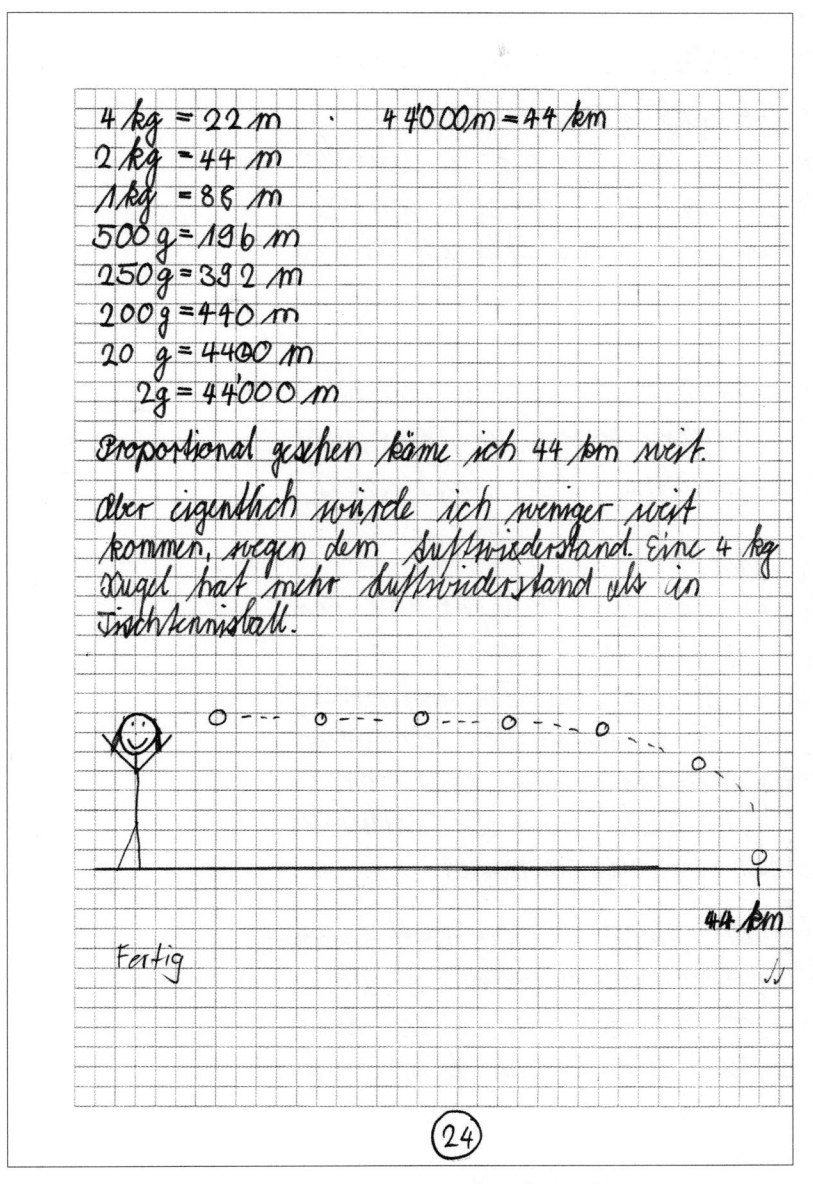

"Zwei Welten" – der Dreisatz im Dialogischen Mathematikunterricht

```
4 kg = 22 m        44'000 m = 44 km
2 kg = 44 m
1 kg = 88 m
500 g = 196 m
250 g = 392 m
200 g = 440 m
 20 g = 4400 m
  2 g = 44'000 m
```

Proportional gesehen käme ich 44 km weit.
Aber eigentlich würde ich weniger weit kommen, wegen dem Luftwiderstand. Eine 4 kg Kugel hat mehr Luftwiderstand als ein Tischtennisball.

(24)

Abb. 12: Milivoje entdeckt den Luftwiderstand als wichtigen Einflussfaktor

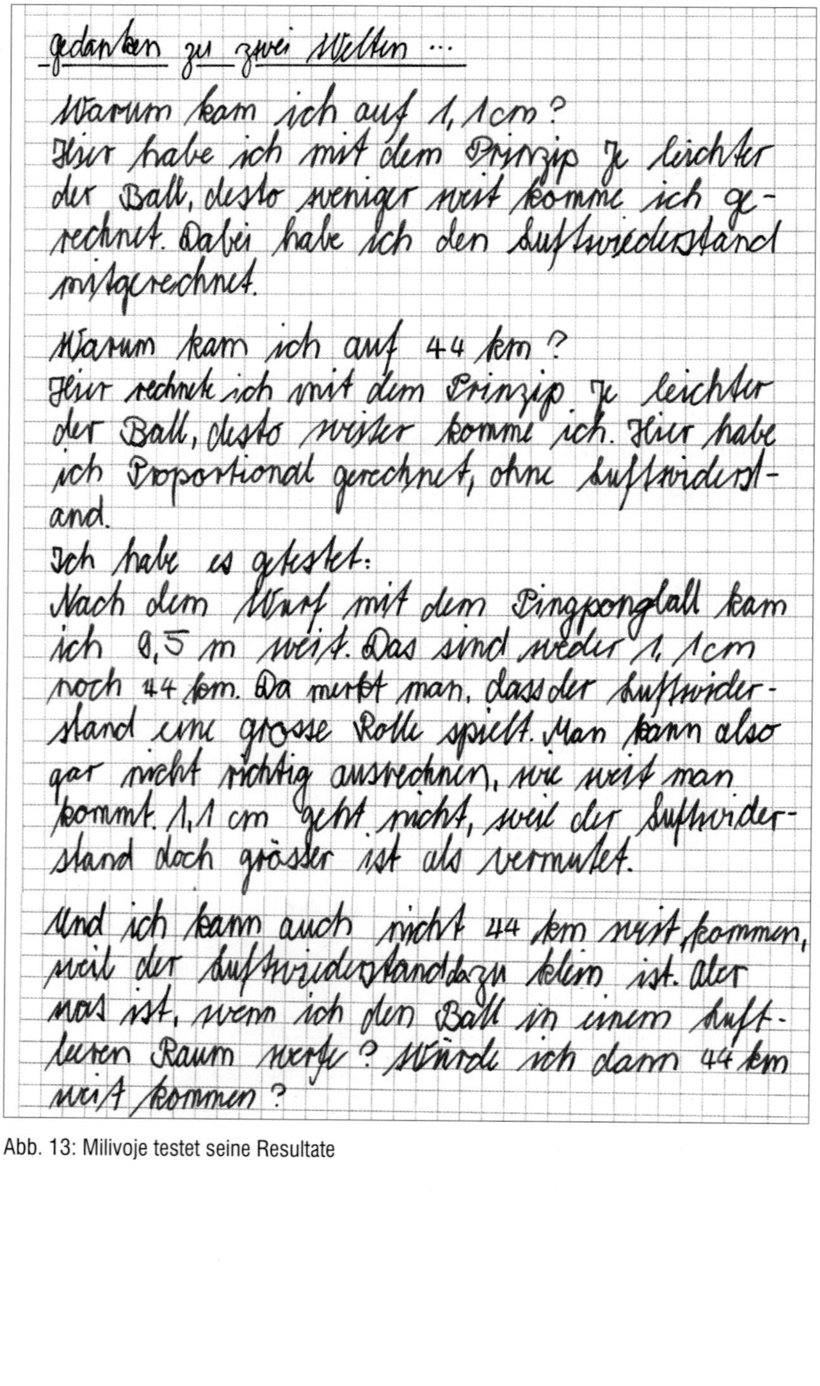

Teil 2: Annäherung an die Praxis des Dialogischen Lernens auf drei verschiedenen Wegen

> Gedanken zu zwei Welten...
>
> Warum kam ich auf 1,1 cm?
> Hier habe ich mit dem Prinzip Je leichter der Ball, desto weniger weit komme ich gerechnet. Dabei habe ich den Luftwiderstand mitgerechnet.
>
> Warum kam ich auf 44 km?
> Hier rechne ich mit dem Prinzip Je leichter der Ball, desto weiter komme ich. Hier habe ich Proportional gerechnet, ohne Luftwiderstand.
>
> Ich habe es getestet:
> Nach dem Wurf mit dem Pingpongball kam ich 0,5 m weit. Das sind weder 1,1 cm noch 44 km. Da merkt man, dass der Luftwiderstand eine grosse Rolle spielt. Man kann also gar nicht richtig ausrechnen, wie weit man kommt. 1,1 cm geht nicht, weil der Luftwiderstand doch grösser ist als vermutet.
>
> Und ich kann auch nicht 44 km weit kommen, weil der Luftwiderstand dazu klein ist. Aber was ist, wenn ich den Ball in einem luftleeren Raum werfe? Würde ich dann 44 km weit kommen?

Abb. 13: Milivoje testet seine Resultate

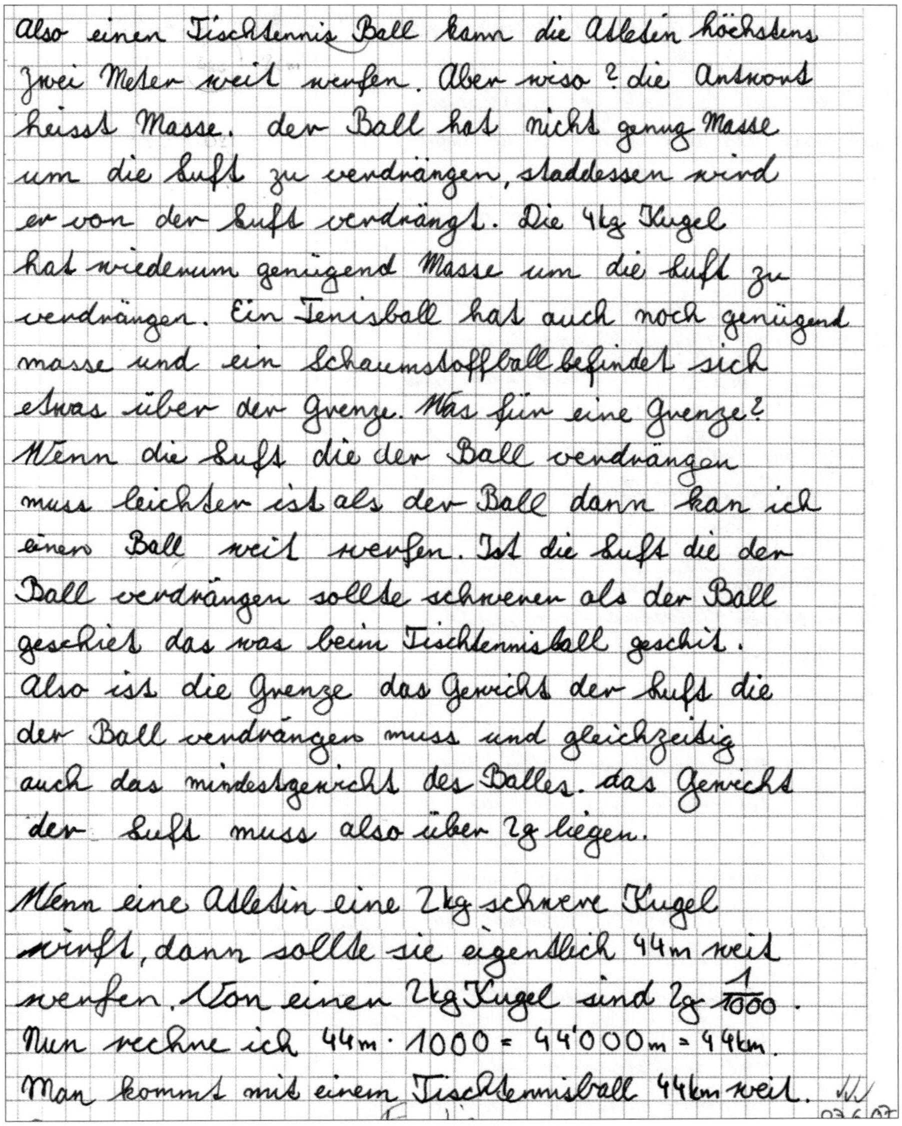

Also einen Tischtennis Ball kann die Atletin höchstens zwei Meter weit werfen. Aber wiso? die Antwort heisst Masse. der Ball hat nicht genug Masse um die Luft zu verdrängen, staddessen wird er von der Luft verdrängt. Die 4kg Kugel hat wiederum genügend Masse um die Luft zu verdrängen. Ein Tenisball hat auch noch genügend masse und ein Schaumstoffball befindet sich etwas über der Grenze. Was für eine Grenze? Wenn die Luft die der Ball verdrängen muss leichter ist als der Ball dann kan ich einen Ball weit werfen. Ist die Luft die der Ball verdrängen sollte schwerer als der Ball geschiet das was beim Tischtennisball geschit. Also ist die Grenze das Gewicht der Luft die der Ball verdrängen muss und gleichzeitig auch das mindestgewicht des Balles. das Gewicht der Luft muss also über 2g liegen.

Wenn eine Atletin eine 2kg schwere Kugel wirft, dann sollte sie eigentlich 44m weit werfen. Von einer 2kg Kugel sind 2g $\frac{1}{1000}$. Nun rechne ich $44m \cdot 1000 = 44'000m = 44km$. Man kommt mit einem Tischtennisball 44km weit.

Abb. 14: Jonas untersucht die Flugweiten von verschiedenen Körpern

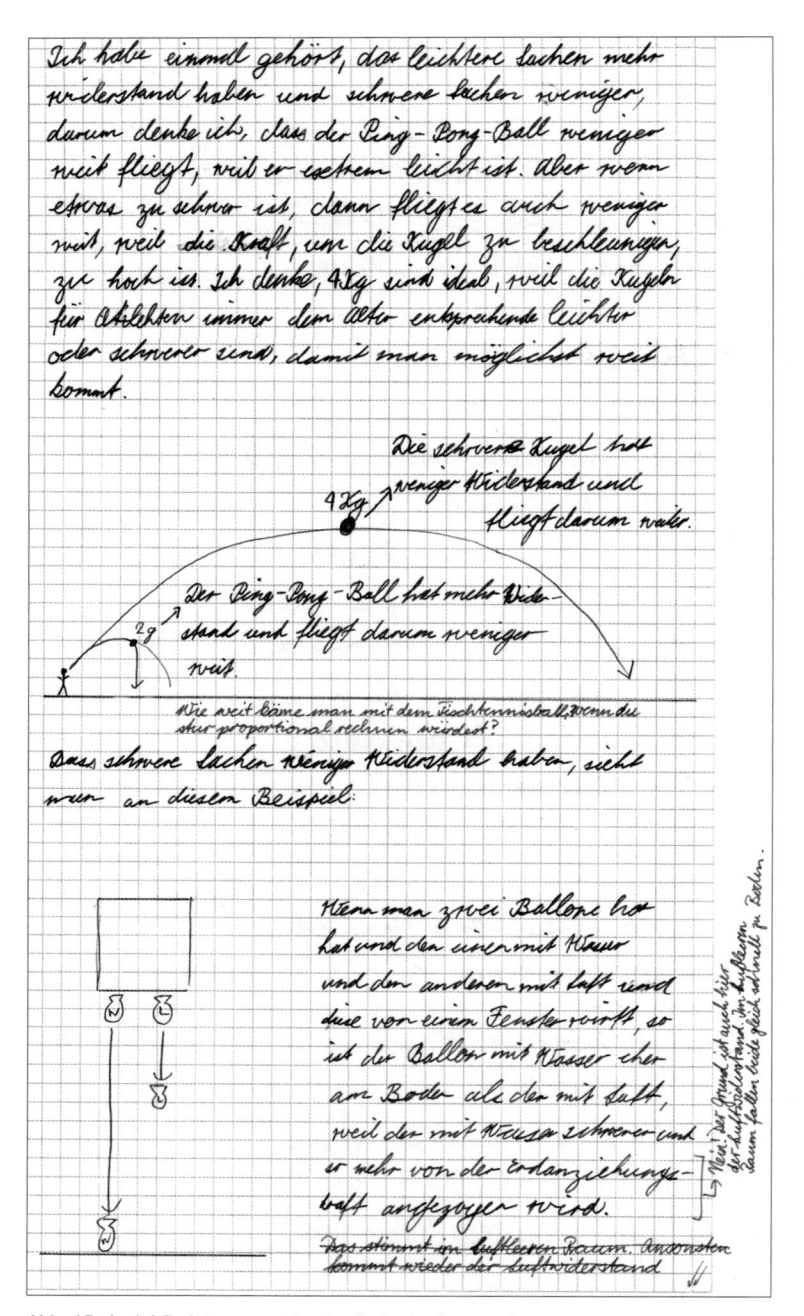

Teil 2: Annäherung an die Praxis des Dialogischen Lernens auf drei verschiedenen Wegen

> Ich habe einmal gehört, dass leichtere Sachen mehr Widerstand haben und schwerere Sachen weniger, darum denke ich, dass der Ping-Pong-Ball weniger weit fliegt, weil er extrem leicht ist. Aber wenn etwas zu schwer ist, dann fliegt es auch weniger weit, weil die Kraft, um die Kugel zu beschleunigen, zu hoch ist. Ich denke, 4 kg sind ideal, weil die Kugeln für Athleten immer dem Alter entsprechende leichter oder schwerer sind, damit man möglichst weit kommt.
>
> Die schwere Kugel hat weniger Widerstand und fliegt darum weiter.
>
> Der Ping-Pong-Ball hat mehr Widerstand und fliegt darum weniger weit.
>
> *Wie weit käme man mit dem Tischtennisball, wenn du stur proportional rechnen würdest?*
>
> Dass schwere Sachen weniger Widerstand haben, sieht man an diesem Beispiel:
>
> Wenn man zwei Ballone hat und den einen mit Wasser und den anderen mit Luft und diese von einem Fenster wirft, so ist der Ballon mit Wasser eher am Boden als der mit Luft, weil der mit Wasser schwerer und so mehr von der Erdanziehungskraft angezogen wird.
>
> *Nein, der Grund ist auch hier der Luftwiderstand. Im luftleeren Raum fallen beide gleich schnell zu Boden.*
>
> Das stimmt im luftleeren Raum. Ansonsten kommt wieder der Luftwiderstand.

Abb. 15: André findet spannende physikalische Fragestellungen

„Zwei Welten" – der Dreisatz im Dialogischen Mathematikunterricht

> **A**
>
> **Auftrag 4:** Verrückte Welten
>
> 1. Wenn ich ein Ei hart kochen will, dann brauche ich 8 Minuten. Wie lange brauche ich, wenn ich 3 Eier hart kochen will? Begründe deine Antworten und notiere ein paar ähnliche Aufgaben für andere Kinder.
> 2. Wenn ein Maler eine Telefonkabine anstreicht, dann braucht er einen Tag. Wie lange brauchen zwei Maler? Erkläre, was passiert, wenn immer mehr Maler dazukommen. Wie lange brauchen zum Beispiel 30 Maler? Formuliere ähnlich verrückte Aufgaben und gib sie auch Erwachsenen zum Lösen.
> 3. Wenn eine Athletin eine 4 kg schwere Kugel stößt, dann kommt sie 22 m weit. Überlege dir, was passiert, wenn man das Gewicht der Kugel verkleinert? Wie weit stößt sie wohl einen Tischtennisball von 2 g? Suche ähnliche Probleme.

Auftrag 4: „Verrückte Welten"

Cédric (Abb. 10) bearbeitet den zweiten Teil von Auftrag 4. Er erfasst den Zusammenhang der indirekten Proportionalität rasch und erkennt die Verbindung zu den Stammbrüchen. Dass er aber nicht bei der Rechnung stehen bleibt, sondern die Problematik der gegenseitigen Behinderung der Maler erkennt, ist mustergültig.

Schwieriger ist der dritte Teil des Auftrags. Drei Schüler, Milivoje, Jonas und André, verbeißen sich darin und diskutieren heftig über die physikalischen Einflüsse, die beim Werfen eines Balls oder einer Kugel wichtig sind. Nichtsdestotrotz beginnen alle mit proportionalem oder indirekt proportionalem Rechnen. Sie zeigen deutlich, dass sie die Kompetenzstufe „WIR" noch nicht erreicht haben, dass sie aber andererseits im Dialog miteinander und mit der Lehrkraft große Anstrengungen unternehmen, sich aus den singulären Vormeinungen (ICH) herauszuarbeiten.

Milivoje (Abb. 11 und 12) rechnet zuerst indirekt proportional, merkt, dass das Ergebnis kaum stimmen kann, und rechnet dann direkt proportional, was ihn auch nicht befriedigt. Schließlich findet er im Luftwiderstand die Ursache für die Fehler. Noch ist dies natürlich nicht die abschließende Einsicht, aber eine Diskussionsgrundlage ist gelegt. Interessant ist zudem, wie Milivoje die Bahn der fliegenden Kugel zeichnet: Zuerst ziemlich geradlinig und dann ein plötzlicher Abfall. Das sind Vorstellungen, wie sie in der Artillerie vor den Einsichten Newtons gang und gäbe waren. Etwas später befasst sich Milivoje auf Anraten des Lehrers nochmals mit seinen Rechnungen (Abb. 13). Den Ausweg aus seinen Problemen findet er schließlich im Experiment, einer ersten naturwissenschaftlichen Handlung, wenn die Theorien fehlschlagen. Er aber verharrt bei seiner merkwürdigen Interpretation des Luftwiderstands, welchen er als Grund für das Weitfliegen des Balls und nicht dessen Bremsung ansieht. Jedoch die Frage nach dem Verhalten im luftleeren Raum öffnet das Tor zur korrekten Analyse.

Jonas (Abb. 14) hat ganz andere Erklärungen für das Problem des Tischtennisballs im Auftrag 4. Er bringt Wissen zum Auftrieb (Gewicht der verdrängten Luft) ins Spiel und glaubt so erklären zu können, weshalb ein leichter Ball weniger weit fliegt als ein schwerer. Dann kehrt er aber auch wieder zum blinden Glauben an die indirekte Proportionalität zurück und verteidigt die Reichweite von 44 km. In einem späteren Journaleintrag befasst er sich noch mit der Querschnittsfläche eines Tischtennisballs und glaubt schließlich, dass bei fehlendem Luftwiderstand doch die große Reichweite möglich sein müsste.

Zuletzt lassen wir uns noch auf die Gedanken von André ein (Abb. 15). Für ihn ist übernommenes Wissen nur bruchstückhaft hängen geblieben: Schwere Körper erfahren gemessen an ihrem Gewicht weniger Luftwiderstand als leichte, nicht aber absolut. Seine Erklärungen sind aber innerhalb der Luft sehr schlüssig. Die Beobachtung der Wurfparabel scheint schon sehr geglückt und die Darstellung des Fallexperimentes sehr überzeugend. Sie fordert auch den Lehrer zu einer intensiven Auseinandersetzung heraus. Man kann sich leicht vorstellen, wie solcherart mit echten, selbst gestellten Fragen vorbereitete Schülerinnen und Schüler den physikalischen Erklärungen im späteren Physikunterricht Interesse entgegenbringen werden. Es wird für sie erhellend sein, dass bei vernachlässigtem Luftwiderstand nicht etwa das Gewicht der Kugel, sondern einzig und allein die Anfangsgeschwindigkeit und der Abschusswinkel die Wurfweite der Kugel bestimmen.

Es war vorauszusehen, dass der Auftrag 4 zu riesigen Exkursen führen würde. Sie sind Gelegenheiten, bei denen die Lehrperson unter Umständen längere Zeit vom Lehrbuch abschweift. Das ist nicht nur für die Lernenden spannend und lehrreich, sondern auch für die Lehrperson selbst, wiederholt sich doch der Unterricht bei solch individuellen Erkundungen niemals.

Vor dem Hintergrund von nicht proportionalen Zusammenhängen, wie sie im Auftrag 4 thematisiert worden sind, kann nun der Spezialfall des proportionalen (linearen) Zusammenhangs besser gewürdigt werden. Man wird erleichtert sein, dass sich nicht alles gleich so komplex verhält wie das Werfen eines Balls. Gleichzeitig soll dieser Auftrag davon abhalten, ohne vorheriges Prüfen oder Austesten der Zusammenhänge einfach nach irgendeiner Regel loszurechnen. Der folgende Haupttext führt auf den einfachen proportionalen Normalfall zurück.

„Zwei Welten" – der Dreisatz im Dialogischen Mathematikunterricht

Zum Glück ist die Verbindung zwischen zwei Welten
häufig sehr einfach und übersichtlich.
Und es ist auch gar nicht nötig, dass man die beiden Welten
immer so umständlich mit *wenn* und *dann* verbindet.
Das *dann* im Hauptsatz lässt man normalerweise weg.
Es geht aber auch noch kürzer.
Zum Beispiel mit der Präposition *pro*,
die aus dem Lateinischen kommt und *für* bedeutet.
Für *pro* schreibt man manchmal nur noch einen *Schrägstrich*.
Auch wenn nur noch ein Schrägstrich dasteht,
musst du daran denken, dass hier zwei Welten im Spiel sind.

Zwei Welten rücken sich näher
Wenn ich 7 Zitronen haben will, dann muss ich 4.20 Fr. bezahlen.[6]
Wenn ich 7 Zitronen haben will, so muss ich 4.20 Fr. bezahlen.
Wenn ich 7 Zitronen haben will, muss ich 4.20 Fr. bezahlen.
Will ich 7 Zitronen haben, muss ich 4.20 Fr. bezahlen.
Für 7 Zitronen bezahle ich 4.20 Fr.
7 Zitronen kosten 4.20 Fr.
7 Zitronen für 4.20 Fr.
7 Zitronen pro 4.20 Fr.
7 Zitronen / 4.20 Fr.

Wenn ich 4.20 Fr. bezahle, dann bekomme ich 7 Zitronen.
Wenn ich 4.20 Fr. bezahle, so bekomme ich 7 Zitronen.
Wenn ich 4.20 Fr. bezahle, bekomme ich 7 Zitronen.
Bezahle ich 4.20 Fr., bekomme ich 7 Zitronen.
Für 4.20 Fr. bekomme ich 7 Zitronen.
4.20 Fr. reichen für 7 Zitronen.
4.20 Fr. für 7 Zitronen
4.20 Fr. pro 7 Zitronen
4.20 Fr. / 7 Zitronen

Haupttext: „Abkürzen"

---

[6] In einem Schweizer Lehrbuch stehen selbstverständlich Geldbeträge in Schweizer Währung.

Teil 2: Annäherung an die Praxis des Dialogischen Lernens auf drei verschiedenen Wegen

Stufe 2: Wie machst du es?

In der Kommunikation mit anderen – im divergierenden Bereich – ist von entscheidender Bedeutung, dass die verschiedenen Sprechweisen für ein und denselben Zusammenhang zwischen den zwei Welten im ICH des Lernenden bewusst sind und flexibel angewandt werden können. Dies wird den Schülerinnen und Schülern am vorangehenden Beispiel mit den immer kürzer werdenden Sprechweisen exemplarisch vorgeführt.

Die verwirrende Vielfalt von Sprechweisen muss im Unterricht thematisiert werden, damit die verschiedenen Alltagszusammenhänge in eine mathematisch handhabbare Form umgesetzt werden können. Groß ist der Spielraum, der sich dem ICH in diesem divergierenden Bereich eröffnet. Entscheidend ist hier, dass die Kinder die Zusammenhänge sowohl sprachlich erweitern wie auch verkürzen können. Sie gelangen damit zur Fähigkeit, einen gewöhnlichen, abstrakten Bruch zu einer ganzen Geschichte auszubauen, indem sie Zähler und Nenner des Bruchs verschiedene Sorten zuweisen und damit eine reale Verbindung zwischen zwei Welten schaffen. Das als schwer verschriene Gebiet der Brüche gewinnt so eine konkrete Bedeutung.

> *Pro* ist die sicherste Verbindung zwischen zwei Welten.
> Sagst du *pro*, weiß man ganz genau, was du meinst.
> Weniger deutlich wird die gleiche Verbindung mit Wörtchen wie
> *für, auf, in, zu, je, jede, jeder, jedes, mit* beschrieben.
> *Auf 2 Löffel Essig kommen 3 Löffel Öl.*
> *Gib 2 Löffel Essig zu 3 Löffel Öl.*
> *Wir fahren in einer Stunde 60 Kilometer.*
> *Jede Woche füllt er 3 Lotto-Scheine aus.*
> *Auf 100 km braucht unser Auto 6 Liter Benzin,*
> *mit einer Gallone Benzin schaffen wir also fast 50 Meilen.*
> *Alle diese Verbindungen kannst du mit pro ausdrücken.*

Haupttext: „Sprechweisen für Pro"

Nach der Lektüre dieses Haupttextes erhalten die Lernenden den Auftrag 5, der wiederum ganz im persönlichen Umfeld startet (ICH-Kompetenz), jedoch unter dem übergeordneten Blickwinkel der effizienten Kommunikation steht. Daher markiert dieser Auftrag den Eintritt in die zweite Gruppe von Kompetenzen, die sich unter die Frage *Wie machst du es?* einordnen. Im aktuellen Unterricht ist diese Phase übersprungen worden, weil die Schülerinnen und Schüler als Sechstklässler bereits genügend Erfahrungen mit den unterschiedlichen Sprechweisen haben sammeln können.

Auftrag 5: Pro

1. Das Wörtchen *pro* ist eine sehr beliebte Präposition. Beobachte Menschen beim Sprechen und sammle Beispiele, bei denen *pro* Größen aus zwei Welten miteinander verbindet, und Beispiele, bei denen das nicht der Fall ist.
2. Größen aus zwei Welten kann man auch anders verbinden als nur mit der Präposition *pro*. Suche solche Beispiele und wandle sie in Verbindungen mit *pro* um.
3. Erweitere ein paar Verbindungen mit *pro* so, dass Sätze wie in der vorangehenden Tabelle „Zwei Welten rücken sich näher" entstehen.
4. Alle Verbindungen mit *pro* kann man verkürzen: Für *pro* steht nur noch ein Schrägstrich. Könnte der Schrägstrich *geteilt durch* bedeuten? Schreibe deine Überlegungen ins Reisetagebuch.

Auftrag 5: „Pro"

Bei der Auswertung des Auftrags 5 kann erwähnt werden, dass der Schrägstrich, den man anstelle von *pro* schreibt, tatsächlich ein gewöhnliches Divisionszeichen ist. Dies führt zu der Einsicht, dass man die Zahl aus der ersten Welt durch die Zahl aus der zweiten Welt dividieren darf und damit auf die Einheitsgröße kommt. Dabei ist vorerst einmal gar nicht ausgemacht, ob es sinnvoller ist, die erste Größe durch die zweite zu dividieren, oder umgekehrt. Der Benzinverbrauch beispielsweise wird in Europa in Litern pro 100 Kilometern, in den USA dagegen in Meilen pro Gallone gemessen. Es sind also reine Konventionen, in welcher Art man die Einheitsgröße bildet. Was für eine zentrale Rolle die Einheitsgröße bildet, ist Gegenstand des folgenden Haupttextes.

Man gibt sich selten mit nur einer Verbindung
zwischen zwei Welten zufrieden: Dass 7 Zitronen 4.20 Fr. kosten,
ist nur interessant, wenn man gerade 7 Zitronen braucht.
Will man aber 9 oder 4 Zitronen kaufen, muss man umrechnen:
Man muss in der Welt der Zitronen vergrößern oder verkleinern,
und darf dabei sicher sein, dass der Preis nicht verrückt spielt.
Damit das Rechnen für alle Kunden gleich einfach ist,
geben die Händler meist den Preis für ein einziges Stück an.
Auf dem Preisschild steht dann vielleicht
„0.60 Fr. / Zitrone" oder „60 Rp. / Stk.". Mündlich sagt man eher
„60 Rappen pro Zitrone" oder „60 Rappen das Stück".
In der Welt 2 – rechts vom Schrägstrich oder vom *pro* –

Teil 2: Annäherung an die Praxis des Dialogischen Lernens auf drei verschiedenen Wegen

> steht also nur noch die Einheit: Zitrone.
> Gemeint ist natürlich eine Zitrone, auch wenn die Ziffer 1 fehlt.
> Weiß man, wie viel 1 Stück kostet, kann man leicht ausrechnen,
> wie teuer 4 oder 9 Stück sind. Das ist eine einfache Multiplikation.

Haupttext: „Einheit"

Die Einheitsgröße macht die Verwendung des Dreisatzes überflüssig, weil gleichsam der mittlere Satz des Dreisatzes vorgegeben wird. Für das Zurechtfinden im Alltag, im Kontakt mit Mitmenschen – wir befinden uns ja auf der Stufe 2, bei der es um die Verständigung geht –, genügt es also, wenn die Angaben auf Preisschildern im ICH verankert sind. Die Ausgangssituation beim Dreisatz ist eben eine sehr künstliche, weil gleichsam die Einheitsgröße verschleiert wird. Daher ist der folgende Auftrag 6 noch ganz auf dem untersten Kompetenzniveau der Stufe 2 angesiedelt.

Ⓐ Auftrag 6: Preisschilder

1. Sammle Preisschilder zu verschiedenen Waren, auf denen der Preis pro Einheit angegeben ist: pro Stück, pro Kilogramm, pro Liter usw.
2. Schreibe mithilfe der vorangehenden Tabelle in verständlichen Sätzen auf, was die Zahlen auf jedem Preisschild bedeuten.
3. Wie heißt die einfache Multiplikation, mit welcher der Kaufpreis ausgerechnet werden kann? Prüfe alle Beispiele.

Auftrag 6: „Preisschilder"

Im aktuellen Unterricht haben die Schülerinnen und Schüler Preisschilder gesammelt und gemäß den ersten beiden Teilen des Auftrags 6 analysiert. Zum dritten Teil zeigen wir zwei Beispiele anhand von Journalauszügen. Simona untersucht zwei Preisschilder (Abb. 16). Das erste stammt von 408 g Bananen zu einem Kilopreis von 5.40 Fr. Beim zweiten geht es um 164 g Tomaten zu einem Kilopreis von 3.80 Fr. Interessant ist, dass Simona zunächst auf Rappen und auf Gramm wechselt und daher den gegebenen Einheitspreis zuerst umrechnen muss. Schließlich kontrolliert sie ihre Rechnungen, fasst ihr Vorgehen perfekt zusammen und stellt auch fest, dass jeweils eine Rundung vorgenommen wird. Sarah (Abb. 17) geht ganz ähnlich umständlich vor, was in einer leichten Kritik des Lehrers mündet. Sie untersucht ein Preisschild von 164 g Bananen bei einem Kilopreis von 3.00 Fr. und ein anderes von 90 g Speckwürfel bei einem Kilopreis von 19.50 Fr. Auch sie macht sich zum Runden Gedanken. Beiden Mädchen ist die Möglichkeit der Berechnung mit einer einzigen Multiplikation entgangen. Ein willkommener Anlass für den Austausch in der Klasse unter dem Motto: *Wie machst du es?*

"Zwei Welten" – der Dreisatz im Dialogischen Mathematikunterricht

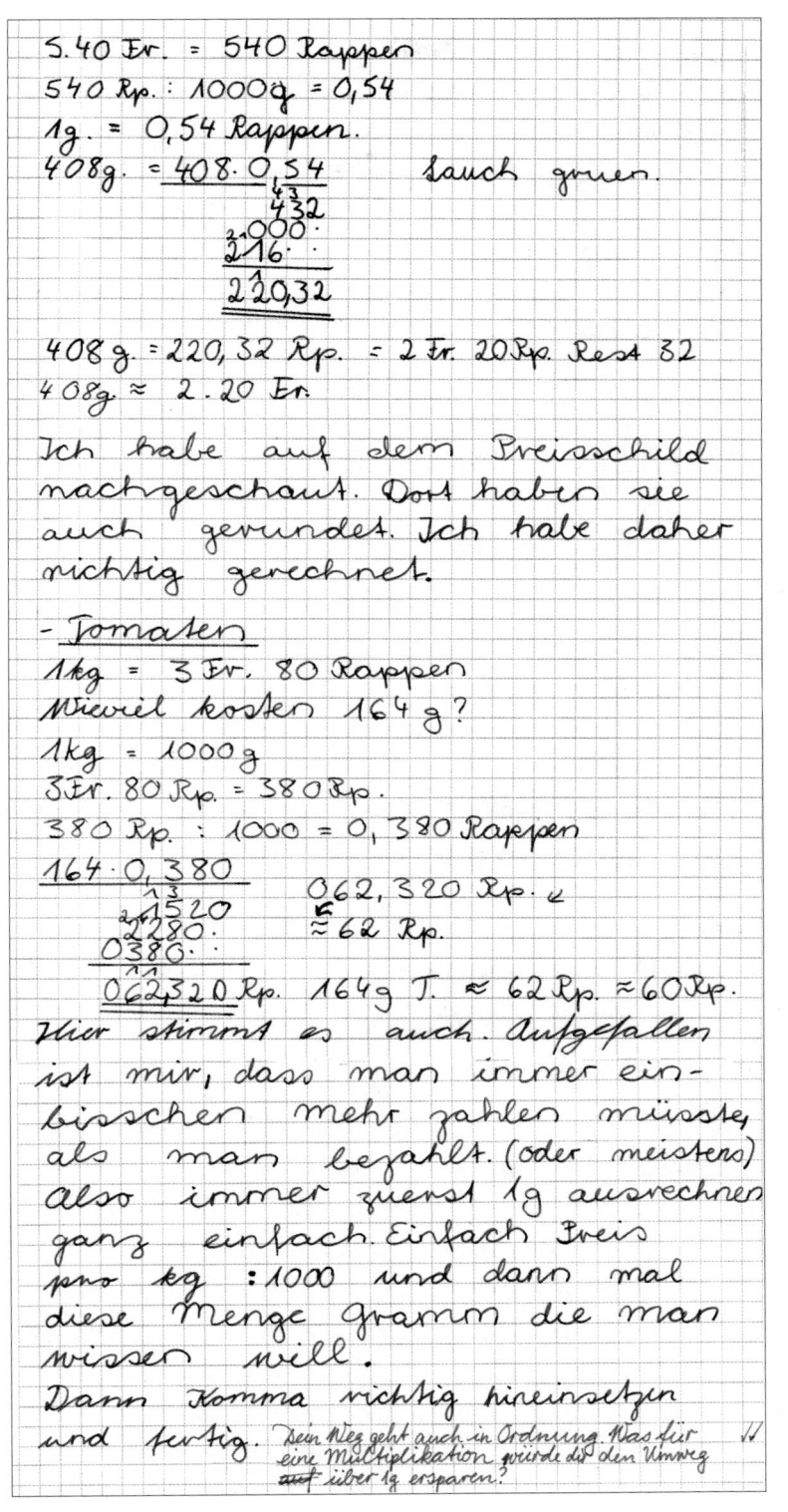

```
5.40 Fr. = 540 Rappen
540 Rp. : 1000g = 0,54
1g. = 0,54 Rappen.
408g. = 408 · 0,54     auch genau.
         432
        2000 ·
         216 ·
        ———————
        220,32

408g. = 220,32 Rp. = 2 Fr. 20 Rp. Rest 32
408g ≈ 2.20 Fr.
```

Ich habe auf dem Preisschild nachgeschaut. Dort haben sie auch gerundet. Ich habe daher richtig gerechnet.

- Tomaten

```
1 kg = 3 Fr. 80 Rappen
Wieviel kosten 164 g ?
1 kg = 1000 g
3 Fr. 80 Rp. = 380 Rp.
380 Rp. : 1000 = 0,380 Rappen
164 · 0,380
     1520         062,320 Rp.
     2280 ·       ≈ 62 Rp.
     0380 ·
     ————————
     062,320 Rp.   164g T. ≈ 62 Rp. ≈ 60 Rp.
```

Hier stimmt es auch. Aufgefallen ist mir, dass man immer ein bisschen mehr zahlen müsste, als man bezahlt. (oder meistens) Also immer zuerst 1g ausrechnen ganz einfach. Einfach Preis pro kg : 1000 und dann mal diese Menge gramm die man wissen will. Dann Komma richtig hineinsetzen und fertig. *Dein Weg geht auch in Ordnung. Was für eine Multiplikation würde dir den Umweg auf über 1g ersparen?* //

Abb. 16: Simona untersucht zwei Preisschilder

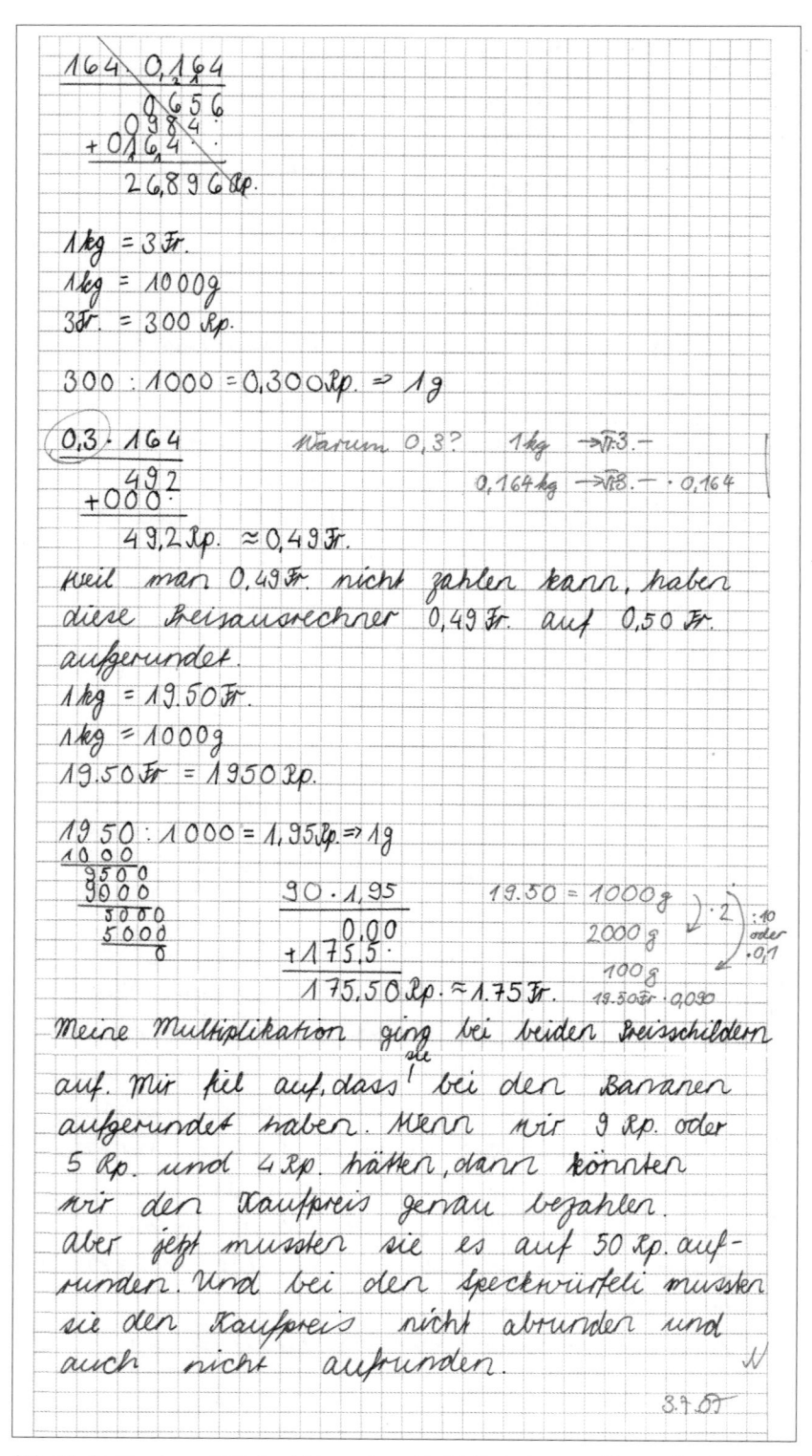

Teil 2: Annäherung an die Praxis des Dialogischen Lernens auf drei verschiedenen Wegen

```
 164 · 0,164
     0,656
    0,984
  + 0,164
  ─────────
   26,896 Rp.

 1 kg = 3 Fr.
 1 kg = 1000 g
 3 Fr. = 300 Rp.

 300 : 1000 = 0,300 Rp. → 1 g

 0,3 · 164        Warum 0,3?   1 kg → Fr. 3.-
     492                       0,164 kg → Fr. 3.- · 0,164
  + 000
  ─────
   49,2 Rp. ≈ 0,49 Fr.
```

Weil man 0,49 Fr. nicht zahlen kann, haben diese Preisausrechner 0,49 Fr. auf 0,50 Fr. aufgerundet.

```
 1 kg = 19.50 Fr.
 1 kg = 1000 g
 19.50 Fr. = 1950 Rp.

 1950 : 1000 = 1,95 Rp. → 1 g
 1000
 ────
  950
  9000
 ─────
  5000
  5000
 ─────
    0
```

```
   90 · 1,95          19.50 = 1000 g  )·2  :10
     0,00             2000 g          )   oder
 + 175,5                               ·0,1
 ────────             100 g
  175,50 Rp. ≈ 1.75 Fr.   19.50 Fr. · 0,030
```

Meine Multiplikation ging bei beiden Preisschildern auf. Mir fiel auf, dass sie bei den Bananen aufgerundet haben. Wenn wir 9 Rp. oder 5 Rp. und 4 Rp. hätten, dann könnten wir den Kaufpreis genau bezahlen. Aber jetzt mussten sie es auf 50 Rp. aufrunden. Und bei den Speckwürfeli mussten sie den Kaufpreis nicht abrunden und auch nicht aufrunden.

3.7.05

Abb. 17: Sarah untersucht Preisschilder und macht sich Gedanken zum Thema „Runden"

„Zwei Welten" – der Dreisatz im Dialogischen Mathematikunterricht

So haben die Mädchen aufgrund der gefundenen Preisschilder eigentlich schon die Überlegungen des nachfolgenden Haupttextes vorweggenommen. Einfacher wäre es mit Preisschildern gewesen, auf denen wirklich nur zwei Größen – und nicht drei – vorkommen, nämlich der Preis pro Einheit und die Anzahl der Einheiten in der Packung.

Es ist sehr bequem, wenn man den Preis für die Einheit kennt.
Ab und zu fehlt aber der *Einheitspreis*: der Preis pro Einheit.
Dann muss man sich etwas einfallen lassen.
Man weiß zum Beispiel nur, dass 100 g Flocken 68.4 Rp. kosten.
Man möchte aber wissen, wie viel 380 g kosten.
Dann muss man halt das Gewicht in Gedanken verändern
und genau darauf achten, was mit dem Preis passiert.
Am besten beginnt man mit Verdoppeln und Halbieren.
So macht es Valeria. Sie nimmt sich viel Zeit.
Mit vielen Sätzen tastet sie sich zum Resultat vor.
Dabei entsteht ein Vielsatz.

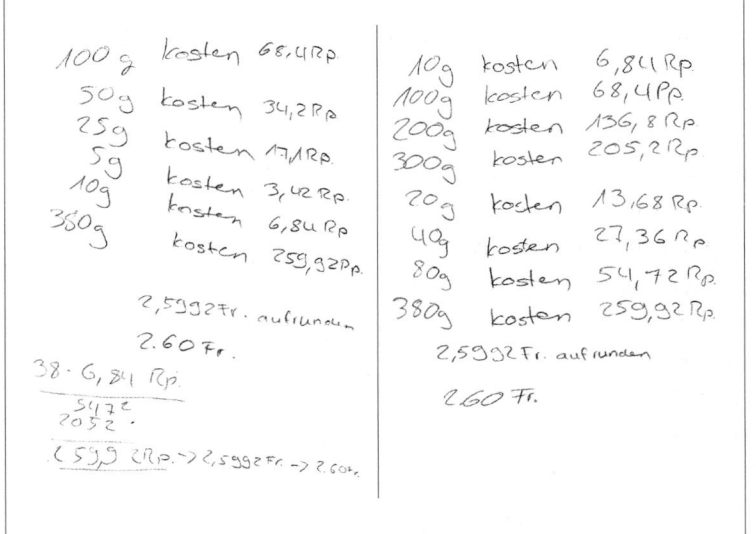

100 g kosten 68,4 Rp.
50 g kosten 34,2 Rp.
25 g kosten 17,1 Rp.
5 g kosten 3,42 Rp.
10 g kosten 6,84 Rp.
380 g kosten 259,92 Rp.

2,5992 Fr. aufrunden
2.60 Fr.

38 · 6,84 Rp.
5472
2052
(25992 Rp. → 2,5992 Fr. → 2.60 Fr.)

10 g kosten 6,84 Rp.
100 g kosten 68,4 Rp.
200 g kosten 136,8 Rp.
300 g kosten 205,2 Rp.
20 g kosten 13,68 Rp.
40 g kosten 27,36 Rp.
80 g kosten 54,72 Rp.
380 g kosten 259,92 Rp.

2,5992 Fr. aufrunden
2.60 Fr.

Valeria kommt auf zwei verschiedenen Wegen zum Ziel
(Gallin & Ruf 1999b, S. 414)

Haupttext: „Verändern und Beobachten"

Teil 2: Annäherung an die Praxis des Dialogischen Lernens auf drei verschiedenen Wegen

Sollte es doch einmal nötig sein, bei einem proportionalen und indirekt proportionalen Zusammenhang zwischen zwei Welten von einem beliebig vorgegebenen Anfangssatz – also nicht von der praktischen Einheitsgröße – zu einem bestimmten Schlusssatz zu gelangen, was üblicherweise mit dem Dreisatz passiert, so ist es für einen Menschen der heutigen Zeit nicht wichtig, dass er ein zugehöriges Rechenschema beherrscht, sondern dass er die ICH-Stärke aufbaut, in vielen kleinen, aber beherrschten und kontrollierten Schritten diesen Weg zu beschreiben, wie es im Lehrbuch *ich du wir 4 5 6* mit dem Beispiel von Valeria illustriert wird. Daher stellt der Vielsatz gleichsam die Minimalkompetenz dar, die ein ICH auf der Stufe 2 (im divergierenden Bereich) mitbringen muss. Alles darüber Hinausgehende ist letztlich eine arithmetische Spielerei.

Der Journaleintrag von Valeria zeigt, wie langsam und verschiedenartig ein Dreisatzproblem angegangen werden kann. Insbesondere fällt auf, dass Valeria ihr günstig erscheinende Zeilen mittels Additionen verbindet und so das übliche Multiplizieren beim Dreisatz umschifft: Auf ihrer zweiten Seite verbindet sie beispielsweise die Aussage über 300 g mit der Aussage über 80 g durch Zusammenzählen zu der Aussage über 380 g. Wichtig bei diesem Vorgehen ist, dass die Kinder durch das Notieren von gewöhnlich lesbaren Sätzen den Kontakt zur Anschauung niemals aufgeben und stets selbst entscheiden, welche und wie viele Sätze sie notieren wollen. Der Einsatz jedes mathematischen Schemas zur Lösung solcher Aufgaben birgt die Gefahr in sich, die Kinder von der Bedeutung der Zahlen zu entfremden und sie damit in eine gefährliche Abhängigkeit von verordneten Regeln zu versetzen.

> Mit dem Vielsatz kann man in seinem eigenen Tempo
> und in bequemen Schritten vergrößern und verkleinern.
> Beim Verdoppeln oder Halbieren in der Welt 1
> kann man in Ruhe kontrollieren, ob sich die Zahlen in der Welt 2
> auch verdoppeln oder halbieren oder ob sie verrückt spielen.
> Wie genau die zwei Welten miteinander verbunden sind,
> merkt man nur, wenn man jeden Schritt aufschreibt
> und wenn man sich bei jedem Satz alles genau vorstellt.
> So weiß man immer, was man tut, und fällt auch
> bei heiklen Problemen nicht so schnell auf die Nase.

Haupttext: „Vielsatz"

Neben der Tatsache, dass im Vielsatz die Kontrolle jedes Schrittes und damit die Sicherheit oberste Priorität haben, kommt das Vergnügen, bizarre Umwege und elegante Abkürzungen gegeneinander auszuspielen. Der folgende Auftrag 7 ist der letzte im Kompetenzbereich ICH. Da er aber zur Beschäftigung mit der Methode von Valeria auffordert, verweist er bereits auf den Kompetenzbereich DU, insbesondere weil im Auftrag zum Austausch mit anderen Kindern explizit aufgefordert wird. Schließlich wird immer wieder daran erinnert, dass beim Erfinden von eigenen Aufgaben auch nicht-proportionale (verrückte) Zusammenhänge auftauchen könnten, welche ja – wie wir gesehen haben – besonders irritierend und herausfordernd sind.

Auftrag 7: Vielsatz

(A)

1. Valeria hat den Schlusspreis auf zwei Arten ausgerechnet. Wie geht sie vor? Wie findet sie das Resultat? Welcher Weg ist sicherer und übersichtlicher?
2. Formuliere ein paar Aufgaben, die man mit einem Vielsatz lösen kann. Auf deinen Preisschildern findest du genügend Angaben. Tausche sie mit anderen Kindern.
3. Löse Aufgaben anderer Kinder mit vielen Sätzen. Beschreibe immer zwei verschiedene Wege und achte darauf, dass die Schritte von Satz zu Satz nicht zu groß sind.
4. Erfinde auch ein paar Beispiele, bei denen eine Verdoppelung in der Welt 1 eine Halbierung in der Welt 2 zur Folge hat. Findest du auch Beispiele, wo alles noch verrückter zugeht?

Auftrag 7: „Vielsatz"

Der Auftrag 7 wurde im aktuellen Unterricht aus Zeitgründen übersprungen. Zielgerichtet ging es in der 6. Klasse auf die Übertrittsprüfungen in höhere Schulstufen zu. Daher war die Beschäftigung mit der nachfolgenden Prüfungsaufgabe ein lohnendes Thema. Immer noch unter dem Eindruck des Vielsatzes und keiner weiteren, eleganteren Techniken führt der nachfolgende Haupttext auf solche Aufgaben hin.

Teil 2: Annäherung an die Praxis des Dialogischen Lernens auf drei verschiedenen Wegen

---

Schreib ruhig viele Sätze auf,
wenn du zwei Welten miteinander verbindest.
Lass dich nicht hetzen, wenn andere schneller zum Ziel kommen.
Viel wichtiger als die Schnelligkeit ist die Sicherheit.
Und sicher bist du nur, solange du dir alles genau vorstellst.
Hinterher ist man immer klüger!
Schaust du dir deine vielen Sätze hinterher nochmals an,
merkst du schnell, wo man Abkürzungen machen kann.
Hinterher macht es Spaß, den kürzesten Weg zu suchen.
Nimmst du dir Zeit, dir immer alles genau vorzustellen,
bist du bald stark genug, schwierigere Aufgaben anzupacken.
Schwierige Aufgaben sind absichtlich so gemacht,
dass man sie nicht in einem Zug lösen kann.
Schwierige Aufgaben zwingen dich, in Etappen vorzugehen.
Versuche es doch einmal mit der folgenden Prüfungsaufgabe.
Probiere, sie mit vielen Sätzen zu lösen.
Mach eine Zeichnung.
Schreibe alle Gedanken auf, die dir helfen,
die Welt der Arbeitstage mit der Welt der Kilometer zu verbinden.

Prüfungsaufgabe

Zwischen Adorf und Bedorf soll ein 4.2 km langer Fahrradweg gebaut werden. Dabei wird von beiden Dörfern aus mit dem Bau begonnen und jeweils von Montag bis Freitag gearbeitet. Am Montag, dem 1. April, beginnen die Adorfer, die für den ganzen Fahrradweg allein 70 Arbeitstage benötigen würden. Am Montag, dem 15. April, beginnen auch die Bedorfer, die in 7 Arbeitstagen 630 m vorankommen. Von jetzt ab arbeiten die Adorfer und Bedorfer in ihrem Tempo weiter, bis sie sich treffen und die Arbeit beendet ist. Wie viele Arbeitstage benötigen die Adorfer für den Bau insgesamt?

Haupttext: „Schwierige Aufgaben"

Die vorangehende Prüfungsaufgabe stammt aus einer Aufnahmeprüfung ans Gymnasium des 7. Schuljahrs. Sie stellt hohe Anforderungen weniger im Bereich des eigentlichen Dreisatzes als vielmehr in der Notwendigkeit zur selbst verantworteten Segmentierung des Problems.

> Wundere dich nicht, wenn dein Weg zur Lösung lang ist.
> Prüfungsaufgaben dieser Art schicken dich auf eine lange Reise.
> Du musst sie selber in Etappen einteilen, sonst verirrst du dich.
> Das braucht Mut, Selbstvertrauen und Durchhaltevermögen.
> Oft hilft auch eine Zeichnung, in der man die im Text verstreuten Zahlen übersichtlich zusammenfasst.
>
> Adorf   Bedorf
> |———————— 4.2 km = 4200 m ————————|
> | |
> 1. April ———→ 15. April ———→   ←——— 15. April
>
> Hast du ein ähnliches Bild vom Fahrradweg gezeichnet?
> Und wie viele Sätze hast du aufgeschrieben,
> bis dir das Resultat klar geworden ist?
> Hier hast du eine Idee, wie ein Lösungsweg aussehen könnte.
>
> *In vielen Sätzen und sicheren Schritten zum Resultat*
> Vom 1. bis zum 15. April verstreichen 2 Wochen.
> Das sind zwar 14 Tage, aber nur 10 Arbeitstage.
> Die Adorfer brauchen für 4200 m 70 Tage.
> Die Adorfer bauen in 70 Tagen 4200 m Fahrradweg.
> Die Adorfer bauen in 7 Tagen 420 m Fahrradweg.
> Die Adorfer bauen in 1 Tag 60 m. Das sind 60 m pro Tag.
> Die Adorfer bauen in 10 Tagen 600 m Fahrradweg.
> Am 15. April sind noch 4200 m - 600 m = 3600 m zu bauen.
> Die Bedorfer bauen in 7 Tagen 630 m.
> Die Adorfer bauen in 7 Tagen 420 m.
> Zusammen bauen sie in 7 Tagen 1050 m.
> Zusammen bauen sie in 21 Tagen 3150 m.
> Jetzt fehlen nur noch 3600 m - 3150 m = 450 m.
> Die Bedorfer bauen in 1 Tag 90 m.
> Die Adorfer bauen in 1 Tag 60 m.
> Zusammen bauen sie in 1 Tag also 150 m.
> Zusammen bauen sie in 3 Tagen 450 m.
> Zusammen brauchen sie 21 Tage + 3 Tage = 24 Tage für 3600 m.
> Weil die Adorfer 10 Arbeitstage länger arbeiten,
> sind sie also 34 Tage an der Arbeit.

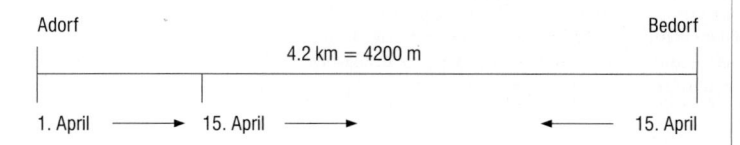

Haupttext: „Lösung"

Teil 2: Annäherung an die Praxis des Dialogischen Lernens auf drei verschiedenen Wegen

> **Prüfungsaufgabe**
>
> Zwischen Adorf und Bedorf soll ein 4.2 km langer Fahrradweg gebaut werden. Dabei wird von beiden Dörfern aus mit dem Bau begonnen und jeweils von Montag bis Freitag gearbeitet. Am Montag, dem 1. April, beginnen die Adorfer, die für den ganzen Fahrradweg allein 70 Arbeitstage benötigen würden. Am Montag, dem 15. April, beginnen auch die Bedorfer, die in 7 Arbeitstagen 630 m vorankommen. Von jetzt ab arbeiten die Adorfer und Bedorfer in ihrem Tempo weiter, bis sie sich treffen und die Arbeit beendet ist. Wie viele Arbeitstage benötigen die Adorfer für den Bau insgesamt?

Prüfungsaufgabe

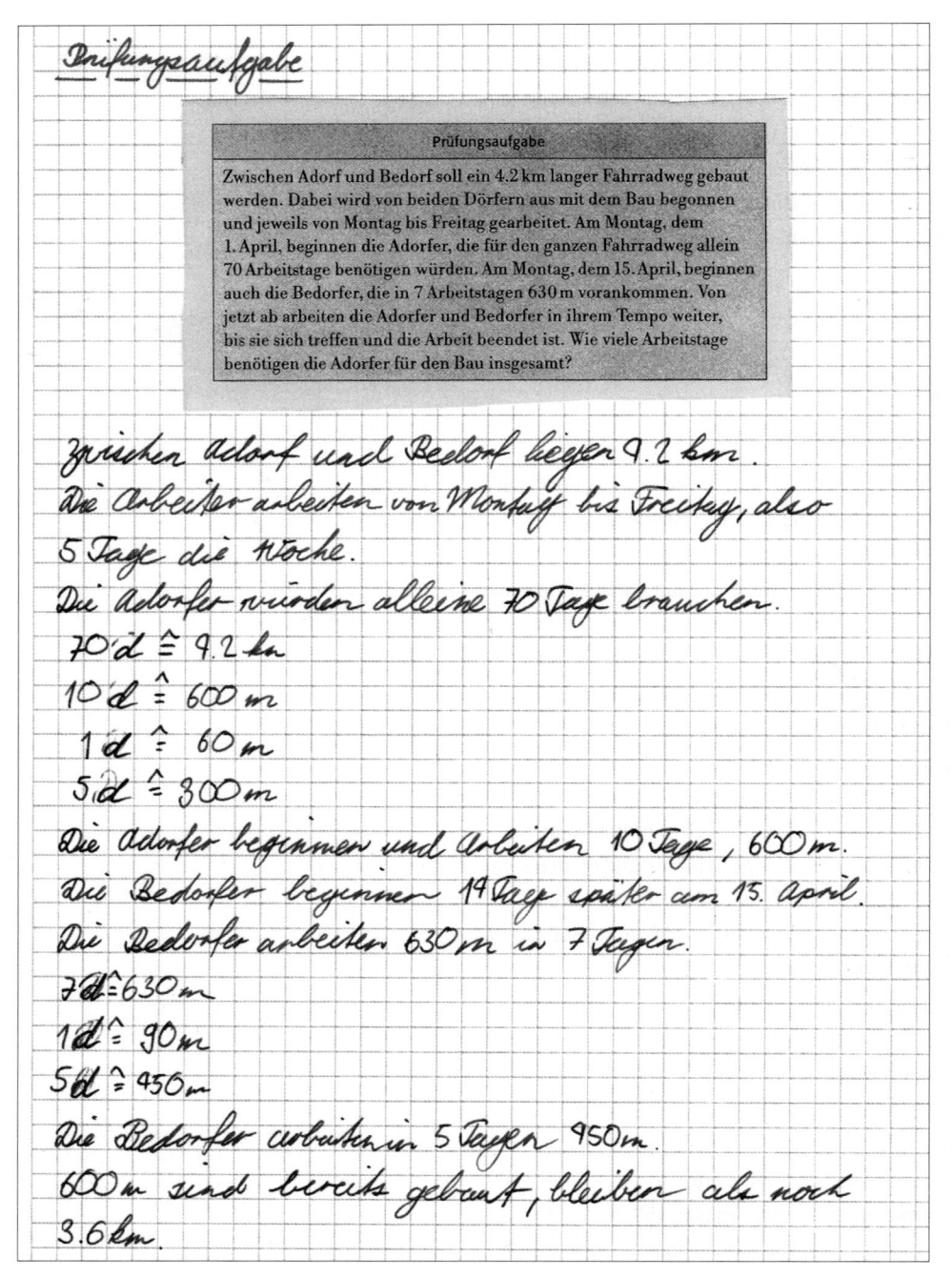

Zwischen Adorf und Bedorf liegen 4.2 km.
Die Arbeiter arbeiten von Montag bis Freitag, also 5 Tage die Woche.
Die Adorfer würden alleine 70 Tage brauchen.
70 d $\hat{=}$ 4.2 km
10 d $\hat{=}$ 600 m
1 d $\hat{=}$ 60 m
5 d $\hat{=}$ 300 m
Die Adorfer beginnen und arbeiten 10 Tage, 600 m.
Die Bedorfer beginnen 14 Tage später am 15. April.
Die Bedorfer arbeiten 630 m in 7 Tagen.
7 d $\hat{=}$ 630 m
1 d $\hat{=}$ 90 m
5 d $\hat{=}$ 450 m
Die Bedorfer arbeiten in 5 Tagen 450 m.
600 m sind bereits gebaut, bleiben also noch 3.6 km.

Abb. 18: André löst die Prüfungsaufgabe

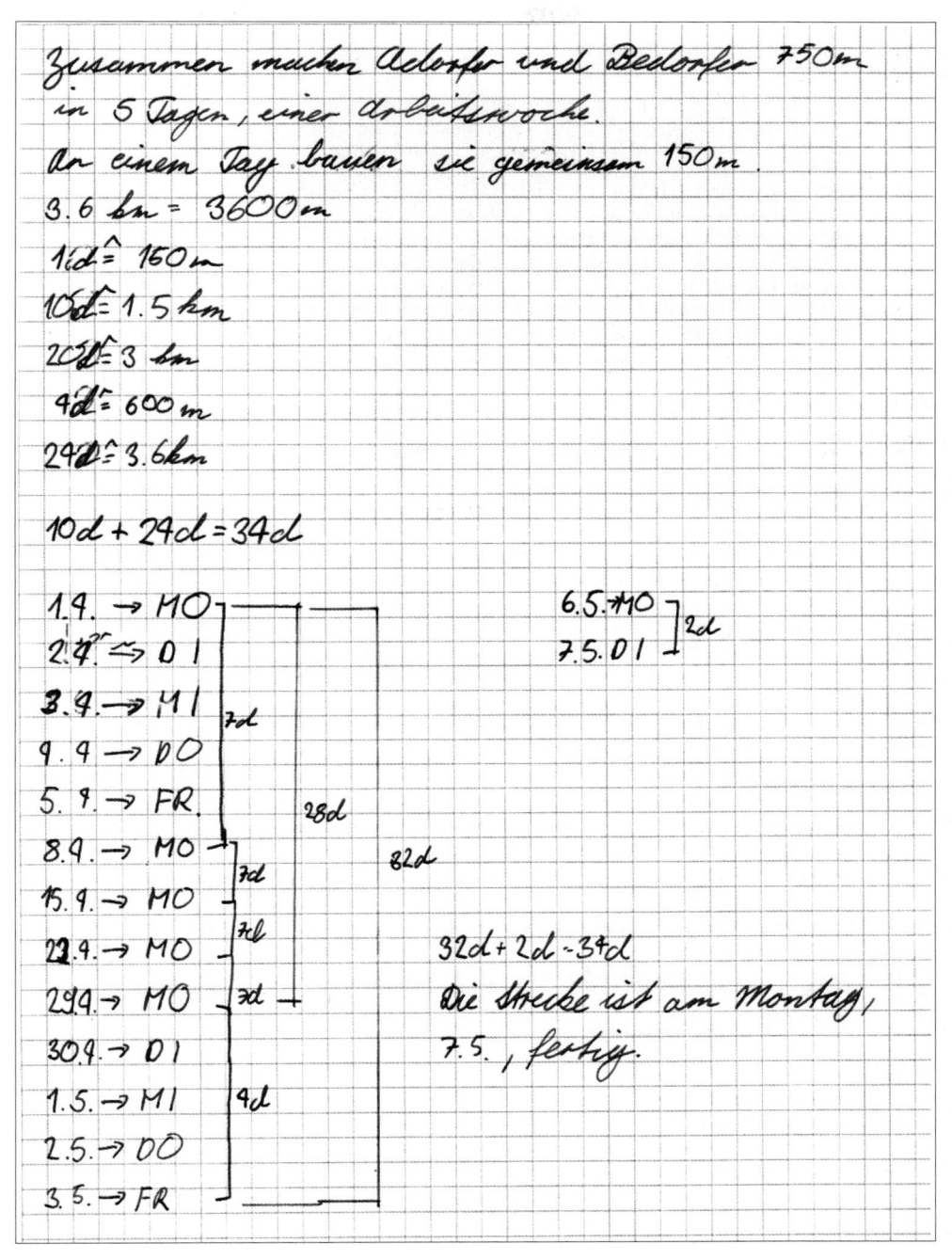

Zusammen machen Adorfer und Bedorfer 750 m
in 5 Tagen, einer Arbeitswoche.
An einem Tag bauen sie gemeinsam 150 m.
3,6 km = 3600 m
1 d ≙ 150 m
10 d ≙ 1,5 km
20 d ≙ 3 km
4 d ≙ 600 m
24 d ≙ 3,6 km

10 d + 24 d = 34 d

1.4. → MO
2.4. → DI
3.4. → MI   ⎤ 7d
4.4. → DO
5.4. → FR   ⎥ 28d
8.4. → MO ⎤ 7d
15.4. → MO ⎥ 7d   32d
22.4. → MO ⎦ 7d
29.4. → MO   ⎤ 7d
30.4. → DI
1.5. → MI   ⎥ 9d
2.5. → DO
3.5. → FR   ⎦

6.5. → MO ⎤ 2d
7.5. → DI ⎦

32 d + 2 d = 34 d
Die Strecke ist am Montag,
7.5., fertig.

Abb. 19: André löst die Prüfungsaufgabe

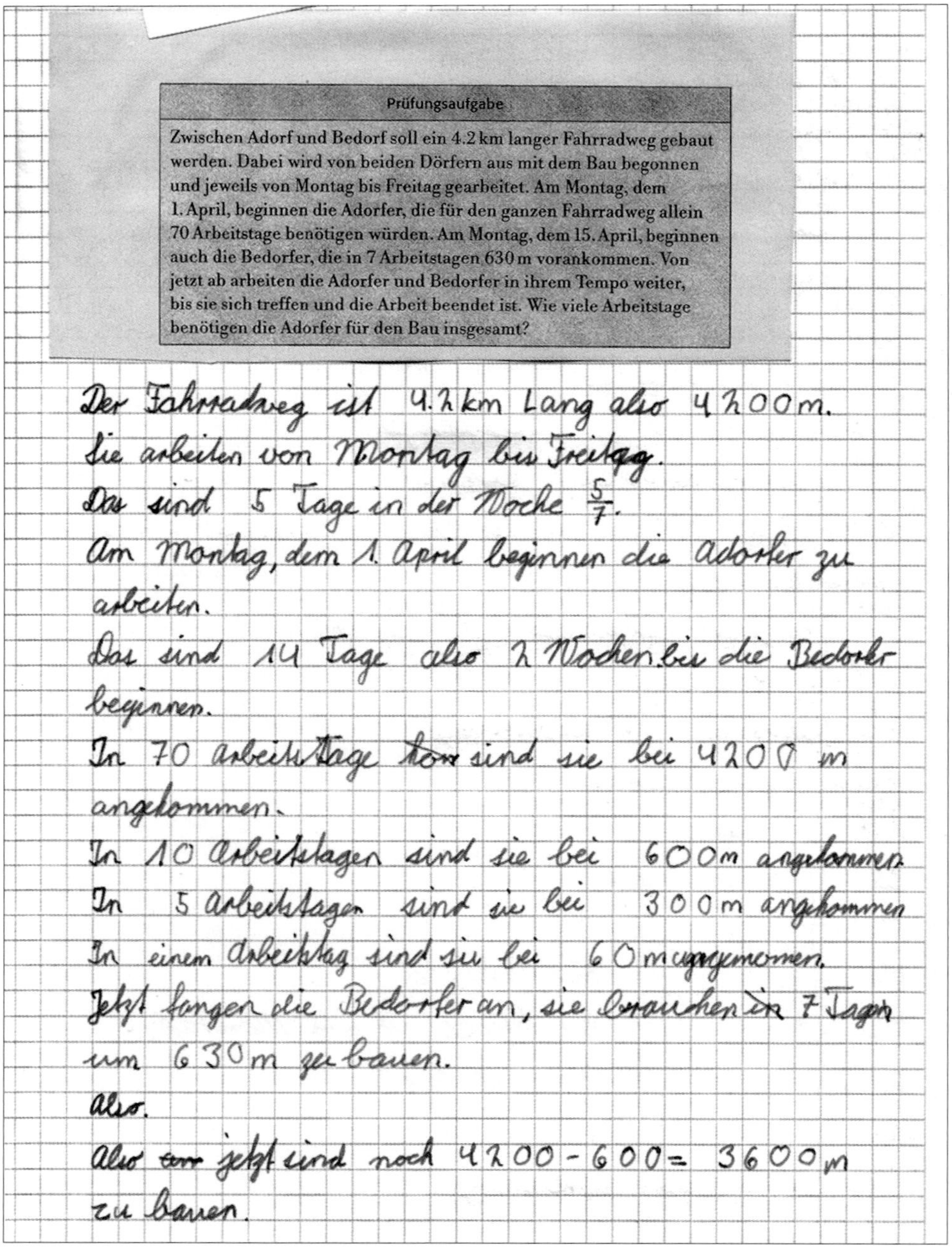

Teil 2: Annäherung an die Praxis des Dialogischen Lernens auf drei verschiedenen Wegen

> **Prüfungsaufgabe**
>
> Zwischen Adorf und Bedorf soll ein 4.2 km langer Fahrradweg gebaut werden. Dabei wird von beiden Dörfern aus mit dem Bau begonnen und jeweils von Montag bis Freitag gearbeitet. Am Montag, dem 1. April, beginnen die Adorfer, die für den ganzen Fahrradweg allein 70 Arbeitstage benötigen würden. Am Montag, dem 15. April, beginnen auch die Bedorfer, die in 7 Arbeitstagen 630 m vorankommen. Von jetzt ab arbeiten die Adorfer und Bedorfer in ihrem Tempo weiter, bis sie sich treffen und die Arbeit beendet ist. Wie viele Arbeitstage benötigen die Adorfer für den Bau insgesamt?

Der Fahrradweg ist 4.2 km lang also 4200 m.
Sie arbeiten von Montag bis Freitag.
Das sind 5 Tage in der Woche $\frac{5}{7}$.
Am Montag, dem 1. April beginnen die Adorfer zu arbeiten.
Das sind 14 Tage also 2 Wochen bis die Bedorfer beginnen.
In 70 Arbeitstage sind sie bei 4200 m angekommen.
In 10 Arbeitstagen sind sie bei 600 m angekommen.
In 5 Arbeitstagen sind sie bei 300 m angekommen.
In einem Arbeitstag sind sie bei 60 m angekommen.
Jetzt fangen die Bedorfer an, sie brauchen 7 Tage um 630 m zu bauen.
Also.
Also jetzt sind noch 4200 − 600 = 3600 m zu bauen.

Abb. 20: Timo löst die Prüfungsaufgabe

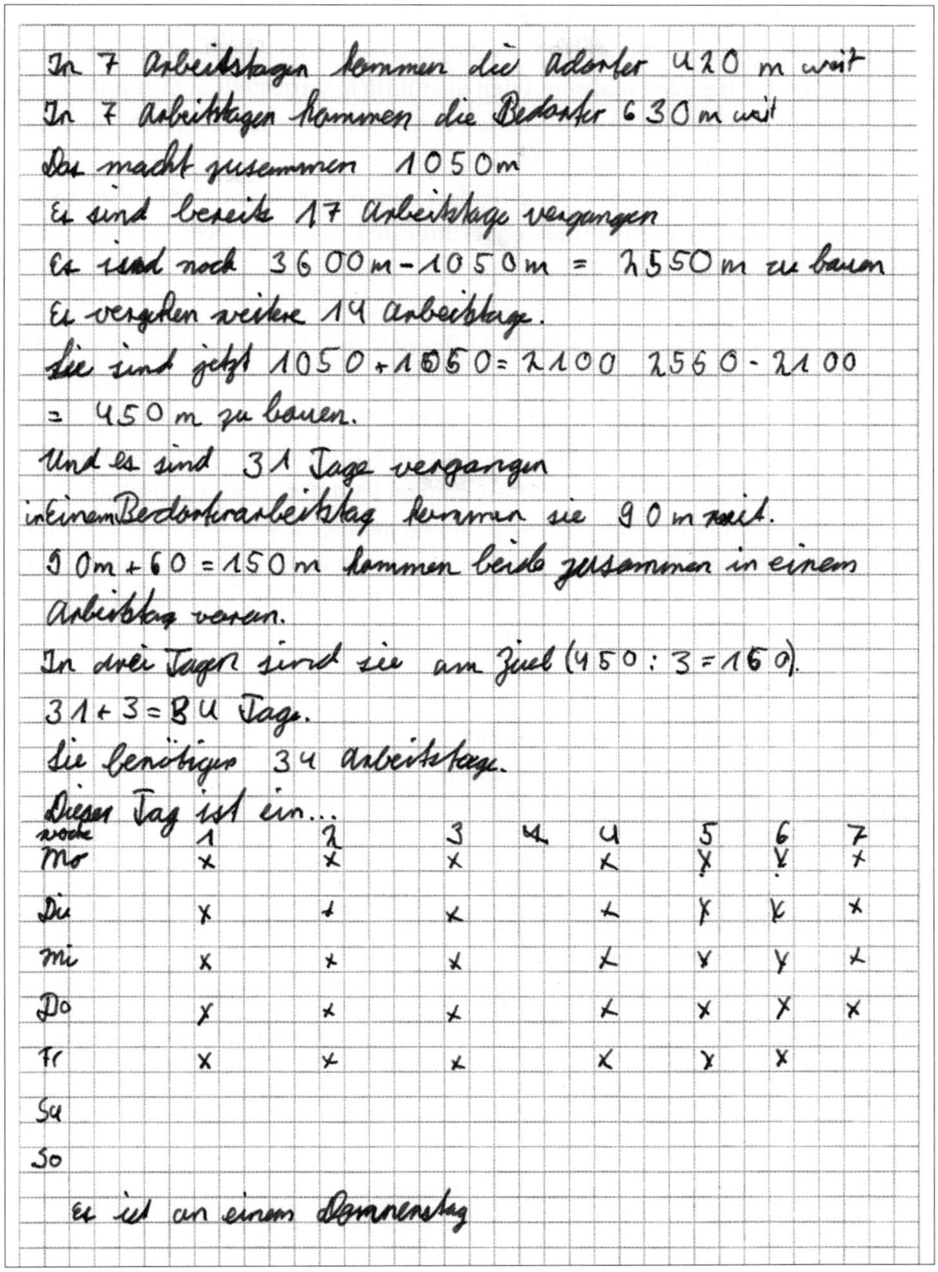

> In 7 Arbeitstagen kommen die Adorfer 420 m weit
> In 7 Arbeitstagen kommen die Bedorfer 630 m weit
> Das macht zusammen 1050 m
> Es sind bereits 17 Arbeitstage vergangen
> Es sind noch 3600 m − 1050 m = 2550 m zu bauen
> Es vergehen weitere 14 Arbeitstage.
> Sie sind jetzt 1050 + 1050 = 2100   2550 − 2100
> = 450 m zu bauen.
> Und es sind 31 Tage vergangen
> In einem Bedorferarbeitstag kommen sie 90 m weit.
> 90 m + 60 = 150 m kommen beide zusammen in einem Arbeitstag voran.
> In drei Tagen sind sie am Ziel (450 : 3 = 150).
> 31 + 3 = 34 Tage.
> Sie benötigen 34 Arbeitstage.
> Dieser Tag ist ein...

Woche	1	2	3	4	4	5	6	7
Mo	x	x	x		x	x	x	x
Di		x	x	x		x	x	x
Mi		x	x	x		x	x	x
Do		x	x	x		x	x	x
Fr		x	x	x		x	x	
Sa								
So								

> Es ist an einem Donnerstag

Abb. 21: Timo löst die Prüfungsaufgabe

Teil 2: Annäherung an die Praxis des Dialogischen Lernens auf drei verschiedenen Wegen

Im aktuellen Unterricht hat der Lehrer aus dieser Prüfungsaufgabe einen Auftrag gemacht, nämlich diese Aufgabe auf eigenen Wegen zu bearbeiten. Obwohl die Schülerinnen und Schüler das Buch *ich du wir 4 5 6* besitzen und somit den ausführlich dargestellten Lösungsweg als Vorlage nehmen könnten, haben die beiden Knaben André (Abb. 18 und Abb. 19) und Timo (Abb. 20 und Abb. 21) tatsächlich eigenständige Wege beschritten.

Interessant sind die Zusatzaufgaben, welche beide Knaben sich selbst stellen. Sie wollen herausfinden, an welchem Datum der Fahrradweg fertiggestellt sein wird. Nur Timo schafft es, das Datum bzw. den Wochentag korrekt anzugeben.

Wie in vielen Gebieten der Mathematik ist auch im Bereich von Prüfungsaufgaben das Herstellen lernwirksamer als das Lösen. Die Lernenden können beim Erfinden von Aufgaben den Schwierigkeitsgrad dem eigenen Niveau anpassen und im Test ihrer Aufgaben erfahren, welche Hürden überhaupt eingebaut werden können. Hier bestätigt sich der Leitsatz „Produzieren ist einfacher als Rezipieren" in kreativer Weise. Zudem ist durch den gegenseitigen Austausch der eigenen Aufgaben in der Klasse das Spannungspotenzial voll ausgenutzt, welches in den unterschiedlichen Interessen und Begabungen der einzelnen Schülerinnen und Schüler steckt. Daher ist der kommende Auftrag 8 als zentraler Auftrag dem Kompetenzbereich DU zugewiesen. Der nachfolgende Haupttext führt zum Auftrag hin.

Ist dir der Witz dieser Prüfungsaufgabe jetzt klar geworden?
Sie ist so gestellt, dass man nur in Etappen zur Lösung kommt.
Etappenaufgaben dieser Art kannst du auch selber erfinden.
Bei einer Arbeit, die zu erledigen ist, passiert etwas Unerwartetes:
Arbeiter können krank werden oder werden neu eingestellt,
wenn erst zwei Drittel oder drei Viertel der Arbeit erledigt sind.
Es gibt aber auch andere Situationen, zu denen sich
kompliziert tönende Etappenaufgaben ausdenken lassen:
Zwei Freunde wollen sich treffen
und fahren zu unterschiedlichen Zeiten von zu Hause weg.
Oder: Ein Becken soll mit Wasser gefüllt werden.
Es hat drei Zuflüsse, die zu verschiedenen Zeiten geöffnet werden.
Vielleicht ist da noch ein Ablauf, der zuerst irrtümlich offen ist.

Haupttext: „In Etappen zum Ziel"

> **A** **Auftrag 8:** In Etappen zum Ziel
>
> 1. Erfinde eine einfache Aufgabe, in der in einer einzigen Etappe eine Arbeit erledigt, eine Strecke durchfahren oder ein Becken gefüllt wird.
> 2. Bau jetzt ein paar Überraschungen in deine Aufgaben ein, damit man sie in mehreren Etappen lösen muss.
> 3. Gib deine einfachen und schwierigen Aufgaben anderen zum Lösen.

Auftrag 8: „In Etappen zum Ziel"

Mit dem Auftrag 8 ist in gewisser Weise derjenige Teil der Unterrichtseinheit abgeschlossen, der den Bedarf für das tägliche Leben eines Erwachsenen abdeckt. Wir verlassen damit auch den aktuellen Unterricht und geben nur noch kurze Hinweise darauf, wie mit den restlichen fünf Aufträgen verfahren werden kann. Was nun folgt, sind im Wesentlichen Regularisierungen auf verschiedenen Kompetenzstufen.

Regularisierungen auf den Stufen 1 und 2

Zunächst schließt der Auftrag 9 die Stufe 1 – den singulären Kompetenzbereich – mit einer einfachen Testmethode ab, mit dem Ziel, beim Bearbeiten von täglich anfallenden Umrechnungen im persönlichen Bereich die Gewissheit zu erlangen, dass man in die richtige Richtung rechnet. Auch im Auftrag 9 sollen die von den Lernenden gefundenen Probleme untereinander ausgetauscht und getestet werden. Dazu muss die Lehrkraft immer wieder selbst gemachte Aufgaben der Lernenden sammeln und kopiert der Klasse austeilen. So entstehen immer wieder neue Aufträge, welche im hier gezeigten Ablauf eingeschoben werden.

Als Erstes wird jetzt im Haupttext die Regularisierung der Arbeitsmethode zum Vielsatz eingeführt.

> Wie auch immer eine Aufgabe daherkommt –
> auf den Vielsatz kannst du dich verlassen!
> Der Vielsatz ist ein kraftvolles und persönliches Werkzeug:
> Er ist jeder Aufgabe gewachsen und er passt sich automatisch
> deiner Vorstellungskraft und deinem Können an.
> Wie viele Sätze du tatsächlich brauchst,
> um sicher zum Ziel zu gelangen, liegt ganz in deiner Hand.
> Entscheidend ist, dass du nach jedem Satz, den du aufschreibst,
> die Frage stellst: Stimmt das oder stimmt das nicht?

Teil 2: Annäherung an die Praxis des Dialogischen Lernens auf drei verschiedenen Wegen

> Der Satz, mit dem du anfängst, ist sicher wahr:
> Du musst ihn nur richtig aus dem Aufgabentext abschreiben.
> Mit dem zweiten Satz machst du einen Schritt Richtung Lösung.
> Mach den Schritt nicht zu groß, dann kannst du leichter
> entscheiden, ob das wahr ist, was du behauptest.
> Am sichersten ist es,
> wenn du zuerst einmal nur verdoppelst oder halbierst.
> Mit der *Verdopplungs-* oder *Halbierungsprobe*
> merkst du schnell, wie die zwei Welten zusammenhängen.
> *Für 2 Katzen reicht der Vorrat 6 Tage.*
> *Für 4 Katzen reicht der Vorrat 12 Tage ...*
> Da stimmt doch etwas nicht!

Haupttext: „Verdoppeln und Halbieren"

A   **Auftrag 9:** Verdopplungs- und Halbierungsprobe

1. Sammle ein paar Aufgaben, bei denen es besonders wichtig ist, dass man sie zuerst mit der Verdopplungs- oder Halbierungsprobe testet.
2. Gib die Aufgaben anderen Kindern. Sie sollen nur die ersten zwei Sätze des Vielsatzes aufschreiben und erklären, warum sie wahr sind.

Auftrag 9: „Verdopplungs- und Halbierungsprobe"

Jetzt erst kommt die mathematische Kür: Sie besteht darin, dass aus jedem Vielsatz mithilfe von Vergrößerungs- und Verkleinerungsfaktoren ein Zweisatz gemacht werden kann. Damit bezieht sich diese Unterrichtseinheit zum ersten Mal direkt auf ein anderes mathematisches Thema im Lehrbuch *ich du wir 4 5 6*, nämlich auf „Vergrößern und Verkleinern". Mit der Einsicht, dass jedes Problem aus dem Bereich der direkten oder indirekten Proportionalität in einen Zweisatz umgewandelt werden kann, wird im divergierenden Bereich (Stufe 2) – im Kontakt mit den Problemen, die sich im Alltag stellen – eine abschließende Regularisierung (WIR) gefunden. Tatsächlich ist es immer möglich, aus dem ersten Satz des Vielsatzes unmittelbar zum letzten Satz zu schließen. Im Zeitalter der Taschenrechner wird das Arbeiten mit den dabei auftretenden – meist gebrochenen – Faktoren elementarer und einsichtiger als die kunstvolle Handhabung des Dreisatzes, bei dem grundsätzlich nur ganzzahlige Faktoren verwendet werden sollen. Das Vorgehen über ganze Zahlen war im Zeitalter der Handrechnungen eine fast unumgängliche Strategie. Das Thema „Zweisatz" eröffnet gleichzeitig den obersten, regulären Bereich (Stufe 3), bei dem es um einen fachkundigen Überblick über die verschiedenen Lösungstechniken geht. Erst hier – also sehr spät – tritt der Dreisatz überhaupt in Erscheinung.

> Mit der Verdopplungs- oder Halbierungsprobe musst du
> jede Aufgabe testen, in der von zwei Welten die Rede ist.
> Erst wenn dir ganz klar ist, wie die Aufgabe funktioniert,
> darfst du mit Rechnen beginnen.
> Wenn es nur noch ums Rechnen geht,
> sind Abkürzungen willkommen.
> Eines aber musst du dir merken:
> Wie groß du die Schritte auch immer wählst
> und wie elegant du auch immer rechnest:
> Der erste und der letzte Satz dürfen nie fehlen.

Haupttext: „Erster und letzter Satz"

Im folgenden Auftrag 10 schaut man auf die bereits erfolgreich gelösten Aufgaben zurück. Insofern schließt er die 2. Kompetenzstufe *Wie machst du es?* ab. In der Rückschau werden einem einige Vereinfachungen klar, die schließlich im Zweisatz münden, nämlich der schlichten Multiplikation mit einem einzigen Faktor in jeder der beiden Welten.

(A) Auftrag 10: So kurz wie möglich

1. Schau dir den Vielsatz von Valeria nochmals genau an. Welche Sätze brauchst du unbedingt, um den Preis für 380 g Flocken auszurechnen?
   Schreibe die Sätze in dein Reisetagebuch und erkläre, was du rechnest.
2. Verkürze auf die gleiche Weise auch den Vielsatz zum Fahrradweg.
   Wie kommt man am schnellsten auf die 24 Tage für 3600 m, wenn man weiß, dass die Arbeiter 7 Tage für 1050 m benötigen.
3. Verkürze jetzt auch deine eigenen Vielsätze.

Auftrag 10: „So kurz wie möglich"

Der Zusammenzug der vielen einzelnen Faktoren zu einem einzigen Faktor wird im folgenden Haupttext breit erklärt. Ein Rückgriff auf ein früheres Kapitel des Lehrbuchs *ich du wir 4 5 6* (auf das Vergrößern und Verkleinern, mit seinen Verfahren zum Behandeln von Punktoperationen) ist hier unausweichlich.

> Wenn du bei deinen Vielsätzen alles wegstreichst,
> was du nicht unbedingt brauchst,
> bleiben tatsächlich nur noch der erste und der letzte Satz übrig.
> Im ersten Satz wird festgelegt,
> wie die Verbindung zwischen zwei Welten sein soll.
> Zum Beispiel: *100 Gramm Flocken kosten 68.4 Rappen.*
> Im zweiten Satz ist von der genau gleichen Verbindung die Rede,
> bloß ist alles etwas vergrößert oder verkleinert worden.
> In unserem Beispiel: *380 Gramm Flocken kosten 259.9 Rappen.*
> In den vielen Sätzen dazwischen
> arbeitet man mit einfachen *Mal-* oder *Geteilt-Operatoren:*
> Man verdoppelt, halbiert, verdreifacht, teilt durch zehn, ...
> Es gibt aber auch einen direkten Weg.
> Du kennst ihn aus dem Kapitel „Vergrößern und Verkleinern".
> Man rechnet nur noch mit einem einzigen Mal-Operator;
> mit dem Mal-Operator, in dem alle
> Mal- und Geteilt-Operatoren des Vielsatzes verschmolzen sind.
> Die fünf Operatoren zum Beispiel, die Valeria auf ihrem
> ersten Weg benötigt hat, kann man so verschmelzen:
>
> $:2 :2 :5 \cdot 2 \cdot 38 = :10 \cdot 38 = \cdot 3.8$
>
> Der Mal-Operator $\cdot 3.8$ stammt aus der Welt des Gewichts.
> Er vergrößert in einem einzigen Schritt von 100 g auf 380 g.
> Vergrößert man das Gewicht mit dem Faktor 3.8,
> vergrößert sich auch der Geldbetrag mit dem Faktor 3.8.
> Die Rechnung in der Welt des Geldes heißt $68.4 \cdot 3.8 = 259.92$.

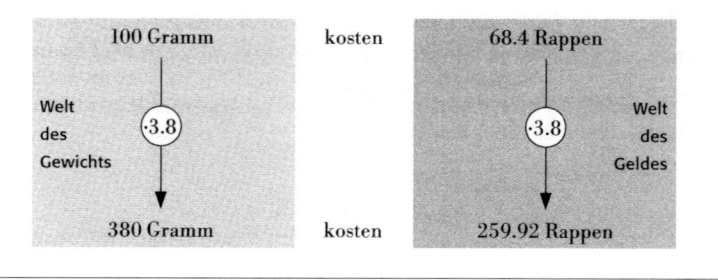

Welt des Gewichts		Welt des Geldes
100 Gramm $\xrightarrow{\cdot 3.8}$ 380 Gramm	kosten	68.4 Rappen $\xrightarrow{\cdot 3.8}$ 259.92 Rappen

Haupttext: „Zweisatz"

Mit der Beherrschung des Zweisatzes ist die 2. Kompetenzstufe abgeschlossen. Mehr braucht man im täglichen Leben auch im Austausch mit anderen nicht. Mit dem Verwenden von Vergrößerungs- und Verkleinerungsfaktoren kann man sich überall verständlich machen und seine Überlegungen nachvollziehbar darstellen. Auf der 3. Stufe geht es nur noch um eine

Professionalisierung, bei der einerseits Tradiertes (Dreisatz) und andererseits verallgemeinerungsfähige wissenschaftliche Begriffe nähergebracht werden.

Stufe 3: Das machen wir ab.

Die letzten drei Aufträge der Unterrichtseinheit führen die Schülerinnen und Schüler in die professionelle Sprech- und Denkweise ein. Den Start bildet die individuelle Auseinandersetzung des ICHs mit den verschiedenen Möglichkeiten, mit denen ein Vielsatz aufgebaut werden kann, und mit der Reflexion auf die Gesetze, welche den Umgang mit den Mal- und Geteilt-Operatoren regeln. Der Haupttext führt also in die Zeit zurück, in der vorzugsweise nur mit ganzen Zahlen gerechnet wurde. Es ist also die Zeit, bevor die Taschenrechner ihre Dienste angeboten haben.

Von den vielen Sätzen bleiben also am Schluss nur zwei übrig:
Der Vielsatz verwandelt sich in einen eleganten Zweisatz.
Wer so schnell und elegant rechnen will, zahlt aber seinen Preis:
Vergrößerung- oder Verkleinerungsfaktoren sind selten einfach,
meist sind es Brüche oder Dezimalzahlen.

Wer nicht so gern mit Brüchen oder Dezimalzahlen arbeitet,
muss mit dem etwas aufwendigeren Dreisatz vorliebnehmen.
Beim Dreisatz wird das Teilen und Multiplizieren
nicht zu einem einzigen Operator verschmolzen,
sondern auf zwei Schritte verteilt.
Dabei hat man viele Möglichkeiten.

$\cdot 3.8 = :100 \cdot 380 = \cdot \frac{380}{100} = \cdot \frac{38}{10} = :10 \cdot 38 = \cdot \frac{19}{5} = :5 \cdot 19$

Beim Dreisatz kann man mit ganzzahligen Operatoren rechnen.
Aber auch dieser Vorteil hat seinen Preis:
Man muss zuerst mit einer Termumformung herausfinden,
welches die einfachste Mal- und Geteilt-Rechnung ist.
Hättest du dich auch für die Rechnung $:10 \cdot 38$ entschieden?

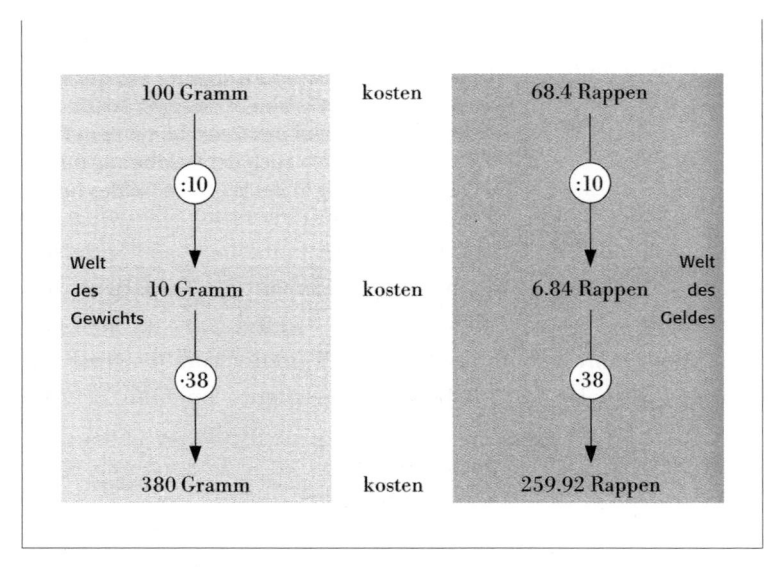

Teil 2: Annäherung an die Praxis des Dialogischen Lernens auf drei verschiedenen Wegen

```
100 Gramm          kosten         68.4 Rappen
    │                                 │
   (:10)                             (:10)
Welt │                                 │    Welt
des  ▼                                 ▼    des
Gewichts 10 Gramm   kosten   6.84 Rappen   Geldes
    │                                 │
   (·38)                             (·38)
    │                                 │
    ▼                                 ▼
 380 Gramm          kosten      259.92 Rappen
```

Haupttext: „Dreisatz"

(A) Auftrag 11: Zweisatz oder Dreisatz?

1. Erfinde ein paar Aufgaben, die sich mit einem Zweisatz leicht lösen lassen. Achte darauf, dass die Vergrößerungs- oder Verkleinerungsfaktoren auch Brüche oder Dezimalzahlen sind.
2. Verwandle deine Zweisätze in Dreisätze. Suche mithilfe einer ausführlichen Termumformung die einfachsten und bequemsten Geteilt- und Maloperatoren.
3. Gib deine Aufgaben anderen Kindern und kontrolliere ihre Lösungen. Wurde die Verdopplungs- oder Halbierungsprobe immer notiert?

Auftrag 11: „Zweisatz oder Dreisatz?"

Beim Entlarven von Denkfehlern anderer ist ein schlagkräftiges begriffliches Instrumentarium hilfreich. Daher steuert der Haupttext im Folgenden auf den zentralen Begriff der Funktion zu, deren einfachste Vertreter die direkte und die indirekte Proportionalität sind.

„Zwei Welten" – der Dreisatz im Dialogischen Mathematikunterricht

Zwischen zwei Welten sind viele Beziehungen möglich.
Ob sie einfach oder kompliziert sind,
testen wir mit der Verdopplungs- oder Halbierungsprobe.
Komplizierte Beziehungen verlangen komplizierte Rechnungen.
Es gibt zum Beispiel eine Beziehung
zwischen Umfang und Fassungsvermögen einer Konservendose.
Ändert man nur den Umfang, ändert sich auch ihr Inhalt.
Aber wie? Noch rätselhafter ist die Beziehung
zwischen der Tageszeit und der Länge der Schatten.
Bei solchen Beziehungen versagen wohl deine Rechenkünste.

Im Moment sind zwei Arten von Beziehungen wichtig für dich.
Die eine Beziehung ist die *direkte Proportionalität:*
Jedes Mal, wenn man in der einen Welt etwas verdoppelt,
hat man auch in der anderen Welt das Doppelte.
Steht zum Beispiel der Kaufpreis *pro Einheit* fest,
so sind die Welt des Gewichts und die Welt des Geldes
direkt proportional zueinander: Pro Portion *Gewicht*
verändert sich auch der Preis um die zugehörige Portion *Geld*.

Die zweite einfache Beziehung ist die indirekte Proportionalität.
Hier bewirkt eine Verdopplung in der einen Welt
eine Halbierung in der anderen.
Ist zum Beispiel ein fester Vorrat von Futter vorgegeben,
so verhalten sich die Anzahl Katzen indirekt proportional
zu der Anzahl Tage, während derer man sie füttern kann.
Bei der indirekten Proportionalität ruft der Operator
in der einen Welt nach dem Umkehroperator in der anderen Welt:
Wird hier multipliziert, muss dort dividiert werden.
Und umgekehrt.

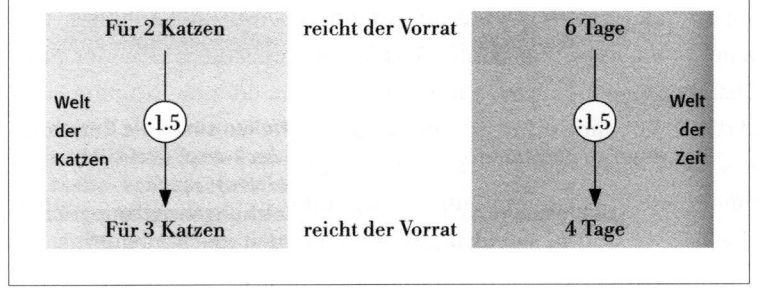

Welt der Katzen		Welt der Zeit
Für 2 Katzen reicht der Vorrat		6 Tage
↓ ·1.5	reicht der Vorrat	↓ :1.5
Für 3 Katzen		4 Tage

Haupttext: „Indirekte Proportionalität"

Teil 2: Annäherung an die Praxis des Dialogischen Lernens auf drei verschiedenen Wegen

Die Dynamik des nachfolgenden Auftrags 12 liegt in der Spannung, welche im Austausch mit anderen entsteht. Daher steigen die Schülerinnen und Schüler mit diesem Auftrag auf das Kompetenzniveau DU auf. Beispielsweise im Umgang mit Kochrezepten und bei Diskussionen rund um die Küche prallen oft verschiedene Meinungen aufeinander. Die dabei auftretenden Beziehungen zwischen zwei Welten auseinanderzuhalten und zu analysieren, ist eine wichtige Kompetenz auf der Stufe 3, im regulären Bereich. Die Fragestellungen führen beispielsweise vom linearen Zusammenhang von Radius und Umfang eines Kreises, über den quadratischen Zusammenhang von Umfang und Flächeninhalt, bis zum kubischen Zusammenhang von Radius und Volumeninhalt. Aber auch nicht unbedingt stetig sich verändernde Größen – wie zum Beispiel Telefontarife – können die Lernenden untersuchen und mathematisch modellieren.

(A) **Auftrag 12:** Direkt, indirekt oder noch anders?

1. Jemand will ein Rezept aus dem Kochbuch vereinfachen und sagt: Für eine Salatsoße nimmt man immer einen Löffel mehr Öl als Essig. Was für Beziehungen zwischen Essig und Öl sind hier im Spiel? Bist du mit der Vereinfachung des Rezepts einverstanden?
2. Koch und Köchin müssen nicht nur mit direkten, sondern auch mit indirekten Proportionalitäten umgehen können. Erfinde realistische Beispiele zu beiden Verbindungen. Findest du auch nicht-proportionale Verbindungen zwischen zwei Welten, die beim Kochen zusammenkommen?

Auftrag 12: „Direkt, indirekt oder noch anders?"

Schließlich wird das Thema „Zwei Welten" abgerundet durch die Betrachtung von Rechenproben, bei denen zum ersten Mal Rechenoperationen ins Spiel kommen, welche direkt von einer Welt in die andere Welt greifen. Während die Vergrößerungs- und Verkleinerungsfaktoren reine Zahlen sind, die nur innerhalb einer Welt (einem Größenbereich) eine Veränderung bewirken, gibt es Faktoren, die beim Vielsatz innerhalb eines einzigen Satzes die beiden Größen miteinander verknüpfen: Es handelt sich um die sogenannten Proportionalitätskonstanten, die – im Gegensatz zu den Vergrößerungs- und Verkleinerungsfaktoren – mit Maßeinheiten versehen sind. Dazu gehören zum Beispiel die konstante Geschwindigkeit (in km/h oder m/s), welche den proportionalen Zusammenhang von Weg und Zeit herstellt, oder die Angabe einer vorgegebenen, konstanten Arbeit in „Mannstunden" oder eines Futtervorrats in „Katzentagen". Bei einem Vielsatz muss diese Konstante innerhalb jedes einzelnen Satzes überprüfbar sein und von Satz zu Satz immer gleich (konstant) bleiben. Dazu führt der folgende Haupttext zwei neue Begriffe ein, welche sich wiederum als Rechenproben nützlich machen werden.

„Zwei Welten" – der Dreisatz im Dialogischen Mathematikunterricht

> Ob du bei Aufgaben mit direkter oder indirekter Proportionalität
> richtig gerechnet hast, kannst du leicht testen.
> Bei der direkten Proportionalität wird in beiden Welten
> mit dem gleichen Faktor vergrößert oder verkleinert.
> Willst du also prüfen, ob irgendein Satz deines Vielsatzes stimmt,
> musst du nur die Zahl aus der einen Welt
> durch die Zahl aus der anderen Welt dividieren.
> Dann siehst du, ob dieser Bruch den gleichen Wert hat
> wie jeder andere Bruch aus jeder anderen Zeile.
> Direkte Proportionalität testet man also mit der *Divisionsprobe*.
>
> Bei der indirekten Proportionalität dagegen
> dreht sich alles um einen festen Vorrat.
> Dieser Vorrat wird weder vergrößert noch verkleinert,
> er wird nur auf verschiedene Arten aufgeteilt.
> Wird die Zahl in der einen Welt mit einem Faktor vergrößert,
> muss man die Zahl in der anderen Welt entsprechend verkleinern.
> So bleibt das Resultat aus der Multiplikation beider Zahlen gleich.
> Das ist die *Multiplikationsprobe* der indirekten Proportionalität.

Haupttext: „Proben zur Proportionalität"

(A) **Auftrag 13:** Proben zur Proportionalität

1. Überprüfe ein paar Zwei-, Drei- oder Vielsätze mit der Divisions- oder Multiplikationsprobe.
2. Was bedeutet das Resultat einer Divisions- oder einer Multiplikationsprobe? Was kommt heraus, wenn man 3 Katzen mit 4 Tagen multipliziert?

Auftrag 13: „Proben zur Proportionalität"

Teil 2: Annäherung an die Praxis des Dialogischen Lernens auf drei verschiedenen Wegen

Schließlich fasst der Haupttext das im Auftrag erarbeitete Wissen zusammen und führt es auf den schon seit Langem bekannten Begriff der Einheitsgröße zurück.

> Was das Resultat einer Multiplikationsprobe bedeutet,
> kann man sich recht gut vorstellen.
> Multipliziert man zum Beispiel 5 Männer mit den 6 Tagen,
> die sie für eine Arbeit brauchen, erhält man 30 Mannstage.
> 30 Mannstage sind auf jeden Fall für die Arbeit einzusetzen.
> Wie lange es aber dauert, bis sie fertig ist,
> hängt von der Anzahl Männer ab, die man zur Arbeit schickt.
> Sind es 10 Männer, so dauert die Arbeit nur 3 Tage.
> Ähnlich ist es, wenn man aus einer bestimmten Menge Teig
> ein paar große oder viele kleine Brötchen formt.
>
> Auch die Resultate der Divisionsprobe haben ihre Bedeutungen.
> Teilt man zum Beispiel 12 Franken durch 4 Kilogramm Äpfel,
> erhält man den Einheitspreis von 3 Franken pro Kilogramm Äpfel.
> Teilt man dagegen 4 Kilogramm Äpfel durch 12 Franken, hat man
> das Einheitsgewicht von 1/3 Kilogramm Äpfel pro Franken.
> Für ein Kind, das nur einen Franken bei sich hat,
> kann das eine wichtige Aussage sein.

Haupttext: „Einheitsgrößen"

Damit ist das Thema „direkte und indirekte Proportionalität" – der altbekannte Dreisatz also – so weit regularisiert und abgerundet, dass eine Grundlage zur Betrachtung allgemeiner Funktionen im späteren Mathematikunterricht gelegt ist.

In den Lernjournalen der Schülerinnen und Schüler ist am Ende der Weg von den singulären Kompetenzen des individuellen Sammelns und Ordnens hin zu grundlegenden mathematischen Kompetenzen dokumentiert. Dabei werden einerseits eigene Erfindungen, „Perlen" und auch Irrungen, und andererseits auch Kommentare von Mitschülerinnen, Mitschülern und Lehrpersonen sichtbar und können detailliert nachvollzogen werden. Damit ist die Chance groß, dass man später mit Freude auf den Weg zurückblicken kann und noch weiß, wie man sich in Situationen mit Dreisatzcharakter zu verhalten hat.

Alle eingerahmten Materialien und Arbeitsaufträge, ausgenommen die Schülerarbeiten, sind aus: *ich du wir 4 5 6* für die Mittelstufe.
© Lehrmittelverlag des Kantons Zürich

Dritter Weg: Erfahrungen mit Instrumenten des Dialogischen Lernkonzepts sammeln

Einleitung

Im folgenden Kapitel wollen wir aufzeigen, wie Sie mit einigen der Unterrichtsinstrumente des Dialogischen Lernens Erfahrungen sammeln können, um deren Besonderheiten kennenzulernen. Vielleicht bekommen Sie dabei Lust, weitergehende Experimente zu wagen, einen Prototyp zu erproben oder eine längere Unterrichtsperiode nach dem Modell des Dialogischen Lernens zu gestalten.

Wir vermuten, dass Sie in ihrem eigenen Unterricht schon das eine oder andere der im Folgenden geschilderten Verfahren in ähnlicher Weise angewandt haben. In dem hier dargestellten Zusammenhang bekommt es aber noch einen anderen Stellenwert und eine andere Perspektive, indem aufgezeigt wird, wie Sie sich von dort aus dem Dialogischen Lernkonzept annähern können. Sie können die folgenden Instruktionen daher auch so lesen, dass sie Einstiege in das Dialogische Lernkonzept darstellen, auf deren Basis Sie Ihrem Unterricht eine etwas andere Richtung geben können. Wir haben die Instrumente hier aber bewusst so dargestellt, dass Sie diese auch einzeln und probeweise einsetzen können.

Gibt es Voraussetzungen für die Nutzung der Unterrichtsinstrumente? Günstig dürfte es sein, wenn Sie an Unterrichtsthemen arbeiten, die für die Schülerinnen und Schüler herausfordernd sind und bei denen sie schreiben können – schreiben auch in der Weise, dass über das Vorgehen berichtet werden kann. Wir wünschen Ihnen einen guten Start.

Teil 2: Annäherung an die Praxis des Dialogischen Lernens auf drei verschiedenen Wegen

Von offenen Aufträgen und anderem mehr
Anita Pfau und Felix Winter

- Offene Aufträge
- Die Autographensammlung
- Der Austausch unter Lernpartnern
- Qualitäten in Schülerarbeiten finden
- Kernideen

Offene Aufträge

Was ist das, ein offener Auftrag, und wie arbeitet man damit?

In jüngerer Zeit hat in der Didaktik vieler Fächer ein Umdenken eingesetzt, was die Aufgabenstellungen betrifft. Ganz besonders gilt dies für die Naturwissenschaften und die Mathematik sowie für Fächer, in denen mit schreibpädagogischen Ansätzen gearbeitet werden kann (Ball u. a. 2003; Baurmann & Feilke 2004; Gropengießer u. a. 2006). Aufgaben mit eindeutigen Lösungen und solche, die kleinschrittiges Arbeiten verlangen, treten zurück gegenüber Aufgaben, die komplexere Bedingungen schaffen und mehrere Lösungen bzw. Sichtweisen zulassen. Die zuletzt genannten werden auch als offene Aufgaben bezeichnet. Es geht bei diesen Reformbemühungen um ein altes Anliegen der Pädagogik, nämlich das Denken der Schülerinnen und Schüler herauszufordern und sie nicht einseitig im Bereich der Reproduktion und Anwendung von vorgegebenem Wissen zu fordern. Dort, wo Sie bereits mit offenen Aufgaben arbeiten oder die Möglichkeit sehen, solche im Unterricht einzusetzen, können Sie sofort damit beginnen, mit einem der Instrumente des Dialogischen Lernens zu experimentieren und seinen Reiz zu erkunden.

Das Dialogische Lernkonzept arbeitet mit einer besonderen Variante solcher offener Aufgaben und nennt sie „offene Aufträge". Dabei handelt es sich um Lernaufgaben, die eine Sache persönlich erschließen helfen. Die Schülerinnen und Schüler werden aufgefordert, das, was sie über eine Sache denken, und auch ihre Gefühle dazu, ausführlich aufzuschreiben. Sie sollen ihre singuläre Position bestimmen, bevor sie in einen Austausch treten und bevor die Lehrperson ihr Fachwissen einbringt. Auf dieser Grundlage können ihre Sichtweisen und gedanklichen Konzepte in den Unterricht einbezogen und für den gemeinsamen Lernprozess nutzbar gemacht werden. Zur Erinnerung: Beim Dialogischen Lernen erhalten alle Schülerinnen und Schüler meistens den gleichen Auftrag, aber es interessiert besonders, wie sie sich individuell und persönlich damit auseinandersetzen.

In der Regel werden offene Aufträge so gestellt, dass ein Objekt vorgegeben ist und die Schülerinnen und Schüler aufgefordert sind, sich damit zu beschäftigen und Stellung zu beziehen. Zum Beispiel werden Grundschulkinder (2. Klasse) aufgefordert, sich einen Zollstock vorzunehmen und zu überlegen, welches ihre Lieblingszahl ist (siehe Ruf & Gallin 1995, S. 111 ff.; Ruf & Gallin 2005b, S. 52 ff.). Das allein wäre aber etwas zu kurz gegriffen, sie sollen dazu noch ein Bild malen und begründen, warum ihnen diese Zahl besonders gefällt. Eine zweite Kategorie offener Aufträge gibt kein Objekt vor, sondern versucht die Kernideen, die Konzepte der Schülerinnen und Schüler, durch eine freie Produktion zu einem Unterrichtsthema zu aktivieren. Ein Beispiel dafür ist der Auftrag: „Schreiben Sie ein Gedicht" (siehe den Beitrag von Anita Pfau in diesem Band). Anhand der entstehenden Gedichte kann herausgearbeitet werden, welche Konzepte von Gedichten in der Klasse vorhanden sind. Offene Aufträge haben daher immer eine diagnostische Komponente, die hilft, den Unterricht auf die Schülervorstellungen abzustimmen. Das geschieht z. B. dadurch, dass die Antworten eingesammelt, einige ausgewählt und gemeinsam besprochen werden (siehe den Abschnitt über die Autographensammlung in diesem Beitrag).

Wenn man als Lehrperson einen guten offenen Auftrag stellen will, kommt es darauf an, ihn so zu formulieren, dass die Schülerinnen und Schüler wirklich angesprochen und herausgefordert sind und eigene Gedanken und Gefühle der Sache gegenüber entwickeln.[1] Es dürfen daher keine läppischen Themen sein. Auch die besonders schnellen und starken Schülerinnen und Schüler müssen noch eine Herausforderung in der Aufgabe sehen. Sie muss aber auch für die Schwächeren lösbar sein. Was die mögliche Produktion zur Aufgabe angeht, ist sie also im Leistungsniveau nach oben offen. Das wird an dem oben genannten Beispiel der Lieblingszahl dadurch erreicht, dass hier eine Begründung gefordert ist, die ja ein Nachdenken erfordert und sehr komplex sein kann.

Es ist oftmals günstig, wenn die Schülerinnen und Schüler auch sachbezogene Zeichnungen bzw. Skizzen zu den Aufträgen anfertigen. Darin kann viel von ihren Vorstellungen sichtbar werden.

Es ist klar, dass bei den offenen Aufträgen auch auf der Antwortseite vieles offen ist. Das ist erwünscht. Auch die erfahrenste Lehrperson soll nicht im Voraus wissen können, was von den Schülerinnen und Schülern kommen wird. Damit wird der Unterricht erheblich interessanter für die Lehrperson. Es kommt sogar vor, dass die Schülerinnen und Schüler auf einer anderen Ebene antworten, als dies erwartet wird. Eine Schülerin zum Beispiel lehnt ein vorgelegtes Gedicht ab, aber sie begründet das und setzt sich rational damit auseinander – das ist zweifellos eine Leistung (Ruf & Gallin 2005a, S. 29).

Die Antworten zu offenen Aufträgen eignen sich nicht dafür, vergleichend beurteilt zu werden. Die Qualitäten liegen oft auf unterschiedlichen Ebenen, und es ist gerade das Besondere und Individuelle, was für die Besprechung interessant wird. Daher beurteilt die Lehrperson beim Dialogischen Lernkonzept die Schülerbeiträge mit Blick auf deren Qualitäten (siehe unten: „Wie findet man Qualitäten in Schülerarbeiten?" und „Die Autographensammlung").

Wie offene Aufträge formuliert und erprobt werden

Wenn Sie sich dem Dialogischen Lernkonzept annähern wollen und bislang selten mit offenen Aufgaben gearbeitet haben, ist es sinnvoll, im Unterricht Erfahrungen mit offenen Aufträgen zu sammeln. Sie können wie folgt vorgehen:

1. Suchen Sie sich einige Aufgaben, die Sie bisher schon im Unterricht eingesetzt haben, und formulieren Sie eine davon so um, dass sie zu einem offenen Auftrag wird.

---

[1] Siehe zu diesem Thema auch die ausführlichen Darstellungen bei Ruf & Gallin (2005b, S. 48 ff.).

Wir geben dazu ein Beispiel. Die Aufgabe: „Wie viele Sekunden hat ein Jahr?", mag schon eine ziemliche Herausforderung darstellen. Sie ist indes aber auch recht trocken, vor allem wenn man den Ansatz erst einmal gefunden hat. Die Schülerinnen und Schüler sprechen viel stärker auf die ähnliche Aufgabe an, die lautet: „Wie viele Sekunden bist du alt? Erläutere, wie du beim Rechnen vorgehst und welche Gedanken und Gefühle dich beim Lösen der Aufgabe begleiten." Da stecken außer dem persönlicheren Bezug noch einige Tücken drin, die bei der Lösung überlegt werden müssen und eine Herausforderung darstellen (Ruf & Gallin 2005a, S. 63). Offen und herausfordernd können Aufgaben meistens dadurch gemacht werden, dass die Schülerinnen und Schüler aufschreiben müssen, wie sie bei der Bearbeitung vorgehen – aber das ist nur ein mögliches Mittel.

2. Wenn Sie eine Aufgabe umformuliert haben, prüfen Sie, ob sie den Kriterien für einen offenen Auftrag entspricht:
   a. Sind mehrere richtige und gute Lösungen möglich?
   b. Erwarten Sie, dass Antworten kommen, die sie überraschen und interessieren werden?
   c. Können die Schülerinnen und Schüler dazu etwas von ihren Gedanken und Gefühlen aufschreiben?
   d. Denken Sie, dass alle – auch die stärksten – Schülerinnen und Schüler eine Herausforderung in dem offenen Auftrag sehen?

3. Wenn Sie zufrieden sind mit der Konstruktion des offenen Auftrags, legen Sie ihn den Schülerinnen und Schülern in ihrem Unterricht vor und prüfen Sie, ob die oben genannten Kriterien bzw. Erwartungen sich bestätigen.

Wie kann es weitergehen?

Wenn Sie in Ihrem Unterricht weiter in Richtung Dialogischem Lernkonzept arbeiten wollen, können Sie nun eine Autographensammlung anlegen und sie mit der Klasse besprechen. Daraus ergeben sich unter Umständen offene Folgeaufträge: Im Anschluss an den oben genannten Einstieg in die freie Produktion eines Gedichtes mit dem Auftrag „Schreiben Sie ein Gedicht.", kann die Klasse in einem nächsten Schritt gebeten werden, gelungene Schreibstrategien von Mitschülerinnen und Mitschülern zu studieren und die daraus gewonnenen Erkenntnisse beim Verfassen des nächsten Gedichtes zu nutzen. Entsprechend kann der Folgeauftrag so lauten: „Verfassen Sie ein Gedicht mit einer interessanten und sinnträchtigen Struktur. Studieren Sie zuerst noch einmal die Beispiele in der Autographensammlung." Solche Anschlussaufträge zeigen, dass der dialogisch arrangierte Unterricht nicht nur mit einer offenen Einstiegsaufgabe beginnt, sondern auch entsprechend weitergeführt werden kann. Der Beitrag von Christof Weber (S. 142–161), Peter Gallins Beitrag „Zwei Welten" (S. 162–212) sowie der Beitrag von Urs Ruf und Regula Ruf-Bräker (S. 109–141) geben dafür anschauliche Beispiele.

Die Autographensammlung

Was ist eine Autographensammlung, und wozu wird sie eingesetzt?

Die Autographensammlung ist eine Zusammenstellung besonders gelungener oder interessanter Ausschnitte aus Schülerbeiträgen. Sie dient dem Austausch von Wissen und Können unter den Lernenden. Sie vermittelt den Schülerinnen und Schülern wertvolle Denkanstöße und „zur Nachahmung empfohlene" Anregungen. Auch enthält sie Beispiele erfolgreicher Strategien beim Lösen von Aufgaben sowie interessante Lösungsansätze, die zur Diskussion einladen. Die Erfahrung hat gezeigt, dass sich die meisten Schülerinnen und Schüler gerne mit den Beiträgen ihrer Klassenkameraden auseinandersetzen. Sie sind neugierig zu erfahren, wie andere arbeiten, und lassen sich von deren Ideen und Strategien inspirieren. Das Lernen an und von den Beiträgen der Mitschülerinnen und Mitschüler verleiht dem Unterricht eine persönlichere Note und ist mitunter eine lohnenswerte Alternative zur „anonymen" Wissensvermittlung durch die Lehrbücher.

Sie können eine Autographensammlung also immer dann in Ihrem Unterricht einsetzen, wenn die Ergebnisse irgendeiner Bearbeitung vorliegen (Beispiele geeigneter Dokumente siehe Kasten 1, S. 218).

Wie gelangt man zu einer Autographensammlung?

1. Sie sammeln die schriftlichen Dokumente der Schülerinnen und Schüler ein und suchen darin nach besonders gelungenen oder interessanten Ausschnitten, die Sie im Unterricht zur Diskussion stellen wollen. Sie achten bei der Auswahl darauf, dass unterschiedliche Beiträge in die Autographensammlung gelangen, denn es ist günstig, wenn die Breite der Herangehensweisen an einen Auftrag bzw. die Vielfalt der Schülerkonzepte sichtbar wird. Natürlich spielt bei der Auswahl auch eine Rolle, was Sie fachlich in den Vordergrund rücken möchten.
2. Wenn Sie sich für einige Ausschnitte entschieden haben, kopieren sie diese. Jeder Ausschnitt wird mit dem Namen des „Autors" versehen. Es ist von Vorteil, wenn die Originalschrift der Beiträge erhalten bleibt; so lassen sich die Vorgehensweisen, die Irrwege (z. B. Durchgestrichenes) und die Gedanken, die dem Schülerbeitrag zugrunde lagen, besser erschließen.
3. Mit den Kopien gestalten Sie die Autographensammlung in Form einer Folie und eines Blattes für die Schülerinnen und Schüler. Vielleicht ordnen Sie die Ausschnitte thematisch und versehen jede Gruppe mit einem Titel. Die Auswahl der Ausschnitte kann sich auch auf einen einzelnen thematischen Aspekt beschränken, in diesem Fall genügt ein Haupttitel.
4. In der folgenden Unterrichtsstunde legen Sie der Klasse die Autographensammlung vor und besprechen sie mit ihr. Das kann im Plenum oder in Gruppen stattfinden. Vor die Besprechung kann auch eine Phase der Stillarbeit gelegt werden, in der die Schülerinnen und Schüler ihre Sichtweise zu den Lösungen der anderen formulieren.
   a. Im Plenum: Die Lehrperson erläutert die Qualitäten der ausgewählten Ausschnitte und/oder stellt interessante Lösungsansätze zur Diskussion.
   b. In Gruppen: Die Lernenden untersuchen paarweise Teile der Autographensammlung. Sie suchen nach den besonderen Qualitäten der Beiträge ihrer Mitschülerinnen und Mitschüler und stellen ihre Erkenntnisse im Plenum vor.

Teil 2: Annäherung an die Praxis des Dialogischen Lernens auf drei verschiedenen Wegen

Scheuen Sie sich nicht, in der Diskussion zur Autographensammlung auch explizit zu machen, worin nach Ihrer Ansicht die Qualität einer gewissen Passage besteht und warum Sie diese ausgewählt haben. Durch diese Art des lauten Denkens können die Lernenden erfahren, welche Kriterien ein Experte bei der Beurteilung eines fachlichen Problems zur Anwendung bringt. Dies kann den Schülerinnen und Schülern zum einen helfen, die Beurteilungen der Lehrkraft besser zu verstehen; zum anderen können sie so den „Blick für Qualität" mit der Zeit selbst erwerben.

5. Die neuen Erkenntnisse aus der Autographensammlung gehören zum Unterrichtsstoff der Klasse und sind für alle verbindlich. Sie sind Bestandteil des aktuellen Wissensstandes der Klasse auf dem entsprechenden Gebiet.

Zu welchen Schülerbeiträgen kann eine Autographensammlung erstellt werden?

Beispiele schriftlicher Dokumente, die sich dafür eignen:
- Notizen zur Lektion (z. B. im Geschichtsunterricht)
- Diskussionsprotokolle (z. B. im Deutschunterricht)
- Schriftliche Ausarbeitungen zu Aufträgen (auch von Gruppenarbeiten)
- Rechnungen mit Erläuterungen zu den Vorgehensweisen
- Experimentbeschreibungen (mit Zeichnungen)
- Reflexionen zum Lernvorgehen
- Gegen Ende der Lektion: Reflexion über den persönlichen Lernertrag
- Kurze Lernkontrollen
- Prüfungsleistungen
- Persönliche Beiträge zu einer (fachspezifischen) Fragestellung
- Schriftliche Aufgaben, Transferübungen (z. B. in den Fremdsprachen)
- Aufsätze
- Prüfungs- und Aufsatzverbesserungen, Fehleranalysen
- Hausaufgaben ganz allgemein
- Längerfristige Hausarbeiten, Semesterarbeiten
- …

Kasten 1: Ausgangsmaterial für Autographensammlungen

Ein konkretes Beispiel einer Autographensammlung sowie der Arbeit damit im Unterricht findet sich im Prototyp „Dream" von Stefan Keller (S. 71).

Weitere praktische Tipps

Limitieren Sie die Länge der Autographensammlung auf ein vernünftiges Maß, damit sie in Ruhe ausgewertet und besprochen werden kann.

Denken Sie daran, nicht nur Spitzenleistungen in die Autographensammlung aufzunehmen, sondern auch solche, die einfach ein gutes Vorgehen zeigen oder besondere Leistungen schwächerer Schülerinnen und Schüler ins Licht rücken. Es ist jeweils ermutigend für die Lernenden, wenn ein Beitrag von ihnen ausgewählt und besprochen wird. Der Unterricht hat dann mehr mit ihnen zu tun als sonst. Auf keinen Fall dürfen in der Autographensammlung Schülerleistungen an den Pranger gestellt werden. Im Gegenteil, die Aufnahme des eigenen Beitrags in die Autographensammlung soll als Auszeichnung empfunden werden.

Wie kann es weitergehen?
Gelungene Ansätze oder Konzepte können zu „Werkzeugen" für die Lösung eines bestimmten Auftragstyps weiterentwickelt werden. In diesem Falle beginnt die Klasse, zu einem Thema eine „Werkzeugkiste" herzustellen. Sie überarbeitet und erweitert diese immer wieder an weiteren Autographensammlungen oder an Texten bzw. Lösungen von Experten. Beispiele dazu finden sich in den Prototypen „Ich" (S. 56–69) und „Dream" (S. 70–82).

Schülerbeiträge aus der Autographensammlung können auch zum Ausgangspunkt für den nächsten Auftrag werden. Die Lehrperson gibt der Klasse beispielsweise eine neue Aufgabe mit der Auflage, den ursprünglichen Auftrag noch einmal mit der – besprochenen – Strategie eines Mitschülers zu bearbeiten. Alle probieren dann aus, die Aufgabe so ähnlich anzugehen wie der betreffende Kollege. Durch diesen Perspektivenwechsel machen die Schülerinnen und Schüler eine neue fachliche Erfahrung. Im Zusammenhang mit dem Austausch über die Arbeiten und Vorgehensweisen der Schülerinnen und Schüler kann man auch deren Kernideen zum Unterrichtsgegenstand entdecken.

Eine weitere Fortsetzung kann darin bestehen, dass die Schülerinnen und Schüler eine Rückmeldung zu einzelnen Autographen schreiben (siehe „Der Austausch unter Lernpartnern").

Der Austausch unter Lernpartnern

Was heißt Austausch unter Lernpartnern, und wozu wird er eingesetzt?
Das Schülerfeedback wird heute im Unterricht bei vielen Gelegenheiten eingesetzt (Bastian, Combe & Langer 2005, Winter 2003). So geben sich Schülerinnen und Schüler beispielsweise Rückmeldungen zu ihren Präsentationen und Referaten. Beim Dialogischen Lernkonzept wird das Schülerfeedback auch in den Dienst einer intensiven und mehrperspektivischen Beschäftigung mit dem Fachgegenstand gestellt. Die Schülerinnen und Schüler sollen einerseits erfahren, wie wertvoll es ist, unterschiedliche Sichtweisen genau kennenzulernen und andererseits erleben, von ihren Lernpartnern fördernd beraten zu werden. Das Studium der Beiträge ihrer Mitlernenden eröffnet ihnen jeweils neue Perspektiven auf den fachlichen Gegenstand: Sie sehen, wie man es auch noch machen könnte. Dies erlaubt ihnen, den eigenen Bezug zur fachlichen Fragestellung oder die persönlichen Strategien bei der Lösung von Aufgaben zu überdenken, was so viel bedeutet wie: voneinander zu lernen. Die Kultur eines persönlichen

und gleichzeitig fachbezogenen Dialoges unter den Lernenden ist ein wesentlicher Schritt auf dem Weg zu einer lebendigen Lerngemeinschaft, aber auch zur Selbstständigkeit.

Wenn Sie im Unterricht den Austausch von Schülerinnen und Schülern zu ihren Arbeiten einführen und nutzen wollen, empfiehlt es sich, zunächst einige Methoden und Regeln bekannt zu machen und Hilfestellungen zu geben (siehe Kasten 3, S. 222). Gelegenheiten für einen fachlichen Austausch gibt es immer da, wo die Schülerinnen und Schüler eine Arbeit geschrieben bzw. eine Aufgabenlösung vorgelegt haben. Günstig für den inhaltlichen Austausch ist es, wenn auch eine Reflexion über das eigene Vorgehen vorliegt (Lerntagebuch), durch die besser erkennbar wird, wie der Betreffende oder die Betreffende es gemacht hat.

Die zunächst häufig aufkommenden Befürchtungen von Lehrpersonen, die Schülerinnen und Schüler könnten sich unernste oder gar verletzende Rückmeldungen geben, sind aller Erfahrung nach nicht berechtigt. Im Gegenteil: Sie nehmen diese Aufgaben ernst und gehen taktvoll miteinander um. Nicht selten sind ihre Rückmeldungen treffender und klarer als diejenigen, die Lehrpersonen geben. Außerdem ist es so, dass viel mehr Sichtweisen eingeholt werden können, wenn sich alle daran beteiligen. Sich Feedback zu geben, kann auch ein willkommener Schreibanlass sein und eine Gelegenheit, die eigenen Vorstellungen zu schärfen und auszuformulieren.

Wie der Austausch organisiert wird

Jeder Lernende liest aufmerksam den Beitrag eines Mitschülers und gibt ihm dann eine persönliche, fördernde Rückmeldung: Er beschreibt, wie der Beitrag auf ihn gewirkt hat, was aus seiner Sicht gut gelungen ist und was er hingegen noch überarbeiten würde (genaue Anleitung siehe weiter unten; siehe auch Ruf & Gallin 2005a, S. 33 ff.; 2005b, S. 152 ff.). Zu Beginn kann es sinnvoll sein, den Rückmeldungsauftrag auf die Beschreibung der Wirkung und der Qualitäten des Beitrages zu beschränken, um den Blick der Lernenden erst mal für das Gelungene zu schärfen und das gegenseitige Vertrauen aufzubauen.

Es gibt verschiedene Möglichkeiten, um den Austausch unter den Schülerinnen und Schülern zu organisieren. Im Folgenden werden drei Varianten beschrieben, die beim Dialogischen Lernen häufig Anwendung finden.

Variante 1: Die Schülerinnen und Schüler tauschen ihre Beiträge im Rahmen von Partnerarbeit untereinander aus. Jeder der beiden Partner liest den Beitrag des anderen und schreibt eine Rückmeldung dazu.

Variante 2: Der Sesseltanz. Die Schülerinnen und Schüler legen ein leeres Blatt mit dem Titel „Rückmeldungen" neben ihren Beitrag, geben ihren Platz frei und suchen sich einen anderen Platz. Wer seine Arbeit niemandem zeigen will, bleibt an seinem Platz sitzen. Werden die Sessel mehrmals getauscht, gewinnen die Lernenden auch Einblick in die Rückmeldungen anderer und werden so aufmerksam auf andere Perspektiven und andere Wertungen. Nach einer von der Lehrperson festgelegten Zeit kehren alle an ihren Platz zurück und lesen die Rückmeldungen ihrer Klassenkameraden.

Diese unkomplizierte Form des Austausches ist sehr beliebt. Die ursprüngliche Hemmung, den anderen Einblick in seine Arbeit zu geben, weicht meistens schon bald der Neugier zu sehen, was die anderen wohl gemacht haben. Und mit jedem Austausch nach der Methode des Sesseltanzes wächst das gegenseitige Vertrauen (Ruf/Gallin 2005a, S. 39–41).

Variante 3: Alle befassen sich mit dem gleichen Schülerbeitrag. Die Lehrperson verteilt die Kopien eines ausgewählten Schülerbeitrages an die ganze Klasse, verbunden mit einem spezifischen, schriftlich formulierten Auftrag: Die Schülerinnen und Schüler sollen eine persönliche Rückmeldung an den Autor des Beitrages schreiben und dabei bestimmte Qualitäten oder Strategien genauer analysieren. Unter Umständen sollen sie dem Autor auch Hinweise geben, welche Teile seines Beitrages noch verbessert werden könnten. Die Lehrperson sammelt die Rückmeldungen ein und wertet sie aus. In einer nächsten Lektion werden sie im Plenum besprochen, zum Beispiel mit dem Instrument der Autographensammlung (siehe dort). Der Autor des Beitrages erhält eine Kopie sämtlicher Rückmeldungen.

Eine Anleitung zu einer differenzierten Rückmeldung

Vor allem wenn die Klasse noch wenig Erfahrung mit dem Schreiben von Rückmeldungen hat, empfiehlt es sich, den Schülerinnen und Schülern eine Anleitung und Hilfen zu geben. Später ist das nicht mehr unbedingt erforderlich. Im Folgenden sind Punkte für eine derartige Anleitung zum Schreiben einer Rückmeldung aufgeführt. Voraussetzung ist natürlich, dass die Schülerinnen und Schüler eine Kopie der betreffenden Arbeit haben, die sie in Ruhe durchgehen können. Dazu kann die folgende Anweisung gegeben werden:

Dir liegt die Arbeit von .... vor. Formuliere dazu bitte eine Rückmeldung in der folgenden Weise.
- So wirkt deine Arbeit auf mich! (Beschreiben)
- Dieser Teil ist dir besonders gut gelungen. (Grün markieren und begründen)
- An dieser Stelle bin ich gestolpert. (Rot markieren und begründen)
- Diese Stelle würde ich ausbauen. (Schwarz markieren und begründen)
- Das würde ich anders machen, zum Beispiel so … (Vormachen)

Kasten 2: Anleitung zum Schreiben einer Rückmeldung (siehe Ruf & Gallin 2005a, S. 40–41)

In der Praxis des Dialogischen Lernens hat sich auch die folgende Liste mit Satzanfängen bewährt (siehe Kasten 3). Sie erleichtert es den Lernenden auszudrücken, was sie rückmelden wollen.

Teil 2: Annäherung an die Praxis des Dialogischen Lernens auf drei verschiedenen Wegen

Rückmeldungen sind Ich-Botschaften: Anregungen für die Formulierung	
Mir gefällt … Es ist schön … Am stärksten wirkt … Ich finde es gut … Mich beeindruckt … Das ist ein Wurf!	Ist es zwingend, dass … Da bin ich gestolpert … Ich habe Mühe mit dem Satz … Könnte man auch … Stellst du dir vor, dass … Ich frage mich, ob …
Ich bin überrascht, wie … Es wundert mich … Ich verstehe nicht ganz, warum … Könntest du dir vorstellen … Es nimmt mich wunder … Ich möchte gern wissen … Hier fehlt mir …	Damit kann ich nichts anfangen … Das hat mich nicht angesprochen … Hier melden sich Zweifel bei mir … Da muss ich widersprechen … Das sehe ich anders …

Kasten 3: Satzanfänge zur Rückmeldung (siehe Ruf & Gallin 2005a, S. 40)

Wie kann es weitergehen?

Rückmeldungen können zum Ausgangspunkt für den nächsten Auftrag werden. Die Lehrperson gibt der Klasse beispielsweise den Auftrag, ihre Beiträge aufgrund der Hinweise in den Rückmeldungen zu überarbeiten.

Qualitäten in Schülerarbeiten finden

Was ist eine Qualität, und wie findet man sie?

Beim Dialogischen Lernkonzept spielt das Finden von Qualitäten in den Arbeiten der Schülerinnen und Schüler eine wichtige Rolle für den Fortgang des Unterrichts. Aber auch ohne diese Perspektive ist es nützlich, genauer darauf zu schauen, wo die Qualitäten und Leistungen in den Arbeiten stecken. Und es macht Freude, wenn man sich als Lehrperson einmal ganz entschieden darauf konzentriert, die gelungenen Seiten in den Arbeiten zu finden. Das, was sein könnte, spielt dann gar keine Rolle, es interessiert allein das, was tatsächlich gemacht wurde. So vorzugehen fällt vielen Lehrerinnen und Lehrern allerdings zunächst gar nicht so leicht. Wir sind durch unsere doppelte Schulsozialisation – als Schüler und Lehrer – vielmehr darauf trainiert, auf die Fehler zu schauen und sie zu finden. Dieses Phänomen hat noch einen anderen Grund: Fehler machen gewissermaßen fast von selbst auf sich aufmerksam, sie springen der Lehrperson buchstäblich ins Auge. Daher ist es oft ein Leichtes, die Fehler zu entdecken.

In unserer Arbeit mit Lehrpersonen sind wir dem beschriebenen Phänomen begegnet: Wenn wir uns gemeinsam Schülerarbeiten wie z. B. ihre Lernjournale vornahmen, um einen Eindruck von den Erfahrungen und Erträgen der Arbeit mit einem Prototyp zu bekommen, so hakten viele spontane Reaktionen der Beteiligten an den sichtbaren Fehlern oder Mängeln ein. Wir erprobten daher ein Arrangement, indem es zuerst strikt verboten war, auf die Fehler zu schauen, und dagegen ausdrücklich Qualitäten gefunden werden sollten. Das fiel einigen Lehrpersonen zunächst schwer, aber schon nach kurzer Zeit wurde es auch als Befreiung erlebt, einmal nicht auf die Fehler schauen zu müssen. Gemeinsam wurden dann auch problemlos in jeder Schülerarbeit irgendwelche Stellen gefunden, die gelungen waren, einen guten Ansatz enthielten oder sogar sehr überzeugend waren. Es machte den Lehrpersonen nun Spaß, „Jagd" auf die besten Ideen und Lösungen zu machen.

Allgemein kann man sagen, eine Qualität ist eine gelungene Stelle, eine inhaltlich beschreibbare Leistung in einer Schülerarbeit. Vieles kann in diesem Sinne als Qualität bezeichnet werden. So zum Beispiel ein origineller Gedanke, eine weiterführende Einsicht, ein interessanter Lösungsweg usw. Aber wir geben uns auch mit wenig spektakulären Qualitäten zufrieden. Zum Beispiel mit einem Teil der Arbeit, wo ein Schüler besonders sorgfältig und mit großem Einsatz um eine Lösung gerungen hat. Wir anerkennen dabei seine Anstrengung. Damit werten wir die Arbeiten – nicht nur, aber auch – nach einem subjektiven Maßstab; wir würdigen die Anstrengung und den persönlichen Fortschritt (individuelle Bezugsnorm). Als Qualitäten anerkennen wir auch solche Teile von Arbeiten, die zwar einen klaren Fehler beinhalten, der aber vielleicht auf einer richtigen und originellen Idee basiert – das kommt zum Beispiel im Mathematikunterricht nicht selten vor. Wenn wir so vorgehen, begeben wir uns oft auf die Suche nach Konzepten von Schülerinnen und Schülern, welche deren Arbeit gelenkt und sie vielleicht auch in die Irre geführt haben. Diese Konzepte oder auch ihre sogenannten Misskonzepte im Unterricht aufzugreifen, wird heute als eine wichtige Aufgabe anspruchsvollen Unterrichts angesehen, damit die bestehenden Wissensstrukturen der Schülerinnen und Schüler wirklich erkannt und weiterentwickelt werden („conceptual change").[2]

Qualitäten zu finden erfordert ein sorgfältiges, intensives Hinschauen. Es müssen unter Umständen unterschiedliche Teile einer Aufgabenbearbeitung miteinander in Beziehung gesetzt werden, um zu erkennen, was der Schüler bzw. die Schülerin hier gemacht und gedacht hat. Qualitäten finden bedeutet, zu rekonstruieren und zu verstehen, was die Leistung ist. Manchmal ist es aber auch leicht, Qualitäten zu entdecken: Man findet eine Textpassage, die einen erheitert, oder eine Berechnungsweise, die originell ist, einen Gedanken, der für den behandelten Sachverhalt zentral wichtig ist, usw.

Wie geht die „Jagd" nach Qualitäten?

Wenn Sie sich dem Dialogischen Lernkonzept annähern wollen, sollten Sie die Jagd auf Qualitäten unbedingt üben. Versuchen Sie also – probeweise oder regelmäßig – konsequent nur die Qualitäten in den vorliegenden Schülerarbeiten zu entdecken und sie auch zu benennen. Damit sollen freilich die Fehler nicht unbeachtet und auch nicht unkorrigiert bleiben. Es ist zweifellos wichtig, auch sie zu sehen, zu korrigieren, zu analysieren und mit ihnen produktiv

---

[2] Auch unter motivationspsychologischen Gesichtspunkten ist es sehr wichtig, dass die Lehrperson sich inhaltlich und anerkennend den Lernenden und ihren Arbeiten zuwendet (vgl. Deci & Ryan 1993). So können sich die Schülerinnen und Schüler als produktiver Teil einer Wissensbildungsgemeinschaft erfahren und ihre Autonomie wird gestärkt (siehe auch den Beitrag „Das Dialogische Lernmodell vor dem Hintergrund wissenschaftlicher Theorien und Befunde" von Urs Ruf, S. 237 f.).

im Unterricht zu arbeiten. Aber bei der vorgeschlagenen Übung bleiben sie zunächst konsequent unbeachtet. Eine gute Variante der Übung ist es, wenn Sie sich – wie oben beschrieben – gemeinsam mit einer Kollegin oder einem Kollegen oder auch in Ihrer Fachkonferenz auf die Suche nach Qualitäten machen. Gemeinsam findet man mehr Qualitäten. Im Folgenden beschreiben wir den Ablauf einer Übung, die Sie für sich machen können. Dabei sind einige Punkte, die man dazunehmen oder auch weglassen kann. In gleicher Weise kann man auch in einer kleinen Gruppe mit Lehrpersonen arbeiten und dann eine Besprechung oder weitere Übungen (siehe die Schritte 5 bis 8) anschließen.[3]

1. Einstimmung: Bevor Sie an die Durchsicht der Arbeiten gehen, erinnern Sie sich an schöne Leistungen, denen Sie in dieser Klasse schon begegnet sind. Auch wenn die Arbeit eines Schülers bzw. einer Schülerin vor Ihnen liegt, können Sie zunächst überlegen, was Sie schon Gutes von ihm bzw. von ihr gesehen haben und was Sie an ihm oder ihr persönlich schätzen.

2. Durchsicht mit offener Aufmerksamkeit: Gehen Sie nun die vorliegende Arbeit ruhig, aber zügig ein erstes Mal durch. Ihre Aufmerksamkeit soll dabei ganz offen sein. Spüren Sie auf, was Ihnen gefällt, wo Sie etwas erheitert. Machen Sie ein Ausrufungszeichen an den Rand der Arbeit, wo dies der Fall ist. Wenn Sie an Fehlern oder schwachen Stellen hängen bleiben, blenden Sie diese aus und gehen weiter. Es geht nicht darum, alle Qualitäten zu finden! Es genügt, wenn Sie eine oder zwei pro Schülerbeitrag aufspüren.

3. Genaueres Hinschauen auf die Qualitäten: Gehen Sie nun zu den Stellen, die Ihnen positiv aufgefallen sind, und schauen Sie diese genauer an. Was gefällt Ihnen an dieser Passage der Arbeit, an diesem Ansatz? Machen Sie sich Notizen dazu.
Wenn Sie in einer Gruppe arbeiten, können Sie anschließend in eine Besprechung gehen (siehe Schritte 6 und 7).

4. Die Arbeit aus dem Konzept des Autors zu verstehen versuchen: Wenn Sie möchten, können Sie nun noch tiefer gehen und nach dem Arbeitskonzept des Autors oder der Autorin suchen. Wie ist der Betreffende in seiner Arbeit vorgegangen? Welches Konzept verfolgt er bei der Lösung der Aufgabe? Welches Konzept liegt seinem Text bzw. seiner Aufgabenlösung zugrunde? Was ist im Sinne des eigenen Konzepts an dieser Arbeit gelungen? Die sonst von Lehrpersonen bei der Bewertung der Schülerarbeiten häufig benutzte Frage: „Wieweit ist der Auftrag erfüllt?", wird dabei bewusst zurückgestellt.

5. Halten Sie fest, welche Empfindungen Sie bei dieser Übung haben und wie Sie vorgehen:
Eine zusätzliche Erweiterung kann man vornehmen, indem man über seine eigenen Empfindungen und Vorgehensweisen nachdenkt. Wie oben schon gesagt, begegnet man bei dieser Übung vielleicht eigenen Widerständen, bleibt an Fehlern hängen u. a. m. Andererseits ist es

---

[3] Siehe auch ähnliche Arrangements bei einer Werkbetrachtung mit anschließender Förderkonferenz (Winter 2004, S. 296; Winter 2007).

aber interessant, was einem dabei Freude macht und wie man neu auf die Schülerarbeiten schaut. Auch dazu können Sie sich Notizen machen.

6. Kommentare schreiben als Vorbereitung einer Gruppenbesprechung: Wenn Sie in einer Gruppe die Qualitäten einer Schülerarbeit herausfinden, können Sie vor die Besprechung der Ergebnisse Ihrer Suche noch eine besondere Arbeitsphase legen. In diesem Fall schreibt jede Lehrperson zunächst still für sich einen Kommentar zu der vorliegenden Schülerarbeit, in dem die Qualitäten an die betreffende Person rückgemeldet werden. Danach folgt ein Sesseltanz, bei dem kurze Rückmeldungen zu den Kommentaren geschrieben werden (siehe: Austausch unter Lernpartnern, S. 219 f.).

7. Gruppenbesprechung: Bei einer gemeinsamen Suche nach Qualitäten werden die Sichtweisen nach dem Durchlaufen der Schritte 1–3 (und ggf. weiterer Schritte) frei ausgetauscht. Sorgen Sie dafür, dass kein Zeitdruck entsteht. Interessanterweise ergibt sich bei der Besprechung oft, dass bestimmte Qualitäten in den Schülerarbeiten mit Mängeln zusammenhängen. Das ist nicht verwunderlich, denn dort, wo eine Sonnenseite existiert, gibt es auch eine Schattenseite. Die kann und soll jetzt durchaus diskutiert werden, aber vergessen Sie nicht, die Qualitäten weiterhin im Zentrum der Diskussion zu behalten.

8. Über die eigenen Kriterien und Vorlieben nachdenken: Bei dieser Übung begegnen die Lehrpersonen zwangsläufig ihren eigenen Qualitätskriterien und Vorlieben, die Sie bezüglich bestimmter Themen, Aufgabentypen und Textsorten haben. Besonders bei den Gruppenbesprechungen, wo regelmäßig unterschiedliche Sichtweisen zutage treten, werden diese deutlich. Sie können aber auch für sich schauen, welche Qualitätsmerkmale Ihnen besonders wichtig sind.

Wie kann es weitergehen? Was passiert mit den gefundenen Qualitäten?
Die identifizierten Qualitäten sollen erstens den Schülerinnen und Schülern rückgemeldet werden. Das geschieht z. B. dadurch, dass in den Arbeiten Ausrufezeichen, Häklein oder auch kleine Kommentare angebracht sind, die auf Qualitäten hinweisen. Zweitens können die als qualitätsvoll betrachteten Stellen der Arbeiten in einer Autographensammlung (siehe S. 217 f.) allen Schülerinnen und Schülern der Klasse zugänglich gemacht und im weiteren Unterricht genutzt werden.

Kernideen

Was ist eine Kernidee, und wozu wird sie eingesetzt?

Mit dem Begriff Kernidee tun sich viele Lehrpersonen, die das Dialogische Lernkonzept kennenlernen, schwer. Vielleicht hängt das damit zusammen, dass sie ihr Fachwissen gerne als etwas Objektives betrachten, das nicht notwendig etwas mit ihrer Person zu tun hat. Bei bestimmten Themen merkt man aber, dass sie einen besonders berühren, man sie für besonders wichtig erachtet und sich gern mit ihnen befasst. Oft sind es Themen, die für einen biografisch

Teil 2: Annäherung an die Praxis des Dialogischen Lernens auf drei verschiedenen Wegen

wichtig waren und das Verhältnis zum eigenen Fach geprägt haben. Manche Lehrpersonen nehmen diese Themen gerne in ihren Unterricht auf, andere neigen eher dazu, sie für sich zu behalten. Sie sollten sich eine Kernidee aber auch nicht zu kompliziert oder tiefgründig vorstellen. Meistens drückt sie auf einfache Weise das aus, worum es im Kern geht. Beim Thema Teilen durch Dezimalbrüche kann eine Kernidee zum Beispiel lauten: *Geteilt durch 1/2 ist mehr* (Ruf & Gallin 2005b, S. 25). Und die Kernidee dieses Kapitels zur Annäherung an das Dialogische Lernen könnte man wie folgt ausdrücken: Bevor ich ein Projekt mit Dialogischem Unterricht beginne, will ich Erfahrungen mit einzelnen Instrumenten sammeln.

Beim Dialogischen Lernen wird es aus folgendem Grund für wichtig erachtet, dass Sie sich als Lehrperson mit Ihren eigenen Kernideen zum Inhalt des Unterrichts beschäftigen. Wenn Sie nämlich darüber sprechen können, was Ihnen selbst wichtig daran ist und wie Sie an die Sache herangehen, so erleichtern Sie es wiederum Ihren Schülerinnen und Schülern, dass diese über ihre eigenen Sichtweisen sprechen können. Diese bringen nämlich ihr individuelles Vorwissen, ihre Konzepte und eigenen Kernideen mit in den Unterricht. Wenn es gelingt, dieses Vorwissen explizit zu machen, können Sie es für den Unterricht fruchtbar machen und besser abschätzen, was die Schülerinnen und Schüler schon können und was noch gelernt werden muss. Wenn die Lehrperson Stellungnahmen der Lernenden zu einer Kernidee hervorlocken und aufgreifen kann, kommt ein vertiefter und persönlicher Dialog über die Sache und das Lernen in Gang. Zudem kann eine prägnant formulierte Kernidee den Schülerinnen und Schülern oft gleich zu Beginn einen ersten Eindruck vermitteln, worum es bei einem bestimmten Thema geht, was eigentlich der „Witz der Sache" ist.

Wie findet man eine Kernidee?

Zur Annäherung an das Konzept der Kernidee schlagen wir Ihnen zwei Wege vor.

1. Beginnen Sie zunächst nur für sich, über Kernideen zu ihren Unterrichtsgegenständen nachzudenken, ohne den Druck, sie gleich im Unterricht einsetzen zu müssen. Erproben Sie also, ob Sie Kernideen bei sich finden. Überlegen Sie für ein verhältnismäßig großes Stoffgebiet, das Sie gerade im Unterricht behandeln, was Sie daran besonders wichtig finden, wo für Sie der Witz der Sache liegt. Sie sollten darüber aber nicht an Ihrem Schreibtisch grübeln, sondern sich eher beiläufig Gedanken machen. Versuchen Sie auch, sich zu erinnern, welche Momente und Themen es waren, an denen Ihre eigene Faszination für das Fach entstanden ist. Das kann weit zurückliegen: in der eigenen Schulzeit, dem Studium oder der frühen Phase des Lehrerseins. Wenn Sie eine Kernidee gefunden haben, können Sie sich einen Kollegen oder eine Kollegin als Dialogpartner suchen, dem sie diese besondere Sicht auf Ihr Fach vortragen. Es kann jemand aus dem eigenen, aber mindestens ebenso gut auch jemand aus einem anderen Fach sein.
2. Dialogischer Unterricht lässt sich nicht im Voraus durchplanen und festlegen. Es ist aber sinnvoll, Kernideen zu entwickeln, wenn man ein Unterrichtsprojekt beginnt – egal ob es dialogisch oder anders strukturiert sei. Versuchen Sie eine Unterrichtseinheit gemeinsam mit ein oder zwei Fachkolleginnen und Fachkollegen zu planen und entwickeln Sie dabei Kernideen. Ein Vorschlag zur Strukturierung des Gesprächs wird im unten stehenden Kasten unterbreitet. Gut und vielleicht noch besser lassen sich Kernideen auch im Gespräch mit

vertrauten, aber fachfremden Lehrpersonen entwickeln (siehe auch die Ausführungen von Peter Gallin im Beitrag „Den Unterricht dialogisch gestalten", S. 102).

Ein Gespräch, um den Unterricht vorzubereiten und Kernideen zu finden

Teilnehmende des Gesprächs:
Ein Protagonist (er/sie möchte eine Unterrichtseinheit entwickeln und Kernideen finden)
Ein Dialogpartner (einer davon leitet das Gespräch, gewissermaßen als Gastgeber und achtet etwas auf die Regeln, ohne das Gespräch dadurch einzuschnüren)
Ein zweiter Dialogpartner, der gleichzeitig als Ideensammler agiert (er macht Notizen zu den entstehenden Ideen und schenkt sie nachher dem Protagonisten)

Ablauf des Gesprächs:
Das Gespräch läuft nach dem Muster eines verlangsamten Dialogs mit bestimmten Rollen ab. Der Dialogpartner stellt z. B. fest, was er von dem Dargestellten verstanden hat, was er dazu denkt und welche neuen Vorstellungen bei ihm entstanden sind usw. In diesem Vorgehen sind Elemente der kollegialen Beratung enthalten.
1. Der Protagonist stellt sein Anliegen und seine Ideen vor.
2. Die Dialogpartner stellen Nachfragen dazu.
3. Der Protagonist gibt im Sinne der Nachfragen weitere Erläuterungen ab.
4. Die Dialogpartner formulieren, was sie an Ideen und Anliegen beim Protagonisten wahrgenommen haben.
5. Der Protagonist kann das bestätigen oder seine Überlegungen differenzieren.
6. Der Dialogpartner 1 entwickelt zusätzliche Ideen und gedankliche Ansätze für den geplanten Unterricht.
7. Der Protagonist erläutert, wie er das versteht, und zeigt Resonanz.
8. Der Dialogpartner 2 entwickelt zusätzliche Ideen und gedankliche Ansätze für den geplanten Unterricht.
9. usw.
10. Alle schauen nun gemeinsam, welche Kernideen zu dem geplanten Unterricht in dem Gespräch erkennbar geworden sind. Welche Bilder vom Unterrichtsgegenstand sind entworfen worden? Was betrachten die Einzelnen als zentral wichtig? Wo liegen die unterschiedlichen persönlichen Zugänge zum Thema?
11. Der Ideensammler übergibt seine Notizen dem Protagonisten.

Kasten 4: Ein Gespräch zu Kernideen führen

Einige Beispiele für Kernideen
Als ich (F. W.) begann, Statistik in der Oberstufe zu unterrichten, waren die Kennwerte und Prüfverfahren (statistische Tests) für mich – als Nichtmathematiker, sondern Psychologen – noch etwas sehr Monolithisches, fast eine Art Maschinen, die man gemäß strengen und schwer

verständlichen Gesetzen zwingend anwenden musste. Erst nach und nach begriff ich, dass es sich im Grunde genommen um mehr oder minder gute Lösungen handelte, etwas zusammenfassend darzustellen oder einen Sachverhalt zu prüfen – mehr nicht. Ich entwickelte folgende Haltung: „Mal schauen, wie gut es damit geht." Mit dieser neuen Kernidee gelang es mir, den Schwierigkeiten der Schülerinnen und Schüler mit der Statistik viel gelassener zu begegnen und damit fast spielerisch umzugehen. Ich begann, ihre Irrtümer und Lösungen gemeinsam mit ihnen daraufhin zu untersuchen, wie gut sie geeignet waren, das zu erreichen, worum es ging. Die Schülerinnen und Schüler fühlten sich nun von mir ernst genommen und waren beteiligt an der Suche nach einem geeigneten Vorgehen.

Ein anderes Beispiel stammt von Stefan Keller und betrifft das Verfassen von fremdsprachlichen Texten. Er selber hatte in der Schule vier Fremdsprachen nach dem Muster der „Grammatikprogression" gelernt, wobei die Lehrperson in sukzessiver Folge grammatische Mittel unterrichtete. Die Schülerinnen und Schüler sollten diese üben, anwenden und so schließlich fähig werden, eigene Texte zu verfassen. Später als Lehrperson wurden ihm die Nachteile dieser Methode schmerzlich bewusst. Bei jedem Thema musste zuerst eine Menge Grammatik und Vokabular gepaukt werden, bis man zu den eigentlich interessanten Dingen vorstoßen durfte. Einen ersten Ansatz zur Lösung (und zur späteren Kernidee) fand er in der quantitativen Linguistik. Wenn man große Korpora von authentischen englischen Texten analysiert, stellt man fest, dass etwa 70 % der Texte aus denselben 400 Wörtern bestehen. Mit 1500 Wörtern sind bereits fast 80 % aller Texte abgedeckt. Man braucht also nicht erst Jahre hinaus „auf Vorrat" zu lernen, um einen Text verstehen oder schreiben zu können. Daraus entstand bei ihm die Kernidee: „Schon mit wenigen Worten kann man schöne Sätze bauen!" Ein Auftrag dazu konnte dann lauten: „Schreibe einen guten Text mit 300 Wörtern." Man kann bei einem derartigen Auftrag von dem Vokabular ausgehen, welches die Lernenden bereits kennen, oder zusätzlich eine Liste mit den häufigsten Wörtern der jeweiligen Sprache verteilen (zu finden im Internet oder in modernen Schülerwörterbüchern). Typisch für solche – aus Kernideen geborenen – Aufträge ist es, dass sie für Experten und Novizen gleich spannend zu lösen sind. Anfänger verwenden die ihnen bekannten grammatischen Operationen, um überhaupt einen zusammenhängenden Text zu generieren, machen somit ihr Vorwissen explizit oder merken, wo sie noch weitere Fähigkeiten erwerben müssen. Für Könner wird der Auftrag zur Knobelaufgabe: Bin ich gut genug, um mit so beschränkten Mitteln einen ansprechenden Text zu schreiben, z. B. eine witzige Rede? Weitere Beispiele für Kernideen finden Sie bei den Prototypen.

Wie kann es weitergehen?

Wenn Ihnen eine persönliche Kernidee zu einem Thema aus Ihrem Unterricht klar geworden ist, können Sie zum Beispiel beobachten, ob und wo diese Kernidee im Unterricht eine Rolle spielt und ob Ihnen die persönlichen Vorstellungen der Schülerinnen und Schüler nun leichter zugänglich werden. Sie können auch versuchen, eine Unterrichtseinheit so anzugehen, dass die Kernidee in den Mittelpunkt rückt. Vielleicht fällt Ihnen ein Einstiegsauftrag ein, der auf der Kernidee aufbaut. In dem oben genannten Beispiel aus dem Statistikunterricht wurden die Schülerinnen und Schüler aufgefordert, Verfahren zu finden, mit denen man ausdrücken kann, wie stark die Einzeldaten einer Häufigkeitsverteilung auseinanderfallen oder, andersherum, wie eng sie beieinanderliegen (Streuungsbegriff). Das wurde spannend, und etliche Schülerinnen und Schüler hatten dabei Erfolge, die sie selbst überraschten.

Teil 3:
Wissenschaftliche Verankerung des Dialogischen Lernens

Teil 3:

Das Dialogische Lernmodell vor dem Hintergrund wissenschaftlicher Theorien und Befunde
Urs Ruf

Im folgenden Beitrag wird gezeigt, wie empirisch gut gestütztes Wissenschaftswissen über Lernen und Unterricht die Praxis vor drei scheinbar unlösbare Probleme stellt – das Problem der Heterogenität, der Motivation und der Anverwandlung des Fachwissens – und wie das Dialogische Lernmodell mit dieser Herausforderung konstruktiv umgeht. Dabei spielen vier theoretische Konstrukte eine wichtige Rolle, die in idealer Weise zusammenpassen: Das psychologische Modell der *Handlungskompetenz* von Weinert (2001), das die Lernvoraussetzungen einer Person und ihre Entwicklung in Richtung Expertise unter personalen, sozialen und fachlichen Aspekten beschreibt; das psychologische Konzept der Selbstbestimmung von Deci und Ryan (1985, 1993; Ryan & Deci 2000), das erklärt, wie ein unabdingbarer Bestandteil der Lernvoraussetzungen – die *Motivation* – entsteht und aufrechterhalten wird; der pragmatische Wissensbegriff von Habermas (1999), der es nahelegt, die *Rationalität* in den Dimensionen des Handelns, des Redens und des Darstellens von Wissen von allem Anfang an zur grundlegenden Lernanforderung in einem Fach zu erklären; und schließlich das systemische Unterrichtsmodell von Fend (1998), welches das Zusammenwirken von individuellen Lernvoraussetzungen und allgemeinen Lernanforderungen beim Lehren und Lernen im sozialen Gefüge einer Klasse als interaktiven Prozess von *Angebot und Nutzung* beschreibt und das im ersten Beitrag (S. 14) bereits ausführlich dargestellt wurde.

Heterogenität, Motivation und Anverwandlung des Fachwissens: drei scheinbar unlösbare Probleme der Didaktik

Die Kluft zwischen Wissenschaft und Praxis ist tief. Lehren und Lernen im System Schule ist höchst komplex und wenig berechenbar. Das macht den Lehrkräften in der Praxis ebenso zu schaffen wie der Wissenschaft. Beide Seiten sind so beschäftigt mit der Bewältigung dieser Komplexität, dass sie sich gegenseitig gar nicht wahrzunehmen scheinen. Das ist für beide Seiten problematisch. Kein Geringerer als Franz E. Weinert, der die Pädagogische Psychologie der letzten Jahrzehnte wie kaum ein Zweiter geprägt und befruchtet hat, gibt selbstkritisch zu bedenken:

> *Will man sich als Wissenschaftler nicht selber täuschen, so muss nüchtern konstatiert werden, dass ein Jahrhundert empirischer Unterrichtsforschung die Schulpraxis nur mäßig beeinflusst und wenig verbessert hat.* (Weinert, Schrader & Helmke 1990, S. 173)

Dieses Eingeständnis der geringen Wirkung von Wissenschaft im pädagogischen Kontext als Beweis ihrer Weltfremdheit und Nutzlosigkeit zu interpretieren, wäre verheerend. Tatsache ist zwar, dass es (bis heute) keine einheitliche Theorie gibt, die genau erklärt, wie Lernen funktioniert und was man tun muss, um eine Gruppe von Schülerinnen und Schülern durch den Unterricht sicher von Punkt A zu Punkt B zu bringen. Aber das darf nicht zu dem Fehlschluss verleiten, Wissenschaft habe nichts zum Gelingen des Unterrichts beizutragen. Zwar gibt es kein erfolgreiches Unterrichten ohne die permanente Geistesgegenwart und die weitgehend implizite pädagogische Handlungskompetenz erfahrener Lehrkräfte, die zielgerichtet handeln und sich dabei schnell und flexibel auf immer wieder neue, nie genau voraussehbare Unterrichtssituationen einzustellen vermögen. Solch professionelles Handeln ist aber nur möglich, wenn es auf wissenschaftsbasierten Konzepten beruht und systematisch vor dem Hintergrund von differenziertem Wissen über Lehren und Lernen und über das System Schule, in dem es stattfindet, reflektiert und korrigiert wird. Mit der Nutzung des Wissenschaftswissens in der pädagogischen Praxis verhält es sich allerdings ähnlich wie mit der Nutzung von Fachwissen durch die Schülerinnen und Schüler: Reguläre wissenschaftliche Konzepte und Verfahren müssen ihre Wirksamkeit und ihre Überlegenheit im praktischen Gebrauch auf eine für die Nutzer einsehbare und überzeugende Weise unter Beweis stellen, sonst bleiben sie als träges Wissen wirkungslos.

Welches Wissen aus der Wissenschaft ist nun aber für eine Lehrperson relevant, die sich hinsetzt, um ihren Unterricht für den nächsten Tag vorzubereiten? Was soll sie aus der unüberschaubaren Fülle von wissenschaftlichen Theorien und Befunden der pädagogischen Psychologie herausgreifen? An welchen Leitplanken oder Prinzipien soll sie sich beim Unterrichten orientieren? Weinert (1996) selbst macht hier einen wegweisenden Vorschlag für die Praxis und hilft damit, die Kluft zwischen Wissenschaft und Praxis zu überwinden. Die Wissenschaft gibt den Lehrkräften zwar viele Ratschläge und Handlungsanweisungen und erklärt ihnen, was sie tun oder lassen sollen. Wenn man aber nur diejenigen herausgreift, die empirisch gut untersucht und gestützt und die für die Praxis einsichtig und aufschlussreich sind, lassen sie sich drastisch reduzieren. Weinert (1996, S. 39–41) fasst das Wissenschaftswissen, das er überblickt, in acht einfachen Instruktionsprinzipien zusammen. Allerdings relativiert er sein mutiges Unterfangen gleich wieder. Die Prinzipien sind zwar wissenschaftlich fundiert, aber sie erklären nicht vollständig, was Lehrkräfte im Unterricht tun oder lassen sollen. Das könnte man nur abschließend und verbindlich tun, wenn man genau wüsste, was sich in den Köpfen der Schülerinnen und Schüler abspielt und wie ihr Lernen funktioniert. Trotzdem haben diese acht Prinzipien einen hohen Wert: Sie fassen auf leicht verständliche Weise zusammen, was die Wissenschaft über erfolgreiches Lehrerhandeln weiß. Wir nutzen sie hier als Wegweiser bei der wissenschaftlichen Fundierung des Dialogischen Lernmodells. Die acht Instruktionsprinzipien (sinngemäß nach Weinert 1996, S. 39–41) lauten:

1. *Individuelle Differenzen* der Handlungskompetenz und der Metakompetenz der Schülerinnen und Schüler werden bei der Festlegung der Instruktionsziele und der daraus abgeleiteten Lernanforderungen berücksichtigt.
2. Eine minimale *Sach-, Lern-* und *Leistungsmotivation* ist vorhanden oder wird geschaffen.
3. Das erforderliche *Fachwissen* ist in hinreichender Quantität und Qualität verfügbar.
4. Der Aufbau des Fachwissens trägt stets dazu bei, *das Lernen selbst zu lernen* (Metakompetenz).
5. Der *Nutzungswert* des Gelernten ist erkennbar.
6. Das Gelernte wird nicht nur automatisiert, sondern auch möglichst *tief verstanden*.

7. Lernprozesse werden durch informative und motivationale Rückmeldungen gesteuert.
8. Das Gelernte wird durch Nutzung in unterschiedlichen Anwendungssituationen *langfristig gespeichert*.

Die Brisanz dieser acht Anforderungen der Wissenschaft an schulisches Lehren und Lernen kommt bereits im ersten Prinzip deutlich zum Ausdruck. Es verlangt, dass etwas, was für alle gleich ist – nämlich die Instruktionsziele und die daraus abgeleiteten Lernanforderungen –, mit Rücksicht auf etwas, was von Schüler zu Schüler ungleich ist – nämlich die Lernvoraussetzungen –, festgelegt wird. Gleich für alle ist das Ziel, das erreicht werden soll, ungleich dagegen sind die Startbedingungen, von denen man zu Beginn des Unterrichts ausgeht. Diese herausfordernde Spannung zwischen Gleichem und Ungleichem zieht sich durch alle acht Prinzipien hindurch und erweist sich als ihr gemeinsamer Kern. Auf der Seite der Gleichheit stehen die Regularitäten der Fächer: Sie gelten für alle gleich. Doch wie viel Fachwissen erforderlich ist und wann die Qualität und vor allem die Quantität hinreichend ist, lässt sich nicht unabhängig von den unterschiedlichen Lernvoraussetzungen der Schülerinnen und Schüler bestimmen. Hier fallen vor allem die Ungleichheit im Vorwissen und die von Schüler zu Schüler ungleiche Sach-, Lern- und Leistungsmotivation ins Gewicht. Ob Automatisierungen vorhanden sind, lässt sich auf eine für alle gleiche Weise überprüfen. Die Prozesse dagegen, die dazu führen, dass Wissen verstanden, automatisiert und langfristig gespeichert wird, sind höchst individuell. Und wie verhält es sich mit dem Nutzungswert des Gelernten? Um ihn zu erkennen und die relevanten Anwendungssituationen zu bestimmen, muss man auf Wertesysteme zurückgreifen, über die sich trefflich streiten lässt. Schließlich stellt sich das Problem des Zusammenwirkens von Gleichem und Ungleichem auch bei den Rückmeldungen, durch die der Unterricht gesteuert werden soll. Vielleicht lässt sich Einigkeit darüber herstellen, wann eine Rückmeldung informativ sei; ob sie dagegen motiviert, ist nicht in gleicher Weise berechenbar.

Damit sind wir beim Kern dessen, was aus Sicht der Wissenschaft relevant ist beim schulischen Lehren und Lernen und was eine wissenschaftlich fundierte Didaktik leisten müsste: die Vermittlung von Gleichem und Ungleichem – von Regulärem und Singulärem – im Unterricht. Im Unterricht begegnen sich Menschen in unterschiedlichen Rollen und mit unterschiedlichen Intentionen und Voraussetzungen unter der Zielvorgabe, auf einem längeren gemeinsamen Weg das gleiche fachliche Wissen und Können zu erwerben. *Gleiches* lässt sich definieren, formularisieren und regularisieren, mit *Ungleichem* dagegen muss man sich arrangieren. Die Schule tut sich seit jeher schwer mit dem Ungleichen. Wird es zu Beginn einer Ausbildungseinheit oder Lernphase allenfalls noch hingenommen, dass die Schülerinnen und Schüler Ungleiches wissen, können und wollen, ist Unterricht in der Regel doch so angelegt, dass möglichst rasch fachliche Regularitäten vermittelt werden, auf die alle in gleicher Weise verpflichtet werden können. Was gelehrt und eingeübt worden ist, ist für alle das Gleiche. Und dass die Schüler das Gleiche ungleich gut verstehen und beherrschen, wird als Mangel erkannt, aber als unvermeidbar hingenommen, weil die Menschen ja ungleich sind und deshalb auch ungleich vom Unterricht profitieren und ungleich Erfolg haben. Weil Prüfungen so organisiert sind, dass alle Schülerinnen und Schüler zur gleichen Zeit das gleiche Wissen und Können unter den gleichen standardisierten Bedingungen unter Beweis stellen müssen, wird die Ungleichheit der geprüften Menschen vollständig ausgeblendet. Ob sie mehr oder anderes wissen als das, was gefragt ist, und ob sie das Angebot nach Maßgabe ihrer Möglichkeiten wirklich auf die bestmögliche Weise genutzt haben, interessiert nicht und wird nicht ermittelt. Das Entwicklungspotenzial der ungleichen Nutzer des Angebots wird weder erkannt noch gefördert. Singuläres erscheint bestenfalls als Störfaktor.

Der einseitig angebotsorientierte Unterricht orientiert sich am Prinzip der Gleichheit. Er hat nur die Angebotsqualität im Blick und überlässt die Nutzungsqualität dem Zufall. Das hat Konsequenzen, und zwar sowohl für das Angebot als auch für die Nutzung. Das Angebot verkümmert, weil die Lehrkräfte auf das Endprodukt des Lernprozesses fixiert sind, anstatt sich ein klares Bild über das zu machen, was die Schülerinnen und Schüler tatsächlich denken und tun. Anstatt ihr Angebot so gut wie möglich auf das vorhandene Entwicklungspotenzial der Schülerinnen und Schüler abzustimmen, widmen die Lehrkräfte ihre Zeit und Energie größtenteils dem schematischen Vermitteln, Einüben und Prüfen des Wissens, wie es in Prüfungen am Ende einer Lernphase unter Beweis gestellt werden muss. Fast der ganze Unterricht dreht sich darum, das herzustellen, was an der Prüfung zählt: das schnelle und sichere Anwenden und Wiedergeben des Lehrbuchwissens unter den Bedingungen einer schulischen Prüfung. Wird Unterricht in dieser Weise vom Zielzustand ausgehend mit rückwärtsgerichteten Strategien konzipiert (Gruber & Mandl 1996), führt dies zu einer sehr reduktionistischen Auffassung von Wissen, Lernen und Leistung:

▸ Wissen wird reduziert auf das, was die Lehrperson zu sagen hat und was im Lehrbuch steht.
▸ Lernen wird reduziert auf die Aneignung des Lehrerwissens und des Lehrbuchwissens.
▸ Leistung wird reduziert auf den Erfolg in punktuellen Prüfungen am Ende einer Lernphase.

Mit der Ausblendung der Ungleichheit, die kennzeichnend ist für die Art und Weise, wie Schülerinnen und Schüler das Angebot nutzen, schaffen sich einseitig angebotsorientierte didaktische Modelle aber auch Probleme, welche die Nutzungsmöglichkeiten vieler Schülerinnen und Schüler drastisch einschränken und die unlösbar zu sein scheinen. Drei dieser scheinbar unlösbaren Probleme lassen sich aus den acht Prinzipien von Weinert ableiten: das Problem der Heterogenität, das Problem der Motivation und das Problem des trägen Wissens.

Das Problem der Heterogenität. Ein und dasselbe Lernangebot einer Lehrperson trifft im schulischen Unterricht auf die heterogenen Lernvoraussetzungen von zwanzig bis dreißig Lernenden: auf gravierende Unterschiede im Vorwissen, den intellektuellen Fähigkeiten, dem kognitiven Entwicklungsstand, der Lernmotivation und der metakognitiven Handlungskontrolle. Was für einige Lernende gut ist, ist möglicherweise schlecht für viele andere. Der Versuch, dem Problem der Heterogenität einseitig mit einer systematischen Differenzierung des Lernangebots zu begegnen, scheitert in der Praxis erfahrungsgemäß an der Überforderung der Lehrperson. Demgegenüber geht das Dialogische Lernmodell davon aus, dass das Problem der Passung von Lernanforderungen und Lernvoraussetzungen nur lösbar ist, wenn sich die Lernenden aktiv daran beteiligen. In einem klar strukturierten Austausch zwischen allen am Unterricht beteiligten Personen werden Lehrerleistungen und Schülerleistungen in einem dialogischen Prozess so aufeinander abgestimmt, dass sich das Lernangebot und die Bedingungen für dessen Nutzung laufend verbessern. Ziel ist dabei allerdings nicht die systematische Reduktion der Heterogenität, weil dadurch die leistungsstärkeren Schülerinnen und Schüler auf unzulässige Weise zurückgebunden und die leistungsschwächeren auf ebenso unzulässige Weise überfordert würden. Ziel ist vielmehr eine zunehmende Fähigkeit der Lernenden (Metakompetenz), ihr Lernen selbst in die Hand zu nehmen und die Gegebenheiten einer heterogenen Lerngruppe für die eigene Entwicklung zunehmend produktiver zu nutzen.

Das Problem der Motivation. Das Ziel des Leistungsmotivs ist der *[...] Erfolg bei der Auseinandersetzung mit einem Gütemaßstab [...]* (Edelmann 2000, S. 253). Ist die Hoffnung auf Erfolg hoch und die Angst vor Misserfolg gering, wächst die Bereitschaft, sich auf eine Sache einzulassen und eine Leistung zu erbringen (Atkinson 1975). Grundlegend für die Entwicklung der Leistungsmotivation ist das Vermögen, Erfolg und Misserfolg inneren, beeinflussbaren Faktoren wie ausreichender bzw. mangelhafter Anstrengung zuzuschreiben, nicht etwa äußeren, unbeeinflussbaren Faktoren wie Zufall oder Dummheit (Attributionstheorie von Weiner 1972). Diese Bedingungen werden in traditionellen Lernmodellen häufig missachtet. Prüfungen erfolgen meist nur in großen Abständen und stehen am Ende einer Lernphase. So ist der Zusammenhang zwischen der eigenen Anstrengung und dem Erfolg oder Misserfolg in der Prüfung für die Schüler kaum mehr erkennbar. Außerdem haben in Prüfungen meist nur die gleichen drei bis fünf leistungsstärksten Schülerinnen und Schüler Erfolg, für alle anderen ist es offensichtlich, dass ihre Leistungen im Vergleich mit den Erfolgreichen mehr oder weniger Defizite aufweisen. Damit fällt die Hoffnung auf Erfolg als vitaler Antrieb zum Aufbau von Leistungsmotivation für die meisten Schüler außer Betracht.

Im Gegensatz dazu sorgt das Dialogische Lernmodell dafür, dass es im Unterricht zu einem produktiven Wechselspiel von Produktion und Rezeption kommt. Jeder Schüler dokumentiert seine Leistungen beim Lernen regelmäßig unter der Perspektive: *Ich mache das so!*; und ebenso regelmäßig befasst sich jeder Schüler unter dem Aspekt: *Wie machst du es? Was ist gelungen? Worin besteht der Lernzuwachs?* mit den Leistungen seiner Lernpartner. So erfährt jeder Lernende nach jeder Anstrengung, die er erbracht hat, was er tatsächlich kann, was er dazugelernt hat und wie seine Lernpartner sich im gleichen Problemfeld behaupten. Dabei lassen wir uns von der Annahme leiten, dass alle Menschen lernen müssen, dass es andere gibt, die etwas besser wissen und können als sie selber; dass es aber kein Mensch auf die Dauer erträgt, wenn das, was er weiß und kann, von den anderen nicht erkannt und anerkannt wird. Dieser Umgang mit Schülerleistungen trägt in hohem Maße den Bedürfnissen Rechnung, die nach Deci und Ryan (1985, 1993, Ryan & Deci 2000) die Motivationsentwicklung beeinflussen: das Bedürfnis nach Erfahrung der Autonomie, der sozialen Eingebundenheit und der Selbstwirksamkeit.

Das Problem der Anverwandlung des Fachwissens. Um fachlich kompetent handeln zu können, muss Fachwissen in hinreichender Qualität und Quantität verfügbar sein (Weinerts Instruktionsprinzip 3). Damit Fachwissen aber tief verstanden, langfristig gespeichert und handlungswirksam ist, müssen parallel dazu personale, soziale und metakognitive Kompetenzen aufgebaut werden, wie dies in Weinerts Modell der Handlungskompetenz und der Metakompetenz (Weinert 2001, S. 51) vorgesehen ist. Das wird in traditionellen Lernmodellen, die sich vor allem an der Fachsystematik der Lehrbücher orientieren und Lernen als vorwiegend kognitiv-rezeptive Tätigkeit auffassen, oft missachtet, was dann nicht selten zu Desinteresse und trägem Wissen führt. Das Dialogische Lernkonzept dagegen orientiert sich an einem erweiterten Wissensbegriff von Habermas, der speziell den Prinzipien 4, 5 und 6 von Weinert gerecht wird, indem er Wissen auf drei Wurzeln der Rationalität zurückführt. Damit wird die Entwicklung und routinierte Beherrschung des Lehrbuchwissens und der Fachsystematik (epistemische Rationalität) auf produktive Weise mit der forschenden Nutzung des Wissens in unterschiedlichen Handlungszusammenhängen (teleologische Rationalität) und der Kritik des Wissens und den hermeneutischen Prozessen des Verstehens im Gespräch (kommunikative Rationalität) in Verbindung gebracht (Habermas 1999; siehe dazu auch Gadamer 1965). Das Dialogische Lernmodell nutzt diesen pragmatischen Wissensbegriff und bringt ihn mit dem Modell der Handlungskompetenz und der Metakompetenz in Verbindung.

In den folgenden drei Kapiteln sollen nun die Probleme der Heterogenität, der Motivation und der Anverwandlung des Fachwissens genauer ausgeleuchtet und mit den Konzepten des Dialogischen Lernmodells in Verbindung gebracht werden.

Schreibe alles auf, was dir durch den Kopf geht – der offene Auftrag als Antwort auf das Problem der Heterogenität

Es ist die Aufgabe der Lehrperson, möglichst alle Schülerinnen und Schüler einer Klasse an einen bestimmten Punkt – ein im Voraus definiertes Lernziel – zu bringen. Wie aber muss ihr Angebot beschaffen sein? Und wie legt man das Anforderungsniveau fest? Vom Fach her gesehen ist es erwünscht, so schnell wie möglich so viel Wissen wie möglich an die Schülerinnen und Schüler heranzutragen. Um die Klasse aber nicht zu überfordern und den Zusammenhalt der Lerngruppe nicht zu gefährden, wird sich die Lehrperson an einem mittleren Anforderungsniveau orientieren. Sie wird den Unterricht also so anlegen, dass die Schwächeren mehr oder weniger überfordert sind, und sie nimmt es in Kauf, dass die Stärkeren mehr oder weniger unterfordert sind. Damit tappt sie aber in die Falle der Heterogenität. Ein Unterricht, der sich an einem abstrakten Durchschnittsschüler orientiert, den es so vielleicht gar nicht gibt, wird letztlich niemandem wirklich gerecht. Lehrende und Lernende sind enttäuscht. Um etwas Dynamik in den Unterricht zu bringen, kann die Lehrperson versuchen, das Anforderungsniveau tendenziell zu erhöhen, was aber in der Regel negative Effekte hat, wie ich sie als junger Deutschlehrer erlebt habe. Durch Änderungen, die nur das Angebot betreffen, lässt sich das Heterogenitätsproblem nicht lösen. Je weiter sich das Angebot von den Nutzungsmöglichkeiten der Lernenden entfernt, desto geringer der Ertrag des Unterrichts. Eine Steigerung der Angebotsqualität ohne eine entsprechende Steigerung der Nutzungsqualität ist kontraproduktiv. Hier setzt das Dialogische Lernmodell an.

Misst man der Nutzungsqualität die gleiche Bedeutung zu wie der Angebotsqualität und kümmert man sich um beide gleichermaßen, gewinnt der Unterricht ein zusätzliches Ziel, das eine ungeahnte Dynamik auslöst. Die Qualität des Angebots ist umso besser, je mehr Lernende die für alle gleichen Lernziele erreichen und dabei klar definierte Kompetenzen erwerben, die sich an vorgegebenen Standards messen lassen. Die Qualität der Nutzung dagegen ist umso besser, je größer der Gewinn ist, den jeder einzelne Lernende aus dem Angebot zieht. Betrachtet man Unterricht also auch aus der Sicht des Angebots, ist es naheliegend, ein minimales Anforderungsniveau zu definieren, dem möglichst alle Mitglieder einer Lerngemeinschaft zu genügen vermögen; macht man sich jedoch die Perspektive der Nutzung zu eigen, interessieren die möglichen Höchstwerte. Man müsste folglich ein Angebot konzipieren, das zwei scheinbar widersprüchliche Aufgaben erfüllt: Es müsste die für alle verbindlichen Mindestanforderungen festlegen, die für alle Schülerinnen und Schüler einer Klasse erfüllbar sind, und es müsste gleichzeitig so herausfordernd sein, dass es auch die Schnellsten und Stärksten an ihre Grenzen führt und ihnen zeigt, wie sie diese überschreiten könnten. Alle verbindlich auf die gleiche Sache verpflichten, ohne die einen zu unterfordern und den anderen Unmögliches abzuverlangen – alle zu Höchstleistungen herausfordern, ohne die einen zu langweilen und die anderen zu entmutigen, das ist der Anspruch, den das Dialogische Lernmodell zu erfüllen versucht. Wie dies geschieht, soll an einem einfachen Beispiel gezeigt werden.

$$\frac{1}{4}\left\{\frac{1}{4}\left[\frac{1}{4}\left(\frac{1}{4}x-\frac{1}{4}\right)-\frac{1}{4}\right]-\frac{1}{4}\right\}-\frac{1}{4}=0$$

Die obige Gleichung stammt aus einem Lehrbuch für Mathematik, das sich an Schülerinnen und Schüler der Sekundarstufe 1 wendet. In einem Unterricht, der einseitig vom Angebot her konzipiert ist, würde man diese Gleichung entweder zum Lehrstoff machen und daran zeigen, wie man mit dem Problem der Klammern umgeht und wie man möglichst rasch zur Lösung kommt. Die Gleichung könnte aber auch Bestandteil eines Übungsprogramms sein, in welchem die Schülerinnen und Schüler Wissen über den Umgang mit Gleichungen anwenden, das ihnen zuvor im Unterricht vermittelt worden ist. Möglich wäre es schließlich aber auch, dass die Gleichung Teil einer Prüfung wäre, in welcher die Schüler unter Beweis stellen müssten, dass sie das zuvor vermittelte und eingeübte Wissen nun auch unter Zeitdruck schnell und sicher anwenden können. In welcher Phase des angebotsorientierten Unterrichts die Gleichung auch immer eingesetzt wird: Zwei Dinge würden sich immer gleich bleiben: Wegleitend wäre in jedem Fall die Frage: *Wie viel ist x?* Und diese Frage hätte in jeder Schulklasse einen ähnlichen Effekt. Sie würde unter den Schülerinnen und Schülern sofort zwei Gruppen erzeugen: die Gruppe derer, welche die Gleichung lösen können, und die Gruppe derer, die das nicht können. Die einen wären also unterfordert, die anderen überfordert. Die einen würden die Gleichung mehr oder weniger schnell lösen, andere würden die Zeit nutzlos verstreichen lassen.

Geschlossene Aufgabe zur Gleichung

A   Wie viel ist *x*?

Teil 3: Wissenschaftliche Verankerung des Dialogischen Lernens

Geschlossene Aufgaben haben nur eine richtige Lösung. Wer in der vorgesehenen Zeit nicht zum Resultat gelangt, ist erfolglos und hat versagt. Wie intensiv die Lernenden das Angebot genutzt haben und ob sie die Aufgabe mit der linken Hand oder nur unter größten Anstrengungen lösen konnten und was sie dabei tatsächlich gelernt haben, bleibt weitgehend im Dunkeln. Einseitig angebotsorientierter Unterricht fragt eben nicht danach, was genau die Schülerinnen und Schüler tatsächlich wissen und können, er beschränkt sich darauf, in Erfahrung zu bringen, ob die Schülerinnen und Schüler das wissen und können, was im Unterricht vermittelt worden ist. Maßgebend für die Beurteilung der Schülerleistungen ist das Angebot; was nicht dem Angebot entspricht, erscheint meist nur als Defizit.

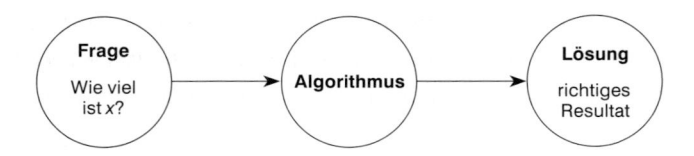

```
┌─────────┐      ┌──────────────┐      ┌──────────┐
│  Frage  │      │              │      │  Lösung  │
│ Wie viel│ ───▶ │  Algorithmus │ ───▶ │ richtiges│
│  ist x? │      │              │      │ Resultat │
└─────────┘      └──────────────┘      └──────────┘
```

Bei geschlossenen Aufgaben interessiert nur die richtige Lösung

Das ändert sich radikal, wenn man die Qualität des Angebots konsequent in Relation zur Qualität der Nutzung setzt. Unter dem Aspekt der Nutzung interessiert nicht mehr ausschließlich die Frage: *Hast du die Aufgabe richtig gelöst?*, hier interessiert primär die Frage: *Wie hast du die Aufgabe bearbeitet?* Nicht das richtige Resultat, das für alle gleich ist, steht im Zentrum der Aufmerksamkeit, sondern die ungleiche Art, wie die Lernenden das gleiche Angebot nutzen. Mit diesem Perspektivenwechsel gewinnt der Unterricht eine zusätzliche Dimension: die Dimension, die sich an der Qualität der Nutzung von schulischen Angeboten orientiert. Es geht zuerst einmal darum, festzustellen, wie die einzelnen Lernenden mit ihren unterschiedlichen Vorkenntnissen und Persönlichkeitsmerkmalen das Angebot überhaupt nutzen. Dieses Wissen ist unerlässlich für die Verbesserung der Unterrichtsqualität. Es schafft die Grundlage, auf der überlegt werden kann, wie einerseits das Angebot weiterentwickelt werden könnte, um den tatsächlichen Nutzungsmöglichkeiten besser zu entsprechen, und wie andererseits die Nutzungsmöglichkeiten weiterentwickelt werden könnten, um dem Angebot besser zu entsprechen. Damit beide Perspektiven eröffnet werden, muss das Angebot gleich zu Beginn des Unterrichts erweitert werden. Was würde das am Beispiel unserer Gleichung bedeuten?

Das fachliche Angebot – also die Gleichung selbst – könnte unverändert übernommen werden. Allerdings müsste sie als Problem im Unterricht gestellt werden, bevor das gesamte Wissen über die fachgerechte Behandlung solcher Gleichungen vermittelt und eingeübt worden ist. Weil ihnen wichtiges Fachwissen fehlt, wären die Schülerinnen und Schüler gezwungen, auf ihr Vorwissen zurückzugreifen. Fällt die Instruktion weg, haben Schüler, welche die Erklärungen der Lehrperson besser und schneller verstehen, keinen Vorteil gegenüber Schülern, die länger brauchen, um die Erklärungen der Lehrperson zu verarbeiten und den Durchblick zu gewinnen. Damit alle die gleichen Chancen haben, das Ziel zu erreichen, und gleichzeitig alle herausgefordert sind, sich nach Kräften anzustrengen und ihr Bestes zu geben, muss der

Das Dialogische Lernmodell vor dem Hintergrund wissenschaftlicher Theorien und Befunde

Arbeitsauftrag entsprechend abgeändert werden. Anstatt zu fragen, wie viel x ist, fragt der nutzungsorientierte Auftrag nach der Interaktion zwischen Person und Sache und interessiert sich für die Resonanz, die das fachliche Gegenüber im Lernenden auszulösen vermag. Dass der Lernende die Aufgabe löst und herausfindet, wie viel x ist, stellt eine mögliche Lösung des Auftrags dar, aber nicht die einzige und vielleicht nicht einmal die beste. Ein offener Auftrag zur obigen Gleichung könnte so lauten:

Offener Auftrag zur Gleichung

(A) Schau dir dieses mathematische Gebilde genau an. Achte dabei auf alles, was dir durch den Kopf geht. Schreibe alles so auf, wie es dir einfällt: Gedanken, Gefühle, Assoziationen, Einfälle, Erinnerungen, Fragen, Ängste, Ideen usw.

Der offene Auftrag löst das Problem der Heterogenität, indem er den Blick vom richtigen Resultat auf den Prozess der Problemlösung lenkt. Die Frage nach dem Nutzungspotenzial der Lernenden öffnet ein Handlungsfeld, das selbst für Experten interessant und herausfordernd ist, denen die Frage nach dem Wert von x kaum ein müdes Lächeln zu entlocken vermag. Und das ist hier kein Zufall, es ist vielmehr Merkmal aller offenen Aufträge. Anstatt vom Zielzustand her zu denken und nach dem Resultat einer Aufgabe zu fragen, nimmt der offene Auftrag die Perspektive der Lernenden ein und fordert sie auf, sich einer fachlichen Herausforderung zu stellen und ihre Ressourcen auf bestmögliche Weise zu nutzen. Darum können offene Aufträge von Anfängern gleichermaßen produktiv genutzt werden wie von Experten. Sie fordern beide heraus, ihr fachliches Potenzial ins Spiel zu bringen, und sie offerieren beiden die Gelegenheit, in Relation zu ihrem Wissen und Können, gute und sehr gute Leistungen zu erbringen. Der offene Auftrag bemisst die Leistung der Lernenden also nicht bloß danach, wie nahe sie dem für alle gleichen Resultat gekommen sind, sondern auch danach, wie groß die Fortschritte sind, die jede Person von ihrem jeweils individuellen Ausgangspunkt aus gemacht hat. Selbstverständlich wird dieser Fortschritt auch vor einem fachlichen Hintergrund beurteilt. Dieser Hintergrund beschränkt sich aber nicht auf das richtige Resultat der gestellten Aufgabe, sondern umfasst die gesamte Problemlandschaft, in welche diese Aufgabe eingebettet ist, in der aber viele andere Aufgaben gestellt werden könnten, die viel einfacher oder viel schwieriger sind. So wird es möglich, jeden Schüler an seine Grenzen zu führen, weil jeder die Komplexität des Problems nach Maßgabe seines Vorwissens variieren und damit an seine Leistungsgrenze vordringen kann.

Wir haben die obige Gleichung einer Gruppe von Lehramtsstudierenden an der Hochschule vorgelegt und sie aufgefordert, das Gebilde mit den vielen Klammern in Ruhe anzuschauen und seine Wirkung auf die Person ohne Rücksicht auf unterschwellige mathematische Anforderungen zu notieren (Ruf & Gallin 2005a, S. 23). Sie sollten sich vorerst einmal ohne einen speziellen Erwartungsdruck auf die Sache einlassen und dabei eine Sprache entwickeln, die zwischen Person und Sache vermittelt und eine graduell dosierbare Interaktion einleitet. Die

Teil 3: Wissenschaftliche Verankerung des Dialogischen Lernens

folgenden Assoziationen markieren singuläre Zugänge zur Sache, Zugänge von Personen, die nicht auf Mathematik spezialisiert sind.

> ▸ Die formalen Zeichen machen mir Angst. Ich bin völlig blockiert. Kein Einfall, keine Idee, nichts.
> ▸ Mir gefällt die Beschränkung auf ganz wenige Zeichen. Das erinnert mich an Lyrik: Die Beschränkung der Mittel ist ein Merkmal der Kunst. Kämen neben dem *1/4* noch *3/4* oder *2/5* vor, neben dem Minus noch Plus, hätte das Gebilde weniger Reiz.
> ▸ Frustrierend empfinde ich die Null: Ein ungeheurer Aufwand auf der linken Seite – für nichts.
> ▸ Mir kommt sofort die Erinnerung an meinen eigenen Mathematikunterricht: eine Mischung aus Faszination und Stress.
> ▸ Das ganze Gebilde enthält eine Art Symmetrie rund um das *x*, es wirkt ästhetisch.
> ▸ Die Klammern erinnern mich an Blütenblätter einer Knospe oder an die Schalen einer Zwiebel.
> ▸ Da ist von einem Viertel *x* die Rede. Wo sind denn eigentlich die restlichen drei Viertel? Mich erinnert das an eine Erbteilung: Drei Brüder haben gleichberechtigt ihre Teile geerbt; ein vierter muss von seinem Teil noch einen Tribut abgeben. Ist er zu bedauern? Wer bekommt den Tribut?

Antworten von Studierenden auf den offenen Auftrag zur Gleichung

Was bringt es, wenn sich Lernende zuerst ganz auf ihre Assoziationen konzentrieren, bevor sie sich der eigentlichen Lösung des Problems zuwenden? Ist das nicht Zeitverschwendung? Es gibt zwar Einfälle mit deutlichen Hinweisen auf Erfolg versprechende Lösungsstrategien. Der symmetrische Schälvorgang einer Zwiebel zum Beispiel ist das Muster, wie man ohne jede schriftliche Rechnung auf die Lösung stößt. Was aber hilft es, wenn jemand über seine Denkblockaden nachdenkt oder sich in frustrierenden Schulerinnerungen ergeht? Der rechnerischen Lösung der Aufgabe bringt ihn das gewiss keinen Schritt weiter. Oder doch? Wir haben die Studentinnen und Studenten im Anschluss an den Austausch und die Diskussion ihrer Assoziationen gebeten, die Gleichung, von der sie sich hatten herausfordern lassen, aus der Erinnerung aufzuschreiben. Tatsächlich gelang es allen, auch denen, die sich scheinbar mit etwas ganz anderem befasst hatten, sie auswendig, schnell und korrekt zu Papier zu bringen. Hingestellt als Objekt, das vorerst einmal nur beschnuppert und betrachtet werden wollte, hatte die Gleichung ihr bedrohliches Potenzial verloren und wurde zu einem mehr oder weniger merkwürdigen Gegenüber, dem sich jeder auf seine Weise nähern konnte. Jeder wusste etwas anderes über diese erste Begegnung zu erzählen, und mit jeder Geschichte lösten sich ein paar Verkrampfungen und verschwanden ein paar Ängste. Aber auch die mathematisch Versierten kamen in dieser Phase der persönlichen Reflexion voll auf ihre Rechnung. Wer die Gleichung gelöst hatte, fand bei Fragen nach Verallgemeinerungen und Prinzipien oder bei Versuchen einer Veranschaulichung der abstrakten Struktur eine anspruchsvolle Herausforderung. Jeder hatte das Problemfeld nach Maßgabe seiner Möglichkeiten und seiner Neigungen bearbeitet. Obwohl die einen noch meilenweit von der Lösung entfernt waren und andere sie längst schon hinter sich gelassen hatten, stießen die anschließenden fachlichen Erörterungen bei allen auf offene Ohren. Die formale Frage, wie viel *x* sei, hatte sich in eine wirkliche Frage verwandelt: eine Frage, die sich die Studenten nun tatsächlich stellten und auf deren Klärung sie neugierig waren. Die individuelle Beschäftigung mit dem offenen Auftrag – und das ist seine Hauptaufgabe – hatte das Problemfeld erschlossen und ein Erkenntnisinteresse geweckt. Dadurch entstanden günstige Bedingungen für die nachfolgende fachliche Instruktion.

Der Aufbau personaler, sozialer und fachlicher Aspekte der Handlungskompetenz im dialogischen Wechselspiel von Angebot und Nutzung

Wie kommt es zu einer Passung der Lernanforderungen, die für alle gleich sind, mit den Lernvoraussetzungen, die von Person zu Person ungleich sind? So stellt sich das Problem der Heterogenität im täglichen Unterricht. Normalerweise dreht sich im Unterricht alles um das Angebot, oft auch bei den sogenannten erweiterten Unterrichtsformen. Kommt die Nutzung der Lernenden in den Blick, was spätestens bei der Prüfung der Fall ist, geschieht dies meist ebenfalls einseitig unter dem Aspekt des Angebots. Gemessen am Angebot erscheint dann praktisch alles, was Schülerinnen und Schüler zu leisten vermögen, als defizitär. Es ist nie so vollständig und nie so perfekt, wie es vom Angebot her gedacht war. Einseitig angebotsorientierte Unterrichtskonzepte konzentrieren sich auf das Vermitteln, Einüben und Prüfen des fachlich Richtigen und nehmen Heterogenität deshalb als Störfaktor wahr. Am Beispiel der Gleichung haben wir gezeigt, wie sich das Problem entschärfen lässt, wenn man die enge Fachfrage „*Wie viel gibt x?*" zum offenen Auftrag „*Wie packst du dieses Problem an und was geht dir dabei alles durch den Kopf?*" erweitert. Misst die Fachfrage alles, was ein Lernender tut, am idealtypischen Wissen und Handeln eines Experten, was fast zwangsläufig Defizite ins Blickfeld rückt, interessiert sich der offene Auftrag auch für die unterschiedlichen Überlegungen, Einschätzungen und Vorgehensweisen unterschiedlicher Menschen mit unterschiedlichen Lernvoraussetzungen. Diese Inhalte macht das Dialogische Lernmodell zum Thema des Unterrichts. Im Austausch mit Lernpartnern und Experten, die am gleichen Auftrag gearbeitet haben, öffnet sich damit ein Handlungsfeld, innerhalb dem jeder Beteiligte seinen Platz finden und etwas Interessantes beitragen kann. Unterricht erschöpft sich nicht im Wissen der richtigen Lösung, sondern zielt auf den Aufbau von Kompetenzen. Darum ist nie nur das fachliche Angebot Gegenstand wertschätzender Analyse, sondern komplementär dazu immer auch die unterschiedliche Nutzung durch die Lernenden.

Das Dialogische Lernkonzept kümmert sich gleichermaßen um die Angebotsqualität und die Nutzungsqualität. Es konzipiert ein Angebot, das für alle gleich ist, regt und leitet aber eine Nutzung an, welche auf die Ungleichheit der lernenden Schülerinnen und Schüler Rücksicht nimmt. Dabei wird Gleiches gleich und Ungleiches ungleich behandelt. Zwar werden alle Schülerinnen und Schüler auf das gleiche, für alle verbindliche Fachwissen verpflichtet, zugleich schafft der Unterricht aber günstige Bedingungen dafür, dass jeder Schüler dieses Wissen auf eine für seine Entwicklung möglichst günstigste Weise nutzen kann. Aufgabe der Lehrperson ist es dann, diese ungleichen Nutzungen ihres Angebots auszuwerten und in einem neuen Angebot zu bündeln, das den Blick wieder auf das für alle gleiche Angebot lenkt. Jedes Mal, wenn die Lehrperson die unterschiedlichen Nutzungen ihres Angebots durch die Lernenden

Teil 3: Wissenschaftliche Verankerung des Dialogischen Lernens

auswertet, erweitert sie ihr Wissen über die Art und Weise, wie ihre Schülerinnen und Schüler denken und handeln, und sie kann das nächste Angebot noch besser darauf abstimmen. So wird die Qualität des Angebots parallel zur Qualität der Nutzung stetig verbessert.

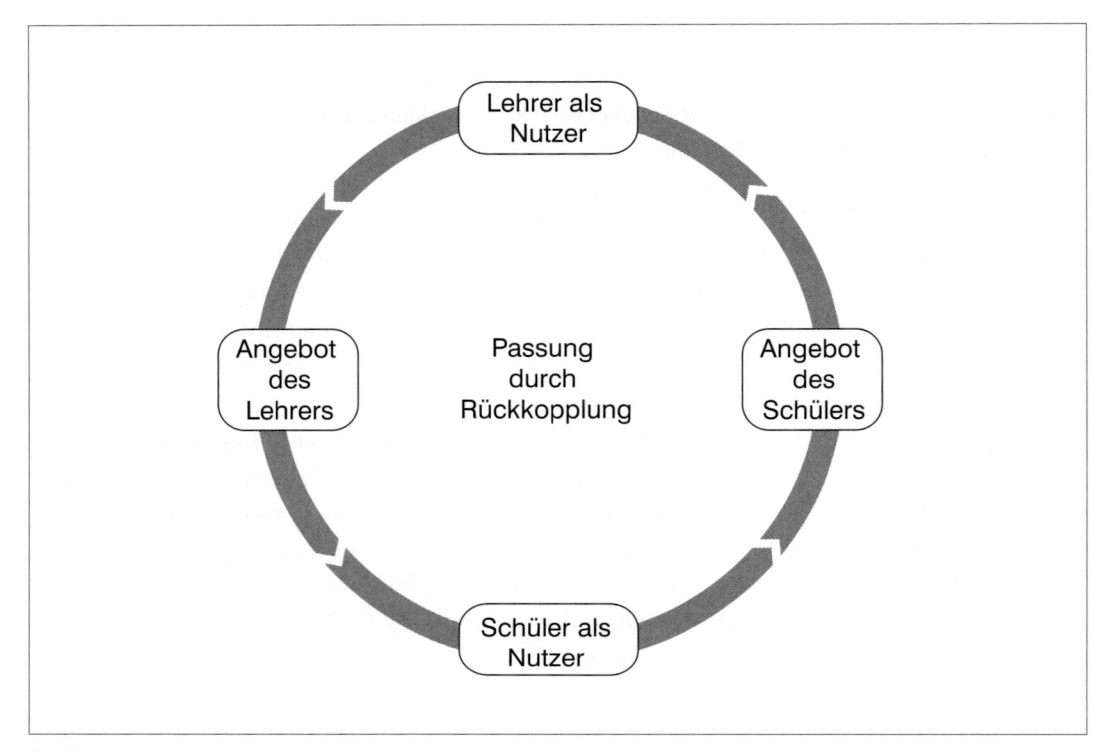

Rückkopplung von Angebot und Nutzung im Dialogischen Lernmodell

Im Dialogischen Lernmodell machen nicht nur die Lehrer Angebote, sondern auch die Schüler. Angebot und Nutzung werden in einem Regelkreis so aneinandergekoppelt, dass eine mangelnde Passung sofort erkannt und korrigiert werden kann, bevor sie Schaden stiftet. Durch diese Symmetrisierung der Rollen wird Fends Angebots-Nutzungs-Modell (1998) an einer entscheidenden Stelle erweitert (vgl. S. 14 f.). Unterricht wird verstanden als Austausch unter Personen mit ungleicher Expertise, die sich gegenseitig Angebote machen und diese nutzen. Darum strukturiert das Dialogische Lernmodell den Unterricht nach dem Muster des Gesprächs. So wird die schematische Vorstellung, dass Lehrkräfte für das Angebot und die Lernenden für die Nutzung zuständig seien, aufgebrochen. Angebot und Nutzung sind im Gespräch an die Rollen des Sprechers und des Zuhörers gebunden. Beim Sprecherwechsel wechselt also auch die Zuständigkeit für das Angebot und für die Nutzung. Schülerinnen und Schüler übernehmen im Gespräch komplementär zur Lehrperson abwechselnd die Rolle des Sprechers, des Zuhörers und des außenstehenden Beobachters.

Die Perspektive des Sprechers nehmen die Lernenden ein, wenn sie sich einer fachlichen Herausforderung stellen und darüber erzählen, wie sie die Sache sehen, wie sie diese anpacken und welche Erfahrungen sie dabei machen. Unter der Leitidee *Ich mache das so!* lernen

Das Dialogische Lernmodell vor dem Hintergrund wissenschaftlicher Theorien und Befunde

die Schülerinnen und Schüler das eigene Ich – ihre jeweils individuellen Lernvoraussetzungen – als treibende Kraft ihrer Entwicklung kennen und nutzen.

Singuläre Standortbestimmung (Angebot)	**Ich sehe und mache das so!** ▸ Abstand nehmen von sich selbst und das Ich als treibende Kraft der Entwicklung und der Bewährung gewinnen und nutzen lernen.	**Dialog mit der Sache dokumentieren** ▸ Das wirkt so auf mich. ▸ Das verstehe ich so. ▸ Das packe ich so an. ▸ Das will ich erreichen. ▸ Das habe ich herausgefunden. ▸ So begründe ich das.
Divergierender Austausch (Nutzung)	**Wie siehst und machst du es?** ▸ Die Perspektive eines anderen einnehmen und das Wissen und Können eines Lernpartners oder Experten als treibende Kraft der Entwicklung und der Bewährung gewinnen und nutzen lernen.	**Lernwege anderer untersuchen** ▸ Wie bist du vorgegangen? ▸ Was hast du herausgefunden? ▸ Wie begründest du das? ▸ Was ist gelungen? ▸ Was sehe ich gleich, was anders?
Regularisierende Einsichten (Ertrag)	**Das sehen wir alle so. Das machen wir ab.** ▸ Sich in den Kontext einer Lehr-Lern-Gemeinschaft stellen und das gemeinsame Wir als treibende Kraft der Entwicklung und der Bewährung gewinnen und nutzen lernen.	**Sichern des Wissens in der Rückschau** ▸ Begriffe bilden ▸ Verfahren festlegen ▸ Instrumente herstellen ▸ Qualitätskriterien formulieren und anwenden ▸ Wissen nutzen

Drei grundlegende Arbeitsphasen des Dialogischen Lernens

Die Perspektive des Zuhörers nehmen die Lernenden ein, wenn sie sich in die Situation ihrer Lernpartner und ihrer Lehrkräfte versetzen, die im gleichen Fachgebiet tätig waren und die nun über ihre Erfahrungen und ihre Sicht der Dinge erzählen. Unter der Leitidee *Wie machst du es?* lernen die Schülerinnen und Schüler das Fachgebiet, das sie bereits aus eigener Erfahrung kennen, aus der Sicht eines anderen zu betrachten und das Wissen und Können von Lernpartnern und Experten als treibende Kraft ihrer Entwicklung zu gewinnen und zu nutzen.

Die Perspektive des außenstehenden Beobachters nehmen die Lernenden ein, wenn sie sich auf das besinnen, was sie bei der Auseinandersetzung mit der fachlichen Herausforderung und im Austausch mit ihren Lernpartnern und ihren Lehrkräften gelernt und verstanden haben. Unter der Leitidee *Das machen wir ab* lernen die Schülerinnen und Schüler, sich in den Kontext einer Lehr-Lern-Gemeinschaft zu stellen und das gemeinsame Wir – den Lernertrag – als treibende Kraft der Entwicklung zu gewinnen und zu nutzen. So führt der dialogische Lernprozess von der singulären Standortbestimmung über den divergierenden Austausch zu regularisierenden Einsichten.

Das Dialogische Lernmodell versteht die Suche nach der Passung von Angebot und Nutzung als Aufgabe, die Lehrende und Lernende nur bewältigen können, wenn sie als Gesprächspartner mit unterschiedlichem Wissen und unterschiedlichen Erfahrungen kooperieren. Anstatt die Schülerinnen und Schüler durch direkte Vermittlung des Fachwissens für die Bewältigung der Lernanforderungen fit zu machen, was meist nur bei einem Teil der Lernenden fruchtet und die Nutzungsqualität oft nur kurzfristig und punktuell verbessert, regt und leitet es diese an, ihre Lernvoraussetzungen explizit und der Bearbeitung im Unterricht zugänglich zu machen. Diesem Zweck dient der offene Auftrag. Er konfrontiert die Lernenden mit einer fachlichen Herausforderung und fordert sie auf, ihre schon vorhandenen Kompetenzen aktiv und konstruktiv zu nutzen, um sie im Dialog mit der Sache selbst und mit Lernpartnern und Experten so zu erweitern, dass sie zu passenden und flexiblen Instrumenten für die Bearbeitung und Lösung von Fachproblemen werden. Dabei entwickeln sich parallel zu den fachlichen Kompetenzen auch personale und soziale Kompetenzen. Um den Einsatz und die Entwicklung dieser Kompetenzen zu beschreiben, nutzt das Dialogische Lernmodell das Konzept der Handlungskompetenz und der Metakompetenz von Weinert (2001, S. 51). Die Handlungskompetenz umfasst nach Weinert die notwendigen und entwicklungsfähigen Voraussetzungen, die es einer Person ermöglichen, in einem spezifischen Handlungsfeld (Fachgebiet, Beruf) erfolgreich zu agieren. Beim Aufbau und beim Einsatz der Handlungskompetenz beim Lernen und beim Problemlösen wirken personale, soziale und fachliche Kompetenzen auf eine von Person zu Person unterschiedliche Weise zusammen. Dabei spielt die Metakompetenz eine entscheidende Rolle. Metakompetenz ist Expertise gegenüber sich selbst als Wissender, Lernender und Handelnder. Sie ermöglicht es, die Prozesse, die man beim Handeln durchläuft, und die Produkte, die dabei entstehen, von einer Außenposition zu betrachten, zu beurteilen und zu verbessern. Auf der Suche nach der Passung von Angebot und Nutzung kommt der Metakompetenz eine Schlüsselrolle zu.

Das Dialogische Lernmodell vor dem Hintergrund wissenschaftlicher Theorien und Befunde

Personale Aspekte

Soziale Aspekte

Fachliche Aspekte
Das machen wir ab.
(Deklaratives und prozedurales Wissen)

HANDLUNGSKOMPETENZ

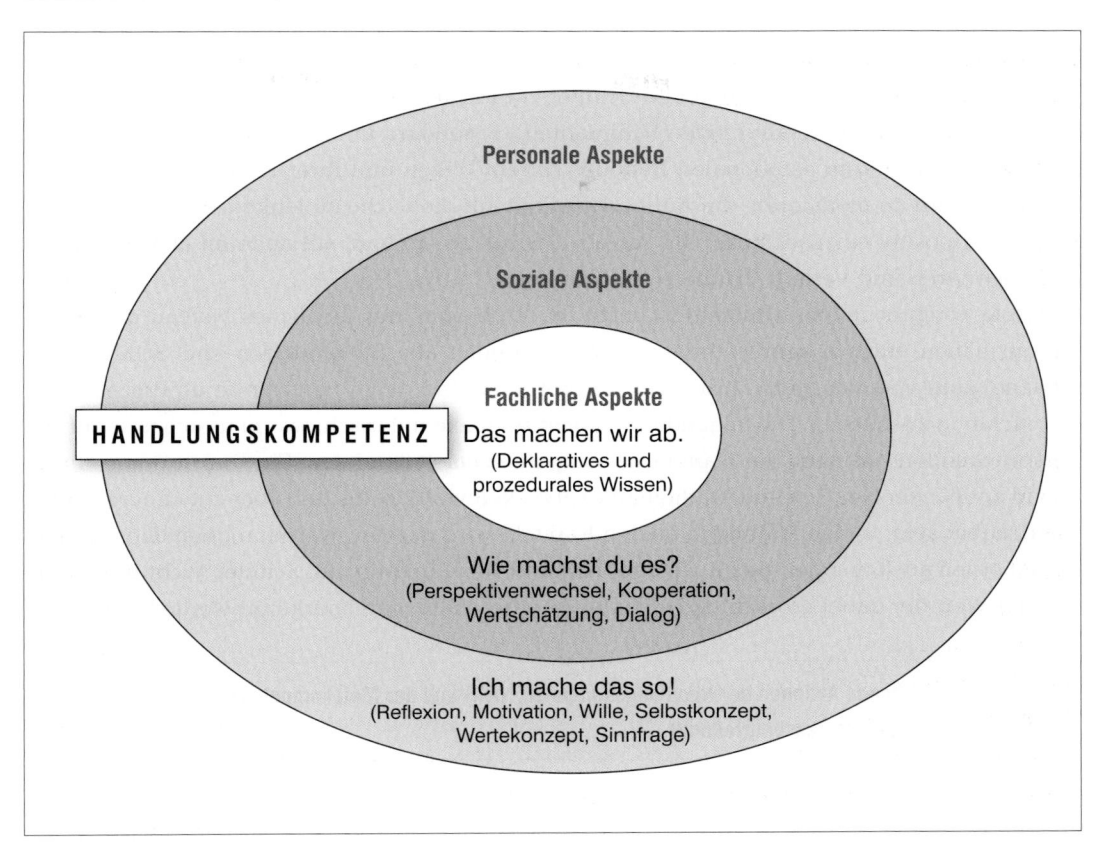

Wie machst du es?
(Perspektivenwechsel, Kooperation, Wertschätzung, Dialog)

Ich mache das so!
(Reflexion, Motivation, Wille, Selbstkonzept, Wertekonzept, Sinnfrage)

Modell der Handlungskompetenz, aufbauend auf Weinert (2001, S. 51)

Das psychologische Modell der Handlungskompetenz wird im Dialogischen Lernmodell als Raster benutzt, um einen Novizen oder einen Experten bei der Beschäftigung mit einem fachlichen Problem zu beobachten und zu beschreiben, welche seiner Tätigkeiten erfolgreich oder zumindest Erfolg versprechend sind. Solche Tätigkeiten bezeichnen wir generell als Erfolg versprechende Aktionen der Handlungskompetenz (Ruf 2003, S. 13). Die personalen Aspekte der Erfolg versprechenden Aktionen der Handlungskompetenz beziehen sich auf den Umgang der handelnden Person mit sich selbst, die sozialen Aspekte beziehen sich auf den Umgang der Person mit ihren Partnern und die fachlichen beziehen sich auf den Umgang der Person mit ihrem fachlichen Gegenüber.

Die Beschäftigung mit Erfolg versprechenden Aktionen der Handlungskompetenz steht im Zentrum des Dialogischen Unterrichts. Dabei werden Leistungen unter fachlichen Aspekten der Handlungskompetenz simultan zu Leistungen unter personalen und sozialen Aspekten gefordert und gefördert. Ermöglicht wird diese Erweiterung des Leistungsspektrums durch den offenen Auftrag. Hier lernen die Schülerinnen und Schüler, wie sie durch einen geschickten Einsatz ihrer Kompetenzen ihre Stärken ausspielen und nach Maßgabe ihrer Möglichkeiten Fortschritte machen können. Darum verliert die Heterogenität ihr lernhemmendes Potenzial. Erfolg versprechende Aktionen der Handlungskompetenz können die Lernenden auch dann zum Einsatz bringen, wenn sie erst über ein bescheidenes fachliches Wissen verfügen oder

Teil 3: Wissenschaftliche Verankerung des Dialogischen Lernens

wenn es gilt, entwicklungshemmende Persönlichkeitsmerkmale explizit zu machen und zu überwinden. Ob die Schülerinnen und Schüler ein fachliches Angebot nutzen können, hängt eben nicht nur von ihren kognitiven Fähigkeiten ab, sondern in hohem Maße auch von ihrer Lerngeschichte, ihrem emotionalen Befinden, ihrem Willen und ihrer Fähigkeit, zu reflektieren, sich selbst zu motivieren, die Aufmerksamkeit auf die Sache zu lenken, sich selber realistisch, aber positiv einzuschätzen, ihr Tun als sinnvoll zu erleben, mit anderen auszutauschen, zu kooperieren und Verantwortung zu übernehmen.

Erfolg versprechendes Handeln ist nicht an ein bestimmtes fachliches Niveau gebunden. Darum haben auch in sehr heterogenen Lerngruppen alle Schülerinnen und Schüler eine Chance, gute und sehr gute Leistungen zu erbringen und dabei Fortschritte im Prozess ihrer Entwicklung zu machen. Die folgende Übersicht zeigt exemplarisch, was man sich unter Erfolg versprechenden Aktionen der Handlungskompetenz vorstellen kann. Sie sind vor dem Hintergrund der Fächer Deutsch und Mathematik entwickelt worden, dürften aber auf andere Fächer übertragbar sein. In den folgenden beiden Kapiteln wird gezeigt, warum regelmäßige Erfolge beim Lernen auch und gerade für weniger begabte Schülerinnen und Schüler wichtig sind und wie der Wert der dabei erbrachten Leistungen eingeschätzt und anerkannt werden kann.

Erfolg versprechende Aktionen der Handlungskompetenz (HK) und der Metakompetenz (MK)
(Perspektiven einer Prozessbeurteilung)

HK/MK	Erfolg versprechende Aktionen
Personale Aspekte	▸ Sich auf fachliche Herausforderungen einlassen ▸ Sich lange und intensiv mit der Sache befassen (time on task) ▸ Sich selber motivieren und sich etwas zutrauen ▸ Interesse an der Sache entwickeln ▸ Durststrecken überwinden (hohe Frustrationstoleranz) ▸ Wertungen erkennen, untersuchen und vertreten ▸ Eine reflexive Einstellung zu sich selbst einnehmen ▸ Über das eigene Wollen und Tun nachdenken ▸ Sein Handeln kontrollieren und steuern ▸ Zwischen Handlungsalternativen wählen und Verantwortung übernehmen ▸ Entscheidungen treffen und begründen ▸ Sein Urteil revidieren, wenn neue Einsichten dies nahelegen ▸ Sich selber realistisch einschätzen (Selbstkonzept) ▸ Über die Sinnfrage nachdenken ▸ Metakognitives Wissen aufbauen und nutzen

Soziale Aspekte	▸ Die Perspektive wechseln ▸ Anderen mit Neugier und Respekt begegnen ▸ Andere um Rat fragen ▸ Leistungen anderer erkennen und mit Wertschätzung würdigen ▸ Anderen etwas erklären ▸ Von anderen lernen ▸ Aufgaben für andere entwickeln ▸ Mit anderen kooperieren ▸ Metakognitives Wissen aufbauen und nutzen
Fachliche Aspekte	▸ Die gestellte Frage versuchsweise erweitern, einschränken, variieren und zu einer eigenen Frage machen ▸ Das Problem für sich selbst bequem zurechtlegen ▸ Die Anforderungen der Sache realistisch einschätzen ▸ Seine Stärken gezielt einsetzen und die Schwächen kompensieren ▸ Hypothesen aufstellen und prüfen ▸ Vorwissen ins Spiel bringen ▸ Einen konkreten Fall annehmen und durchdenken ▸ Eine subjektive Strukturierung vornehmen ▸ Ein mentales Modell entwickeln ▸ Auch scheinbar querliegende Einfälle zulassen und prüfen ▸ Systematisch vorgehen ▸ Einen Gedanken zu Ende denken ▸ Sich Varianten vorstellen und ausprobieren ▸ Kenntnisse und Strategien aus einem vertrauten Kontext in einen neuen Kontext transferieren ▸ Das eigene Denken und Tun selbstkritisch überwachen ▸ Ergebnisse kritisch überprüfen ▸ Aus Erfahrungen – auch aus Fehlern – lernen ▸ Eine eigene Leistung mit Leistungen anderer vergleichen und realistisch einschätzen ▸ Metakognitives Wissen aufbauen und nutzen

Erfolg versprechende Aktionen der Handlungskompetenz und der Metakompetenz

Der Teufelskreis des Misserfolgs, oder: Warum man in der Schule nicht nur klug, sondern auch dumm werden kann

Das zweite scheinbar unlösbare Problem der Didaktik ist das Problem der Motivation. Motivation entsteht und entwickelt sich, wenn Schülerinnen und Schüler den Zusammenhang zwischen dem gezielten Einsatz ihrer Handlungskompetenz und dem Erfolg bei der Bewältigung fachlicher Herausforderungen herstellen und erkennen können. Das fällt den wenigen

Teil 3: Wissenschaftliche Verankerung des Dialogischen Lernens

Schülern leicht, die rasch lernen und in Prüfungen regelmäßig Erfolg haben. Aber die vielen anderen, die mehr Zeit brauchen und oft nicht zum richtigen Resultat kommen? Sie wären beim Aufbau der Motivation auf die Unterstützung der Lehrperson angewiesen. Doch wie schafft es die Lehrperson, allen Schülerinnen und Schülern in gleicher Weise die für die Motivation erforderliche Anerkennung und Wertschätzung entgegenzubringen, obwohl ihre Leistungsmöglichkeiten oft extrem ungleich sind? Das ist die didaktische Herausforderung, um die es hier geht.

Neben den kognitiven Lernvoraussetzungen ist die Motivation ein zentrales und unentbehrliches Merkmal der Persönlichkeit eines Lernenden. Persönlichkeitsmerkmale entwickeln sich im Lauf der Lerngeschichte einer Person und begünstigen oder behindern erfolgreiches Lernen. Neben dem fachlichen Vorwissen, dessen Qualität und Quantität für Erfolg oder Misserfolg anschließender Lernprozesse ausschlaggebend ist, gehören zu den Persönlichkeitsmerkmalen auch Einstellungen und Haltungen, die sich auf der Basis von vielfältigen Lern- und Schulerfahrungen herausgebildet haben: die Sach-, Lern- und Leistungsmotivation; Zuversicht oder Leistungsangst; Frustrationstoleranz; affektive Muster; Wille; Fähigkeitskonzept; Wertekonzept sowie Einstellungen gegenüber Lehrkräften, Lernpartnern und Schule überhaupt (Stern & Hardy 2004). Dass gerade das Vorwissen bei der Vorhersage von Schulerfolg eine überragende Rolle spielt, wird in vielen neueren Studien aus dem Bereich der Kognitionspsychologie nachgewiesen. Erfolg aber ist seinerseits der motivationspsychologisch bedeutendste Faktor, um wieder Erfolg zu erzeugen. Wer mehr und besser fundiertes Vorwissen hat als seine Lernpartner, hat große Chancen, sie mit seinem Erfolg zu überflügeln, was wiederum motiviert, sein Vorwissen noch konsequenter zur erweitern und zu vertiefen, was die günstigen Bedingungen für Schulerfolg nochmals verbessert.

Dieser Zusammenhang ist dramatisch. Persönlichkeitsmerkmale und schulische Lerngelegenheiten stehen in enger wechselseitiger Beziehung, sie prägen und bedingen sich gegenseitig. Ihr Verhältnis ist reziprok. Auf der einen Seite haben die Persönlichkeitsmerkmale eines Lernenden einen entscheidenden Einfluss auf seinen Lernerfolg und seine Leistungsentwicklung, andererseits aber ist es die Schule selbst, welche diese Persönlichkeitsmerkmale nicht nur voraussetzt, sondern auch prägt. Dabei gilt das sogenannte Matthäus-Prinzip: „Wer hat, dem wird gegeben." Wer in der Schule Erfolg hat, bildet zunehmend lernfördernde Persönlichkeitsmerkmale aus, wer Misserfolg hat, entwickelt zunehmend lernhemmende Persönlichkeitsmerkmale. Schüler lernen also nie nichts: Machen sie keine Fortschritte, so machen sie Rückschritte und ihre Lernbedingungen verschlechtern sich zunehmend. Der Pädagoge und Sonderschullehrer Jürg Jegge (1976) hat dies schon früh erkannt und in einer prägnanten Kernidee auf den Punkt gebracht: *„Dummheit ist lernbar."*

Weckt etwa eine Mathematikaufgabe reflexartig stereotype Muster wie „Ich bin dumm" oder „Mathematik ist langweilig", sind Misserfolge vorprogrammiert (vgl. Pellegrino, Chudowsky & Glaser 2001, S. 91: lernhemmende subjektive Theorien über Mathematik). Unter diesen Umständen wird ein Lernender auch sein vorhandenes Nutzungspotenzial nicht ins Spiel bringen, sondern sich resigniert zurückziehen. Damit setzt er einen Teufelskreis in Gang: Anstatt die Intensität der Auseinandersetzung mit dem fachlichen Angebot zu erhöhen, reduziert der Ler-

Das Dialogische Lernmodell vor dem Hintergrund wissenschaftlicher Theorien und Befunde

nende die Zeit, in der er sich mit der Sache befasst („time on task"), entwickelt Prüfungsangst, hat dann entsprechend Misserfolg, unternimmt aber nichts dagegen, weil er diesen Misserfolg externen, nicht beeinflussbaren Faktoren wie etwa mangelnder Intelligenz zuschreibt, und verliert so nach und nach den Anschluss an seine Klasse. So nimmt die Nutzungsqualität rapide ab. Mit dem Vertrauen in die eigenen Kräfte geht auch das Gefühl der sozialen Eingebundenheit in die Lerngemeinschaft verloren. Der Teufelskreis dreht sich weiter. Weckt eine fachliche Herausforderung dagegen Neugier und Interesse und ist dabei die Erfahrung wegleitend, dass man sich Zeit nehmen muss, dass viele Wege zum Ziel führen und dass Anstrengung sich lohnt (vgl. Pellegrino u. a. 2001, S. 72 f.), stehen die Chancen gut, und selbst Lücken im Vorwissen wirken sich nicht mehr so dramatisch aus. Schülerinnen und Schüler mit einer positiven und sachgerechten Einstellung machen Fortschritte, erfahren dadurch, dass sie etwas wissen und können, gewinnen Selbstvertrauen, fühlen sich als wertvolle Mitglieder der Lerngemeinschaft und erhöhen ihre Nutzungsqualität damit stetig. „Denn wer hat", so lautet das erwähnte Matthäus-Zitat, „dem wird gegeben werden, und er wird Überfluss haben"; „wer aber nicht hat" – und auch das gilt im Pädagogischen –, „dem wird auch das genommen werden, was er hat" (Matthäus 13, 12). Negative Nutzungserfahrungen in einer wichtigen Lernphase können sich auf ein ganzes Fach oder gar auf das schulische Lernen überhaupt ausdehnen.

Solche positiven oder negativen Prozesse der Persönlichkeitsentwicklung beim schulischen Lernen lassen sich durch eine entsprechende Lernumgebung beeinflussen und begünstigen, und zwar im positiven als auch im negativen Sinn. Stark kontrollierende und selektionierende Lernumgebungen, die sich nicht um die Passung von Angebot und Nutzung kümmern, kaum Raum für Selbstbestimmung zulassen, Fehler als Versagen interpretieren, Heterogenität als Störfaktor auffassen, alle Schüler über die gleichen Hürden jagen, ausschließlich die Sozialnorm anwenden und immer nur den gleichen drei oder vier Spitzenschülern Erfolgserlebnisse ermöglichen, begünstigen die Entwicklung von lernhemmenden Einstellungen und Persönlichkeitsmerkmalen wie Prüfungsangst, Fehlervermeidungsstrategien, notenorientierte Motivation und fatalistische Erklärungen von Erfolg und Misserfolg. Lernumgebungen dagegen, die sich wie das Dialogische Lernmodell um eine Passung von Angebot und Nutzung kümmern, mit Heterogenität konstruktiv umzugehen wissen, den Leistungsstärkeren wie die Leistungsschwächeren vielfältige Erfahrungen der Autonomie, der Selbstwirksamkeit und der sozialen Eingebundenheit ermöglichen (Ryan & Deci 2000), Fehler als Chancen auffassen und dafür sorgen, dass sich die Leistungsstärksten ebenso anstrengen müssen wie die Leistungsschwächsten, begünstigen die Entwicklung von lernfördernden Persönlichkeitsmerkmalen wie intrinsische Motivation, hohe und sachbezogene Anstrengung und gründliches und nachhaltiges Lernen. Eine Übersicht über entwicklungshemmende und entwicklungsfördernde Merkmale einer Lernumgebung findet sich in der folgenden Tabelle.

Teil 3: Wissenschaftliche Verankerung des Dialogischen Lernens

Merkmale von entwicklungsfördernden und entwicklungshemmenden Lernumgebungen	
Was erfolgreiches Lernen begünstigt	Was erfolgreiches Lernen behindert
Die **Passung** von Lernanforderungen und Lernvoraussetzungen steht im Zentrum des Unterrichts. ▸ Um das Vorhandene mit dem Neuen zu verbinden, strukturiert jeder Lernende sein Vorwissen neu, modifiziert und erweitert es, baut es um und bildet **mentale Modelle**.	Neues Wissen wird für alle in gleicher Weise vermittelt, **eingeübt** und geprüft. ▸ Das individuelle Verarbeiten, das Verstehen und die flexible Nutzung des Wissens sind keine zentralen Bestandteile des systema-tischen Unterrichts.
Konstruktiver Umgang mit **Heterogenität**: ▸ Erfolgreiches Lernen wird auf unterschiedlichem Niveau ermöglicht.	Lernen im Gleichschritt und **Selektion**: ▸ Unterschiede zwischen den Lernenden nach Abschluss einer Lernphase werden als Störfaktor wahrgenommen (mehrgliedrige Schulsysteme).
Fehler werden als **Chancen** aufgefasst: ▸ Mut, sich riskanten, aber stimulierenden Herausforderungen zu stellen.	Fehler werden als **Versagen** aufgefasst: ▸ Fehlervermeidungsstrategien
Hohe time on task: ▸ Die Lernenden können ihre Aufmerksamkeit bündeln und sich lange und intensiv mit der Sache befassen.	**Geringe time on task**: ▸ Die Lernenden können ihre Aufmerksamkeit schlecht bündeln und lassen sich immer wieder ablenken.
Der Unterricht ermöglicht die Erfahrung der **Autonomie**.	Der Unterricht funktioniert nur auf der Basis von **Kontrolle**.
Der Unterricht ermöglicht die Erfahrung der **Selbstwirksamkeit**.	Die Lernenden leiden unter **Prüfungsangst**.
Der Unterricht ermöglicht die Erfahrung der **sozialen Eingebundenheit**. ▸ Wertschätzung erleben und von anderen im sachbezogenen Wettbewerb lernen.	Die Bewertung erfolgt vorwiegend nach der **Sozialnorm**. ▸ Entmutigung durch Vergleiche mit anderen auf der Ebene der Noten.
Erfolg oder Misserfolg wird **beeinflussbaren Faktoren** zugeschrieben. ▸ z. B. mangelnder Anstrengung	Erfolg oder Misserfolg wird **nicht beeinflussbaren Faktoren** zugeschrieben. ▸ z. B. mangelnder Intelligenz

Sachbezogene Motivation	Notenbezogene Motivation
▸ Wer neue Kompetenzen erwerben will, greift zu tiefenverarbeitenden Lernstrategien.	▸ Wer nur an guten Noten interessiert ist, nutzt Strategien, die oberflächliches Fassadenwissen erzeugen.

Merkmale von entwicklungsfördernden und entwicklungshemmenden Lernumgebungen

Das schulische Angebot mag für alle gleich sein, die Chancen, es zu nutzen, sind von Schüler zu Schüler ungleich. Das wäre nicht besonders beunruhigend, wenn jeder Schüler allein für die Qualität seiner Nutzung des schulischen Angebots verantwortlich wäre. Weil aber die Schule nicht nur das Angebot bereitstellt, sondern durch die Art und Weise des Unterrichts auch die Art der Nutzung prägt, muss sie sich um beides gleichermaßen kümmern: um die Sicherung der Qualität des Angebots und um die Sicherung der Qualität der Nutzung. Und weil die Nutzungsqualität nicht nur vom fachlichen Wissen und Können abhängt, das der Schüler im vorangehenden Unterricht erworben hat, sondern auch von personalen und sozialen Kompetenzen, die sich parallel dazu entwickelt haben, müssen personale, soziale und fachliche Aspekte der Nutzung ständig beobachtet, eingeschätzt und gefördert werden. Für die Lehrperson bedeutet dies, dass sie neben ihrem Fachwissen ein fundiertes Wissen über die jeweils individuellen Lernvoraussetzungen ihrer Schülerinnen und Schüler benötigen. Doch dieses Wissen ist nicht allgemein zugänglich und verfügbar. Zum Wissen über ihre Lernvoraussetzungen, welches die Lehrperson braucht, um ein passendes Angebot zu machen, haben letztlich nur die Schülerinnen und Schüler selbst Zugang. Es ist ein weitgehend implizites *Wissen wie*, das aktiviert wird, wenn ein Schüler mit einer fachlichen Herausforderung konfrontiert wird und diese zu bewältigen versucht. Dieses Wissen setzt sich aus der Summe der Erfahrungen zusammen, welche eine Person in der Auseinandersetzung mit einem Fach und mit ihren Lehrkräften und ihren Lernpartnern im Unterricht gemacht und die sich in fachbezogenen Einstellungen und Persönlichkeitsmerkmalen verdichtet hat; diese können lernfördernd oder lernhindernd sein. Persönlichkeitsmerkmale sind letztlich also verdichtete Nutzungserfahrungen, die explizit gemacht werden müssen, wenn die Qualität des Angebots und die Qualität der Nutzung in ein Gleichgewicht gebracht und systematisch gefördert werden sollen. Wie aber gewinnt die Lehrperson ihre Schülerinnen und Schüler dazu, ihre jeweils individuelle Nutzung des Angebots möglichst unverfälscht offenzulegen – und wie kann sie personale und soziale Kompetenzen ebenso gezielt fördern wie fachliche Kompetenzen? Diese Fragen untersuchen wir im nächsten Kapitel.

Mich interessiert, was dir gelungen ist – die Lehrperson als Expertin der Förderung im Arbeitsfeld der persönlichen Entwicklung

Motivation entsteht und entwickelt sich mit der Erfahrung, etwas ausrichten zu können und Fortschritte zu machen. Bis eine dauerhafte Sach-, Lern- und Leistungsmotivation aufgebaut ist, braucht es allerdings viele fördernde und verstärkende Rückmeldungen. Darum sollten Lehrkräfte ihre Zeit und Energie hauptsächlich darauf verwenden, Qualitäten und Erfolg versprechenden Aktionen der Handlungskompetenz in den Arbeiten der Lernenden freizulegen und Entwicklungsmöglichkeiten anstatt Defizite aufzuzeigen. Denn fehlende Motivation führt, wie im vorangehenden Kapitel gezeigt wurde, rasch zu einer dramatischen Verschlechterung der Lernbedingungen. Schüler, die mit den Angeboten eines Fachs über längere Zeit nichts anfangen können, weil ihnen das Vorwissen oder das Interesse fehlt oder weil sie ihre Fähigkeiten falsch einschätzen, nutzen diese schlecht und entwickeln dabei lernhemmende Persönlichkeitsmerkmale. Ihre Nutzungsqualität sinkt stetig. Will man den Teufelskreis durchbrechen, muss man ihnen Gelegenheit geben, ihr Potenzial zu aktivieren und erfolgreich zu handeln, auch wenn ihnen die nötige Expertise zur fachgerechten Behandlung des Angebots noch fehlt. Didaktisch lässt sich das durch das Konzept des offenen Auftrags realisieren. Der *offene Auftrag* ist nicht einseitig nur an der richtigen Lösung interessiert, sondern enthält auch die Aufforderung zum freien Assoziieren und Reflektieren. Die spontan geäußerten Gedanken und Gefühle sollen Einblick geben in die impliziten Konzepte und Misskonzepte, die durch die fachliche Herausforderung wachgerufen worden sind und die Nutzungsqualität bestimmen. Nur dort, wo tragfähiges Vorwissen vorhanden ist, kann neues Wissen aufgenommen und verarbeitet werden. Weil hier eine große Heterogenität herrscht, muss einerseits das Angebot so offen sein, dass Lernende mit unterschiedlichen Lernvoraussetzungen einen Zugang finden können, und andererseits müssen die Lernenden so lernbereit, eigenständig und kompetent sein, dass sie einen solchen Zugang aus eigener Kraft nicht nur herstellen können, sondern auch wollen. Das sind hohe Anforderungen an die Lernenden, welche sie ohne systematische Unterstützung durch die Lehrperson kaum bewältigen. Dem Erkennen, Benennen und Einschätzen von Qualitäten und Erfolg versprechenden Aktionen der Handlungskompetenz kommt dabei eine Schlüsselfunktion zu.

Dass sich Schüler auf einen offenen Auftrag einlassen, wie wir es am Beispiel der Gleichung mit den vielen Vierteln und den vielen Klammern gezeigt haben, ist keineswegs selbstverständlich. Zwar bieten offene Aufträge gerade auch Schülerinnen und Schülern mit Wissenslücken und Defiziten eine Chance. Wie aber soll jemand, der auf eine unerfreuliche Lerngeschichte in einem Fach zurückblickt, die Motivation aufbringen, es trotz vieler Misserfolge nochmals zu versuchen? Und dies erst noch auf eine derart ungewohnte Art. Einblicke in seine Gedanken und Gefühle geben? ... Das würde ja gerade noch fehlen! Niemand stellt sich doch freiwillig bloß. Lehrt doch die Schulerfahrung, dass nur belohnt wird, wer die richtige Antwort weiß. So kann es vorkommen, dass gerade Schüler, denen der offene Auftrag eine Chance bieten würde, wieder Anschluss ans Fach und an die Klasse zu gewinnen, zögern, diese Chance wahrzunehmen. Es kommt aber auch vor, dass Schüler, die bisher keine Probleme mit einem Fach hatten, sich ebenfalls nicht auf offene Aufträge einlassen wollen. Wozu auch? Es hat ja bisher auch ohne funktioniert. Es ist darum von größter Bedeutung, dass der Nutzen der Arbeit an offenen Aufträgen sofort und eindeutig erkennbar wird. Es muss für die Lernenden glaubhaft und erfahrbar sein, dass das, was sie tatsächlich denken, fühlen und wollen, nicht nur größte Bedeutung für ihre eigene Entwicklung hat, sondern auch für ihre Lehrperson und ihre Lernpartner von großem Interesse ist. Beides leistet der offene Auftrag auf die Dauer nur, wenn er mit drei weiteren Instrumenten des Dialogischen Lernkonzepts kombiniert wird: mit dem Lernjournal, wo die Schriftlichkeit als Medium des Lehrens und Lernens genutzt wird;

Das Dialogische Lernmodell vor dem Hintergrund wissenschaftlicher Theorien und Befunde

den Häklein, einem einfachen vierwertigen Bewertungssystem; und der Autographensammlung, einem fachlichen Input, der sich auf interessante Schülerbeiträge stützt (vgl. Ruf & Gallin 2005a, S. 81–90).

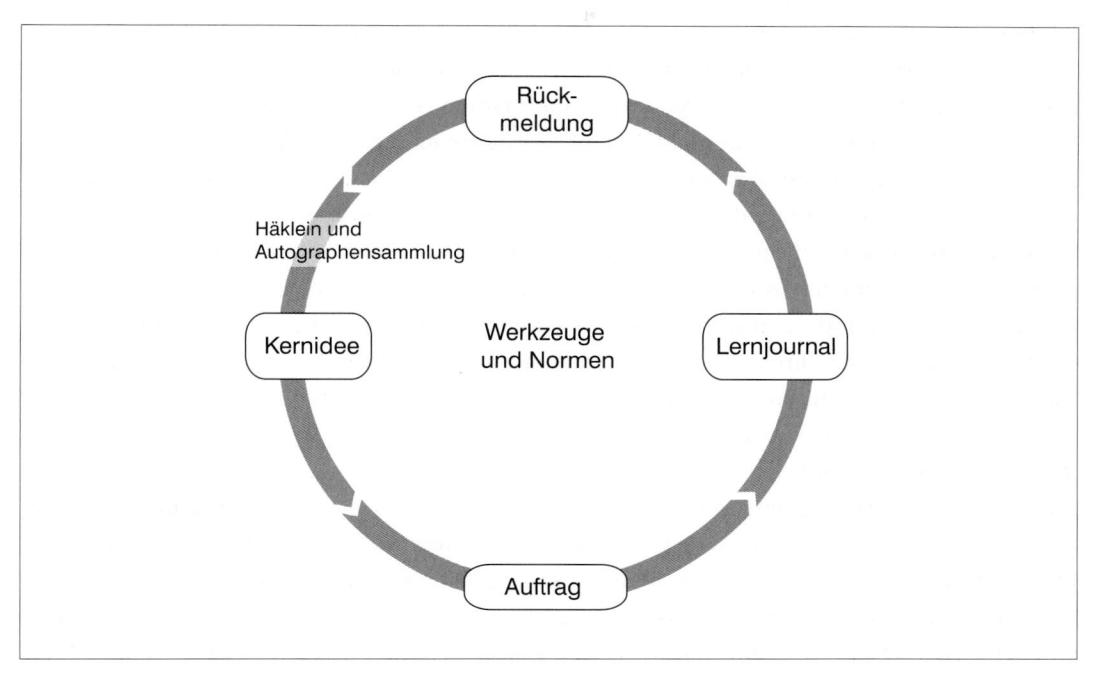

Kreislauf der persönlichen Entwicklung beim Dialogischen Lernen

Offene Aufträge sind von *Kernideen* der Lehrperson inspiriert, die zwischen den Herausforderungen des fachlichen Angebots und den Interessen und Nutzungsmöglichkeiten der Schülerinnen und Schüler vermitteln. Kernideen lenken den Blick der Lernenden auf fachliche Pointen und fordern sie zum eigenständigen Denken und Tun heraus. Die Auseinandersetzung mit offenen Aufträgen findet in einem Lernjournal statt. Im *Lernjournal* werden alle Texte, die im Unterricht entstehen, in chronologischer Reihenfolge abgelegt und gesammelt. Damit wird das Lernjournal zum zentralen Ort der persönlichen Entwicklung: Hier werden Struktur und Beschaffenheit des Vorwissens und der Handlungskompetenz insgesamt nach und nach erkennbar, und hier lassen sich Entwicklungen über längere Zeit verfolgen. Nur wenn genügend Spuren der persönlichen Lernprozesse in den Lernjournalen dokumentiert sind und hier auch in Ruhe untersucht werden können, gewinnt die Lehrperson genügend Einblick in die unterschiedlichen Nutzungsmöglichkeiten der Lernenden und kann ihr Angebot entsprechend anpassen. Die Tatsache, dass die Lehrperson die Einträge im Lernjournal umgehend liest und da und dort mit kurzen Rückmeldungen kommentiert, macht den Wert erkennbar, den sie diesen Arbeiten beimisst. *Rückmeldungen* allein genügen aber nicht, zumal sich die Lehrperson meist auf eine oder zwei kurze Bemerkungen beschränken muss, wenn sie den Aufwand in Grenzen halten will. Zwar enthalten auch Rückmeldungen Werturteile, aber das sind Wörter, die vieles bedeuten können und interpretiert werden müssen. Das ist den Schülerinnen und Schülern zu unbestimmt. Sie wollen von der Lehrperson genauer wissen, wie sie ihren Beitrag einschätzt. Denn für die Lernenden ist, zumindest am Anfang, nicht immer erkennbar, wie wertvoll und bedeutsam die dokumentierten Spuren ihrer Auseinandersetzung mit dem Auftrag für ihre persönliche Entwicklung sind.

Hier sind – geprägt durch frühere Schulerfahrungen – lern- und entwicklungshemmende Misskonzepte im Spiel, die das Vertrauen ins eigene Denken und Tun untergraben und die Schüler im Zustand der Unmündigkeit gefangen halten (Kant 1784). Erzeugt werden solche Misskonzepte durch einen Unterricht, der sich einseitig am Lehrbuchwissen orientiert, kaum Raum für das Erleben der eigenen Kompetenz lässt und ein permanent defizitäres Grundgefühl erzeugt. Der Überwindung dieser Misskonzepte schenkt das Dialogische Lernmodell größte Aufmerksamkeit. Ziel ist es, die Schülerinnen und Schüler zu ermutigen, ihren eigenen Ideen und Assoziationen wieder einen Wert beizumessen, sie im Vertrauen auf ihr eigenes Denken zu prüfen und zu nutzen und dabei ein immer klareres Bild der Beschaffenheit und der Leistungsfähigkeit ihrer Handlungskompetenz zu gewinnen. Diesem Ziel dient auch das methodische Instrument der *Häklein*, das hier etwas ausführlicher vorgestellt wird.

Die Arbeit mit offenen Aufträgen im Lernjournal verlangt von Lehrenden und Lernenden ein radikales Umdenken im Umgang mit fachlichen Herausforderungen und im Einschätzen der dabei erbrachten Leistungen. Was hier zählt, ist das, was ein Schüler aus eigener Kraft zu leisten vermag, auch wenn es fachlich falsch ist. Das ist eine Änderung der Praxis im Umgang mit dem Fach und den Schülerleistungen, die nicht von heute auf morgen erfolgt, sondern in einem intensiven und verbindlichen Austausch zwischen Lehrenden und Lernenden Schritt für Schritt entwickelt und eingeübt werden muss. Aus diesem Grund wird jeder Eintrag ins Lernjournal, der durch einen offenen Auftrag ausgelöst worden ist, vom Lehrer sofort eingesammelt, beurteilt und bewertet. Dank regelmäßigen Rückmeldungen und grob qualifizierenden Häklein erfahren die Lernenden postwendend, ob sie sich intensiv genug auf die Sache eingelassen haben und wo ihre Stärken und Entwicklungsmöglichkeiten liegen. Für den Aufbau einer tragfähigen Sach-, Lern- und Leistungsmotivation ist es von entscheidender Bedeutung, dass bereits die ersten zaghaften und noch unbeholfenen Versuche sorgfältig auf ihr Potenzial hin untersucht, Qualitäten bewusst gemacht und Erfolg versprechende Aktionen der Handlungskompetenz verstärkt werden. Nur so gewinnen die Lernenden Vertrauen in ihr eigenes Denken und Tun und entwickeln die Bereitschaft, ihre Entwicklung im Fach entschlossen voranzutreiben und dabei immer mehr Verantwortung zu übernehmen.

Häklein werden als Bewertungen im Bereich der persönlichen Entwicklung eingesetzt. Doch die Art, wie dies geschieht, und die Maßstäbe, die dabei angewendet werden, unterscheiden sich deutlich von der Art der traditionellen Bewertung im schulischen Kontext. Bewertung im schulischen Kontext ist normalerweise defizitorientiert. Geprüft wird, was vorher im Unterricht vermittelt und eingeübt worden ist. Die Prüfung findet unter streng standardisierten Bedingungen statt. Alle müssen im gleichen Moment das gleiche Wissen und Können auf die gleiche Weise unter Beweis stellen. Je genauer die Leistung dem entspricht, was in der Phase der Wissensvermittlung und des Übens intendiert worden ist, desto besser ist sie. Entwicklungsorientierte Bewertung mit Häklein hat damit wenig gemein. Sie hat auch eine andere Funktion: Sie will Entwicklungsprozesse auslösen, unterstützen und fördern. Darum orientiert sie sich nicht an schulischen Prüfungen, sondern nimmt sich eher das Training eines Sportlers zum Vorbild, der sich auf einen Wettkampf vorbereitet, oder das Üben und Proben eines Musikers, der seine Handlungskompetenz systematisch nutzt und erweitert, um sie schließlich vor einem bestimmten Publikum unter Beweis zu stellen. Wie muss man, so lautet die entscheidende Frage, einen Lernenden unterstützen, damit er das verfügbare Angebot maximal nutzt und aus seinen Möglichkeiten das Beste macht? Diesem Zweck dienen neben den anderen methodischen Instrumenten des Dialogischen Lernmodells auch die Häklein.

Häklein sind ein einfach zu handhabendes *vierwertiges Bewertungssystem*, mit welchem die Lehrperson klar und verbindlich bekannt gibt, welchen Wert sie einer Leistung im Prozess der persönlichen Entwicklung eines Lernenden beimisst. Ein Häklein bedeutet „erfüllt", zwei Häklein „spezielle Qualität", drei Häklein „ein Wurf". Das gestrichene Häklein bedeutet „noch nicht erfüllt". Es fordert den Lernenden auf, seine „time on task"[1] zu erhöhen und sich nochmals an die Arbeit zu machen und dabei die Möglichkeiten seiner Handlungskompetenz besser zu nutzen, um das gestrichene Häklein zu tilgen. Der zweite Versuch wird aber maximal mit einem Häklein bewertet. Erfüllt er die Anforderungen nicht oder wird die zweite Chance gar nicht wahrgenommen, wird das provisorische Urteil definitiv. Die Leistung wird als ungenügend taxiert, was ohne weitere Differenzierung der schlechtesten Note entspricht. Dass Häklein erst notenwirksam werden, wenn die Lernenden die zweite Chance nicht nutzen, ist entscheidend. Häklein sind grobe Einschätzungen aus der Außensicht der Lehrperson, die den Wert einer Leistung im Kontext eines individuellen Entwicklungsprozesses zu bewerten versuchen. Das ist aber kein unverrückbares Verdikt, sondern eine Einladung zum Dialog. Ein gestrichenes Häklein fordert den Lernenden auf, eine entsprechende Wertung aus der Innensicht vorzunehmen. Diese kann das Urteil der Lehrperson bestätigen, korrigieren oder widerlegen. Schließt sich der Lernende dem Urteil der Lehrperson an, kann er die zweite Chance nutzen, um die Anforderungen doch noch zu erfüllen, fühlt der Lernende sich dagegen missverstanden, kann er sich deutlicher erklären. In beiden Fällen bekommt auch die Lehrperson Gelegenheit, ihr Urteil zu überprüfen oder allenfalls zu korrigieren. Schließlich gewinnen beide Seiten bessere Einsichten in das Zusammenwirken von Angebot und Nutzung und profitieren davon, wenn es ihnen gelingt, den Prozess der Passung ein Stück weit voranzutreiben.

---

[1] Aus der Expertiseforschung wissen wir, dass niemandem etwas geschenkt wird. Um Expertise in einem Gebiet zu erwerben, muss man sich lange und intensiv mit der Sache befassen. Expertinnen und Experten verfügen in ihrem Fachbereich über hoch spezialisierte Wissensstrukturen (Reusser 1998), die sie durch vielfältige, bereichsspezifische Erfahrungen aufgebaut haben (Rothe & Schindler, 1996). Die sogenannte „time on task" ist ein Indikator für den wirkungsvollen Aufbau von Expertise.

Teil 3: Wissenschaftliche Verankerung des Dialogischen Lernens

Häklein als unentbehrliche Instrumente der Förderung		
Häklein	Bedeutung	Umschreibung möglicher Leistungsvarianten
✓	erfüllt	*Mir ist keine spezielle Qualität aufgefallen. Du hast dich aber lange und intensiv genug mit der Sache befasst.* oder *Du hast vermutlich eine interessante Idee gehabt, das ist in deinem Text aber nur lückenhaft dokumentiert und lässt sich darum nur teilweise nachvollziehen.*
✓̶	nochmals	*Mach dich nochmals an die Arbeit. Du musst dich intensiver mit dem Auftrag befassen und dies nachvollziehbarer dokumentieren.*
✓✓	spezielle Qualität	*Ich habe an der markierten Stelle deiner Arbeit eine spezielle Qualität in deinem Text gefunden.* oder *Du hast es gewagt, auf dich allein gestellt zu handeln, und du hast viel Zeit und Energie dafür aufgewendet.* oder *Du hast dich lange und intensiv mit der Sache befasst und siehst jetzt klarer, wo du stehst, welche Anforderungen die Sache an dich stellt und wie du deine Stärken ausspielen kannst.*
✓✓✓	Wurf	*Dir ist an einer Stelle deiner Arbeit ein Wurf gelungen.* oder *Du bist zwar nicht zum Ziel gekommen, aber Art und Weise deines Vorgehens ist vorbildlich.* oder *Du hast dich sehr intensiv mit dem Auftrag befasst und hast die Spuren deiner Auseinandersetzung mit der Sache auf vorbildliche Weise dokumentiert.* oder *Du hast das Beste aus deinen Möglichkeiten gemacht.*

Vierwertiges Bewertungssystem für das Lernjournal

An dieser Stelle drängt sich eine grundsätzliche Frage auf: Kann und darf die Lehrperson in dieser Weise wertend in persönliche Entwicklungsprozesse eingreifen? Diese Frage kann nicht losgelöst vom Kontext der Schultradition beantwortet werden, in welchem die Bewertung stattfindet. Das Dialogische Lernmodell und mit ihm auch das vierwertige Bewertungssystem mit Häklein ist aus einer Schultradition entstanden, in der Leistungen durch Prüfungen ermittelt mit Noten bewertet werden. In diesem Kontext ist das Bewertungssystem mit Häklein als komplementäres Gegengewicht zum Bewertungssystem mit Noten entwickelt worden. Zudem ist der Bereich, in dem Noten gesetzt werden, als Bereich der *fachlichen Bewährung* bezeichnet und damit stark erweitert worden. Die Unterscheidung zwischen dem Bereich der persönlichen Entwicklung und dem Bereich der fachlichen Bewährung ist für das Dialogische Lernmodell – und vermutlich für das Lehren und Lernen überhaupt – grundlegend. Geht es im Bereich der fachlichen Bewährung darum, in Form von Produkten oder Prüfungen unter Beweis zu stellen, dass man die fachlichen Regularitäten beherrscht, über die erforderlichen Kenntnisse und Routinen verfügt und sie sinnvoll und produktiv zu nutzen weiß, geht es im Bereich der *persönlichen Entwicklung* um den Nachweis, dass man sich regelmäßig und intensiv genug mit der Sache befasst und dass man nach Maßgabe seiner Möglichkeiten Fortschritte macht. Wichtig ist, dass man den Leistungen in beiden Bereichen mit der gleichen Wertschätzung begegnet und dass man sie mit gleichem Gewicht in die Gesamtbewertung einbezieht.

In Schulen, wo Leistungen mit Prüfungen und Noten ermittelt werden, sind Häklein ein notwendiges Korrektiv. Sie rücken den Prozess des Lehrens und Lernens ins Blickfeld und lenken die Aufmerksamkeit auf die jeweils individuellen Fortschritte. Und hier können auch mittlere und schwächere Schüler gute und sehr gute Leistungen erbringen. Häklein haben für Schülerinnen und Schüler, die mit Prüfungen und Noten aufgewachsen sind, insgesamt eine entlastende und motivierende Funktion. Sie schaffen größtmögliche *Transparenz* in der Interaktion zwischen Lehrenden und Lernenden. Mit ihren Häklein bringt die Lehrperson ihre Wertschätzung gegenüber den entwicklungsfördernden Anstrengungen der Lernenden unmissverständlich zum Ausdruck. Häklein sind aber auch Verstehens-Signale der Lehrperson, die äußerst wichtig sind für den Schüler. Er weiß nun, dass – resp. wie – ihn die Lehrperson verstanden hat, und kann entsprechend reagieren. Schließlich trägt die Bewertung mit Häklein auch der Tatsache Rechnung, dass die „time on task" der wichtigste Indikator für den Lernerfolg ist, dass es aber in jedem Lernprozess mehr oder weniger lange Durststrecken gibt. Entwicklungen verlaufen nicht linear. Fortschritte macht aber nur, wer während der Durststrecken am Ball bleibt, die Anstrengung sogar erhöht und sich nicht entmutigen lässt, wenn sich lange keine Erfolge einstellen. Das gilt sowohl für die kurze Zeitspanne von 15 bis 90 Minuten, in denen ein Text zu einem einzigen Auftrag im Lernjournal entsteht, als auch für längere Lernphasen von einem oder mehreren Monaten, in denen viele Aufträge bearbeitet werden. In beiden Fällen rechnet das entwicklungsfördernde vierwertige Bewertungssystem bewusst mit Durststrecken. Solange sich ein Schüler regelmäßig lang und intensiv mit der Sache befasst, darf er während Wochen und Monaten mit mindestens einem Häklein rechnen, auch wenn kaum Fortschritte erkennbar sind und sein Vorwissen noch Lücken aufweist. Durststrecken dürfen aber auch die Texte zu einem einzigen Auftrag aufweisen. Das ist sogar der Normalfall. Um mit zwei oder gar drei Häklein qualifiziert zu werden, braucht ein Text nicht von A bis Z gut oder sehr gut zu sein. Es genügen eine oder zwei hervorstechende Passagen. Texte im Lernjournal stammen ja aus dem Bereich der persönlichen Entwicklung und nicht aus dem Bereich der fachlichen Bewährung. Es sind keine Produkte, die sich auf eingeübtes deklaratives oder prozedurales Fachwissen abstützen, sondern vielmehr Spuren komplexer Such- und Erkenntnisprozesse mit individuell unterschiedlichen Startbedingungen und unbestimmtem Ausgang. Bei solchen Entwicklungsprozessen wird – um ein Bild zu benutzen – erfahrungsgemäß oft viel Holzwolle produziert, bevor man auf eine Perle stößt. Das ist auch bei Experten so, wenn sie sich in noch unerforschten Gebieten bewegen. Welcher Art sind nun aber gute oder sehr gute Leistungen im Lernjournal, die mit zwei oder drei Häklein bewertet werden?

Gut oder sehr gut kann eine Leistung im Lernjournal sein, weil ein Schüler ein Angebot dank guter Passung mit seinen Lernvoraussetzungen besonders gut nutzt oder weil ein Schüler eine ungenügende Passung festgestellt und einen produktiven Beitrag zur Umgestaltung des Angebots im Sinne seiner Nutzungsmöglichkeiten oder der Nutzungsmöglichkeiten im Sinne des Angebots leistet. Beide Arten von Leistungen – die gute Nutzung des Angebots und die produktive Suche nach einer besseren Passung von Lernanforderungen und Lernvoraussetzungen – sind gleichwertig. Im ersten Fall weist der Lernende nach, dass er fachliche Kompetenzen einzusetzen und weiterzuentwickeln vermag, im zweiten Fall geht es um den Einsatz und die Weiterentwicklung metakognitiver Kompetenzen, durch welche die Lernvoraussetzungen verbessert und neue Zugänge zum Angebot erschlossen werden. Normalerweise finden sich in Schülerarbeiten Leistungen in beiden Bereichen, wobei die einen Schüler ihre Stärken eher im Fachlichen, andere eher im Bereich der Metakognition auszuspielen vermögen.

Man mag einwenden, die Bewertung mit Häklein sei sehr subjektiv. Das ist unbestritten. Häklein sind aber ein unersetzbares methodisches Instrument, wenn man das Ziel verfolgt, Angebotsqualität und Nutzungsqualität möglichst rasch ins Gleichgewicht zu bringen und möglichst effizient zu steigern. Das wird von den Schülerinnen und Schülern in der Praxis auch so verstanden und akzeptiert. Häklein sind subjektive Urteile von Lehrpersonen über den zweckmäßigen Einsatz der jeweils verfügbaren Handlungskompetenz eines Lernenden, mit denen sie sich im dialogischen Lernprozess als Expertinnen und Experten für Lehren und Lernen klar positionieren. Sie müssen schnell, häufig und eindeutig gefällt werden und geben unmissverständlich Auskunft darüber, wie die Lehrperson die Qualität der Nutzung ihres Angebots einschätzt. Und sie ermöglichen es den Lernenden, sofort zu reagieren, sei es, dass sie ihre Nutzungsart besser auf das Angebot abstimmen, sei es, dass sie der Lehrperson einen besseren Einblick in ihre Nutzungsart geben und ihr deutlicher darlegen, warum sie Mühe haben mit dem Angebot. Auf deutliche Hinweise dieser Art ist die Lehrperson zwingend angewiesen, um ihr Angebot laufend zu verbessern und besser auf die Nutzung abzustimmen. Selbst ein gestrichenes Häklein ist für Lernende keine Katastrophe, sondern ein wertvoller Hinweis, dass man die Sache offenbar falsch eingeschätzt hat. Es erlaubt, Missverständnisse oder falsche Annahmen bezüglich Anforderungen oder Erwartungen der Lehrperson sofort aufzudecken und zu korrigieren, bevor sie größeren Schaden angerichtet haben. Und es lässt sich mit etwas Anstrengung leicht kompensieren. Darum ist es selbst dann, wenn sich die Lehrperson mit ihrer Einschätzung getäuscht haben sollte, für alle Seiten von Vorteil, wenn eine klare Wertung vorliegt und allen bekannt ist. Der Schüler weiß dann, dass er mit einer vielleicht guten Idee auf diese Weise nicht ankommt und dass er es auf andere Weise versuchen muss. So bleibt das Wechselspiel von Angebot und Nutzung auch für die Schülerinnen und Schüler transparent

Das Dialogische Lernmodell vor dem Hintergrund wissenschaftlicher Theorien und Befunde

und berechenbar. Und sie können sich zunehmend aktiv und konstruktiv an der Suche nach einer besseren Passung beteiligen.

Häklein sind also ein wichtiges Frühwarnsystem im Dialogischen Unterricht, das nicht nur bewirkt, dass die Passung von Angebot und Nutzung rasch vorangetrieben wird, sondern auch dafür sorgt, dass lern- und entwicklungshemmende Effekte bei einzelnen Schülern oder innerhalb der Lerngemeinschaft rasch erkannt und überwunden werden können. Und weil das Häkleinsystem auf Qualitäten zielt und Defizite nicht an den Pranger stellt, ist es sehr fehlertolerant, und zwar gegenüber Lehrenden und Lernenden. Weil Texte in Lernjournalen nicht korrigiert werden, kommt die Lehrperson schnell voran und kann sich auf Interessantes und Weiterführendes konzentrieren. Sie wird dabei diese oder jene Qualität übersehen, aber das hat keine direkt lernhemmenden Auswirkungen, im Gegenteil: Der Lernende weiß, dass er sich nur etwas mehr anstrengen muss, um sich mehr Aufmerksamkeit zu sichern. So bringen die Häklein eine produktive Dynamik in den Unterricht. Ein Privatunterricht mit zwei bis drei Schülern könnte vielleicht darauf verzichten; ein Unterricht mit 20 bis 30 Schülern dagegen verliert rasch an Wirksamkeit, wenn er dieses einfache Instrument nicht konsequent einsetzt. Um im Klassenunterricht ähnliche Effekte wie mit den Häklein zu erzielen, müsste unverhältnismäßig viel Zeit für regelmäßige lange Gespräche mit jedem Schüler und jeder Schülerin aufgewendet werden. Eine unrealistische Forderung, die schnell an zeitliche und ökonomische Grenzen stößt.

Häklein beziehen sich immer auf Qualitäten. Sie mögen vorerst die Funktion einer positiven Verstärkung haben und bloß extrinsisch motivieren. Solange die Schüler Qualitäten in ihren Beiträgen allerdings nicht selber zu erkennen und mit den beeinflussbaren Faktoren ihrer Handlungskompetenz in Verbindung zu bringen vermögen, ist die Wirkung der Häklein beschränkt. Darum ist es wichtig, dass die Lehrperson Stärken in den Schülerarbeiten nicht nur erkennt, sondern mit einem kurzen Kommentar auch benennt. Und noch wichtiger ist es, dass sie jeweils zwei bis drei besonders interessante Ausschnitte aus Lernjournalen kopiert, mit kurzen Erläuterungen oder prägnanten Titeln versieht, sie als sogenannte *Autographensammlung* zu einem zentralen Bestandteil ihres anschließenden Angebots macht und der ganzen Klasse zur Verfügung stellt (Ruf & Gallin 2005b, S. 244–266). Auf diese Weise entwickelt sich bei den Lernenden nach und nach ein Bewusstsein dafür, was für vielfältige Möglichkeiten es gibt, Erfolg zu haben und weiterzukommen in diesem Fach, und welche Möglichkeiten für die eigene Entwicklung besonders geeignet sind. Weil bei jedem Angebot nicht nur vielfältige Nutzungsarten zugelassen sind, sondern diese auch bewusst gemacht, bezüglich ihrer Produktivität qualifiziert und für alle verfügbar gemacht werden, kann Dialogischer Unterricht der Heterogenität einer Klasse gerecht werden, ohne die Stärksten zu langweilen und die Schwächsten zu entmutigen. Im Idealfall bewegt sich jeder Schüler an seiner Grenze und gibt hier sein Bestes. Damit gewinnt er – ganz auf eigenen Füßen stehend – die Aufmerksamkeit und die Anerkennung der anderen Mitglieder der Lerngemeinschaft.

Teil 3: Wissenschaftliche Verankerung des Dialogischen Lernens

Verstehen kann nicht vermittelt werden, oder: Austausch an der Grenze als Antwort auf das Problem der Anverwandlung des Fachwissens

Das dritte scheinbar unlösbare Problem der Didaktik ist das Problem der Anverwandlung des Fachwissens. Wie wird, so lautet die zentrale Frage, das Fachwissen, das für alle gleich ist, anschlussfähig an das Vorwissen, das von Person zu Person ungleich ist? Mit Fachwissen so vertraut werden, dass man es nicht nur automatisch abrufen und wiedergeben kann, sondern auch tief versteht und in unterschiedlichen Situationen sachgerecht nutzen kann, ist eine Hürde, die man normalerweise nur schafft, wenn man günstige Lernvoraussetzungen mitbringt. Dazu gehören, wie wir gesehen haben, neben fachlichem Vorwissen auch personale, soziale und metakognitive Kompetenzen. Unerlässlich ist eine minimale Sach-, Lern- und Leistungsmotivation. Das wird in traditionellen Lernmodellen, die sich vor allem an der Fachsystematik der Lehrbücher orientieren und Lernen als vorwiegend kognitiv-rezeptive Tätigkeit auffassen, oft missachtet, was dann nicht selten zu Desinteresse und trägem Wissen führt. Wo aber muss der Unterricht ansetzen, wenn neues Wissen an schon vorhandenes Wissen anschlussfähig gemacht werden soll?

Vom russischen Psychologen Lev Vygotsky (1978) stammt der für die Didaktik höchst fruchtbare Begriff der *Zone der proximalen Entwicklung* (ZPD). Die ZPD bezeichnet den Ort, wo eine Grenzlinie der Entwicklung eines Menschen verläuft. Es ist der Ort, wo der nächstmögliche Entwicklungsschritt stattfinden könnte, sofern günstige Bedingungen dies befördern. Das kann zum Beispiel die Unterstützung durch einen anderen Menschen sein. Die Unterstützung muss aber gezielt sein und sie muss sich auf diese Grenzzone beziehen. Eine Förderung außerhalb der ZPD – also zu weit diesseits oder jenseits der Grenzzone des nächstmöglichen Entwicklungsschritts – ist wirkungslos. Der Begriff der ZPD oder der *Grenze* erlaubt es, den Begriff der Passung von Angebot und Nutzung genauer zu fassen und didaktisch zu modellieren. Lernen, so die wegleitende Kernidee des Dialogischen Lernmodells, ist Arbeit an der Grenze der eigenen Entwicklung.

Der Begriff der Grenze spielt seit Beginn der Entwicklung des Dialogischen Lernmodells eine wichtige Rolle. Das hat auch damit zu tun, dass dieses Modell aus der Praxis des gymnasialen Unterrichts in den Fächern Deutsch und Mathematik heraus entstanden ist. Gymnasialer Unterricht verfolgt das wissenschaftsorientierte Ziel der Hochschulreife – also der Vorbereitung auf ein universitäres Fachstudium – und das gesellschaftsorientierte Ziel des sich Zurechtfindens in der natürlichen, technischen, gesellschaftlichen und kulturellen Umwelt sowie der Übernahme von verantwortungsvollen Aufgaben in einer demokratischen Gesellschaft. Der Unterricht wird erteilt von Lehrpersonen mit einem abgeschlossenen universitären Studium, wenn möglich mit einer Promotion. Gymnasiallehrkräfte sind also studierte Experten in ihrem Fach. Zum Kern ihrer Erfahrung gehört der Übergang vom Lernenden zum Forschenden. Sie kennen ihr Fach aus zwei Perspektiven: aus der Perspektive des meist erfolgreichen Schülers und Studenten und aus der Perspektive des wissenschaftlich sozialisierten Hochschulabsolventen, der wenigstens an einer Stelle seines Fachgebietes an die Grenze des Wissens vorgestoßen ist und sie vielleicht sogar ein wenig überschritten hat.

Das Dialogische Lernmodell vor dem Hintergrund wissenschaftlicher Theorien und Befunde

Der Lernende steht, ähnlich wie der Forschende auch, immer wieder an der Grenze seines Wissens und Könnens. Im Unterschied zum Forschenden aber kann der Lernende jederzeit jemanden fragen, wenn er an seine Grenzen gerät, oder er kann sich in einem Lehrbuch kundig machen. Der Forschende dagegen steht, zumindest in seinem Spezialgebiet, an einer Grenze, die noch niemand überschritten hat. Seine individuelle Grenze des Wissens deckt sich an dieser Stelle mit der Grenze des Wissens seines Fachs. Niemand weiß, wie es jenseits dieser Grenze aussieht. Spätestens an dieser Grenze wandelt sich das Verhältnis von Person und Sache. Solange sich die Person mit ihrem Wissen und Können innerhalb der Grenzen des Fachgebietes bewegt, ist ihr Verhältnis zum Fach defizitär. Sie weiß und kann etwas nicht, was man wissen und können könnte, und sie findet immer eine andere Person, die sie fragen und um Belehrung bitten kann.

Sobald die Person aber die Grenze erreicht, die auch die Grenze des Fachs ist, gewinnt sie als Person Oberhand. Jetzt übernimmt sie die Führung. Das Singuläre, das in der Phase des Lernens oft nur als Störfaktor wahrgenommen wird, rückt nun plötzlich in den Vordergrund. Kann und will die Person die Grenze überschreiten? Das hängt zwar zu einem großen Teil von dem ab, was sie in ihrem Fach gelernt hat. Aber nicht nur. Ob sie die Grenze überschreiten kann und will, hängt entscheidend auch davon ab, ob sie neugierig ist, ob ein Erkenntnisinteresse ihr Antrieb und Richtung gibt, ob und wie sie Ideen entwickelt, Fragen stellt, Hypothesen formuliert und diese auch prüft. Wie nutzt die Person, das ist die entscheidende Frage an dieser Grenze, ihr im Fach fundiertes Wissen und Können, um die Grenze des Fachs zu überschreiten und diesem ein neues Gebiet zu erschließen? Wie bringt die Person das, was typisch ist für sie als Person – also das Singuläre –, in Verbindung mit dem Regulären, zu dem also, was typisch ist für das Fach. Ob es gelingt, die Grenze des Wissens zu überschreiten und dem Fach ein neues Gebiet zu erschließen, hängt also neben einer Menge Glück und Zufall davon ab, wie es der Person gelingt, Singuläres und Reguläres in ein produktives Wechselspiel zu bringen. Damit die Erkenntnis der Person allerdings zu einer Erkenntnis des Fachs wird, muss sie in eine fachsprachliche Form gebracht, der Kritik zugänglich gemacht und von den Experten des Fachs verstanden und akzeptiert werden.

Vor diesem Hintergrund stellt sich nun unter pädagogisch-didaktischer Perspektive die Frage, wie das Verhältnis von Person und Sache – von Singulärem und Regulärem – im Prozess der Lehrens und Lernens gestaltet werden soll. Grundsätzlich lassen sich zwei extreme Positionen einnehmen. Man kann die Position vertreten, die Erfahrung der Grenze des eigenen Wissens und Könnens sei bereits für den Lernenden elementar, der sich erst auf dem Weg zur Expertise in seinem Fach befindet. Man kann aber auch die gegenteilige Position einnehmen und argumentieren, solange man die Grenze des Fachwissens selbst noch nicht erreicht habe, solle man sich ohne weitere Umstände an das Lehrbuch halten und sein Wissen dank systematischer Instruktion erweitern, ohne sich lange an seiner eigenen Grenze aufzuhalten. Dazwischen sind natürlich Mischformen in allen Schattierungen denkbar. Gegen beide Positionen lassen sich gewichtige Einwände vorbringen. So kommt zwar ein Unterricht unter dem instruktionistischen Paradigma (Reinmann-Rothmeier & Mandl 2001, S. 601–646) unter fachlogischen Gesichtspunkten meist zielstrebig voran, erzeugt aber oft nur träges Wissen,

Teil 3: Wissenschaftliche Verankerung des Dialogischen Lernens

dem die Lernenden gleichgültig gegenüberstehen und mit dem sie wenig anzufangen wissen. Unterricht unter dem konstruktivistischen Paradigma dagegen weckt zwar immer wieder Interesse, ist aber unter fachlichen Gesichtspunkten oft beliebig und wenig nachhaltig, wenn eine gezielte Unterstützung und Förderung fehlt. Beide Positionen haben aber auch Vorteile, auf welche organisiertes Lernen im schulischen Kontext nicht verzichten kann. Bei instruktionistisch orientierten Konzepten wird der Strukturierung des Fachwissens unter dem Aspekt der Vermittelbarkeit und Verstehbarkeit höchste Aufmerksamkeit geschenkt, was unerlässlich ist für ein hochwertiges Angebot; bei konstruktivistisch orientierten Konzepten dagegen konzentriert sich die Aufmerksamkeit auf die lernende Person und ihre Entwicklung, was unter motivationspsychologischen Gesichtspunkten unerlässlich ist und günstige Bedingungen für eine hohe Nutzungsqualität schafft.

Das Dialogische Lernmodell entzieht sich dem Zwang, entweder die Perspektive des Fachs einzunehmen und Wissen unter fachlogischen Gesichtspunkten zu vermitteln, bis die lernende Person an die Grenzen des Fachs gelangt, oder die Perspektive der lernenden Person einzunehmen, die an ihrer Grenze steht und die hier ihr Wissen zu erweitern versucht. Das Dialogische Lernmodell fasst Lehren und Lernen vielmehr als Dialog zwischen Personen auf, die zwar im gleichen Fachgebiet tätig sind, deren Grenzen des Wissens aber unterschiedlich verlaufen und unterschiedliche Wissensgebiete einschließen. Macht man den Dialog zwischen Ungleichen zum strukturierenden Prinzip des Unterrichts, ist sichergestellt, dass sich das Lernen immer in der Grenzzone abspielt, und zwar bei allen Beteiligten. Erklärt zum Beispiel die Lehrperson einen fachlichen Sachverhalt, bewegt sie sich zwar innerhalb ihres Wissensgebiets und möglicherweise weit weg von ihrer eigenen ZPD. Trotzdem befasst sie sich mit der Grenze, und zwar mit der Grenze des Wissens ihrer Gesprächspartner. Sie versucht das Wissen, das jenseits der Grenze der Schülerinnen und Schüler liegt, so nahe an deren Vorwissen heranzubringen, dass es in ihr Blickfeld rückt. Die Schülerinnen und Schüler auf der anderen Seite erfahren dadurch, wo ihre Grenze liegt, und versuchen diese Grenze mithilfe der Erklärungen zu überschreiten und einen kleinen Ausflug ins Gebiet jenseits dieser Grenze zu unternehmen. Dann kommt es zu einem Wechsel der Gesprächsrollen. Jetzt ergreifen die Schülerinnen und Schüler die Initiative, geben Einblick in ihr Vorwissen, versuchen dem Gestalt zu geben, was sie verstanden haben, versuchen Unverstandenes zu lokalisieren und stellen Fragen. Jetzt steht die Lehrperson in der Rolle der Zuhörerin an der Grenze ihres Wissens und versucht diese Grenze Richtung der Meinungen ihrer Schülerinnen und Schüler zu überschreiten. Es ist natürlich in der Regel nicht die Grenze ihres Fachwissens, sondern die Grenze ihres Wissens über Inhalte und Beschaffenheit des Vorwissens ihrer Schülerinnen und Schüler. Je mehr die Lehrperson über das Vorwissen ihrer Schüler in Erfahrung zu bringen vermag, desto besser kann sie ihr Angebot darauf abstimmen. Und je besser die Lernenden das neue Wissen mit dem schon vorhandenen Wissen verknüpfen können, desto effektiver und nachhaltiger ist ihr Lernen. Der Dialog dient also der immer besseren Herstellung der Passung zwischen Angebot und Nutzung. Im Idealfall bewegt er sich in der Zone des nächstmöglichen Entwicklungsschritts und verschiebt die Grenze der Lernenden so, dass stetig mehr Fachwissen eingeschlossen ist.

Nun mag man einwenden, jeder vernünftige Unterricht verfahre so. Das ist richtig und falsch zugleich. Richtig ist, dass überall, wo unterrichtet wird, auch Gespräche geführt werden.

Das Dialogische Lernmodell vor dem Hintergrund wissenschaftlicher Theorien und Befunde

Und wo Menschen miteinander sprechen, versuchen sie die Grenze des Vorwissens ihrer Gesprächspartner zu ermitteln und sie im Sinne der verhandelten Sache zu verschieben. In jedem guten Gespräch entsteht ein gemeinsames Wir: eine gemeinsame Wissensbasis, ein Bereich, wo man sich zu verstehen glaubt und über den man sich verständigen kann. So ist es auch im Unterricht. Trotzdem ist Unterricht normalerweise nicht dialogisch strukturiert, sondern monologisch. Maßgebend für den Unterricht sind nicht die Regeln eines auf Verstehen und Verständigung zielenden Gesprächs, sondern der vorstrukturierte Ablauf eines unter sachlogischen Gesichtspunkten organisierten Lehrgangs oder Lehrmittels. Das Wissen, das die Lernenden zu erwerben haben, ist sprachlich vorfabriziert und wird unter der Führung der Lehrperson in der vorgegebenen Form Schritt für Schritt vermittelt. Würde ein Gespräch sofort zum Erliegen kommen, wenn mehrere Beteiligte den Faden verloren haben, schreitet der monologische Unterricht unbeirrt voran. Im schlimmsten Fall könnte es vorkommen, dass die Lehrperson am Ende einer Unterrichtseinheit ankommt und alles vorgesehene Wissen vermittelt hat, aber niemand hat ihr bis zum Schluss folgen können. Im Dialogischen Unterricht wäre das aus strukturellen Gründen undenkbar. Zwar erreichen auch hier nie alle das gleiche Ziel, aber alle machen Erfahrungen mit ihrem Wissen, erkennen, wo ihre Grenze ist und welche Gebiete durch den Unterricht neu erschlossen worden sind.

Dialogischer Unterricht verträgt sich nicht mit einem sprachlich vorfabrizierten Lehrgang, der einer ganzen Klasse im Gleichschritt vermittelt wird. Zwar arbeitet im Dialogischen Unterricht ebenfalls eine ganze Klasse am selben Thema, jede am Unterricht beteiligte Person tut dies aber mit systematischem Bezug zur eigenen Grenze. Nicht das Erlernen einer sprachlich vorfabrizierten Wissensportion ist das Ziel einer Arbeitseinheit, wie zum Beispiel einer Lektion, sondern intensive Beschäftigung mit einer anspruchsvollen fachlichen Herausforderung, und zwar mit dem Ziel, die eigene Zone des nächstmöglichen Entwicklungsschrittes zu finden, um die Grenze in Richtung der fachlichen Herausforderung zu verschieben. Diese Herausforderung kann ohne Weiteres ein Lehrbuchtext oder ein Lehrerreferat sein. Die Intention dieses Lehrtextes besteht aber nicht darin, das, was hier gesagt wird, müsse gleich anschließend möglichst vollständig gewusst und möglichst unverfälscht wiedergegeben werden können. Dieser Lehrtext hat vielmehr den Charakter eines Gesprächsbeitrags, der eine Antwort verlangt, und zwar die Antwort, die jeder Lernende nach Maßgabe seines Vorwissens und seiner persönlichen Konzepte zu geben vermag. Er will bei allen Lernenden einen Denkprozess auslösen, der früher oder später bei jedem zur Einsicht und zum Verständnis der im Text behandelten Inhalte führt. Da solche Prozesse aber von Person zu Person unterschiedlich verlaufen, rechnet das Dialogische Lernmodell damit, dass ein und dieselbe Instruktion unterschiedliche Prozesse bei den Lernenden auslöst und zu unterschiedlichen Resultaten führen kann. Ein Schüler dringt schnell zum Zentrum der Sache vor und spinnt den Faden weiter. Ein anderer dagegen stößt auf negative Lernerfahrungen und Lücken in seinem Vorwissen und muss große Umwege beschreiten, bis sich nach und nach ein Verständnis einstellt. Beide erbringen eine zwar unterschiedliche, aber gleichwertige Leistung, weil beide das Angebot so gut wie möglich nutzen, um in ihre ZPD zu gelangen und die Grenze dort zu überschreiten, wo für sie ein Schritt Richtung Expertise überhaupt erst möglich ist. Damit verliert das Matthäus-Prinzip sein bedrohli-

Teil 3: Wissenschaftliche Verankerung des Dialogischen Lernens

ches Doppelgesicht. Wenn alle Schüler dort arbeiten, wo Vorwissen und Anknüpfungspunkte bei ihnen vorhanden sind, gehören alle zu denen, die etwas haben und denen darum etwas gegeben wird. Weil aber nur dort ein Lernzuwachs möglich ist, wo an bereits Vorhandenes angeknüpft wird, muss die Schule darauf verzichten, von allen das Gleiche zur gleichen Zeit zu verlangen und ausschließlich das vermittelte Fachwissen zum alleinigen Maßstab des Lernzuwachses zu machen.

Behandelt man Schülerinnen und Schüler als eigenständige Partner in einem fachbezogenen Dialog, erweitert sich der für den Unterricht und die hier erbrachten Leistungen maßgebende Wissensbegriff um eine wichtige Dimension. Schülerleistungen sind Gesprächsbeiträge. Ein Gesprächsbeitrag aber wird nicht primär danach bemessen, ob er richtig oder falsch ist, sondern danach, ob er rational ist, d. h., ob man ihn überhaupt verstehen kann oder nicht. Ein guter Gesprächsbeitrag muss in erster Linie rational sein. Das ist die Voraussetzung dafür, dass sein Gehalt überhaupt erfasst und genutzt werden kann. Erst wenn man jemanden verstanden hat, kann man sich über die Geltung des Gesagten verständigen. Das führt aber nur scheinbar zu einer Erleichterung der schulischen Anforderungen im Dialogischen Unterricht. In Wirklichkeit ist es eine Verschärfung. Zwar erbringen die Schülerinnen und Schüler bereits dadurch eine Leistung, dass ihr Gesprächsbeitrag rational ist, also von den Partnern verstanden werden kann. Weil die Rationalität aber unerlässlich ist, genügt es nicht mehr, etwas Richtiges zu sagen. Im Gespräch kann eine Aussage nur dann den Anspruch auf Richtigkeit erheben, wenn sie begründet ist oder jederzeit begründet werden könnte, falls einer der Gesprächspartner dies einfordern würde. Damit wird das den schulischen Unterricht beherrschende Denken in den Kategorien „richtig" und „falsch" im Dialogischen Unterricht relativiert. Schülerinnen und Schüler können gute oder sehr gute Leistungen erbringen, selbst wenn der Gesprächsbeitrag fachlich falsch ist; und umgekehrt, eine fachlich richtige Aussage ist wertlos, wenn sie nicht begründet ist und ihr Anspruch auf Geltung nicht überprüft werden kann. So vermittelt der Begriff der Rationalität zwischen der Regularität der Lernanforderungen, die für alle gleich sind, und der Singularität der Lernvoraussetzungen, die von Person zu Person ungleich sind. Genau die Vermittlung zwischen Gleichem und Ungleichem muss aber, wie wir zu Beginn gesehen haben, eine wissenschaftlich fundierte Didaktik liefern.

Qualität von Schülerbeiträgen im Dialogischen Unterricht	
niedrig	**hoch**
nicht rational und richtig	rational und richtig
nicht rational und falsch	rational und falsch

Kriterien zur Einschätzung der Qualität von Schülerbeiträgen in Dialogischen Arrangements

Wissen als Teilhabe an einer Lebensform

Die Dialogische Didaktik verkennt nicht die fundamentale Bedeutung des Fachwissens für das Lernen. Aber sie segmentiert das Fachwissen nicht unter fachlogischen Gesichtspunkten, um es dann nach dem Prinzip „vom Einfachen zum Schwierigen" flächendeckend zu vermitteln. Die Kommunikation zwischen Novizen und Experten orientiert sich vielmehr an zwei Prinzipien, die für das Lernen im Gespräch maßgebend sind: dem hermeneutischen und dem pragmatischen Prinzip. Das *hermeneutische* Prinzip besagt, dass Verstehen an den Prozess der hermeneutischen Erfahrung gebunden ist und darum nicht *[...] vom Standort des überlegenen Sachwissens [...]* (Gadamer 1965, S. 459) technisch hergestellt werden kann. Die Sprache, in der Verstehen möglich wird, muss im Gespräch, wo Lehrende und Lernende ihr Vorwissen und ihre Vormeinungen im Prozess der Rede und der Gegenrede ins Spiel bringen und auf die Probe stellen, zuerst einmal geschaffen werden. Das *pragmatische* Prinzip besagt, dass die Praxis – das *implizite* Sich-Verstehen auf eine Sache – Vorrang hat vor der Theorie, dem *expliziten* Regelwissen über diese Sache (Wittgenstein 1977, Habermas 1999). Darum hat das Bewusstmachen der implizit wirksamen Konzepte beim Handeln – das Ermitteln der Theorie der eigenen Praxis – in der Dialogischen Didaktik Vorrang vor dem Vermitteln der Theorie aus dem Lehrbuch.

Was bedeutet das nun aber konkret für den Unterricht? Ein Fachgebiet wie etwa Mathematik oder Germanistik ist im Sinne des pragmatischen Wissensbegriffs eine *soziale Praxis*. Diese soziale Praxis wird ausgeübt und weiter entwickelt von den Expertinnen und Experten des Fachs. Wegleitend für die Teilhabe an der sozialen Praxis einer Wissenschaft ist im Sinne des pragmatischen Wissensbegriffs primär die Rationalität in den Dimensionen des Handelns, der Kommunikation und des Wissens. Teilhabe an einer wissenschaftlichen Praxis in diesem elementaren Sinn ist aber nicht an einen bestimmten Grad von Expertise, etwa an die Beherrschung einer bestimmten Menge von Fachwissen oder eine extrem hohe Motivation, gebunden. Auch Schülerinnen und Schüler mit einem sehr limitierten Fachwissen und einem begrenzten Interesse können an einer wissenschaftlichen Praxis teilhaben. Bedingung ist, dass sie im Umgang mit den fachlichen Angeboten der Lehrperson rational handeln, rational kommunizieren und ihr Wissen rational darstellen. Genau das regt und leitet das Dialogische Lernmodell an, indem es sich bei der Konzeption von Unterricht am Grundmuster des Gesprächs orientiert. Indem Lehrende und Lernende abwechselnd die Rolle des Sprechers, des Zuhörers und des außenstehenden Beobachters einnehmen, um ihre Praxis im Umgang mit fachlichen Herausforderungen zu verstehen und sich darüber zu verständigen, unterstellen sie ihr fachbezogenes Handeln, Kommunizieren und Wissen der Rationalität.

Wissen im Sinne des pragmatischen Wissensbegriffs ist Teilhabe an einer bestimmten Lebensform, in der man heimisch ist. Wenn die Lehrperson Wissen aus ihrem Fach, in dem sie sich auskennt, an die Lernenden heranträgt, handelt es sich dabei nicht um Wissensbausteine, welche die Lernenden einfach übernehmen und Stein für Stein zu einem Wissensgebäude aufschichten könnten. Es handelt sich vielmehr um ein Angebot und eine Anleitung der Lehrperson an ihre Schülerinnen und Schüler, sich Zugang zu einer Lebensform – oder neue Möglichkeiten innerhalb einer Lebensform – zu erschließen. Bei der „Wissensvermittlung", wie es

Teil 3: Wissenschaftliche Verankerung des Dialogischen Lernens

irreführend heißt, findet also kein Transport von Wissen aus dem Kopf des Lehrers in die Köpfe der Schüler statt, es wird vielmehr ein Prozess ausgelöst, der die Schüler über längere Zeit beschäftigen kann, bis eine Erkenntnis heranreift. Selbst wenn die Schüler also das Wissen, das die Lehrperson an sie herangetragen hat, auswendig lernen würden und korrekt wiedergeben könnten, hätten sie sich damit kein Wissen im Sinne eines pragmatischen Wissensbegriffs angeeignet, sondern bloß eine sprachliche Form, die potenzieller Träger dieses Wissens ist. Wissen verstehen heißt, in Anlehnung an Wittgenstein formuliert, im Sinne dieses Wissens handeln können. Oft müssen dabei große Teile des Vorwissens umgebaut oder revidiert werden, bevor das neue Wissen überhaupt verstehbar ist und neue Handlungsmöglichkeiten erschließt.

Maßgebend für das Dialogische Lernen ist also nicht eine irgendwie geartete sprachliche Fassung des Wissens, auch nicht die sprachliche Fassung des Lehrbuchs, sondern die sprachliche Fassung, die das Wissen in der realen Kommunikation zwischen Lehrenden und Lernenden annimmt. *Im Gespräch [...] wollen sich,* wie Habermas (1999, S. 72) mit Verweis auf Humboldt notiert, *[...] die Teilnehmer gegenseitig verstehen und zugleich über etwas verständigen, also nach Möglichkeit Einverständnis erzielen.* Das ist der Grund, warum *[...] im Gespräch eine gemeinsame Sprache erst geschaffen werden [...] muss* (Gadamer 1965, S. 360). Nach sprachpragmatischer Auffassung wohnt eben *[...] nicht der Sprache per se, sondern der kommunikativen Verwendung sprachlicher Ausdrücke [...] eine eigentümliche Rationalität inne [...]. Diese kommunikative Rationalität drückt sich in der einigenden Kraft der verständigungsorientierten Rede aus, die für die beteiligten Sprecher gleichzeitig eine intersubjektiv geteilte Lebenswelt und damit den Horizont sichert, innerhalb dessen sich alle auf ein und dieselbe objektive Welt beziehen können.* (Habermas 1999, S. 110)

Der pragmatische Wissensbegriff eröffnet mit seinen drei Wurzeln der Rationalität drei Dimensionen des Handelns, die das Dialogische Lernmodell systematisch nutzt.

1. Die *teleologische Rationalität* des Wissens erschließt das Feld des intentionalen Handelns. Hier geht es um die Auseinandersetzung einer Person mit einer fachlichen Herausforderung, um die Konzepte und Intentionen, von denen sie sich leiten lässt, und die Erkenntnisse, die sie dabei gewinnt. *Ich mache und ich sehe das so!,* lautet die Leitidee. Ein Schüler handelt rational, wenn er Wissen in zielgerichteten, am Erfolg kontrollierten Handlungen implementiert: Er weiß, warum er Erfolg hat, dieses Wissen motiviert ihn (mindestens teilweise) und er ist auch in der Lage, aus negativen Erfahrungen zu lernen.
2. Die *kommunikative Rationalität* erschließt das Feld des rationalen Diskurses, wo sich jemand mit anderen über etwas verständigt. Hier geht es um den Austausch und die kritische Analyse von Erkenntnissen und Erfahrungen, die verschiedene Personen in der Auseinandersetzung mit der gleichen fachlichen Herausforderung gemacht haben, und um die Suche nach der von allen akzeptierten Gemeinsamkeit. *Wie machst du es?* und *Was hat das für mich für Konsequenzen?* sind hier die wegleitenden Fragen. Das Gespräch hat eine rationale Struktur, wenn sich die beteiligten Sprecher nicht nur verstehen, sondern sich nach Möglichkeit auch über etwas verständigen.
3. Die *epistemische Rationalität* erschließt das Feld des sprachlich (symbolisch) dargestellten Wissens. Hier hält die Person Rückschau auf einen Erkenntnisprozess und stellt das, was sie weiß und was sich im Austausch mit anderen bewährt hat, so dar, dass es mit Unterstützung

Das Dialogische Lernmodell vor dem Hintergrund wissenschaftlicher Theorien und Befunde

der Lernpartner präzisiert, elaboriert, rekonstruiert, systematisiert und auf seine Konsistenz und Kohärenz geprüft werden kann. *Das machen wir ab*, lautet die Leitidee. Die Darstellung ist rational, wenn sie begründet ist und kritisiert werden kann.

Dank der systematischen Strukturierung des Unterrichts unter den Perspektiven des Ich, des Du und des Wir legt das Dialogische Lernmodell aber nicht nur die Grundlagen für ein rationales Handeln, Kommunizieren und Darstellen des Wissens, es schafft gleichzeitig – anknüpfend an die empirisch gut belegte Selbstbestimmungstheorie von Deci & Ryan (1985, 1993; Ryan & Deci 2000) – auch die Voraussetzungen für den Aufbau und die Entwicklung einer soliden Sach-, Lern- und Leistungsmotivation. Indem die Lernenden im Rahmen eines offenen Auftrags handeln und dabei ihre Person ins Spiel bringen, nutzen sie vor allem die personalen Aspekte der Handlungskompetenz und machen dabei die motivierende Erfahrung der *Autonomie*. Durch die Verpflichtung, den Prozess der persönlichen Auseinandersetzung mit den fachlichen Herausforderungen unter der Perspektive *Ich mache das so!* in einem Lernjournal für Lernpartner und Lehrkräfte nachvollziehbar zu dokumentieren, wird das reflektierte Handeln der Überprüfung und der Kritik durch Lernpartner und Lehrkräfte zugänglich gemacht. Unter der Perspektive *Wie machst du es?* analysieren Schülerinnen und Schüler Lernjournale von Lernpartnern, die sich mit dem gleichen Auftrag befasst haben. Wenn sie den Leistungen anderer mit Respekt und Wertschätzung begegnen und konstruktive Beiträge zur Kooperation und zum Dialog leisten, nutzen sie vor allem die sozialen Aspekte der Handlungskompetenz und machen dabei die motivierende Erfahrung der *sozialen Eingebundenheit*. Auf der Suche nach Qualitäten und Erfolg versprechenden Aktionen der Handlungskompetenz in den Texten ihrer Lernpartner lernen die Schüler Varianten zu ihrem eigenen Tun kennen. Dabei üben sie sich im Wechsel der Perspektive, der grundlegend ist für den rationalen Austausch mit anderen. Mit dem Verfassen von sachbezogenen Rückmeldungen bereiten sie die dritte Phase des Dialogischen Unterrichts vor: Die Suche nach originellen Einsichten und leistungsfähigen Verfahren, die ein fachliches Potenzial haben und von allgemeinem Interesse sind. Diese regularisierenden Einsichten werden schließlich von der Lehrperson unter dem Aspekt *Das machen wir ab* in einer Autographensammlung zusammengestellt und als neues Angebot zum Lehrmittel für die ganze Klasse gemacht. Bei der routinierten Nutzung dieses regulären Wissens, an dessen Aufbau sie beteiligt waren, machen die Lernenden die motivierende Erfahrung der *Selbstwirksamkeit* beim kompetenten und erfolgreichen Handeln.

Damit schließt sich der Kreis. Wissen im Sinne des pragmatischen Wissensbegriffs entspricht dem Begriff der dialogisch aufgebauten Handlungskompetenz, wie wir sie in Anlehnung an Weinert entwickelt haben. Im dialogischen Wechsel zwischen Angebot und Nutzung arbeiten Lehrende und Lernende an der Passung der ständig wachsenden Lernanforderungen und Lernvoraussetzungen und machen dabei die für den Auf- und Ausbau der Motivation grundlegenden Erfahrungen der Autonomie, der sozialen Eingebundenheit und der Selbstwirksamkeit. Die folgende Tabelle macht das Zusammenwirken der vier für das Dialogische Lernmodell wegweisenden Konzepte von Weinert, Fend, Deci & Ryan und Habermas in einer stark vereinfachenden Weise sichtbar.

Teil 3: Wissenschaftliche Verankerung des Dialogischen Lernens

Dialogisches Lernmodell	Weinert Modell der Handlungskompetenz	Fend Angebots-Nutzungs-Modell	Deci & Ryan Selbstbestimmungstheorie	Habermas Rationalitätsbegriff
ICH mache das so! Singuläre Standortbestimmung	Personale Aspekte der Handlungskompetenz	Angebot	Autonomie (Need for autonomy)	Handeln (Teleologische Rationalität)
Wie machst **DU** es? Divergierender Austausch	Soziale Aspekte der Handlungskompetenz	Nutzung	Soziale Eingebundenheit (Need for relatedness)	Reden (Kommunikative Rationalität)
Das machen **WIR** ab. Regularisierende Einsichten (Ertrag)	Fachliche Aspekte der Handlungskompetenz	Passung	Kompetenzerleben (Need for competence)	Wissen (Epistemische Rationalität)

Zusammenwirken wegweisender Konzepte

Orientiert man sich an einem pragmatischen Wissensbegriff, erscheinen die drei scheinbar unlösbaren Probleme der Didaktik plötzlich in einem neuen Licht. Heterogenität, Motivation und Anverwandlung des Fachwissens erscheinen nicht mehr als drei isolierte Problemkreise, sondern werden zu Facetten ein und derselben Thematik. Im Prozess des Verstehens und der Verständigung geht es nicht mehr darum, wer dank günstiger Lernbedingungen am schnellsten am meisten weiß und die anderen überflügelt. Hier begegnen sich vielmehr Menschen mit heterogenen personalen, sozialen und fachlichen Voraussetzungen, um sich miteinander über etwas zu verständigen und sich eine allen zugängliche Wissensbasis zu erschließen. Heterogenität ist hier kein Hindernis, sondern eine Bereicherung, und was motiviert, ist nicht der Wunsch, besser zu sein als die anderen, sondern sie zu verstehen und den eigenen Horizont um ihre Perspektiven zu erweitern. Auf der Suche nach einer tragfähigen Verständigung über eine Sache werden die elementaren Bedürfnisse nach Autonomie, sozialer Eingebundenheit und Kompetenz auf eine selbstverständliche Weise befriedigt. Personale, soziale und fachliche Aspekte der Handlungskompetenz stehen dabei gleichermaßen auf dem Prüfstand.

Literaturverzeichnis

Atkinson, J. W. (1975): *Einführung in die Motivationsforschung.* Stuttgart: Klett (Original erschienen 1964: *An introduction to motivation*).
Ball, H.; Becker, G.; Bruder, R.; Girmes, R.; Stäudel, L.; Winter, F. (Hg.) (2003): *Aufgaben. Lernen fördern – Selbständigkeit entwickeln.* Seelze: Friedrich Jahresheft.
Baumert, J.; Bos, W.; Brockmann, J. et al. (2000): *TIMSS/III–Deutschland, Der Abschlussbericht. Zusammenfassung ausgewählter Ergebnisse der Dritten Internationalen Mathematik- und Naturwissenschaftsstudie zur mathematischen und naturwissenschaftlichen Bildung am Ende der Schullaufbahn.* Berlin (erhältlich unter http://www.timss.mpg.de/TIMSS_im_Ueberblick/, zugegriffen am 8.5.2008).
Baurmann, J.; Feilke, H. (Hg.) (2004): *Schreibaufgaben. Ein Sonderheft der Zeitschrift Praxis Deutsch.* Seelze: Friedrich Verlag.
Bastian, J.; Combe, A.; Langer, R. (2005): *Feedback-Methoden. Erprobte Konzepte, evaluierte Erfahrungen.* Weinheim: Beltz.
Bertschi-Kaufmann, A. (2006): „‚Jetzt werde ich ein bisschen über das Buch schreiben'. Texte im Nachklang von Lektüren als Unterstützung des literarischen Lernens". In: O. Kruse, K. Berger, M. Ulmi, (Hg.), *Prozessorientierte Schreibdidaktik. Schreibtraining für Schule, Studium und Beruf.* Bern: Haupt, S. 111–128.
Brandom, R. B. (2000): *Expressive Vernunft. Begründung, Repräsentation und diskursive Festlegung.* Frankfurt am Main: Suhrkamp.
Brunner, I.; Häcker, T.; Winter, F. (Hg.) (2006): *Handbuch Portfolioarbeit. Konzepte, Anregungen, Erfahrungen aus Schule und Lehrerbildung.* Seelze: Kallmeyer.
Deci, E. L.; Ryan, R. M. (1985): *Intrinsic motivation and self-determination in human behavior.* New York: Plenum.
Deci, E. L.; Ryan, R. M. (1993): „Die Selbstbestimmungstheorie der Motivation und ihre Bedeutung für die Pädagogik". *Zeitschrift für Pädagogik* 39, S. 223–238.
Diderot, D.; d'Alembert, J. (1767): *Recueil de planches sur les sciences, les arts libéraux et les arts méchaniques.* Band 4, Paris.
Edelmann, W. (2000): *Lernpsychologie* (6. Aufl.). Weinheim: Beltz.
Europarat (Hg.) (2001): *Gemeinsamer europäischer Referenzrahmen für Sprachen: lernen, lehren, beurteilen.* Berlin u. a. O.: Langenscheidt.
Feilke, H.; Ludwig, O. (1998): „Autobiographisches Erzählen". *Praxis Deutsch* 25/152, S. 15–25.
Fend, H. (1995): „Von Systemmerkmalen des Schulsystems zur Qualität des Unterrichts und Lernens in Schulklassen. Mehrebenenanalytische Konzepte der Qualität des Bildungswesens". In: U. P. Trier (Hg.), *Wirksamkeitsanalyse von Bildungssystemen.* NFP 33. Bern: Schweizerische Koordinationsstelle für Bildungsforschung, S. 182–195.
Fend, H. (1998): *Qualität im Bildungswesen. Schulforschung zu Systembedingungen, Schulprofilen und Lehrerleistung.* Weinheim und München: Juventa.
Gadamer, H. G. (1965): *Wahrheit und Methode* (2. Aufl.). Tübingen: J. C. B. Mohr (Paul Siebeck).
Gallin, P.; Ruf, U. (1990): *Sprache und Mathematik in der Schule. Auf eigenen Wegen zur Fachkompetenz.* Zürich: Verlag Lehrerinnen und Lehrer Schweiz.
Gallin, P.; Ruf, U. (1998): *Sprache und Mathematik in der Schule. Auf eigenen Wegen zur Fachkompetenz (Studienausgabe).* Seelze-Velber: Kallmeyer.
Gallin, P.; Ruf, U. (1999a): *Ich mache das so! Wie machst du es? Das machen wir ab. Sprache und Mathematik 4. – 5. Schuljahr.* (Nebent.: *ich du wir 4 5 6*) Zürich: Lehrmittelverlag des Kantons Zürich.
Gallin, P.; Ruf, U. (1999b): *Ich mache das so! Wie machst du es? Das machen wir ab. Sprache und Mathematik 5. – 6. Schuljahr.* (Nebent.: *ich du wir 4 5 6*) Zürich: Lehrmittelverlag des Kantons Zürich.
Galton, F. (1883): *Inquiries into Human Faculty and its Development.* London: Macmillan.
Gropengießer, H.; Höttecke, D.; Nielsen, T.; Stäudel, L. (Hg.) (2006): *Mit Aufgaben lernen. Unterricht und Material 5–10.* Seelze: Friedrich Verlag.
Gruber, H.; Mandl, H. (1996): „Das Entstehen von Expertise". In: J. Hoffmann & W. Kintsch (Hg.), *Enzyklopädie der Psychologie: Themenbereich C Theorie und Forschung*, Serie II Kognition, Band 7 Lernen. Göttingen: Hogrefe, S. 583–615.
Gudjons, H.; Pieper, M.; Wagener, B. (1986): *Auf meinen Spuren. Das Entdecken der eigenen Lebensgeschichte. Vorschläge und Übungen für pädagogische Arbeit und Selbsterfahrung.* Reinbek: Julius Klinkhardt.
Habermas, J. (1999): *Wahrheit und Rechtfertigung. Philosophische Aufsätze.* Frankfurt am Main: Suhrkamp.
Halter, E. (2003): *Die Stimme des Atems. Wörterbuch einer Kindheit.* Zürich: Limmat Verlag.

Literaturverzeichnis

Heymann, H. W. (1996): *Allgemeinbildung und Mathematik*. Weinheim und Basel: Beltz Verlag.

Hohler, F. (1981): *Der Granitblock im Kino*. Darmstadt: Luchterhand.

Hyland, K. (2003): *Second Language Writing*. Cambridge: Cambridge University Press.

Jegge, J. (1976): *Dummheit ist lernbar.* Bern: Zytglogge Verlag.

Kant, I. (1784): *Beantwortung der Frage: Was ist Aufklärung?* In: J. E. Biester, F. Gedike (Hg.). *Berlinische Monatsschrift*, Bd. 4, S. 481–494.

Keller, S. (2006a): „Schreiben lernen in der Fremdsprache. Ein Beispiel aus dem gymnasialen Englischunterricht". In: O. Kruse, K. Berger, M. Ulmi (Hg.), *Prozessorientierte Schreibdidaktik*. Bern: Haupt.

Keller, S. (2006b): „Rhetorik im Englischunterricht. Was ‚alte' Rhetorik und ‚moderne' Fachdidaktik voneinander lernen können". In: A. Zeyer (Hg.), *Interdisziplinarität*. Zürich: Verlag Pestalozzianum.

Lorenz, J. H. (1992): *Anschauung und Veranschaulichungsmittel im Mathematikunterricht – Mentales visuelles Operieren und Rechenleistung*. Göttingen: Hogrefe Verlag.

Maag-Merki, K. (Hg.) (2006): *Lernort Gymnasium. Individuelle Entwicklungsverläufe und Schulerfahrungen*. Bern: Haupt.

Pellegrino, J.; Chudowsky, N.; Glaser, R. (Hg.) (2001): *Knowing what students know. The science and design of educational assessment*. Washington, DC: National Academy Press.

Reinmann-Rothmeier, G.; Mandl, H. (2001): „Unterrichten und Lernumgebungen gestalten". In: A. Krapp, B. Weidenmann (Hg.), *Pädagogische Psychologie* (4. Auflage). Weinheim: Beltz, S. 601–646.

Reusser, K. (1998): „Denkstrukturen und Wissenserwerb in der Ontogenese". In: F. Klix, H. Spada (Hg.), *Wissen. Enzyklopädie der Psychologie*. Serie II, Kognition, Bd. 6. Göttingen: Hogrefe, S. 115–166.

Rothe, H.-J.; Schindler, M. (1996): „Expertise und Wissen". In: H. Gruber, A. Ziegler (Hg.), *Expertiseforschung*. Opladen: Westdeutscher Verlag, S. 35–58.

Ruf, U. (2003): „Lerndiagnostik und Leistungsbewertung in der Dialogischen Didaktik". *Pädagogik*, 55/4, 10–16.

Ruf, U.; Gallin, P. (1995): *Ich mache das so! Wie machst du es? Das machen wir ab. Sprache und Mathematik für das 1.–3. Schuljahr*. (Nebent.: ich du wir 4 5 6) Zürich: Lehrmittelverlag des Kantons Zürich.

Ruf, U.; Gallin, P. (2005a): *Dialogisches Lernen in Sprache und Mathematik. Band 1: Austausch unter Ungleichen. Grundzüge einer interaktiven und fächerübergreifenden Didaktik* (3. überarbeitete Aufl.). Seelze-Velber: Kallmeyer.

Ruf, U.; Gallin, P. (2005b): *Dialogisches Lernen in Sprache und Mathematik. Band 2: Spuren legen – Spuren lesen. Unterricht mit Kernideen und Reisetagebüchern* (3. überarbeitete Aufl.). Seelze-Velber: Kallmeyer.

Ruf, U.; Ruf-Bräker, R. (2002): „Von Ort zu Ort – Dialogisches Lernen durch fachliche Herausforderung und durch Austausch mit anderen". In: A. Groeben, K. Lenzen, F. Winter (Hg.), *Leistung sehen, fördern, werten – Neue Wege für die Schule*. Bad Heilbrunn: Julius Klinkhardt, S. 50–72.

Ryan, R. M.; Deci, E. L. (2000): „Self-determination theory and the faciliation of intrinsic motivation, social development, and well-being". *American Psychologist* 55, S. 68–78.

Stern, E.; Hardy, I. (2004): „Differentielle Psychologie des Lernens in Schule und Ausbildung". In: K. Pawlik (Hg.), *Enzyklopädie der Psychologie: Differentielle Psychologie: Theorien und Anwendungen*. Göttingen: Hogrefe, S. 573–618.

Ueding, G.; Steinbrink, B. (1994): *Grundriss der Rhetorik. Geschichte, Technik, Methode*. Dritte Auflage. Stuttgart: Metzler.

Vollrath, H. J. (2003): „Zur Erforschung mathematischer Instrumente im Mathematikunterricht". In: L. Hefendehl-Hebeker, S. Hußmann (Hg.), *Mathematikdidaktik zwischen Fachorientierung und Empirie*. Hildesheim: Franzbecker Verlag, S. 256–265.

Vygotsky, L. S. (1978): *Mind in Society: The Development of Higher Psychological Processes*. Cambridge, Mass.: Harvard University Press.

Wagenschein, M. (1981): „Physikalismus und Sprache". *Schweizerische Lehrerzeitung* 49, 3.

Wagner-Egelhaaf, M. (2005): *Autobiographie* (2. Aufl.). Stuttgart: J. B. Metzler.

Weber, C. (2007): *Mathematische Vorstellungen bilden – Praxis und Theorie von Vorstellungsübungen im Mathematikunterricht der Sekundarstufe II*. Bern: h.e.p. Verlag.

Weiner, B. (1972): *Theories of motivation: From mechanism to cognition*. Chicago: Rand McNally.

Weinert, F. (1996): „Lerntheorien und Instruktionsmodelle". In: F. E. Weinert (Hg.), *Psychologie des Lernens und der Instruktion. Enzyklopädie der Psychologie. Pädagogische Psychologie,* Bd. 2. Göttingen: Hogrefe, S. 1–48.

Weinert, F. (2001): „Concept of Competence: A Conceptual Clarification". In: D. Rychen, L. Salganik (Hg.), *Defining and Selecting Key Competencies*. Hogrefe: Göttingen, S. 45–65.

Literaturverzeichnis

Weinert, F. E.; Schrader, F. W.; Helmke, A. (1990): „Unterrichtsexpertise – ein Konzept zur Verringerung der Kluft zwischen zwei theoretischen Paradigmen". In: L. M. Alisch, J. Baumert, K. Beck (Hg.), *Professionswissen und Professionalisierung*. Braunschweiger Studien zur Erziehungs- und Sozialarbeitswissenschaft, Bd. 28. Braunschweig: Copy-Center Colmsee, S. 173–206.

Wilkening, F.; Krist, H. (1998): „Entwicklung der Wahrnehmung und Psychomotorik". In: R. Oerter, L. Montada (Hg.), *Entwicklungspsychologie: Ein Lehrbuch* (4. Aufl.). München: Psychologie Verlags Union.

Wilkening, F.; Lamsfuss, S. (1993): „(Miss-)Konzepte der naiven Physik im Entwicklungsverlauf". In: W. Hell, K. Fiedler, G. Gigerenzer (Hg.), *Kognitive Täuschungen: Fehl-Leistungen und Mechanismen des Urteilens, Denkens und Erinnerns*. Heidelberg: Spektrum, S. 271–290.

Winter, F. (2003): „Auf dem Weg zu einer Feedback-Kultur im Klassenzimmer". *Lernende Schule* 6/21, S. 11–13.

Winter, F. (2004): *Leistungsbewertung. Eine neue Lernkultur braucht einen anderen Umgang mit den Schülerleistungen*. Baltmannsweiler: Schneider Verlag.

Winter, F. (2007): „Anregen, unterstützen, beraten – und bewerten". In: *Fördern und Fordern auf der Sekundarstufe I. Handbuch für Schulleiter*. Stuttgart: Raabe, F. 2.3.

Winter, H. (2005): „Kreis und Ellipse – ein Kapitel unvergänglicher Geometrie". *Mathematik lehren*, Heft 130, S. 14–20.

Wittgenstein, L. (1977): *Philosophische Untersuchungen*. Frankfurt a. M.: Suhrkamp.

Wortmann, E. (2002): „Identitätsarbeit – Moderne Lebensentwürfe. 9.–13. Jahrgangsstufe". *Deutschunterricht* 55/4, S. 24–27.

Zürcher Kantonale Mittelstufenkonferenz (Hg.) (1999): *Aufgaben aus Aufnahmeprüfungen in Gymnasien des Kantons Zürich, Anschluss an die 6. Klasse (Sprache)*. Zürich: Verlag der Zürcher Kantonalen Mittelstufenkonferenz.

Verzeichnis der Autorinnen und Autoren

Ralph Fehlmann (Prof. Dr. phil.) ist Dozent für Fachdidaktik Deutsch an der Universität Zürich und Gymnasiallehrer für Deutsch und Philosophie am Realgymnasium Rämibühl, Zürich. Ein Arbeitsschwerpunkt war in den letzten Jahren die Entwicklung und Verbreitung des Fachs „interdisziplinäre Sprachwerkstatt" und des dazugehörigen Computerprogramms „Lingua".

Peter Gallin (Prof. Dr. sc. math.) ist einerseits Gymnasiallehrer für Mathematik an der Kantonsschule Zürcher Oberland in Wetzikon (Schweiz) und andererseits Mathematikdidaktiker am Institut für Gymnasial- und Berufspädagogik der Universität Zürich. Sein Hauptanliegen ist die Verbreitung und wissenschaftliche Fundierung des Dialogischen Lernens in einer Unterrichtspraxis, welche eine Schädigung der Lernenden verhindert.

Stefan Keller (Dr. phil. des.) ist Oberassistent am Institut für Gymnasial- und Berufspädagogik der Universität Zürich (Schweiz). In seiner Forschungstätigkeit befasst er sich mit dem Lehren und Lernen von Fremdsprachen am Gymnasium, besonders mit Fragen der Förderung und Feststellung von hochrangigen, komplexen und multidimensionalen Sprachkompetenzen.

Anita Pfau ist Dozentin für Fachdidaktik Italienisch und wissenschaftliche Mitarbeiterin am Institut für Gymnasial- und Berufspädagogik der Universität Zürich (Schweiz). Ihr Hauptinteresse gilt der Entwicklung innovativer Lehr- und Lernformen für den gymnasialen Fremdsprachenunterricht. Zurzeit arbeitet sie an einer Publikation zur Praxis des Literaturunterrichts in den Fremdsprachen.

Felix Winter (Dr. phil.) ist Wissenschaftlicher Abteilungsleiter am Institut für Gymnasial- und Berufspädagogik der Universität Zürich. Er befasst sich insbesondere mit den Themen Leistungsbeurteilung und förderorientierte Diagnostik im Rahmen einer neuen Lernkultur.

Regula Ruf-Bräker ist Primarlehrerin (1. bis 6. Schuljahr). Sie hat in ihren Klassen eine große Zahl von Dialogischen Unterrichtseinheiten entwickelt, erprobt und in diversen Publikationen, in schulinternen Fortbildungskursen und an Pädagogischen Hochschulen verfügbar gemacht.

Urs Ruf (Prof. Dr.) ist Professor für Gymnasialpädagogik an der Universität Zürich. Seine Arbeitsgebiete umfassen Unterrichtsforschung und Unterrichtsentwicklung, selbstständiges und kooperatives Lernen, Didaktik des Deutsch- und Mathematikunterrichts, Dialogisches Lernen, Kompetenzmodelle und Standards, Pädagogische Diagnostik.

Christine Weber ist Gymnasiallehrerin und Assistentin am Institut für Gymnasial- und Berufspädagogik der Universität Zürich. Sie untersucht im Rahmen ihrer Dissertation Beurteilungsprozesse von Lehrpersonen. Sie befasst sich mit den Forschungsfragen, wie Lehrpersonen mit Schülertexten umgehen und wie Schülerinnen und Schüler aufgrund ihrer Stärken gefördert werden können.

Christof Weber (Dr. phil.) ist Gymnasiallehrer für Mathematik und wissenschaftlicher Mitarbeiter am Institut für Gymnasial- und Berufspädagogik der Universität Zürich. Zu seinen Hauptanliegen gehört, die mannigfaltigen Bearbeitungsweisen von mathematischen Fragestellungen zu würdigen. Sein Forschungsschwerpunkt liegt auf der Entwicklung von Unterrichtsumgebungen, die zwischen Individuum und Fach vermitteln.

Herausgegeben von den führenden Portfolioexperten

Portfolios stehen für eine neue Lernkultur, die selbstständiges Arbeiten und die Umsetzung eigener Ideen in den Mittelpunkt stellt. Nutzen Sie die vielfältigen Möglichkeiten der Portfolioarbeit als Chance, Ihren Unterricht grundlegend zu erneuern und die Eigeninitiative Ihrer Schülerinnen und Schüler zu wecken!

Profitieren Sie von den Erfahrungen vieler Pädagogen aus Schule und Hochschule! **Das Handbuch Portfolioarbeit** bietet Ihnen Hilfen und Anregungen, die Lust machen, dieses Konzept selbst auszuprobieren. Es erläutert Ihnen die konzeptionellen Grundlagen der Portfolioarbeit und veranschaulicht sie an konkreten Beispielen. Darüber hinaus erhalten Sie Informationen und Hinweise zur Leistungsbewertung – ein immer wieder diskutiertes Thema.

ILSE BRUNNER, THOMAS HÄCKER, FELIX WINTER (HRSG.)
Das Handbuch Portfolioarbeit
Konzepte, Anregungen, Erfahrungen aus Schule und Lehrerbildung

20 x 27 cm, 272 Seiten, Paperback
ISBN 978-3-7800-4941-4, € 19,90

Alle Preise zzgl. Versandkosten, Stand 2008

Fachbuch

Telefon: 05 11 / 4 00 04 – 175
Fax: 05 11 / 4 00 04 – 176
info@kallmeyer.de

Sie möchten gleich bestellen?
Unser Leserservice berät Sie gern!

kallmeyer

www.klett-kallmeyer.de

Der Praxisband zum Handbuch

Neuerscheinung

Alle Preise zzgl. Versandkosten, Stand 2008

Mit **Portfolio im Unterricht** gibt es jetzt den Praxisband zum bekannten **Handbuch Portfolioarbeit!** Das Buch zeigt die Arbeit mit Portfolios an konkreten Unterrichtsszenarien und enthält weiterführende Tipps für die Verwendung von Portfolios in anderen Fachzusammenhängen. Mit Kopiervorlagen sowie einem kurzen Film zur konkreten Portfolioarbeit in der Praxis auf DVD.

Geeignet für Lehrer aller Schulstufen und Unterrichtsfächer.

JOHANNA SCHWARZ, KARIN VOLKWEIN, FELIX WINTER (HRSG.)
Portfolio im Unterricht
13 Unterrichtseinheiten mit Portfolio
20 x 27 cm, ca. 240 Seiten
ISBN 978-3-7800-4912-4, € 29,95

Kallmeyer

Telefon: 05 11/4 00 04 –175
Fax: 05 11/4 00 04 –176
info@kallmeyer.de

Sie möchten gleich bestellen?
Unser Leserservice berät Sie gern!

www.klett-kallmeyer.de

Das erste Buch des „Gurus" in Deutschland

Durch seine Workshops hat er das Kooperative Lernen in Deutschland populär gemacht.
Der kanadische Lehrerfortbildner Norm Green wurde mit dem Bertelsmann-Preis für das innovativste Schulsystem der Welt ausgezeichnet und erfreut sich auch in Deutschland einer großen Fangemeinde.

Greens Konzept propagiert die Abkehr vom Einzelkämpfertum und methodische Wege für ein neues Lehren und Lernen. Dafür müssen Lehrer nicht alles ändern, um erfolgreich zu unterrichten, sondern das Lehrgeschehen mit bisher fehlenden Methoden und Kompetenzen anreichern.

NORM GREEN & KATHY GREEN
Kooperatives Lernen im Klassenraum und im Kollegium
Das Trainingsbuch
20 x 27 cm, 140 Seiten

ISBN 978-3-7800-4937-7, € 14,90

Alle Preise zzgl. Versandkosten, Stand 2008

Telefon: 05 11 / 4 00 04 – 175
Fax: 05 11 / 4 00 04 – 176
info@kallmeyer.de

Sie möchten gleich bestellen?
Unser Leserservice berät Sie gern!

www.klett-kallmeyer.de

Kooperatives Lernen als Schlüsselqualifikation

Arbeitsbuch

Alle Preise zzgl. Versandkosten, Stand 2008

Ein Trainingsbuch, das Ihnen die Grundlagen des Kooperativen Lernens nahe bringt und konkrete Anregungen und Hilfen für Ihre täglichen Praxis gibt – im Unterricht und bei der kollegialen Teamentwicklung. Das Buch ist so konzipiert, dass Sie damit Gruppenlernprozesse einleiten, gestalten und auswerten können und insbesondere heterogene Lerngruppen zu erfolgreichem gemeinsamen Arbeiten führen. Die mutmachende Botschaft dabei ist: Sie müssen nicht alles verändern, um erfolgreicher zu unterrichten, sondern das Lerngeschehen mit bisher fehlenden Methoden und Kompetenzen anreichern.

MARGIT WEIDNER
Kooperatives Lernen im Unterricht
Das Arbeitsbuch
20 x 27 cm, 176 Seiten, Paperback
ISBN 978-3-7800-4934-6 , € 17,90

Kallmeyer

Telefon: 05 11 / 4 00 04 – 175
Fax: 05 11 / 4 00 04 – 176
info@kallmeyer.de

Sie möchten gleich bestellen?
Unser Leserservice berät Sie gern!

www.klett-kallmeyer.de